KB141055

불안
해방
일지

내가 내 삶을
주도할 수 있을 때까지

불안

해방
일지

팀 클레어 지음
신솔잎 옮김

윌북

일러두기

1. 역자 주는 단락 중간에 '—옮긴이'로 표시했으며, 미주는 윌북 웹사이트의 SUPPORT/자료실에서 확인할 수 있다(https://willbookspub.com/data/38).

2. 전문용어는 2022 개정 교육과정에 따른 교과용도서 개발을 위한 편수자료, 대한의사협회 의학용어 검색 6판, (사)한국심리학회 심리학 용어사전을 참고했다.

3. 단행본·장편소설은 겹낫표(『 』), 논문·시·단편소설은 홑낫표(「 」), 학술지·신문은 겹화살괄호(《 》), 그림·노래·영화 등 문서가 아닌 콘텐츠는 홑화살괄호(〈 〉)로 표시했다.

4. 언급되는 도서 중 한국에 번역 출간된 것은 그 번역서의 이름을 적었으며, 출간되지 않은 것은 우리말로 옮기고 원 제목을 병기했다.

5. 소셜미디어 트위터의 상호는 2023년 'X'로 바뀌었으나, 이 작품이 쓰인 2020년 기준으로 원서를 따라 '트위터'로 표기했다.

추천의 글

•

불안에 대한 정확한 지식과 솔직한 경험담, 이야기를 풀어내는 과정에서 뻗어 나오는 위로와 해결책까지. 내가 원하던 요소가 전부 담긴 귀한 책이다. 저자는 불안을 마치 현미경으로 관찰하듯 자세히 들여다본다. 그리고 과학과 비과학의 경계를 넘나들며 놀라울 정도로 치열하게 불안과 투쟁한다. 과학실험, 약물, 종교, 최면, 상담…. 모든 이야기가 직접 함께 겪는 것처럼 생생하게 읽힌다. 세상에서 제일 용감한 겁쟁이 덕분에 오랜만에 편안함을 느꼈다. 불안이 찾아올 때마다 펼쳐볼 것 같다.

백세희 | 수필가, 『죽고 싶지만 떡볶이는 먹고 싶어』 저자

글쓰기에서 가장 어려운 주제가 '자기 이야기'를 쓰는 것이다. 『불안 해방 일지』는 기존의 자기 서사와 달리 고통에 대한 문제의식에서 출발하여, 질병을 정체성의 정치가 아닌 자기 공부auto-theory로 접근한다. 통증에 대한 자기 연민이나 호소 대신, 끊임없는 성찰을 보여주는 훌륭한 자기 서사의 모델이다. 앤드루 솔로몬의 『한낮의 우울』에 버금가는, 아니 이를 넘어서는 책이다!

현실 그대로의 내 모습을 보여주고 겁쟁이답게 사는 것이 '치유'라는 사실을 이처럼 뛰어난 솜씨로 풀어낸 책은 드물다. 저자만의 관점이 담겼다는 점과, 자연과학·의학·인문학 전 영역에 걸친 다학제적 접근은 융합적 사고의 좋은 예이자 이 책이 매력 덩어리인 이유다.

"공황은 생존을 향한 최후의 시도"이고 "불안의 반대는 안정이 아니라 호기심"이라는 인간의 조건을 상기시키며, 이 책은 고통을 진단하고 위로를 선사한다.

정희진 | 여성학자, 오디오 매거진 〈정희진의 공부〉 편집장

'나는 망하고 말 거야'라는 시나리오를 상상하는 일은 내가 유일하게 남들보다 특별히 더 잘한다고 확신하는 것이다. 지금 상황에서 어떻게 하면 파멸을 맞을지 아주 쉽게 떠올릴 수 있고, 그 공포스러운 순간이 현실로 닥쳐올까 봐 전전긍긍하는 데 능하다. 기억이 도달할 수 있는 가장 어린 시절인 대여섯 살 때부터 그랬다.

10년 전에 대학에서 심리학을 전공으로 택한 이유도 불안이었다. 나는 내 불안을 좀 더 잘 이해하고 싶었다. 아무 행동도 하지 못하게 만드는 불안, 지레짐작으로 인간관계를 망가뜨리는 불안, 공황으로 나를 질식시키는 불안, 내 삶을 갉아먹어온 이 잔인한 감정을 잘 헤아리고 극복하고 싶었다. 성공한 것 같지는 않지만.

그래서 『불안 해방 일지』를 펼치고 반가움을 느꼈다. 저자 또한 오랫동안 불안과 공포, 공황에 시달려온 사람이다. 어느날 그는 이 불안에서 탈출하리라고 마음 먹고, 이 감정을 샅샅이 해부함과 동시에 빠져나오는 방법을 찾아나선다. 탐색의 영역은 굉장히 광대해서, 약물같이 일반적으로 생각할 수 있는 솔루션부터 최면치료와 두뇌의 국소적 절개 같은 외과적 수술(!)까지를 포괄한다.

여기 담긴 이야기들이 불안이라는 문제의 해답을 제시한다고 말하지는 않겠다. 저자도 이 점을 서두에서 확고히 밝힌다. 다만, 그는 자신의 감정과 그에 얽힌 이야기를 매우 솔직하고 진지하게 풀어나간다. 쉽지 않은 일이었을 텐데 말이다.

덕분에 이 책을 읽는 내내, 나의 비정상적인 불안이라는 감정을 공감받는 경험을 했다. 내가 느끼는 감정을 잘 언어화한 글을 읽으며, 단지 위로를 받을 뿐만 아니라 그 감정 자체를 더 잘 이해하고 직면할 수 있었다. 알다시피 우리는 아예 쳐다볼 엄두도 낼 수 없는 미지의 것보다는, 파악하고 바라볼 수 있는 것이 덜 무섭다.

또 하나 더, 저자는 굉장히 어려울 수 있는 신경과학과 심리학 지식을 능숙하게 풀어낸다. 과거 심리학과에 원서를 낼 때 내가 될 줄 알았던 모범생이 실제로 된 느낌이었다. 이토록 쉽고 재밌게 글을 써내다니, 이 또한 작가로서 진짜로 해내기 힘든 일이다.

심너울 | SF작가, 『땡스 갓, 잇츠 프라이데이』 저자

한국어판 서문

◆

허지원 | 고려대학교 심리학부 교수

'불안'은 오해와 누명과 오명을 덕지덕지 붙이고 서 있어, 그 모습을 보면 어쩌다 저도 모르게 깜빡 연민을 느끼곤 합니다(그리고 이 책을 읽으며 알게 되겠지만 '편도체'에 대해서도 마찬가지입니다). 저 역시 일평생을 불안에 시달리는 주제에 가당치도 않은 마음이지만, 누군가가 불안을 저의 본성과는 관련 없는 자아 이질적인 것으로 묘사하거나 저를 시궁창에 빠트리는 영속적인 원죄로 묘사할 때면, "나의 불안은 그런 게 아니라고!"하며 제 불안을 옹호하는 기치를 형형색색으로 내겁니다. 정신승리, 과잉보상, 반동형성(속마음과 반대되는 행동을 나타내는 방어기제), 공격자와의 동일시 등등 그 어떤 이름을 붙여도 찐 불안러의 불안에 대한 충성도는 퇴색되지 않습니다. 혹시라도 불안의 불꽃이 사그라질까 또다시 불안해하며, 상대의 섣부른 평론에 하나하나 토를 달고 목소리를 높이는 것입니다. 내 불안에는 분명 **가치**가 있다고.

공포와 불안의 권위자이며 세계적인 신경과학자 조지프 르두 역시 불안의 가치를 폄하하고 편도체의 기능을 극히 단순화하는 일반적인 경향을 (자기 연구에서 파생된 고정관념이기에 본인의 실수도 명백하다 고백하며) 바로잡으려고 꾸준히 노력했습니다. 그리고 이 책의 저자는 어쩌면 르두보다 더욱 본격적으로 사람들을 설득하려고 작정한 듯합니다. 『불안 해방 일지』는 불안을 치료하는 세상의 모든 방법을 직접 경험해보려 실험용 원숭이가 되기를 자처한 용감한 겁쟁이의 이야기입니다. 저자는 불안과 불안 치료의 권위 있는 연구자 및 치료자들과 만나며 자기 불안을 다루기 위한 여정을 시작합니다. 불안에 압도되어본 적이 있는 독자라면 분명 매료될 만한 여정입니다. 인류가 느끼게 된 불안의 기원과 불안 연구의 역사, 사회구조적 불평등의 문제에 천착했다가, 자기를 대상으로 한 여러 실험적이며 도전적인 치료법과 그 결과를 굉장한 필력으로(그리고 강박적으로) 이야기로 구현해냅니다. 이 책은 불안에 무조건적이며 무비판적이고 매우 수용적이면서 지극한 변론서이자 구애의 세레나데입니다.

타고난 민감성에다 학습된 불안까지 얹어서 불안의 꿈나무를 머릿속에 울창하게 키워내는 저로서는, 불안을 다루는 아름다운 글을 읽는 것만으로도 꼭 넷플릭스의 최신작을 탐닉할 때처럼 머릿속에 도파민이 가득 차 어지러웠습니다. 문예가이면서 정신질환을 가진 당사자가 기록하는 글 특유의 장점이 극대화되어 있는 덕분이었는데, 한편으로 저자의 머릿속을 함부로 들여다본다는 느낌에 미안한 마음마저 들었습니다. 불안한 환자와 내담자를 봐왔던 임상심리학자이며 치료자로서, 그리고 스스로 오랜 불안을 다루느라 분투했던 개인으로서 조심스레 발언을 해보자면, 저자의 이야기가 다 맞습니다.

사실 이 모든 여정은 불안을 치료하는 과정이기보다는 불안이 스승이었음을 깨닫는 구도의 과정입니다. 다룰 방법을 찾아내기만 한다면 불안은 지혜의 원천이고 미래의 선지자입니다. 다만 그 정도가 일상생활을 어렵게 하고 사랑하는 사람을 좌절에 빠트린다면, 그때는 이 불안을 데리고 다니기 적당한 정도로 만들 필요가 있겠지요.

저자는 그 방법 역시 독자들을 위해 부록에 살뜰히 요약해두었습니다(보세요, 불안한 사람의 미덕을. 얼마나 사려 깊고 철두철미한지를요!).

마지막으로, 이 책에는 (숫자를 세다가 웃고야 말았는데) "만약 ~하면 어쩌지what if?"라는 표현이 서른여덟 번쯤 등장합니다. 겁쟁이들의 익숙한 말버릇이며, 그 어떤 밝고 활기찬 상황에서든 파국의 세계로 인도하는 문입니다. 아직도 여러분에게 "만약 ~하면 어쩌지?"의 주문이 너무 강력해서 이 책을 읽는 동안 마음 한 켠에 또 다른 파국의 시나리오가 피어오르는 중이라면, 이렇게 생각해보는 것도 좋겠네요.

"겁은 나를 공감과 나약함, 친절함의 세계로 힘껏 떠밀었다. 내게 도움을 요청하는 법을 알려주었다"라는 저자의 말이, 만약 사실이면 어쩌지?

이제, 마음껏 겁내시기를 바라며.

수키에게

차례

이 책을 읽는 법

◆

이 책은 자기계발서가 아니다. 나는 다른 이를 코치하기는커녕 내 자신을 치료할 자격조차 갖추지 못한 사람이다. 세계에서 가장 널리 퍼진 정신질환을 극복해내지도 못하고 있다. 내가 누군가에게 가르침을 주길 바라는 건 염소에게 선반기계로 갈이질을 하라는 것과 비슷하다.

이 책은 무언가를 논쟁하는 책이 아니다. 만연한 문제에 대해 다급히 날카로운 펜대를 놀리는 것도, 널리 퍼진 오해의 진실을 밝히자는 것도, 현대사회의 질병에 대한 심오한 성찰을 하는 것도 아니다. 이 책은 선언문이 아니다. 무언가를 촉구하는 글이 아니다. 뜨겁고 진심어린 호소가 아니다. 나와 대화를 나눈 사람들의 탄탄한 주장을 제대로 전달하기 위해 할 수 있는 최선을 다했다. 내가 동의하지 않는 주장들마저도 말이다. 이 책은 과학서가 아니다. 과학 지식과 많은 과학자의 이름이 담겨 있지만, 다른 무엇보다 이야기에 가깝다. 저자는 실험실 원숭이다. 안녕! 여기서 나는 겁 많은 해골 모형으로서의 역할을 다할 것이다. 내 모든 뼈를 당신 앞에 드러낸 채로 서 있는다.

당신이 불편해지는 상황을 회피하는 데 능하다면 스스로 불안한 사람이라고 생각한 적이 없을 것이다. 나도 꽤 오래 내가 불안하지

이 책을 읽는 법

않다고 생각했다. 많은 성인이 위화감을 느끼거나 두렵거나, 스스로가 아마추어같이 느껴지는 상황을 무의식적으로 피하며 자신의 삶을 꾸려간다. 그렇게 회피하는 이유를 말하는 합리적인 설명이야 많지만(너무 바빠, 재미없어 보여, 윽, 이보다 더 최악일 수는 없어), 진짜 동기는 불안이다. 이들이 두렵다는 '느낌'을 받진 않더라도, 공포가 이들의 삶을 지배한다.

나는 겁쟁이다. 당신도 그렇다.

이 책은 그 사실을 마주하는 법을 배우는 책이다.

✧

할머니는 히틀러 청소년단 출신이다. 어느 크리스마스 다음 날, 가족 전부 전날 칠면조를 과식한 여파로 늘어져 있는데, 아버지가 할머니에게 왜 할머니나 지인들 모두 홀로코스트를 멈추기 위해 아무것도 하지 않았냐고 물었다. 흔들의자에 앉아 할머니는 잠시 생각했다. "우린 몰랐거든." 아버지는 그래도 뭔가 의심이 들긴 했을 거라고 말했다.

할머니는 수학여행에서 아우슈비츠를 지나가던 때를 떠올렸다. 사람들이 하나같이 이렇게 물었다고 했다. "아우슈비츠 역에 왜 저렇게 빈 유모차가 많아?" 할머니 집이 위치한 거리 끝에 살던 경찰은 아우슈비츠 수용소에서 근무를 마치고 돌아오자 머리가 전부 하얗게 세어 있었다. 다락에 틀어박혀 지내던 그는 권총으로 자살했다.

"하지만" 할머니가 말했다. "너희도 이해해야 할 것이, 하늘에서 폭탄이 떨어지고 있었어. 의심할 만한 이유가 없었단다. 다들 우리의 적이 누구인지 잘 안다고 생각했어."

✧

　두려움을 느낄 때 열린 마음을 유지하기란 쉽지 않다. 불안은 권력에 복종한다. 이 책에서 조심스럽게 소개하는 명제는 바로 다음과 같다(당신이 자유롭게 따져보고 거부해도 좋은 제안이다). 불안하기 때문에 우리는 답을 갈망하지만 사실 더 나은 삶의 방식은 좋은 질문을 떠올리는 것이다. 호기심에 차 있을 때는 거칠고 냉담하고 잔인하게 굴기 어렵다.

　자신을 불안한 인간으로 보지 않는(볼 수 없는) 사람들도 있다. 다만 이들은 떼를 지어 국경을 넘어오는 이민자들에게 집착한다. 나라를 파괴하려는 국외 또는 국내 세력들에 집착한다. 음모에, 불편한 새 트렌드에 집착한다. 이들은 자신이 불안해서 그런다고 생각하지 않는다. 그저 세상이 위협적일 뿐이다.

　우리의 불안과 편집증을 인정하지 못한다면 잘못된 정보에, 그리고 우리를 안전하게 지켜주겠다고 약속한 자들의 농간에 넘어갈 수밖에 없다.[1] 그렇게 우리는 불편한 불안을 마땅한 분노로 돌려 불안에서 벗어나려 한다. 함께 살아가는 사람들을 '다른 존재'로 취급한다. 우리의 모델과 맞지 않는 정보는 더 쳐다보지 않는다. 단 하나의 이야기에만 갇힌다. 우리 눈에 보이는 것은 위협뿐이다.

　　✧

　자신의 세계관에 맞지 않는 무언가를 회의적으로 대하기는 쉽다. 이것이 바로 회의주의라고 생각하는 사람이 대다수일 것이다. 내가 깨달은 바에 따르면 당신 삶의 변화를 약속하는, 반직관적이면서도 흥미로운 답변들이 제시될 때는 이런 회의주의를 유지하기가 훨씬 어려워진다. 기존의 심리 실험들은 멋진 이야기를 탄생시켰다. 그 실험들의 결점을 지적하는 것이 불온하게 느껴질 정도다.

사회학자 머리 S. 데이비스는 「흥미롭다!That's Interesting!」란 제목으로 1970년대에 발표한 논문에 이런 글을 적었다. "이론이 옳은 이론가가 훌륭하다고 여겨져왔지만, 이는 잘못됐다. 이론이 옳아야가 아니라 **흥미로워야** 훌륭한 이론가다." 데이비스는 이론이 흥미롭기 위해선 우리가 신뢰하지 않는 가정에는 반전을 제시하고, 강력하게 신뢰하는 가정에는 더욱 확신을 더해야 한다고 주장했다. 전자를 실패하면 '뭐, 그럴 줄 알았어'라고 생각한다. 후자를 실패하면 '말도 안되는 소리를 하고 있네'라고 생각한다.

이 둘 다를 성공한 이론을 보면 가슴이 쿵 내려앉는 즐거운 놀라움을(예측 오류를) 경험한다. 여기에는 우리가 지닌 세계관을 위협당하는 일 또한 없다. 둘 다를 성공한 이론은 직관적으로 옳다고 느껴지는 한편('타당하네') 우리에게 새로운 정보도 전해주어('X인 줄 알았는데 알고 보니 X가 아니잖아'), 우리가 더 똑똑해지고 제대로 알아낸 듯한 기분을 느끼게 된다.

이 원칙은 소셜미디어에 공유하는 글과 영상에도, 오피니언 기사와 음모론에도 적용된다. 인간인 우리는 다른 무언가에 관심이 향하기 마련이므로, (엄청난 데이터세트를 고려할 때) 가장 변칙적인 것이 가장 큰 신호로 느껴지는 셈이다.

이런 경향은 대중과학에서도, 특히나 정신건강과 웰빙의 영역에서 찾을 수 있다. 팩트가 좋은 이야깃감을 방해하는 일이 없으면 좋겠다는 바람 말이다. 우리는 과학적 방법을 인간의 편향에 대항하는 방어벽이 아니라 지나치게 파고드는 귀찮은 방해꾼으로 여기기 시작했다. 테드 토크Ted Talks의 슬로건은 "전파할 가치 있는 생각"인데,[2] 진정으로 가치 있는 아이디어는 비판할 가치도 있다.

이 책에는 중요한 부분에 미주를 달아 참고 문헌을 밝혔다. 내가 보기에 연구 설계가 의심스럽거나 저자들의 결론에 신중하게 접근해야 하는 논문도 미주(https://willbookspub.com/data/38)로 해당 내용을 설명해두었다. 연구에서 "유의미한" 차이가 반드시 대단히 큰 차이를 의미하진 않음을 유념하길 바란다. 유의성이란 "그것이 우연히 발생했을 확률이 5퍼센트 미만"이라는 뜻이다. 또한 연구가 동료평가를 거쳤다고 해서 쓰레기가 아니란 뜻도 아니다.

내가 경험한 모든 것이 일반화될 수는 없다. 사람은 저마다 다르다. 몇몇 사례를 말하면서는 사생활을 보호하기 위해 사람들의 이름을 바꾸었다. 내가 굉장히 한심한 짓거리를 한 이야기도 제법 나온다. 내 삶이고, 나만의 위험성 평가서를 작성할 기회였기에, 나는 그런 짓을 해도 괜찮았다. 다만 나를 따라하지 않길 바란다. 지혜롭게 행동하시길.

I
꼬리

나는 어떻게 불안에 빠졌는가

오래전, 꼬리가 생겼다. 내 키의 약 6분의 1 크기에 연골과 뼈도 있었다. 영어에서 겁쟁이를 뜻하는 '카워드coward'는 고대 프랑스어 '코아뜨coart'에서 파생된 단어로 '꼬리가 있는 것'이라는 뜻이다. 본능적인 항복의 몸짓으로 개가 다리 사이에 꼬리를 감추는 장면을 연상시키려는 의도였는지도 모른다. 오래된 문장학heraldry 자료를 찾아보면 "라이언 카워드lion coward"라는 문장에는 다리 사이에 꼬리를 넣은 사자 그림이 그려져 있다.

꼬리를 지니고 태어난 인간으로 의학 논문에 게재된 사례는 채 60건이 안 된다. 20건으로 보는 이들도 있다. 이러한 차이는 "진짜 꼬리"와 "가짜 꼬리"를 구별하는 데서 비롯된다. "진짜 꼬리"는 근육이 있고, 최대 18센티미터까지 자라며, 움직일 수 있어야 하는 반면, "가짜 꼬리"는 겉보기에 꼬리와 비슷하게 생겼지만 그저 돌출된 뼈나 종양, 또는 섬뜩하게도 "가늘고 긴 기생 태아"로 밝혀진다.[1]

'꼬리가 달린 인간'이란 말은 모순된 단어들의 조합처럼 들린다.

이러한 조합이 불편하게 느껴지는 이유는 아마도 진화를 현재 진행 중인 여정이 아니라 머나먼 과거에 있었던 사건으로 인식하기 때문이다. '인간'과 '동물' 같은 이름표에 담긴 절대 불변의 진리가 우리의 마음을 편안하게 해준다.

내 꼬리는 4주가량 유지되다 몸속에 다시 흡수되었다. 당신의 꼬리처럼 말이다. 누구나 자궁 속에서 꼬리가 생긴다. 꼬리는 5주 차 태아일 때 가장 뚜렷한 존재감을 뽐내다가 이후 몸 안으로 철수한다. 꼬리의 세로로 쌓인 뼈들은 점차 형태를 갖춰가는 태아의 뼈대에서 핵심적인 지지물 역할을 한다. 우리의 꼬리는 척추가 된다.

우리는 꼬리를 잃은 적 없다. 꼬리가 안에 숨었을 뿐이다.

딸 수키를 태어난 직후 처음으로 안았을 때, 수면 부족에 시달리던 내 두뇌는 이 아이가 진짜라고 받아들이지 못했다. 아내의 진통이 사흘 밤낮으로 이어졌다. 지독히도 힘든 나머지 어느 순간부터는 우리가 아이를 낳는 중이라는 사실을 완전히 잊고 말았다. 나를 쳐다보던 상대가 정교한 영화 소품 같았다. 피가 묻은 머리카락은 붉게 물들었다. 우리는 굳은 채 서로 마주 봤다.

내가 아빠로서 자격이 있다거나 아빠 역할을 잘 해낼 거라고 한 번도 생각해본 적 없었다. 그럼에도 아빠가 되길 갈망했다. 지금으로부터 1년 전쯤 나는 아내의 손을 잡은 채 유산이 되었다는 간호사의 설명을 들었다. 초음파 영상에서 태아가 있어야 할 곳이 텅 빈 화면을 보며 나와 모니터 사이의 허공으로 손을 뻗어 움직거렸다. 화면 안에 손을 넣어 바로잡을 수 있을 것만 같았다. 정신적으로 병든 사람이 아이를 낳는 것은 이기적이라는 소리를 들은 적 있다. 어쩌면 나도 그런지도.

지난 15년간 범불안장애, 공황장애, 급성불안, 공황발작, 우울증이라는 다양한 진단을 받았다. 불안, 긴장, 스트레스, 피해망상, 히스테리, 착란이 나를 수식하는 단어였다. 걱정이 많은 사람, 비관주의자, 노이로제 환자. 어느 정도 타당한 말들이라고 해야겠다. 나는 함께 있기 쉬운 사람이 아니다. 삶의 대부분은 두려움이란 감정으로, 그것을 예측하고 낮추고 밀어내는 행동으로 점철됐다. 그럼에도 나를 지칭하는 그 수많은 이름 중 어느 것도 정확히 들어맞는다는 느낌이 없었다.

✧

영어에는 습관적으로 두려움을 느끼는 사람을 가리키는 표현이 많다. '수줍은shy'이라고 수식하기도 하는데, 이는 어떤 상황에선 '겸손한modest'과 거의 유사한 의미로 칭찬처럼 쓰인다. 누군가가 느끼는 두려움에 어떠한 목적이 있으면 '염려하는concerned'이나 '경계심이 높은vigilant'이라고 표현하기도 한다. 두려움이란 단어가 지닌 강도를 몇 단계 낮추면 '신중한cautious', '조심하는wary'이 있다. 몇 단계 높이면 겉으로는 중립적인 의미를 지닌 단어들, '불안해하는anxious', '걱정하는worried', '무서워하는fearful', '초조한nervous'에 이른다. 이러한 성향에 약간의 유머를 더해 실패작 같은 느낌을 살짝 풍기고 싶다고? 그럼 '안절부절못하는jumpy', '피해망상적인paranoid', '어쩔 줄 몰라 하는panicked'이라고 하면 된다. 우리가 가장 자주 쓰는 단어들은 불안을 정체성으로 삼고 있다. 누군가에게 '소심쟁이wimp'라는 별명을 붙이거나 좀 더 변형된 '아기baby', '겁보chicken', '계집애 같은 놈pussy'이라고도 한다. 이 모든 단어의 가장 아래 '겁쟁이'가 있다. 여기에 내재된 혐오감이 얼마나 짙은지, 역사상 수많은 사건에서 처형의 사유로 등장한다.

용기와 관련된 단어는 몸 안의 구조와 관련한 것이 많다. 배짱이 두둑한 사람을 두고 '소화관guts', '심장heart', '척추spine', '고환balls', '신경nerve'이 있다고 말하거나, 그런 대담하고 뻔뻔한 상대가 덜 나대기를 바라는 마음을 담아 '뺨cheek'이 있다고도 한다. 누군가를 겁쟁이라고 칭하는 일은 오래전부터 숨기고 싶어 했던 부끄러운 인간의 모습을 드러내는 행위이자, 우리가 여전히 그 본성에 지배당함을 보여주는 것이다. 겁이란 인류의 추악한 비밀이다.

그런데 말이다. 당신, 꼬리가 보인다.

✦

내가 원래부터 겁쟁이였던 건 아니다. 엄마 말에 따르면 어렸을 때 나는 '겁을 모르는' 아이로, 뒤도 한 번 돌아보지 않고 해변을 가로질러 거대한 바다를 향해 뛰어들었고, 오리가 사는 연못으로 떨어지기도 했으며(초록색과 갈색이 도는 어두컴컴한 물속에 빠져 평온함을 느꼈던 기억이 난다), 수업 중에도 큰 소리로 말했고, 기회가 있을 때마다 사람들 앞에서 공연했다.

변화는 서서히 진행됐다. 자아 인식이 커지며 사회적 지능을 높이고 억제를 배우는 것만큼, 공포의 습득 및 일반화 역시 자연스럽고도 건강한 발달 과정이다.[2] 뜨거운 가스레인지에 손을 데고 나면 모든 가스레인지를 조심하는 법을 배운다. 똑같은 동요를 다섯 번째 반복해서 틀기 전에 주변 분위기를 파악해야 한다는 사실도 깨우친다.

일곱 살 때, 가족과 다 같이 휴가를 보내던 중에 할아버지가 돌아가셨다. 좀 전까지만 해도 멀쩡히 계셨는데, 갑자기 남동생이 놀란 눈을 하고 뛰어 들어와 "할아버지가 하늘나라로 갔어!"라고 알렸다. 엄마와 할머니는 눈물을 보였다. 경찰관이 찾아왔다. 할머니는 얼굴을 두 손에 묻고 "껍데기만 남았어, 껍데기만 남았어"라고 말했고, TV에서는 어린이 만화영화가 방영 중이었으며, 주방 한 켠에 서 있던 내 머리 높이에서는 시리얼 박스가 보였고, 아버지는 남동생과 색색의 감자를 그리는 한편 엄마는 옆방에서 눈물을 훔쳤다. 누군가가 갑자기 **삭제**될 수 있는 그 기묘한 외계 세상에서, 몇 분이 지났을까, 우리는 색칠 놀이를 했고 그 일에 대해서는 티가 날 정도로 아무런 말도 하지 않았다. 그날 저녁, 차를 몰고 집으로 돌아왔다.

장례식에 가지 않아도 된다는 이야기를 듣고 안도했다. 이후 몇 달간, 내 삶에 함께하는 어른들이 슬픔에, 누군가의 죽음 이후 찾아오는 충격과 원초적인 권태에 무방비로 노출된 모습을 스치듯 목격했다. 나는 벌어진 일 또는 내 감정을 입에 올리지 않는 법을 배웠다. 작별인사를 하는 고통에서, 그리고 그 카타르시스에서 제외되었다. 내게는 할아버지가 생매장을 당한 것이었다.

✦

내가 처음으로 깊고도 끝을 알 수 없는 걱정에 시달린 기억은 열네 살 때, 학교에서 괴롭힘이 시작됐던 시점으로 거슬러 올라간다. 교정 상태를 검사하러 치과에 다녀오는 길이었다. 집으로 향하다 동생 생일선물을 사러 근처 전자 장비를 파는 가게에 들렀다. 작은 동네에서 음반 가게와 그나마 비슷한 곳이었다. 가게는 인기 순위 톱

50곡의 CD 싱글을 전부 보유했다. 음악을 좋아했던 나는 매일 밤이면 몇 시간이나 라디오와 앨범을 들었다. 인기 순위 차트를 훑고 있을 때, 두 학년 아래의 남학생 두 명이 가게에 들어와 주변을 잠시 둘러보더니 나를 괴롭히기 시작했다.

나는 무시했다. 놀림을 자주 당하는 편이었다. 몸무게, 안경, 머리 스타일, 치아 교정까지, TV와 영화, 만화에서 학대를 당하는 것이 마땅하다고 그려지는 너드의 휘장은 전부 달고 있었다. 사실 좀 무감해져 있었다. 괴롭힘이 그리 좋지는 않지만 그렇다고 나를 향한 개인적인 공격처럼 느껴지진 않았다. "반응을 보고 싶은 거야"라는 말을 항상 들었다. "네가 반응한다는 것을 보여주지 마. 그러면 그 아이들도 멈출 거야." 괴롭힘은 다가오는 폭풍과 비슷했다. 웅크린 채로 몸을 낮추면 대부분 지나갔다.

마침내 아이들이 밖으로 나갔다. 가게를 나서던 중 한 명이 고개를 돌려 유리를 흘끗 바라봤다. 나는 더 이상 못 견디겠다는 생각이었는지, 아니면 그들과 나 사이에 유리가 있기 때문이었는지 갑자기 객기가 치밀었다. 나를 바라보는 아이를 향해 인상을 구겼다.

무리는 몸을 돌려 다시 가게 안으로 들어왔다. 내 양쪽으로 늘어선 아이들은 소리를 지르기 시작했다. "인상 한번 써봐!" 그들은 나를 "헨리"라고 불렀다 • 영국 속어로 헨리는 '똥turd'을 뜻한다. '헨리 3세Henry the Third'에 운을 맞춘 데서 비롯됐다—옮긴이. 그 이름을 몇 번이나 외쳤다. 매장 직원을 불러 나한테 "안녕, 헨리"라고 인사해보라고 시키자, 직원은 마지못해 비위를 맞춘다는 듯 눈을 굴렸지만 결국에는 애들이 시키는 대로 따랐다. 나는 반짝이는 플라스틱 케이스에 담긴 CD들을 내려다보며 아무 말 없이 서서 달아오른 얼굴로 손을 벌벌 떨었다.

네가 반응한다는 것을 보여주지 마.

상황은 채 5분도 안 되었을 테지만 몇 시간은 지난 것 같았다. 결국 무리는 자리를 떴다. 대단한 정신적 외상을 초래할 정도의 경험처럼 보이진 않겠지만, 이 일을 설명하는 것이 내게 얼마나 고통스러운지 설명하자면(나는 당시의 일을 어디서 쓴 적도, 다른 누구에게도 심지어 아내에게조차 자세히 말한 적이 없다), 이 짧은 몇 문단을 쓰는 데 며칠이나 걸렸을 정도다. 글쓰기를 미뤘다. 도피 삼아 몇 마일이나 달리기를 하러 나갔다. 자다 깨기를 반복했다. 일상적인 일을 하다가 갑자기 울음을 터뜨렸다. 글을 쓰고 난 후에는 심각한 몸살에 걸렸다.

그 이후 벌어진 일 때문이다. 그 아이들은 학교에서 날 볼 때마다 그 이름을 외치고(아직도 '헨리'라는 글자를 키보드로 치면 가슴에 통증이 찾아와 본능적으로 '그 이름'이라고 적는다), 나를 빙 둘러싼 채로 "인상 한번 써봐!"라며 낄낄댔다. 내 필통을 낚아채고는 내가 그때처럼 얼굴을 찌푸리기 전에는 돌려주지 않았다. 등교하거나 하교할 때면 정문에 모여서 날 기다렸다. 중등학교의 바로 옆에 살았던 터라, 매일 아침 그 아이들을 마주하느니 차라리 생울타리를 넘어 학교에 들어갔다. 그 아이들은 우리 집도 알고 있었다. 집으로 날계란이 날아왔다. 우리 할아버지 목소리를 흉내 내는 장난전화도 받았다(할아버지는 기관 절개술을 받고 꺽꺽대듯 말했다). 언젠가 아침 수업이 없는 날이었는데, 잠에서 깨보니 무리 중 하나가 집 안에 들어와 계단을 올라오고 있었다.

학교를 다니는 내내 일상이었다. 친구들은 나를 도와주지 않았다. 어떤 때는 그 무리에 합류하기도 했다. 상황이 더 악화될까 부모님에게도(부모님은 날계란 테러가 그냥 애들 장난인 줄 알았다), 선생님에게도 알릴 수가 없었다. 무엇보다 창피스러웠다. 여전히 그렇다. 내 잘못이었다. 그 아이들은 내 안의 부족하고 추한 무언가를 놓치지 않고서 물고 늘어졌다. 나는 무력감과 모멸감을 느꼈고, 내 자신이 쓸모없는 사람처럼 느껴졌다. 저녁에 침대에 누워 천장을 바라보고 있노라면 속이 뒤틀리고 머리와 손이 축축해졌다.

몇 년 동안, '내가 그 아이들을 자극하지 않았더라면', '애초에 집 밖으로 나가지 않았더라면'이라고 후회하며 그날 상점에서 벌어졌던 일을 반복해서 떠올렸다. 겁쟁이답게 굴 줄 알았더라면.

✧

아무런 인과도 없는 끔찍한 일을 당해본 경험을 하지 못한 사람은 자기 비하를 비뚤어진 사고방식으로 여긴다. 대부분의 사람은 이 세상이 불공평하고 통제 불능이라고 생각하기보다는 자신을 포함해 피해자를 비난하는 쪽을 택한다.

1966년 심리학자 멜빈 J. 러너는 스탠리 밀그램의 유명한 복종 실험[3]의 후속 실험[4]을 진행했다. 학생들은 학습 과제에서 실수를 할 때마다 한 학생이 전기 충격을 받는 모습을 지켜봤다. 학생들에게는 압박 속에서도 과제를 잘 수행할 수 있는지 살피는 군사 목적의 연구라고 설명했다. 연구진은 이들에게 다른 참가자의 감정 신호를 관찰하는 임무를 주었다. 또한 해당 참가자의 '호감도'를 평가해달라고 요청했다. 학생들은 "이 사람이 당신의 친구들과 얼마나 잘 어울릴 수 있겠습니까?"와 같은 질문에 답해야 했다.

사실 전기 충격을 받는 사람은 섭외된 배우였고 전기 충격도 가짜였다. 러너는 학생들이 상대의 고통을 중재할 수 없을 때 이 사람을 거부하고 평가절하한다는 사실을 발견했다. 이 현상을 "공정한 세상 가설"이라는 이론으로 설명했다.[5] 삶의 어떤 부분을 통제할 수 없다는 것이 두려운 나머지 인간은 피해자에게 벌어진 불행을 피해자의 탓이라고 비난할 근거를 찾는다고 러너는 주장했다. "자신의 온전한 정신세계를 유지하기 위해 대부분의 사람은 이 세상이 무작위적 강화의 조건에 지배당한다는 사실을 믿지 않으려 한다."

할아버지가 돌아가셨을 때 어두운 비밀 하나를 알게 되었다. 나는 휴가를 가고 싶지 않았었다. 섬뜩하고도 동정 어린 마법의 힘으로 내가 할아버지에게 심장마비를 일으킨 것이었다. 괴롭힘을 당할 때면 내 한심함 때문에 벌어진 일이라고 여겼다. 다만 여기에도 괜찮은 점은 하나 있었다. 불행한 일들의 원인이 나라면 내가 멈출 수 있다는 뜻이었다. 나 자신을 고친다면, 스스로를 안전하게 지킬 수 있다.

겁이란 인간이 이토록 오래 살아남을 수 있었던 한 가지 이유다. 겁을 지녔기 때문에 우리는 초기 원생동물에서 진화하여 육지에 축 늘어져 쌕쌕대는 물고기로, 도구를 사용하는 침팬지로, 이윽고 스마트밴드와 냉소로 무장한 슬픈 두 발 동물로 변신하고, 몸집을 불리며 정교해졌다. 진화는 만족보다 생존에 보상을 내린다. 맨들맨들한 잎사귀에 맺힌 이슬에 빛이 투과하는 모습을 지켜보고, 덤불에서 딴 짙은 베리의 달큰함을 음미하는 일은 대단히 즐겁겠지만, 자신의 유전자를 다음 세대에 남기고 싶다면 덤불에 몸을 숨기고 다가오는 늑대를 발견하는 것이, 희미하게 모습을 드러내는 불행의 서막을 알아채는 편이 유리하다. 두려움은 우리를 안전하게 지키고 싶어 한다. 죽기보단 스트레스를 받는 편이 낫다.

수키는 까다로운 출발점에서 삶을 시작했다. 출생 후 집에 데려왔지만 감염이 되어 다시 병원에 돌아가야 했다. 의사는 아이가 뇌수막염일지도 모른다고 했다. 팔목에 캐뉼라 관을 달고 심박 측정기를 두른 발목 위로 통통한 발가락을 꼬물대는 아이를 내려다봤다. 내가 어떻게 감당해야 할지 모를 정도로 이 아이를 사랑했다. 무력감을 느꼈다. 아내는 병원에서 수유, 검사, 투약이라는 끝없이 이어지는 사이클 속에서 몇 분간의 쪽잠으로 버티고 있었다. 나는 너덜너덜해졌고 두려움을 느꼈다. 그 어느 때보다도, 성인 남자의 옷을 입은 작은 아이가 된 것 같은 기분을 느꼈다.

수키가 8개월이 되었을 무렵, 내게 심각한 공황발작이 찾아왔다. 바닥에 널브러진 채 목이 바짝 타들어갈 정도로 비명을 지르며 공포에 날뛰었다. 트리거는 기억나지 않지만 내장 깊은 곳까지 파고들었던 공포와 눈 깜짝할 새 퍼지던 혼미함, 비현실감, 내 삶이 끝났다는 확신만은, 내 가족을 영영 잃을 것이란 두려움에 엄마·아버지·신을 찾으며 누구든 날 좀 도와달라고 사정하던 순간만은 여전히 또렷하다. 아내는 문을 닫았다. 아빠가 비명을 지르고 사정하는 소리가 딸아이의 귀에 들리지 않도록 아내는 유튜브로 동요를 틀었다.

그 일을 적는 것만으로도 나를 꼼짝 못하게 만드는 수치심이 차오른다. 내 아이가 무서워할지도 모른다는 사실을 알면서도 새된 비명을 멈추지 못하는 상황이 몹시 두려웠다. (실체가 없는) 두려움이 사무친 나머지 근육이 경직되고, 심장이 쿵쾅대고, 바닥에 엎드려 마구 잡이로 떨리는 몸에서 땀이 쏟아져나왔다. 딸아이가 제 아빠를 겁내지 않도록 아내가 조치를 취해야 했다. 내가 무슨 괴물이라도 된 것 같았다. 나는 고통스러울수록 더욱 경멸스러운 인간이 되었다.

✦

수키가 태어나기 전, 나는 꽤 오랫동안 술과 자해로 불안을 다스렸다. 게워내거나 의식을 잃을 때까지 술을 마셨고 주먹으로 머리를 계속 때렸다. 공황발작이 몇 차례 찾아오며 숨을 못 쉴 듯한 정신이 나가버릴 듯한 무서운 경험을 처음으로 한 때도 그즈음이다. 내 몸을 함부로 대했기 때문이라는 생각에 술을 끊고 자해를 멈췄다. 하지만 술과 자해는 내 대응기제였다. 불안과 공황발작이 심각해졌다. 상태가 심할 때는 발작을 사나흘 연속으로 20분에서 한 시간씩 경험했다. 괜찮을 때는 열흘이나 증상이 찾아오지 않았다.

병원에 가고, 약을 처방받고, 길고 긴 인지행동치료 대기자 명단에 이름을 올리고, 관련 자료와 워크시트로 수행하는 스트레스 완화 수업도 한 차례 참여하고, 개인 심리치료를 결제하고, 약물을 바꾸고, 운동을 하고, 명상 수업에 참여하고, 요가를 하고, 마음을 평안히 하고, 침착해지는 법과 스트레스를 푸는 법, 불안을 이기는 법을 가르쳐주겠다고 말하는 책들을 읽고 또 읽었다.

꽤 오랫동안, 내가 불안이나 공황장애를 겪지 않는 사람처럼 느껴졌다. 삶이란 원래 스트레스 받는 일들이 일어나기 마련이지 않은가? 이사를 가고, 이직을 하고, 사랑하는 사람이 아프거나 죽는 일들 말이다. 현재나 과거의 일 또는 다가오는 어떠한 사건을 짚어내며 지금 나는 이것 때문에 스트레스를 받는다고 말할 수 있었다. 잘 해결하거나 잘 추스르면 된다고. 그러면 괜찮아질 거라고. 공황발작이 한 달, 어쩔 때는 두 달이나 자취를 감췄다. 하지만 결국에는 다시 찾아왔다. 내가 무슨 짓을 한들 소용이 없었다. 고요한 시기가 소강 상태처럼 보였지만 적의 총은 재장전되어 있었다.

✧

불안은 본래 회피성 장애다.[6] 자동차에 설치된 근접 센서처럼 어떤 대상과 곧 충돌할 것 같은 상황을 경고한다. 삐삐 하는 날카로운 소리가 더 크고 빠르게 울린다. 그럼 우리는 회피 행동을 취한다.

내 겁쟁이 기질을 정면으로 맞닥뜨려야 한다는 사실을 인정하기까지 한참이 걸렸다. 불안에 대해 생각하려 하면 불안해졌다. 내게 불안은 벗어나야 한다는, 도피해야 한다는 신호였다.

상황이 더 악화될까 봐 늘 두려웠다. 연인과 사이가 나빠졌지만 다른 공간에 머물며 서로를 노련하게 잘 피해 다니면서 크리스마스까지만 어떻게 잘 버티면 상황이 나아질 거라는 생각과 비슷한 논리였다.

하루의 시작을 이렇게 여기는 사람은 없다. '아, 고통스러운 정서검사로 내 가장 어두운 공포들을 마주하기에 완벽한 하루군!' 그 **기니피그들**을 만나지 않았더라면 이 여정을 결코 시작하지 못했을 것이다.

II
변화할 결심

더는 이렇게 살 수 없음을 깨달았다

수키가 두 살이 되었을 때 우리 가족은 아이들이 동물을 직접 만져볼 수 있는 동물원에 갔다. 털이 긴 기니피그를 내려다보던 중에 나는 재채기를 했다. '에취!'하는 소리에 기니피그들이 우르르 도망쳤다. 우리에 걸린 안내판에는 기니피그가 '강한 놀람반사'를 보인다고 적혀 있었다. 공황발작과 불안에 10년 넘게 시달리던 나는 이 안내문을 읽는 순간 동지의식을 느꼈다. 내 동족을 만난 순간이었다.

갑작스러운 소음이나 움직임에 반응해 기니피그는 순간 얼어붙거나 이리저리 빠르게 오간다. 이런 현상을 가리키는 '투쟁 도피 반응'이란 말을 들어본 적 있을 것이다.[1] 요즘에는 '투쟁, 도피 또는 경직' 혹은 '급성 스트레스 반응'이란 용어나, 좀 더 암시적인 '과다각성'이란 표현을 더욱 자주 쓴다. 우리도 이와 비슷하게 침입자에 대한 경고 같은 진화적 반응이 내재한다.

인간과 기니피그 사이에는 공통점이 또 있다. 일찍이 우리는 공포를 전염시키는 법을 배웠다. 당신이 도쿄 시내를 걷고 있을 때 주변 사람들이 "고질라!"라고 소리를 지르며 당신을 향해 마구 달려온다고 생각해보자. 고층 건물을 꼬리로 내리치는 약 49미터 몸체의 도마뱀을 고개를 들어 확인하기도 전에, 몸은 심박이 높아지고 아드레날린(에피네프린)이 혈류로 퍼지며 도망칠 준비를 마친다. 겁에 질린 얼굴들과 불안에 차오른 비명들, 빠른 속도로 달리는 사람들의 모습은 높은 확률로 위험을 가리킨다는 사실을 (당신의 두뇌 속 원시적인 부분이 본능적으로) 이해하는 것이다.

이는 자원을 절약하는 행위로서 자연선택 • 생존경쟁에서 환경에 유리한 개체만이 살아남아 자손을 남기는 진화 과정—옮긴이이 잘 해내는 일이다. 무리에 속한 개체들 각자가 항상 경계를 바짝 하기보다는, 기니피그 한 마리가 어떠한 감각 신호(큰 소음이나 고통 같은 혐오적 자극 또는 그러한 것과 연계해야 한다고 학습한 신호)에 따른 반응으로 깜짝 놀라면 전체 공동체가 따라 놀라는 것이다. 야생 기니피그에게 우르르 몰려다니는 패턴은 집단의 생존율을 높이는 고도의 적응 행동이었다.

사회적 동물로 사는 또 하나의 이점은 전문가들과 함께할 수 있다는 것이다. 굉장한 불안을 느낀 집단의 한 구성원이 그보다 차분한 동료들은 놓친 무언가를 감지하면, 작동된 놀람반사가 다른 구성원들에게 경고를 보낸다. 얘들아, 글로리아가 위험을 감지했어, 제장, 매 경보, 매 경보!

점차 글로리아는 집단 내에서 이러한 불안을 안고 과도하게 각성한 상태로 세월을 보내는 유일한 구성원이 된다. 높은 수준의 불안을 유지하는 것은 칼로리를 소모하고, 면역계의 활동을 크게 저하시키며, 소화 기능을 떨어뜨리고, 아마도 당사자에게 꽤나 비참한 기분을 안겨줄 것이다.[2] 기니피그에게는 무리에 이런 글로리아가 최소 한 마리 정도 있는 것이 이득이었다. 글로리아의 불안이 다른 이들의 생존율과 수많은 자손을 번식할 확률을 높여주는 한편, 생리적인 부담은 한 구성원에게만 집중되었다. 불안은 개인이 짊어져야 할 저주이자 공동체의 축복이 될 수 있다. 평화의 대가가 영원한 경계 상태라면, 영원한 경계 상태의 대가는 불안이다.

글로리아의 이야기는 진화심리학의 대부분이 그렇듯 허구다.[3] 몇몇 연구자가 이론화하긴 했지만 실제로 진화가 집단 내에서 유독 불안을 느끼는 특정 구성원을 선택했는지는 확실히 알 수 없다.[4] 불안한 기니피그 글로리아는 사례연구에서 덜 과학적인 존재이며, 신화적인 전형에 좀 더 가깝다. 그를 기니피그의 샤먼쯤으로 생각할 수 있다. 그는 공동체적 문화와 더불어 종을 아우르는 존재다. 모함을 당하고 동정을 받는 한편 자신만의 노이로제 기질을 발휘하는 보초병이다. 숨은 중추 역할을 하는 존재다. 온화하고 유약하며 안온한 모든 것의 화신이다.

글로리아는 겁쟁이다. 이 책은 내가 조금 다른 방식의 글로리아가 된 사연을 이야기하는 책이다. 오랜 세월 불안과 공황이 내 삶을 어떻게 지배해왔는지, 딸을 위해 내가 어떻게 달라지기로 결심했는지에 관한 책이다. 내가 기니피그가 된 사연을 들려주는 이야기다.

이 책에서 나는 '불안'을 대체로 기능장애적·역기능적 불안의 의미로 사용한다. 즉 장기적이고 파괴적이며 강렬한 두려움과 걱정을 가리킨다. 불안이 유용한 자극(예컨대 회사에 지각하고 싶지 않다면 이제는 일어나야 한다는 경고)을 제공하기도 하지만, 기능장애적 불안은 계속 비상벨이 울리고, 경고등이 켜지며, 팝업창 메시지를 띄우는 끝나지 않는 오페라다. 내 불안은 그 범위가 전방위적이고 종류를 불문했다. 지구온난화, 혹은 인간의 의식이 죽음을 피할 수 없다는 사실은 예정된 기차 여행에 따른 긴장이나 아내가 내심 내게 짜증이 났을지도 모른다는 걱정과 마찬가지로 나를 뒤흔들고 속이 뒤집힐 정도의 혼미함을 안겼다.

한 번씩 괴팍해지고 어디에도 집중할 수 없는 소용돌이에 빠졌다. 정신을 깨우려 단 음식과 카페인을 탐식했다. 아주 작은 일을 해치우는 데도 고전했다. 세상이 끝나는 판국에 뭐가 중요하겠는가? 이내 지쳐버린 나는 해야 할 일도 밀린 채 자신이 쓸모없는 인간이라는 확신에 젖어들었다. 그러고는 친구와 가족들이 내게 질려버린 것은 아닌지 온갖 징후를 살피기 시작했다. "나한테 짜증났어?" "아니." "진짜야?" "응." "그런데 왜 눈을 굴렸어?"

며칠이나 이 전략을 지속하면 제법 짜증스럽다. 점차 단어를 떠올리는 것이 어려워지기도 한다. 말을 더듬고 결국 문장을 내뱉지 못하는 지경에 이른다. 큰 소음에 깜짝 놀란다. 밤이면 말똥한 정신으로 누워 바깥 거리에서 전해지는 말소리에 귀를 기울인다. 대화 중친구가 한 문장을 마치는 동안만큼도 집중력을 유지하지도 못한다. 나는 이렇게 말하기 시작한다. "뭐라고? 무슨 말 하는지 잘 못 들었어." 이 말을 반복할 때마다 맥박이 상승한다. "불안해." 나는 이렇게 말한다. "다시 시작되나 봐." 공황에 빠진다는 사실을 자각하면 두려워지고 그로 인해 공황이 더 빠르게 진행되었다.

물론 투쟁, 도피 또는 경직에 대해 알고 있었다. 두려움이란 '단순히' 생리적 반응일 뿐이라고 말하는 책을 수십 권이나 읽었으니까. 가끔씩은 공황이 며칠이나 잠복하며 몸집을 키우기도 했다. 어쩔 때는 몇 주나 멀쩡하다가, 어느 날 아침 눈을 떴을 때 아무런 이유 없이 증상들이 다시 덮쳐왔다. 결국에는 본격적인 공황발작이 찾아온다. 보통은 연쇄적으로 몇 차례나 발작을 하다 그 사이사이 기진맥진한 의식으로 깊은 우울을 경험하는 식이었다.

한 번도 공황발작을 겪어보지 못한 사람에게 그 경험을 설명하기란 어렵다. 심지어 공황발작을 경험한 사람과도 대화를 하다 보면 사람에 따라 그 양상이 크게 다르다는 사실을 깨닫게 되었다. 우선 내 공황발작이 어떤 기분인지 설명하자면, 중요한 약속에 늦었다고 생각해보길 바란다. 버스가 언제 오는지 계속 확인한다. 버스는 올 기미도 보이지 않는다. 집에서 늦게 나온 자신에게, 좀 더 철저하게 준비를 하지 못한 자신에게 욕을 퍼붓기 시작한다. 만나기로 한 사람이 점점 더 노여워하는 모습이 상상된다. 심박이 올라간다. 발을 동동 구른다. 시간이 흐른다. 젠장, 난 정말 한심한 인간이야. 버스는 도대체 어디쯤 오고 있는 거야?

이제 이런 생각들이, 점차 커지는 불편함이, 불안하고 초조한 감정이 정상 범주를 넘어 가속화된다. 두 배로, 세 배로, 볼륨이 커진다. 속도도 빨라진다. 머릿속 목소리가 온갖 비명으로 가득 찬 불협화음을 내지른다. 들썩이던 경련이 근육 긴장과 흉부를 압박하는 통증, 숨통이 조여드는 증상으로 번진다. 서 있던 길거리와 버스 정류장과 하늘이 TV 속 장면처럼, 예지몽처럼 비현실적으로 변한다. 모든 사람이 당신을 바라본다. 당신은 괴짜다. 미친 사람이다. 속을 게워낼 것 같다. 심장마비로 숨이 끊어질 것 같다.

공황발작은 100만 개의 사이렌이 한 번에 울리는 증상이다. 불이 붙은 까마귀 떼가 하늘에서 떨어지듯 당신을 덮쳐올까 늘 두려워하던 현란한 광기다. 불꽃놀이에서 폭죽이 터지는 와중에 타이머를 확인하며 긴 자릿수의 나눗셈을 암산으로 풀어야 하는데, 틀린 답을 말할 때마다 가족이 한 명씩 불꽃처럼 쏘아 올려지는 상황이다. 파김치가 될 때까지 정신이 아득해지고, 기세가 완전히 꺾일 때까지 공황발작은 몇 번이나 나를 강타한다. 내가 헐떡이며 눈물을 쏟는 모습을 사람들에게 들킬까 봐 집 밖을 나갈 수가 없다. 사람들 앞에서 발작을 일으킬까 봐.

이런 증상이 10년 넘게 지속되었다. 공황 사이클이 자주 반복될수록 점점 더 자동으로 진행되고 그러다 보면 당연한 운명처럼 느껴진다. 무슨 일이 벌어질지 예상이 되니 두려움은 커지고 상황은 더욱 악화된다. 심호흡하기, 자기 자신에게 논리적으로 상황을 설명하기, 긍정적인 구호를 반복해서 외치기 등 여러 개입 전략을 시도하지만, 홍수로 차오르는 물을 기저귀 한 장으로 닦아내며 막아보려는 것과 비슷하다. 두 시간밖에 못 잔 상태로 일어나 계란 프라이를 망치거나 바지 앞뒤를 뒤집어 입은 적이 있다면, 이론적으로는 간단한 일이 진이 다 빠져버렸을 땐 얼마나 버거워지는지 알 것이다.

공황이 끝난 후에는 팔다리에 힘이 하나도 없다. 생각이 둔해진다. 그간의 상황을 만회해야 한다. 관계를 회복해야 한다. 하지만 솔직히 말해 좀 쉬어도 된다는 생각이 든다. 때문에 잠을 자고, 배가 고파서가 아니라 위안을 얻기 위해 무언가를 먹는다. 이제 공황이 영원히 사라졌을 거라고 말도 안 되는 생각 또한 품는다. 누가 공황과의 전쟁으로 일평생을 보내고 싶겠는가? 달리 정신을 팔 곳이 필요하다. 반사적으로 '그게 날 불안하게 만들면 어쩌지?' 묻지 않고 결정할 수 있는 일이 필요하다. 나는 결혼도 했고 집도 있다. 가끔은 아래층에서 아내 리사가 노래 부르는 소리를 들으며 나 같은 사람은 누릴 수 없을 거라 여겼던 평화와 소속감을 느꼈다.

하지만 몇 차례의 약물 처방이 아무 효과도 발휘하지 못하고 자

II 변화할 결심

37

기계발서도 하나같이 별 성과가 없다 보니 점점 비관적으로 변해갔다. 기쁨은 점차 느끼기 어려워졌다. 주먹이 날아들 거라는 생각이 멈추지 않는데 어떻게 입맞춤을 위해 두 눈을 감겠는가?

·⟡·

언젠가 공황발작이 지나간 후에 내가 한 행동은 이제와 생각해보니 대단한 성과처럼 느껴진다. 바로 내 스스로를 두려움에 더욱 몰아넣었던 것이다. 공포가 진정된 후 과거의 일이 서서히 밀려들며 걱정이 들끓기 시작하는 익숙한 패턴으로 접어들자, 부모의 정신질환이 아이에게 미치는 영향에 관해 지금껏 읽었던(솔직히는 스치듯 훑어봤던) 모든 기사가 떠올랐다. 부모의 정신질환이 아이의 학업 성취도를 저하시키고,[5] 여러 정신질환 발병의 위험을 높이고,[6] 심지어 천식에 걸릴 확률까지 높인다는 여러 연구가 있었다.[7] 나는 존재하는 것만으로도 수키를 위험에 빠뜨리는 중이었다.

너무나 놀랍고도 유쾌한, 유일무이한 존재인 딸에게 이 암울한 유산이 전해진다는 생각에 오래도록 사로잡혔다. 이 냉혹한 현실이 겹겹이 쌓인 무력감과 자기 연민을 뚫고 나를 덮쳐왔다. 마음 깊은 곳에서 내가 행복할 자격이 없다는 생각이 들었다. 다만 내 자신을 사랑하지 않더라도 내 딸은 사랑했던 걸까? 경험상 아이들은 어른들의 말과 행동 사이의 간극을 잘 알아챈다. 할아버지가 돌아가신 후 부모님이 했던 말과("다 괜찮아, 아무 문제 없어"), 부모님의 실제 심경 사이에 상당한 차이가 있었다. 아이들은 우리가 말로 전하는 가르침으로는 그리 많은 것을 배우지 않고, 우리가 보여주는 행동에서 많은 것을 배운다. 수키의 눈에 내가 내 자신을 대하는 모습이 어떻게 비춰질지 상상했다. 아이가 내게서 배울 것들을 떠올렸다. 내가 했던 것처럼 스스로를 대할 아이의 모습을 상상했다.

그 순간, 무언가가 달라졌다. 뭘 해야 할지도 모르고, 치료법을 찾을 거라는 자신감도 없었지만, 실패는 용납할 수 없었다. 아이가 우리 곁에 함께하기 위해 감염과 싸웠다면, 아내가 달라지는 몸과 72시간의 진통 그리고 이후 수개월간의 수면 부족과 싸웠다면, 나도 불안을 이겨내기 위해 마지막으로 한 번쯤 노력해야 마땅했다.

당시 시각 작업기억 발달을 관찰하는 연구 프로그램에 수키를 막 등록한 차였다. 아이를 병원에 데려가, 과학자들이 잠든 아이의 몸을 MRI 스캐너에 통과시키는 모습을 지켜봤다. 또 한번 연구실에 갔을 때는 fNIRS(기능적 근적외선 분광법, '에프-닐스'라고 발음한다) 스캐너라는 메두사 머리처럼 섬뜩하게 생긴 모자를 연결하기도 했다. 아이가 화면에 등장하는 색색의 모양들을 눈으로 쫓을 때 이 기기로 뇌 혈류 이동을 측정했다. 수키는 사람들의 관심을 한몸에 받는 것을 즐겼고 어린 과학자로서 검사에 매우 진지하게 임했다.

컴퓨터 화면에 뜬 수키의 두뇌 지도를 바라보며 우리가 심리학에서 이토록 놀라운 발전을 이뤘다는 데 감명받았다. 화면상 변화하는 주황색과 붉은색은 헤모글로빈의 농도를 의미했다. 헤모글로빈은 몸에서 산소를 가장 많이 필요로 하는 곳으로 운반한다. 나는 수키의 생각을 들여다봤던 것이다.

과학자들이 불안을 느끼는 사람들의 뇌를 스캔한 연구, 수도승의 땀샘을 관찰한 연구 등을 다룬 기사들을 읽었다. 불안 유전자나 불안 장내 박테리아, 불안한 로봇에 대한 기사들, 극한의 추위나 단식, 삼림욕, 환각성 약물로 불안증을 치료하는 기사들도 읽었다. 신문에 나온 이야기들이 사실이라면 다양한 분야에서 불안을 연구하는 획기

II 뜨거운 정신

39

적인 아이디어가 빗발치고 있었다.

지역 보건의GP • 영국에서 1차로 가벼운 진료를 담당하는 지역 주치의—옮긴이에
게서는 이런 최첨단 치료를 하나도 못 받을 터였다. 그런 치료는 세
계 곳곳, 수키가 다니는 연구실 같은 곳에서 테스트 중이었다. 결과
는 분명 나왔을 거라고 생각했다. **누군가**는 분명히 답을 알 거라고.
이후 몇 주간, 늦은 시간까지 '불안 치료법'과 '공황 연구'를 검색했
다. '유망해' 보이나 '연구가 더욱 필요한' 새 치료법을 다양하게 다룬
글을 읽어나갔다. 5년, 10년, 어쩌면 20년 후에는 대중도 접근이 가능
할지 모를 치료법들을 읽었다.

불안은 비상사태를 발동한다. **당장** 문제를 해결하라고 비명을 질
러댄다. 그래서 결심했다. 끝도 없이 진행되는 임상시험과 규제기관
의 승인을 기다리는 대신, 이런 치료법들이 지원금을 받도록 정치 분
위기가 변하길 기다리는 대신, 연구자들에게 직접 연락을 해야겠다
고 말이다. 불안과 공황을 연구하는 데 일생을 바친 사람들이 발견한
비밀을 알아내겠다고, 그리고 치료법을 내 몸에 직접 테스트하겠다
고. 스스로 기니피그가 될 생각이었다.

✦

도전의 조건은 간단했다. 1년만 해보자는 거였다. 마침 마흔 번째
생일이 다가왔고, (살짝 불길하기도 했지만) 만족스러운 전환점이 될
것 같았다. 분야를 막론하고 불안과 조금이라도 관련된 연구를 하는
사람이라면 누구든 접촉할 생각이었다. 무엇을 밝혀냈는지 물어보
고 싶었다. 그리고 이들이 밝혀낸 것들을 최대한 내 삶에 적용하려는
마음이었다.

1년이라는 데드라인을 정한 이유는 의지를 다지기 위함이었다. 대충 해보는 식으로, 월요일에 변화를 다짐하고 수요일에 그만둘 수는 없었다. 물론 실제로도 데드라인에 쫓겼다. 온전치 못한 상태로 하루를 보내는 것은 곧 딸아이의 유년시절 중 하루를 놓치는 것과 같았다. 아빠의 역할에 실패하는 또 다른 하루였다.

두 가지 규칙이 더 있었다. 먼저, 무엇이든 증거가 뒷받침되어야 했다. 당연히 새 치료법은 입증된 치료법보다 연구가 부족할 터였지만, 내 시간을 투자하기 전에 동료평가를 거친, 적어도 '표면적인 타당성'이라도 증명된 연구여야 했다. 둘째로 비용이 많이 드는 방법은 제외였다. 나는 파트타임 작가 수입으로 생활하는 아빠였다. 제 아무리 획기적이라 해도 호화스러운 치료는 감당할 수 없었다.

이 두 가지만 충족된다면 무엇이든 상관없었다. 광기에 사로잡힌 사람처럼 전 세계 연구자들에게 이메일을 쓰기 시작했다. 자, 그럼, 여러분, 이제 실력들 좀 한번 봅시다.

III
운동하는 사람

투쟁, 도피 또는 경직 반응과 신경전달물질

시작은 했지만 갈피를 잡지 못했다. 기본적인 지식을 급히 배우려고 도서관에서 심리학과 신경과학 책들을 빌렸다. 한 글자도 이해가 가지 않았다. 차라리 감자를 읽는 편이 나을지도 몰랐다. 전문적인 도움이 필요했다. 이메일 회신을 (당연히 안절부절못하며) 기다리는 동안 어디서부터 시작해야 할지 생각을 정리하려 애썼다.

수많은 부모가 그렇듯 쪽잠과 부족한 자유 시간에 시달리던 나는 자멸하듯 운동과 식습관을 방치했다. 카페인과 설탕으로 피로에 맞섰다. 아이가 마침내 잠이 들면 핸드폰으로 피자, 케밥, 치즈가 올라간 감자튀김 등 배달 음식을 매우 쉽게 주문했다. 먹고 난 후에는 속이 뒤집어질 것 같고 더부룩했으며 입술에는 기름기가 번들거렸다. 무슨 짓을 하는 걸까? 왜 스스로를 통제하지 못할까? 온종일 신선한 과일이나 채소 하나 섭취하지 않는 날들이 많았다.

장이 정신건강의 새로운 지평을 열었다는 기사들을 접했다. 염증이 우울과 불안에 연관이 있고, 과체중이거나 설탕과 지방이 함유된 음식을 많이 섭취할 때 염증이 증가한다는 내용이었다. 친구와 가족에게서 운동량을 늘리라는 소리를 자주 들었다. "집 밖으로 좀 나가"야 한다고. "연구 결과에 따르면" 또는 "과학이 보여준 바에 따르면" 운동이 불안을 낮춰준다는 내용의 기사가 많이 보였다.

내 앞에 놓인 수많은 선택지 가운데, 식습관을 바꾸고 운동량을 늘리는 것이 가장 논란의 소지가 적어 보였다. 이것만으로는 충분치 않더라도 당연히 도움은 될 터였다. 다만 그렇게 말하는 연구란 어디에 있을까? 언제 한 연구일까? 누구를 대상으로 했을까? 그래서 뭔가를 발견하긴 한 건가?

⟡

1913년 11월 말, 하버드대학의 미식축구 팀인 하버드 크림슨은 최대 라이벌인 예일과의 시즌 마지막 경기를 치렀다. 우승은 두 가지 측면에서 승리를 거머쥐는 것이었다. 상상할 수 없을 정도로 거친 경기에서 승리했다는 만족감과, 하버드가 완벽한 시즌을 기록한다는 만족감이었다. 실로 작년에 이어 두 번째로 완벽한 시즌을 이어가고 있었다. 2년 연속 패나 무승부가 없었다. 거대한 U자형 철근 콘크리트 경기장인 하버드 스타디움이 팬들의 함성소리로 가득차기 직전이었다. 그 순간, 안경 쓴 40대 생리학 교수 월터 B. 캐넌은 미식축구 팀의 선수 25명에게 다가가 소변 샘플을 채취해도 되는지 물었다.

캐넌은 정서적 흥분이 선수들의 혈당을 일시적으로 높이는지 확인하고 싶었다. 그는 경기 전과 후 선수들의 소변을 채취했고 그 결과, 경기에 뛰지 않은 교체 선수 5명을 포함해 12명의 소변에서 게임 이후에 혈당이 검출됐다.[1] 또한 "하버드의 승리에 흥분한 관중"(크림

슨이 15 대 5로 승리를 거두었다) 한 명의 소변 샘플에서도 "뚜렷한 당뇨
(소변으로 배출된 포도당)"가 발견되었으나 다음 날 소변에서는 검출되
지 않았다.

이 결과와 수많은 실험을 거쳐 캐넌은 "투쟁 도피 반응"이라는 이
론을 정립했다.[2] 동물이 위협을 마주할 때 신체는 도망치거나 맞서
싸워 위협에 반응한다는 것이다. 캐넌은 고통 또는 위협적인 상황이
아드레날린의 분비를 촉발하고 혈당을 높이는 과정을 설명했다. 이
러한 반사적인 반응은 두려움과 분노 등의 특정 정서와 연계되는데,
그는 이렇게 설명했다. "반사 반응은 일반적으로 유익한 반응이기 때
문에, 우리는 이러한 상황에서 투쟁 도피 반응이 유익하다고 당연하
게 생각한다. 그렇다면 이런 반응이 지니는 가치는 무엇일까?"[3]

캐넌이 1915년에 출간한 저서 『고통과 허기, 두려움과 분노를 느
낄 때 신체적 변화Bodily Changes In Pain, Hunger, Fear and Rage』를 바탕으로 수
많은 연구가 진행됐지만, 핵심은 같았다. 고통에 빠지거나 위협이라
고 인지한 상황에 빠지면 신체에서 아드레날린과 코르티솔, 노르아
드레날린과 같이 어떠한 행동을 곧장 실행하도록 준비시키는 호르
몬의 분비가 활성화된다. 근육에 혈액을 추가로 공급하기 위해 심박
이 증가한다. 근육에 더 많은 에너지를 전달하기 위해 혈당이 올라간
다. 근육이 힘을 더 쓰면서 증가할 이산화탄소를 배출하기 위해 호흡
도 상승한다. 혈액이 가장 필요한 곳으로 혈류를 조정하기 위해 어떤
혈관은 수축하고 또 어떤 혈관은 확장한다. 소화 속도가 낮아지거나
기능이 멈춘다. 시야가 좁아진다. 방광과 괄약근이 느슨해진다.[4]

이 모든 현상을 일으키는 원인에 캐넌은 '항상성'이라고 이름 붙
였다. 항상성은 외부 조건이 변할 때 신체가 내부 균형을 유지하는
과정을 뜻한다. 투쟁, 도피 또는 경직 반응이라는 생리적 반응은 (맞

서 싸우거나 죽기 살기로 도망치는) 과격한 신체 활동을 곧 하게 되리라고 추정하며 발생한다. 격렬히 활동하면 근육은 당을 더 필요로 하고, 세포는 더 많은 산소를 흡수하며 더 많은 이산화탄소를 내뿜는다(캐넌에 따르면 휴식 때에 비해 그 양이 20배까지 증가한다).

약산성을 띠는 이산화탄소가 적어지며 혈액이 알칼리성에 좀 더 가까워진다. 실제로 격렬하게 싸우거나 도망치지 않는다면 높아진 혈당과 pH(수소이온농도)로 인해 신체는 일시적인 불균형에 빠진다. 이때 귀가 울린다. 손이 떨린다. 머리가 어질해진다. 실제 행동으로 이어지지 않는 투쟁 도피 반응이 항상성을 **무너뜨리는** 것이다.

캐넌은 이런 반응들이 제 역할을 다하기 위해선 빠르게 나타날 수밖에 없다고 설명했다. 혈액이 다리로 가기까지 시간이 걸려 당신을 구하지 못한다면 아무런 쓸모가 없을 테니까. 또한 캐넌은 격렬한 활동으로 나타나는 몇몇 결과(이를테면 가쁜 숨) 자체가 아드레날린을 방출하고 혈당을 높여 '세컨드 윈드second wind'• 격렬한 운동 중에 어떠한 시점을 넘기면 오히려 고통이 줄어들고 호흡이 안정화되는 것—옮긴이라는 현상을 불러올 뿐 아니라, 동물이 이렇듯 높은 각성 상태에 빠지면 해당 반응이 다시 촉발되기가 더욱 쉬워진다고 설명했다.

투쟁, 도피 또는 경직 반응은 수백 년이 넘는 동안 포식자와 사냥감 양쪽 모두가 자신을 지키기 위해 연마한 기술이다. 팔다리가 길쭉해지고, 치아가 날카로워지거나 뭉뚝해지며, 급성장하는 두뇌를 수용하려고 머리뼈(두개골) 용적이 커지는 등 다양한 선택압selection pressure • 생존에 유리한 개체군의 선택적 증식을 유도하는 요인—옮긴이으로 광범위한 서식지에 적응하기 위해 세대를 거치며 형태가 바뀌었지만, 투쟁, 도피 또는 경직 반응은 보존된 것이다. 그 정도로 생물에게 필수다. 그리고 이제 우리가 그 반응을 그대로 계승했다.

불안장애가 없는 사람이라면 그것으로 고통받는 사람이(**몇 년** 동안이나 고통받으면서도) 도대체 왜, 기회가 나는 대로 타이츠 한 벌 휙 걸치고 헬스장으로 급히 내달리지 않았는지 이해되지 않을 것이다. 실내 운동용 자전거에 올라 페달을 밟으며 히스테리성 정서불안을 떨쳐내지 않고 정신의학 약물이나 길고 긴 심리치료에 의존하는 이유가 도대체 뭘까? 이에 답하려면 먼저 엉덩이를 씰룩대며 어려운 소리 좀 늘어놔야 한다.

이런 나를 겸손하게 만드는 대장균에 대해 생각해보자. 대장균은 보통 막대 모양에 길이 2미크론, 너비 0.5미크론(길이 0.002밀리미터, 너비 0.0005밀리미터)인 세포다. 대장균은 내부 pH를 7.2에서 7.8 정도의 약알칼리성으로 유지하려 한다. 한편 인간의 위장관(대장과 소장, 위와 식도)에 대량 서식하며 대장균은 pH 4.5에서 9의 환경을 마주하게 된다.[5] 생존과 번식을 위해 대장균 박테리아는 주변 환경과 자체 세포의 pH를 감지하고 그에 맞춰 반응해야 한다. 이 과정에서 대장균은 판단한다. '내 주변 환경이 너무 산성이거나 알칼리성인가? 내가 너무 산성이거나 알칼리성인가?' 외부 또는 내부 pH를 바로 감지하는 센서와, 2차적 변화를 인식하여 pH를 전환해야 한다고 성실하게 신호를 보내는 센서로 이 일련의 작용이 이루어진다. 예컨대 대장균이 (고알칼리성 물질인 트라이메틸아민으로 분해되는) 트라이메틸아민 N-산화물을 감지하면 산을 만드는 효소를 자극한다.[6] 이런 과정으로 대장균은 내부 균형, 즉 항상성을 유지한다.

이런 시스템은 현재 살아 있거나 과거 살았던 모든 유기체에서 발견된다. 시스템들이 스스로 생존을 도모해왔다. 박테리아 세포처럼 지극히 단순한 존재도 위험을 감지하고 그에 반응할 수 있다. 하지만 중요한 점은 이 반응이 그 순간만 보고 일어난다는 점이다. 대장균은 자신이 어떠한 결과를 맞을지에 관해서는 그리 결정권이 많지 않다. 대장균은 작은 꼬리, 즉 '편모'를 시계 반대 방향으로 회전해 (어느 정도) 이동할 수는 있지만, 대체로 흐름에 자신을 맡겨 어디에 도달하든 생존하기 위해 노력하는 쪽이다. 대장균 박테리아로서는 한 시간 후 인간의 위라는 강산성 환경에서 사멸하게 될 거라는 사실을 예측하는 일이 무의미하다. 해당 정보를 고려해 조치를 취할 수 없기 때문이다.

이와 달리 인간은 외부 세계에 영향을 미치는 선택지가 아주 많다. 우리에게는 팔다리가 있다. 언어도 있다. 대장균이 적극 활용하는 화학 수용체와 항상성 시스템 또한 안에서 여전히 제 역할을 하지만 우리는 이보다 한 발 더 나아간다. 너무 덥거나 추운 환경에서 (땀을 흘리거나 몸을 덜덜 떨며) 신체를 조절할 뿐만 아니라, 적대적인 환경 자체를 피하기 위해 조치를 취한다. '아얏! 가스레인지에 살갗이 타고 있네. 손을 치워야겠다'라고 생각하지 않는다. 상황을 인식하고 '가스레인지에 델 것 같으니 만지지 말아야겠다'라고 생각한다. **위험한 상황이 벌어지기 전에** 위험을 감지하고 반응할 수 있다. 이것이 바로 불안이다.

예측과 제약으로 작동하며 불안은 이렇게 말한다. 그거 하지 마, 네가 다칠 거야. 그거 하지 마, 실망하게 될 거야. 그거 하지 마, 망신당하게 될 거야. 불안은 루틴을 좋아한다. 예측 가능성을 좋아한다. 결과를 알고 싶어 한다. 불안은 불확실성을 싫어한다. 변화를 싫어한다. 무엇보다 당신이 감당하기 어려울 상황을 싫어한다. 당신이 처한 환경 내 정서적 pH가 스스로 조절할 수 있는 범위를 넘어선 상황 말이다.

불안은 (직접 판단하기에) 당신이 신체적 또는 심리적 타격을 입을 만한 행동을 하지 못하게 가로 막는다. 본질적으로 불안은 당신의 내적 균형을 흔들 수 있는(항상성을 파괴할 가능성이 있는) 것은 무엇이든 피하도록 도와주려 한다. 머릿속에 "그거 잘 안 될 거야"라는 목소리를 전달한다. 스트레스가 되는 상황을 이미지로 띄우기도 한다. 사람이 가득한 음식점, 상사의 실망스러운 표정 같은 것 말이다. (조여오는 가슴, 뒤틀리는 속, 호흡 곤란처럼) 불편한 신체 감각으로 벌을 내릴지도 모른다. 보통은 생각·이미지·감각이 한꺼번에 밀려온다.

불안은 실수에 민감해지도록 만든다(실수를 하면 **고통스럽다**). 때문에 당신은 실수를 기억하고 앞으로 주의를 기울이게 된다. 하지만 불안이 악의를 갖고 이러는 것은 아니다. 그저 당신의 주의를 끌고, 당신에게 경고를 하고, 더 큰 위험에 빠지지 않도록 지켜주려는 것뿐이다. 세상은 끔찍하고 예측할 수 없는 곳이고, 당신은, 가련한 당신은 너무도 연약하다. 당신을 모욕하려는 의도가 아니라 현실을 말하는 것이다. 나라면 아직 학교도 들어가지 않은 어린 딸을 비행 중인 헬리콥터 조종석에 앉히지 않을 것이다. 아이에게 다채로운 새 경험을 접하게 해주고 싶지 않은 것이 아니라, 아이를 안전하게 지키고 싶기 때문이다. 마찬가지로 불안은 당신이 당신 삶의 조종석에 앉길 바라지 않는다. 추락할지도 모르니까.

불안은 도박보다 확실한 것을 선호한다. 불확실한 내일보다 현재를 선호한다. 기쁨을 좇기보다 고통을 줄이는 쪽을 택한다. 그리고 불안은 **안다**. 아, 이 지독히도 불확실한 세상에서 이것 하나만은 확실히 안다. 당신이 새로운 무언가를 시도한다면 실패하리라는 사실을 불안은 알고 있다.

'새로운 운동을 시작해야겠어'라는 생각이 들었다고 가정해보

자. 그럼 불안은 보던 신문을 내리고 안경 너머 미심쩍은 눈빛으로 당신을 바라보며 묻는다. 그게 얼마나 가겠어?

솔직히 잘 모르겠어. 다만 적어도 시도는 해봐야 할 것 같아.

지금껏 매번 실패했잖아. 불안이 말한다.

뭐, 이번에는 다르다고 생각해. 정말 해야 할 일이라고.

의지력이 없잖아. 러닝슈즈도 없으면서.

살 거야.

돈 아껴. 잠깐 신고 1년 내내 신발장에 처박힌 운동화를 볼 때마다 조롱당하는 기분만 들 거야. 사람들은 가지도 않을 헬스장 회원권을 산다고 거금을 낭비한다고. 그런 실망감 따위는 겪지 않는 편이 나아.

하지만 너무 끔찍하단 말이야. 계속 이렇게 살 수만은 없어.

넌 본질적으로 망가졌어. 동네 좀 뛴다고 고쳐질 게 아니라고.

벌써부터 심장 근처가 뻐근해지고 몸을 잡아 끄는 피로가 느껴진다. 틀린 말은 아니다. 지금껏 어떻게든 운동을 꾸준히 한 적이, 말 그대로 단 한 번도 없다. 왜 오늘은 다를 거라고 생각할까? 그냥 땅콩버터 샌드위치나 하나 만들어 먹어. 불안은 다시 신문 부고란으로 시선을 돌리며 말한다. 프링글스도 먹고. 뭘 좀 해보겠다는 희망 어린 잡생각으로 스스로를 괴롭히는 짓은 그만두라고. 너랑 어울리지 않아. 고개가 푹 꺾인다. 당연히 어울리지 않지. 내가? 러너가 되겠다고? 뭐에 씌어 그런 생각을 한 건지 모를 일이다.

✦

축구팀 멤버로 제일 마지막에 지목된다거나 크로스컨트리 대회에서 꼴찌로 들어온다는 민망한 상황의 이야기를 농담처럼 많이들

한다. 학생 때 나는 실제로 축구팀 팀원으로 마지막에야 뽑혔고 크로스컨트리에서는 꼴찌로 들어왔다. 나는 평발이다. 잠자기 같은 실내 활동을 좋아한다. 사무실까지 3미터만 움직이면 갈 수 있다.

전에 식습관을 바꿔보려 했었다. 친구들과 모여 운동도 했다. 그러다 보면 무언가 일이 생겨 새 루틴은 고작 몇 주밖에 유지되지 않았다. 이제 좀 쉬어도 될 것 같다는 생각이 들면 갓 목욕을 마친 스패니얼이 여우 똥 위를 구르며 몸을 더럽히듯, 광란에 빠진 방종과 함께 과거의 나쁜 습관으로 되돌아갔다. 두어 시간마다 무언가를 먹지 않으면 집중이 잘 안 됐다. 불안이 급격히 치솟았다. 말을 더듬었다. 손이 떨리기 시작했다. 증상이 심해지자 의사는 당뇨병 전증인지 확인하기 위해 피검사를 진행했다. 결과는 음성이었지만 사태의 심각성을 깨닫는 계기가 되었다.

확 타오르다 다시 곤두박질치는 이런 사이클을 지속할 수는 없었다. 식습관을 고치고 운동을 시작할 만큼 강철 같은 의지력을 하루아침에 어떻게 얻을까? 전문가가 필요했다. 몇 통의 메일이 오간 후 나는 파운드리 헬스장의 공동 창립자이자 2만 시간이 넘는 경력의 퍼스널 트레이너 데이브 토머스를 만나기 위해 런던으로 향했다.

✧

"생화학적인 측면을 보자면 인간의 신체는 수렵채집인일 때와 전혀 달라진 것이 없습니다." 런던에 있는 데이브의 헬스장에서 만나 캐넌의 투쟁, 도피 또는 경직 반응에 대해 이야기를 나눴다. 과거에는 이 반응 덕분에 곰과 늑대, 검치호랑이에게서 살아남았지만, 현재 더는 이 사나운 동물들과 함께하지 않는다. "이제 우리 곁에는 매우 짜증나는 동료들과 스트레스 심한 출퇴근길, 패스트푸드, 쉬지 않고 제공되는 카페인이 있죠."

이런 심리적·생리적·식이적 스트레스 요인 앞에서 우리 몸은 위협을 마주한 것처럼 반응한다. 스트레스 심한 출퇴근길을 직접 경험할 필요도 없이 그저 스트레스가 **심할 것이라고 예상**만 해도 해당 반응이 촉발되기 충분하다. 의학과 심리학 논문에서 "스트레스"를 두고 통용되는 정의 중 하나는 바로 "항상성을 향한 위협"이다.

체내에서 주요 트리거 역할을 하는 부위는 두뇌 아래쪽에 위치한 원뿔형의 시상하부다. 시상하부는 호흡과 혈압, 심박 등을 관장하는 자율신경계로 전신의 생리적 반응 일체를 통제한다. 자율신경계는 교감신경과 부교감신경, 이렇게 두 가지로 나뉜다. 교감신경계는 우리에게 활력과 기운을 주고 어떠한 행동을 취하게 만든다. 부교감신경계는 이후 우리를 진정시키는 일을 한다. 교감신경계가 '투쟁과 도피'를 관장한다면 부교감신경계는 '휴식과 소화'(치유·회복·재충전 등 우리 생존에 역시 필수적인 부분들)에 관여한다.

스트레스 반응에 대한 현시점의 모델은 다음과 같다. 시상하부는 편도체를 통해 위협이 있다는 신호를 받는다. 먼저 시상하부가 교감신경계를 작동해서 저 아래쪽 신장 근처의 부신에 아드레날린을 분비하라는 메시지를 보낸다. 아드레날린이 심박을 높이고, 저장된 포도당을 방출하며(그 결과 혈당이 올라간다), 폐 속 작은 기도들을 확장하고, 호흡하고 싶다는 욕구를 자극한다. 이 일련의 과정이 거의 즉각 행해지며 그게 무엇이든 위험을 당장 처리하도록 에너지와 속도를 확 끌어올린다.[7]

반응의 두 번째 부분은 시상하부와 뇌하수체, 부신의 공조로 이뤄진다(이를 시상하부-뇌하수체-부신 축 또는 HPA 축이라 한다). 스트레스는 (일련의 분자 도미노처럼) 호르몬 연쇄반응을 일으킨다. 시상하부가 바소프레신과 부신겉질자극호르몬-방출인자(CRF)를 분비한다. 이 CRF가 뇌하수체를 자극해 부신겉질자극호르몬(ACTH)이 나온다. ACTH가 부신을 자극해 당질코르티코이드를 생산하게 만드는데, 이때 나오는 호르몬 중 하나가 바로 코르티솔이다.[8]

우리는 이것만 기억하면 된다. "스트레스가 들어오면 아드레날린과 코르티솔이 나온다." 그러면 심박이 증가한다. 근육이 팽팽해진다. 혈당이 상승한다. 하지만 과격한 육체 활동이 곧장 뒤따르지 않는다면 이런 체내 변화들은 큰 불편감을 선사한다. 무더운 날 난방기구를 트는 것과 비슷하다.

데이브의 설명에 따르면, 혈당이 증가할 때 췌장은 인슐린 분비로 응수하는데 인슐린은 세포 속으로 당을 재흡수시키는 역할을 한다. (스트레스 때문이든, 당이 든 음식을 섭취해서든) 혈당이 치솟으면 이에 대응해 인슐린 또한 순간 대량으로 분비되고, 혈액 내 혈당이 순식간에 재흡수되며 저혈당 상태가 된다. 포도당이 두뇌의 주된 연료인 만큼 집중력 저하, 과민함, 피로 증상이 나타난다.

불안한 사람들은 두려운 일이 생기면 끔찍한 사이클에 접어들 수 있다. 투쟁, 도피 또는 경직 반응이 촉발되면 혈당이 치솟아 잠시 동안 순식간에 고혈당 상태에 빠지고, 이 당을 재흡수하기 위해 인슐린 스파이크 • 인슐린이 순간 대량으로 분비되는 현상—옮긴이가 벌어지며, 몸이 떨리고 피로하며 혼란스러운 증상을 경험한다. 그럼 우리는 혈당을 높이려고 당이 함유된 에너지 드링크를 마시지만 이는 또 인슐린 스파이크를 야기해 결국 한 시간 후 다시 저혈당 증상이 찾아올 뿐이다.

인슐린 수치의 상승으로 몸은 시간이 지날수록 인슐린에 저항하게 되는데 그리 나쁜 것 같지 않지만(혈당이 치솟고 뚝 떨어지는 빈도가 줄어드니), 인슐린 저항성은 체중 증가, 근육 감소, 2형 당뇨 발병 등의 수많은 문제를 일으킨다. 이제 상황은 더욱 심각해진다.

✦

1950년 《영국의학저널British Medical Journal》에 "일반적응증후군"이라는 증상을 대단히 거창하게 설명한 내분비학자 한스 셀리에의 글이 실렸다. 그가 다룬 주제는 만성 스트레스였지만 어조만큼은 전쟁에 앞서 국민들을 결집시키는 수상처럼 고상했다. "우리는 이 현상을 결코 진정으로 '이해하지' 못할 것이다." 그는 경고의 말을 전했다. "생명에 대한 완전한 이해가 인간의 머리로 가능하지 않기 때문이다." 그는 자세히 내용을 밝히기까지 '수 세대'가 걸릴 거라고 설명했다. 하지만 안개는 "어느 정도 걷혀" 일반적응증후군이 드러났고 "어슴푸레한 '황혼의 빛'이 그 윤곽의 장엄함을 보여줄 뿐 아니라 더 많은 것을 보고 싶다는 끝없는 욕망을 불러일으켰다."[9]

셀리에는 쥐들을 만성 추위나 외과적 처치가 필요한 부상에 반복해서 노출시켰다. 그는 캐넌의 연구를 바탕으로 투쟁 도피 반응(그는 "경고 반응"이라고 불렀다)이 반복적으로 촉발되면 결국 두 번째 단계인 "저항 단계"에 접어든다고 주장했다. 이때 몇몇 반응이 정상화된다. 혈액 농축이 완화되고 아드레날린과 코르티솔 수치가 떨어진다. 하지만 스트레스 요인이 사라지지 않는다면 심박과 혈압은 기준치 이상으로 높게 유지되어 동물은 계속해서 높은 경계 상태에 놓인다. 마지막 "소진 단계"에서 신체는 호르몬과 자원이 고갈되어 탈진하게 되고 질병에 취약해진다.

여러 설치류 실험에서 추위나 꼬리 충격과 같은 장기적이고 예측 불가능한 스트레스 요인을 경험한 동물들이 새로운 스트레스 요인에 노출되자 더 많은 코르티솔을 분비하는 모습을 보였다. 스트레스에 과민하게 반응하기 시작한 것이다.

('스트레스의 아버지'로도 불리는) 셀리에는 더 나아가 만성적이고 전신에 영향을 주는 스트레스가 류머티즘, 당뇨, 고혈압과 같은 증상을 야기할 수 있다고 설명했다. 셀리에와 이후 그의 이론을 발전시킨 학자들은 장기적 스트레스가 근육 이상, 감염, 면역계 억제, 수면 부족을 유발하고, 심지어 단기 기억을 장기 기억으로 전환하고 공간 기억에 관여하는 뇌 부위인 해마 속 뉴런 성장을 저해시켜 기억력 감퇴까지 일으킨다는 사실을 발견했다.[10] 단기적으로 봤을 때 상승한 코르티솔과 아드레날린은 피로와 과민함, 불안을 야기했다. 장기적으로는 번아웃과 신경쇠약, 탈진을 일으켰다.[11]

이후 셀리에의 모델에 개선을 더해 이어진 연구를 거쳐 "신항상성allostasis(생체적응)"이라는 용어가 등장했는데, 이는 항상성을 유지하는 화학적 메신저들과 프로세스를 의미한다.[12] 기민한 신항상성은 정상적이고 건강한 반응으로 적응을 돕는다. 정서적 위협이 꾸준한 혈압 상승으로 이어지는 등의 상황에서는 신항상성 부하가 발생한다. 스트레스는 일상에서 늘 겪는 것이고, 흥분감같이 긍정적인 경험도 제공한다. 연구진은 스트레스와 "스트레스를 많이 받은" 상태를 구분하기 위해 '신항상성 부하' 같은 용어를 사용한다.

데이브는 꾸준히 스트레스가 심한 기업의 중역들과 함께한 경험이 많았다. 그에게 운동이 이 모든 문제의 답이 되는지, 도움이 안 되는 스트레스 호르몬을 운동으로 '연소'할 수 있는지 물었다.

먼저 그는 주의해야 할 점을 알렸다. 이미 일상에서 스트레스를 많이 받을 때 "갑자기 밖으로 나가 마라톤을 시작한다면 스트레스가 더해질 뿐입니다. 갑작스러운 칼로리 부족 상태로 자신을 몰아넣는 것도 마찬가지죠." 웨이트 트레이닝과 서킷 트레이닝을 실행하는 동안에는 코르티솔과 아드레날린의 수치가 높아진다. "그것 자체로는 두려워할 만한 일이 아닙니다. 한 번씩 코르티솔과 아드레날린을 상승시킬 필요가 있어요. 약간의 마찰이 필요하거든요. 스트레스 호르몬 하나 없이 복싱을 하려 한다면 훌륭한 복서가 되지는 못할 거예요. 신체에 부담을 주는 행위가 좋을 때도 있지만, 이는 어디까지나 스스로에게 회복할 시간도 주는 경우에 그러하죠."

데이브는 "코르티솔 의식 훈련cortisol-conscious training"을 중요하게 생각했다. 코르티솔과 같은 스트레스 호르몬을 나쁘게만 보지 않고 그 효과를 인식하는 것이다. "코르티솔 자체는 굉장히 중요한 역할을 해요. 아침에 침대에서 우리 몸을 일으키는 호르몬이니까요. 다만 때에 맞춰 호르몬이 자연스럽게 달라져야 합니다." 이상적으로는 코르티솔 수치가 아침에 가장 높고 이후로 점점 줄어들어야 한다. 만성적인 스트레스 환경에 놓인 경우 코르티솔 수치가 계속 높게만 유지되는데, 다시 말해 지속적으로 피곤함을 느끼면서도 수면장애에 시달린다는 뜻이다. 새로운 고강도 운동을 시도한다면 수면이 방해받을 수 있다고 데이브는 충고했다.

한편, 그가 망설임 없이 추천한 운동이 한 가지 있다. "15년째 하고 있습니다. 걷기가 인간의 정신건강을 **크게** 향상한다는 점은 확실하죠." 그는 내게 관절을 움직이고, 정신에 활력을 더하고, 칼로리도 태우고, 아드레날린과 코르티솔 수치도 낮추는 훌륭한 방법이라고 설명했다. "빠른 걸음이 아니라, 그냥 산책 같은 거요."

그는 내게 "비운동성 활동 열 생성non-exercise activity thermogenesis" 즉, 니트NEAT를 늘려나가는 방법을 추천했다. 엘리베이터 대신 계단으로 다니기, 가게까지 걸어가기, 또는 한 시간에 한 번씩 자리에서 일어나 5분간 정원 한 바퀴 돌기 등 그 자체로 운동은 아니지만 일상 속에서 에너지를 소비하는 활동을 늘려가는 것이다. 하지만 무엇보다 스스로 휴식 시간을 마련해 자연 속에서 걷는 것이 중요했다.

이제는 널리 알려진 일본의 삼림욕 연구를 통해, 숲에서 앉아 있거나 걷는 것이 타액 속 코르티솔 수치를 크게 낮춘다는 사실이 밝혀졌다. 일본의 숲 24곳을 대상으로 한 연구를 검토한 연구진은 숲이 "도심 환경보다 맥박과 혈압을 낮추고 부교감신경계의 활성도를 크게 높이며, 교감신경계 활동을 낮춘다"는 것 또한 발견했다.[13] 한 연구에서는 숲을 3킬로미터에서 6킬로미터 걸을 때 당뇨 환자들의 혈당 수치가 떨어진다고 발표했다.[14] 또 다른 연구는 단 하루만 숲속을 산책해도 혈압과 맥박이 낮아지는 한편 (특히 우울 성향이 있는 참가자들에게는) 기분이 향상되는 효과가 있다는 사실을 밝혔다.[15]

한편 통제 조건에서 진행된 여러 삼림욕 연구로 도심 속에서 걷거나 앉아 있는 것 **또한** (숲에서보다 그 효과는 적지만) 코르티솔 수치와 혈압, 맥박을 낮춘다는 것이 드러났다. 근육 활동이 당을 사용하는 만큼 **어떤 식으로든** 가볍게 걷는다면 혈당이 낮아질 수 있다. 가벼운 운동과 휴식만으로도 큰 도움이 된다.

초록빛의 시골에서 시간을 보내는 것이 정신건강을 개선한다는 다른 증거도 있다. 한 연구에서는 일주일에 두 시간 이상 자연에서 보내는 사람들은 그러지 않는 사람들에 비해 건강과 웰빙 수준이 훨씬 높다고 보고했다. 표본 크기가 (2만 명 가까이로) 상당했지만 상관관계와 인과관계는 다르다. 연구진도 인정했듯이 말이다. "적어도 어느 정도는 건강하고 행복한 사람들이 자연에서 더욱 많은 시간을 보내기 때문이라는 가능성을 배제할 수 없다."[16] 불안하거나 우울한 사람들은 집 밖으로 나가려는 동기나 능력이 약할 수 있다.

(자연이든 어디든) 걷기가 전반적인 건강을 증진한다는 데는 반박의 여지가 없다. 중량 운동이나 장거리 달리기보다 부상을 입을 확률도 적고, 셀리에의 스트레스 "저항 단계"에서 나타나는 생리적 반응을 완화할 수도 있다. 하지만 이런 효과가 그리 크지 않을지도 모르고, 불안에 시달리는 사람들보다 우울에 시달리는 사람들에게 좀 더 적합해 보이기도 한다.

데이브는 내게 중량 운동으로 체력을 키우고 제지방량을 늘리며, 얼마 전까지만 해도 대다수가 아무렇지 않게 해냈던 기본적인 움직임 능력을 키우길 제안했다. 그는 중량 운동이 내 자신감과 자아상을 향상하는 데 도움이 될 거라 생각했다. 마지막으로 그는 불안을 치료하는 방법으로 운동의 효과는 엇갈린다고 설명했다. 하지만 최악의 경우라 해도 몸이 탄탄해지고 건강해지며 온갖 질환의 위험 인자는 줄어든다. "중량 운동이 기분을 좋게 해주는가? 외모를 개선하는가? 체내 특정 호르몬 상태를 개선해주는가? 예스, 예스, 예스."

✦

헬스장 오너인 데이브가 운동이 죽은 사람을 되살리는 것 외에는 모든 걸 가능하게 한다고 말하리라 예상했었다. 하지만 연구 자료를 찾아보니 운동이 불안에 효과가 있다는 그의 말은 사실이었다. 수많은 연구가 운동이 불안을 낮춰준다고 말하지만, 먼저 이걸 물어야 한다. 어떤 유형의 불안이고, 어떤 종류의 운동을 말하는가?

리버풀대학의 임상심리학 교수 피터 새먼은 불안과 운동에 관한 연구들을 포괄적으로 검토한 후 몇 가지 문제를 제기했다.[17] 운동을 규칙적으로 하지 않는 사람들에게는 격렬한 운동이 부정적인 감정을 심화하고 긍정적인 감정을 저하할 때가 많다는 사실이 드러났다. 몇 달째 소파에 누워 라이스 크리스피 시리얼 바를 먹고 마리화나를 피우며 지내다가 정류장에서 멀어지는 버스를 잡으려고 달려본 적 있는 사람에게는 그리 놀랄 만한 소식이 아니다. 너무나 힘들고도 치욕적인 경험이다. 숨은 숨대로 차고 입 안에서는 금속의 피 맛이 느껴지는데도 '와, 마음이 정말 평화로워'라고 생각하며 버스를 지켜보지는 못할 것이다.

이런 불쾌한 효과들은 연구에서 과소평가되기 쉬운데 그 이유는 운동하며 부정적인 경험을 겪은 사람들이 운동을 해야 하는 연구에 참여하지 않을 공산이 크기 때문이다. 이런 문제를 '표본 선정 편파'라고 한다. 연구에 참여하는 사람이 (나이가 더 어려서, 돈이 더 많아서, 질병의 정도가 덜 해서 등의 이유로) 당신이 궁극적으로 목표한 사람들을 대표하지 않을 때 연구 결과를 일반화하기 어려울 것이다.

또 다른 문제는 무엇을 운동으로 볼 것인다. 걷기와 전력 질주가 같은가? 수영과 웨이트 트레이닝이 같은가? 참가자들이 해당 운동을 얼마나 했는가? 운동의 절대적 강도가 중요한가, 아니면 현재 신체 능력 수준을 고려한 강도가 중요한가?

운동이 개인의 정서를 함양하는지는 해당 질문을 언제 하는가에 따라 달라질 수 있다. 어떤 운동은 실행하는 중에는 분명 정서 상태를 안 좋게 하지만 이후 기분을 나아지게 만들기도 한다. 또 어떤 운동은 잠시 기분을 좋게 하지만 이 상태가 지속되지 않는다.

무엇보다 참가자들이 원래부터 지닌 불안이 어느 정도인가? 새먼은 불안에 대한 운동의 효과를 다루는 연구가 대부분 실제 불안장애를 경험하는 사람들을 대상으로 실시되지 않았다고 지적했다(불안 연구 전반에 걸친 문제다). 그 결과 대다수의 연구는 애초에 치료해야 할 불안이 없는 사람들의 스트레스를 줄이는 데 초점이 맞춰진다. "항우울제나 항불안제, 스트레스 저하 효과가 필요하지 않은 사람들을 대상으로 그런 약물의 효과를 보여주는 연구가 너무 많다."

이러한 엄격함이(또는 일관성마저도) 결여된 탓에 혼란스럽고 모순된 결과들이 나온다. 불안장애의 치료법으로 운동을 연구한 무작위 대조군 연구 8건을 체계적으로 검토한 어느 연구에서는 운동이 불안 증세를 완화하는 것으로 보이지만 항우울제보다 그 효과가 떨어진다는 사실을 밝혔다. 항우울제가 평균적으로 불안 증상을 치료하는 데 위약보다 단지 조금 더 효과가 있다는 사실을 고려한다면 운동의 효과를 주장하는 연구 결과는 그리 획기적이지 않다. 연구진은 전력 질주와 비슷한 고강도 무산소 운동과 걷기와 비슷한 저강도 유산소 운동 간에 차이가 없음을 발견했다.[18] 15건의 연구 데이터를 분석한 다른 체계적 검토 연구에서는 고강도 식이요법이 저강도 식이요법보다 훨씬 효과가 크다는 사실을 밝혔다.[19] 104건의 연구를 분석한 또 다른 체계적 검토 연구는 대조되는 결과를 내놓았다.[20]

73건의 연구를 메타분석한 연구에서는 신체적으로 균형이 더 잘 잡힌 사람들이 심박과 혈압 변화를 바탕으로 봤을 때 실로 스트레스에 좀 더 민감하게 반응하지만 덜 건강한 사람들에 비해 회복 능력이 뛰어나다는 결과를 얻었다.[21] 즉 이들의 투쟁, 도피 또는 경직 반응은 대부분의 사람보다 강하게 나타났지만 오래 지속되지 않고 이완 상태로 좀 더 빨리 되돌아간다는 것이다.

이 점도 살펴봐야 한다. 연구가 긍정적인 결과를 도출한 데는 **그 연구가 행해진 시간대**의 영향을 받았을 수 있다는 점이다. 건강한 사람은 코르티솔 수치가 아침에 최고점에 이르고 시간이 지날수록 떨어진다는 데이브의 설명을 기억하는가? 고강도 운동이나 전기 충격, 공개 발표 등 급성 스트레스 요인 및 사회적 스트레스 요인을 실험실에서 연구한 208건을 메타분석한 연구에 따르면, 실험이 **언제** 진행되었는지가 결과에 큰 영향을 미쳤다. (코르티솔 수치가 보통 상승하는) 오전에 진행된 연구들은 오후에 진행된 연구에 비해 코르티솔 수치의 변화를 감지하는 데 하나같이 어려움을 경험했다. 평균적으로 오후에 진행된 연구들의 '효과 크기(분석 결과의 강도)'가 3배 컸다.[22]

당질코르티코이드는 코르티솔을 포함해 HPA 축에서 연쇄반응하는 호르몬의 총칭이다. 만성 스트레스를 받으면 당질코르티코이드 수용체(코르티솔을 받아들이는 작은 도킹 스테이션)가 "상향 조절"된다. 즉, 더욱 민감하게 반응하고 더욱 쉽게 촉발되는 상태가 된다. 데이브가 말했듯 운동은 코르티솔 수치를 급성으로(운동하는 동안에) 상승시키고, 규칙적인 운동은 코르티솔 수치의 '기저치' 또는 기저값을 높인다. 오랫동안 이 현상은 운동의 패러독스로 작용했다. 분명이 역설이 사람들을 덜 불안하게 하기는커녕 더욱 불안에 빠뜨렸을 터다.

먼저 확실한 대답부터 전해주겠다. 불안으로 고통받는 수많은 사람들에게 운동은 불안을 **높이는** 역할을 한다. 운동은 어렵고, 힘들며, 고통스럽고, 스트레스 호르몬의 생성을 늘린다. 여기에는 어떠한 역설도 없다. 하지만 (앞서 소개한 연구에서 밝혔듯) 운동을 하면 굉장히 높은 스트레스 반응에서 더욱 빠르게 "기저치로 돌아올 수" 있다는 증거들이 드러났다. 생쥐와 쥐를 대상으로 한 여러 연구를 통해, 코르티솔 분비를 야기하는 두 가지 호르몬 전구체(호르몬 연쇄반응의 도미노)인 부신겉질자극호르몬-방출인자(CRF)와 부신겉질자극호르몬(ACTH)을 규칙적인 운동이 감소시킨다는 점이 밝혀졌다.

이에 더해 운동이 도파민·세로토닌 같은 신경전달물질의 생성과 분비를 자극할 수도 있다.[23] 대중의 상상 속에 도파민은 "동기 부여" 호르몬으로, 세로토닌은 "행복" 호르몬으로 자리 잡았지만 이는 지나친 단순화다. 불안장애에 흔히 처방하는 항우울제는 두뇌 속 세로토닌을 늘리는데, 운동도 이와 비슷한 작용을 할 수 있다(다만 나중에야 알게 됐는데, 세로토닌 수치와 불안의 연관성은 복잡하고도 팽팽한 논쟁이 오가는 대상이다).

운동은 또한 뇌 유래 신경영양인자(BDNF)라는 단백질의 생성과 분비를 자극한다. 뉴런을 자극해 활동과 성장에 관여하는 물질이다. 여러 연구에서, 만성적으로 스트레스를 받는 쥐들은 BDNF의 수치가 낮아진다는 사실이 드러났고, BDNF의 결핍과 외상 후 스트레스 장애(PTSD)의 연관성 또한 일관되게 나타난다. BDNF는 신경가소성, 즉 변화하고 새로운 경로를 만드는 두뇌의 능력을 발휘하는 데 중요한 단백질이다. 신경가소성이 향상된다는 것은 두뇌가 더욱 효율적으로 새로운 두려움과 트라우마를 부호화•어떠한 정보를 신경 신호로 변환해서 두뇌에 지식을 입력하는 것—옮긴이한다는 의미지만,[24] 또한 이런 두려움에 대한 반응을 탈학습하는 데도 능숙해진다는 뜻이다.[25]

쥐를 대상으로 한 또 다른 연구에서는 강도 높은 운동이 뉴로펩타이드 Y라는 물질의 분비를 유도한다는 사실이 드러났는데,[26] 이 펩타이드는 두뇌 속에서 (다른 무엇보다) 식욕을 촉진하고 불안을 낮춘다. 어떤 연구진은 뉴로펩타이드 Y가 투쟁, 도피 또는 경직 반응을 일으키는 CRF 호르몬을 상쇄해 균형을 잡아주는 물질이라고 설명한다. 최근 연구에서는 뉴로펩타이드 Y에 "고유한 스트레스 및 불안 완화 성질과 신경 보호 작용을 하는 특징"이 있고 우리의 회복력과 스트레스에 대처하는 능력에 얼마쯤 역할을 한다고 밝혔다.[27] 인간을 대상으로 한 여러 연구에서 불안장애 환자들은 뉴로펩타이드 Y 수치가 일반인보다 낮았고,[28] 그러한 수치는 PTSD 증상과 공황 증세 악화에 연관된다는 점이 드러났다.[29] 몇몇 동물 연구에서는 낮은 뉴로펩타이드 Y 수치가 알코올중독(알코올의존증) 위험성을 높이는데,[30] 아마도 불안을 낮추는 뉴로펩타이드 Y가 부족한 탓에 대체물을 찾기 때문인 것으로 본다.

여러 설치류 연구에 따르면, 꾸준하고도 자발적인 운동이 갈라닌이라는 뉴로펩타이드의 생성을 증가시키는데, 이 갈라닌은 투쟁 도피 반응 때 방출되는 호르몬이자 신경전달물질인 노르아드레날린의 분비를 통제하는 데 도움을 줄 수 있다.[31] 노르아드레날린은 뇌에서 각성도를 높이고 기억 형성 및 인출에 관여한다. 체내에서는 심박과 혈압 증가, 저장된 포도당 분비(그 결과 혈당이 상승한다), 소변 배출 기능의 저하에 영향을 미친다.

노르아드레날린과 불안의 연관성은 복잡하다(불안에 일반적으로 처방되는 약물 두 가지, SNRI 계열과 프로프라놀롤은 각각 노르아드레날린 수치를 높이거나 낮춘다). 연구자들은 러너가 적당한 스트레스를 잘 견디는 이유가 노르아드레날린 조절력 향상(알맞은 시간대에 알맞은 양이 분비되는 상태) 때문이기도 할 거라고 본다.

운동은 베타엔도르핀 분비를 촉발하기도 한다. 엔도르핀은 "쾌락 호르몬"으로 널리 알려졌는데 이 또한 지나치게 일반화된 설명이다. 통증에 반응할 때 또는 성관계를 하거나 웃거나 초콜릿을 섭취할 때 몸에서 엔도르핀이 나온다. 엔도르핀은 '러너스 하이runner's high'(격렬한 운동 중에 발생하는 희열)를 느끼는 데 핵심적인 역할을 한다.

마지막 효과에 위험성이 없진 않다. 엔도르핀은 운동 중독과 일부 연관이 있다. 데이브는 "일주일에 6일에서 7일, 트레드밀 위에서 전력 질주를 하는" 사람들을 본 적 있다고 말했다. 고강도 운동을 규칙적으로 하거나 매일 유산소 운동을 장기간 하는 사람의 두뇌는 균형(항상성)을 유지하기 위해 휴식을 취하는 동안에는 엔도르핀을 적게 생산한다. 이 때문에 운동을 멈추면 기분이 저하되고 심지어 신체적 고통까지 느낀다.

또 다른 가능성은, 격렬한 운동을 하는 동안 두뇌 속 걱정을 담당하는 부분들이 작동을 멈춘다는 것이다. 나는 레바논에 위치한 베이루트아메리칸대학의 신경과학자로 "일시적 이마엽 활동량 감소 이론Transient Hypofrontality Theory"을 제안한 아르네 디트리히와 이야기를 나눴다.[32] "이 개념은 기본적으로, 당신의 두뇌는 자원을 관리해야 한다는 겁니다. 그렇기에 어떤 일을 할 때 현재 뇌가 가장 필요한 곳으로 자원을 꾸준히 옮겨야 합니다. 계속 두뇌 전체를 사용할 수 없기 때문에, 배분해야 할 예산의 일정량이 항상 마련되어 있죠. 여기서는 산소, 포도당 등이 그 예산입니다." 힘든 유산소 운동을 할 때 두뇌의 우선순위가 달라지는 것이다. "뇌는 움직임을 행하는 영역으로 자원을 이동시킵니다. 그 결과 앞이마엽 겉질(전전두엽 피질)의 활동성이 일시적으로 하향조절 됩니다." 우리가 미래를 걱정하거나 깊이 생각할 때 앞이마엽 겉질의 일부가 활성화된다.[33] "사실 이런 작용은 아주 복잡한 계산을 요합니다. 다른 어떤 동물도 하지 않죠. 오직 인간만이 이렇습니다." 이로 인해 장기적인 고강도 운동을 하면 시간이 왜곡된 듯하고 복잡한 걱정에 빠지기 어렵다는 느낌이 드는 것이다. 또 하나의 메커니즘이 밝혀졌는지도 모른다.

육체적 운동은 불쾌하게 느껴질 수 있다. 숨이 차고, 심박이 높아지고, 어떻게 해야 할지 모르는 암담함을 경험한다. 내 일생 대부분 동안 언제 나타날까 촉각을 세우고 또 어떻게든 피하려 노력했던 증상과 완벽히 일치한다. 여러 연구에서 운동이 "불안 민감성"을 낮출 수 있다는 점이 밝혀졌다.[34] 불안 민감성이란 "불안을 경험할 때 나타나는 신체적 증상이 끔찍한 신체적·정신적·사회적 결과를 불러올 거라는 걱정" 때문에 지속적으로 그 증상에 신경을 곤두세우는 정도를 말한다. 운동은 숨이 쉬어지지 않는 느낌이나 치솟는 심박과 경직된 근육을 종말이 임박한 징후로 받아들이지 않도록, 이런 불편한 감각에 적응하도록 도와준다.

내가 강도 높은 무산소 운동(몸을 열심히 움직여 산소를 사용하지 않고 포도당을 에너지원으로 쓰는 활동)이 공황장애에 시달리는 사람들에게 특히나 도움이 될 수 있다고 생각하는 이유가 이것이다. 우리는 평생 동안을 그 끔찍한 감각들에서, 곧 죽을 것만 같은 참담한 기분에서 도망치고 숨어 다닌다. 피곤하다. 러닝슈즈를 신고 끈을 묶는 것보다 훨씬 피곤하다. 이런 감각과 감정을 자발적인 의지에 따라 정면으로 마주할 때 무언가가 굉장히 치유된다. 당신을 괴롭혀온 악당들에게 마침내 맞서는 행동과 비슷하다.

불안에 시달리는 사람들에게 운동이 주는 또 하나의 이점은 "자기 효능감"(자신에 대한 통제감)이다. 높은 수준의 불안을 경험하는 사람들은 자신의 삶에 대한 통제력이 그리 많지 않다고 느낀다. 변화를 이루거나 어려움에 대처할 능력에 자신감이 없다. "상당히 기본적인 움직임도 수행하지 못하는 사람들이 얼마나 많은지 모를 겁니다." 데이브는 이렇게 말했다. 불안에 시달리는 사람 대부분이 팔굽혀펴기, 스쾃, 발끝에 손 닿기, 숨을 헐떡이지 않고 계단 끝까지 오르기를 하는 데 어려움을 느낀다. "불안을 경험하는 많은 사람에게 이런 활동들이 상당히 큰 성취감을 줍니다. 과장하는 말처럼 들리겠지만, 턱걸이를 처음으로 딱 한 번 성공한 사람들이 말 그대로 이리저리 뛰어다니는 모습을 실제로 봤어요." 헬스장에 오는 사람들은 자신이 할 수 없는 것들, 본인이 들 수 없는 무게에 많이들 짓눌린다고 데이브는 설명했다. "성공하면 자기 자신이 틀렸음을 증명하는 거죠. 성공한 후에는 정신적인 프로세스가 달라지기 시작합니다."

당시에는 몰랐지만, 데이브는 불안이라는 좀먹은 스웨터에서 실 한 가닥을 잡아당겨 풀어낸 셈이었다. 이후 나는 잠긴 청소용품 보관함에서, 얼어붙도록 추운 강에서, 신경증에 시달리는 로봇을 보며 이와 비슷한 순간을 마주했다.

IV
먹고 싸고 식단 관리하기

장과 뇌의 연결, 미생물군, 염증

데이브와의 대화 이후 최소한 신체를 건강하게 만들려고 노력하는 시늉이라도 해야 할 것 같았다. 그래야 이렇게 말할 수 있을 테니까. "이거 봐. 노력은 했지만 체질적으로 빨리 달리지 못하는 몸이라고. 쓰레기로 가득 찬 바퀴 달린 쓰레기통보다도 말이야." 당연하게도 저항 운동은 고통스럽고 지루하며 실망감만 안겼다. 어떤 운동을 몇 회나 해야 할지, 내가 제대로 하고는 있는지 알 수 없었다. 중량을 들어 올리느라 손이 아팠다. 스스로 한심하고 무력했다. 러닝도 마찬가지였다. 처음 몇 차례의 조깅은 끔찍한 경험이었다. 이후 계단을 오르내릴 수도 없었다. 이런데도 왜 계속해야 할까?

연구자들에게 연락해 조언을 구하는 일이 역설적이게도 엄청난 불안의 근원이 되었다. '발송' 버튼을 누를 때마다 비행기에서 뛰어내리는 것만 같았다. 이메일을 받은 사람들이 '당신은 대체 누구길래 내 시간을 낭비하려 드는 겁니까?'라고 회신하는 상상을 멈출 수 없었다. 그러던 중 어느 순간엔가 집에서(그리고 메일 수신함에서) 벗어나는 것이 그리 나쁜 생각처럼 느껴지지 않았다. 겁쟁이에게 달리기보다 쉬운 일은 없을 테니까.

한편 식습관에 변화를 주고 싶어졌다. 혈당이 갑자기 치솟고 훅 떨어지는 현상을 조금 완화하고 싶었다. 섬유질 섭취를 늘리면 불안이 낮아진다거나,[1] 비타민 D 보충제가 불안을 저하한다는[2] 연구가 등장하는 책을 여러 권 읽었다. 과체중이 염증과 연관이 있고, 만성 염증이 불안의 징후이자 원인이라는 글도 여러 곳에서 접했다.

사우샘프턴대학 부교수로 "면역 정신의학immuno-psychiatry" 분야 전문가인 루이화 호우 박사에게 연락을 취했다. 루이화는 불안장애와 염증 간의 연관성을 연구하고 있었다. 염증은 병원균 또는 손상된 세포를 중화하고 제거하려는 신체의 반응이다. 백혈구는 다양한 화학 물질을 분비해 감염과 싸우고 치유를 시작한다. 피부 표면에서 이런 반응이 일어날 때면 붓기, 붉어짐, 열감, 통증을 경험한다. 단기적으로 보면 염증은 위험한 세균 및 독소와 싸우고 손상된 세포의 회복을 돕는 (일괄적이긴 하지만) 적응 반응이다. 하지만 이것이 오래 지속되면 지켜야 할 세포를 망가뜨리기 시작한다.

한 연구에서 루이화는 범불안장애 환자들과 이들의 체내 면역 반응을 조절하는 작은 크기의 단백질 사이토카인의 수치를 연구했다. 범불안장애 환자들은 건강한 대조군에 비해 전前염증성 사이토카인의 수치가 높고 항염증성 사이토카인의 수치는 낮았다.[3] 셀리에의 일반적응증후군 모델에 따르면 만성 스트레스가 염증을 유발한다. 하지만 그 반대는 없을까? 염증이 불안을 야기하진 않을까?

몇몇 연구가 전염증성 사이토카인이 신경가소성을(특히 뇌 속 BDNF의 발현을) 저해한다는 증거를 내놓았다.[4] 만성적인 신경염증이 생각과 습관을 새롭게 업데이트하는 것을 어렵게 만들어 역경에서 회복하는 능력을 저해할 수 있다. 또 다른 여러 연구에서는 염증이 HPA 축을 흥분시키고, 세로토닌과 도파민 같은 신경전달물질의 대사 작용을 변화시킨다는,[5] 즉 더욱 쉽게 스트레스를 받고 우울해지게 만든다는 결과를 전했다.

루이화는 (항염증성 약물로 우울 증상이 나아지는 등) 우울과 염증 간의 양방향 연결성을 뒷받침하는 탄탄한 증거들이 나오고 있지만, 현재 불안과의 연관성은 연구가 부족하다고 전했다. 그는 만약 염증이 불안에 영향을 미친다면 환자들의 일부 집단에게만 해당할 수 있다고 경고했다. 그럼에도 그는 희망적인 생각을 내려놓지 않았다. "하위집단 하나만이라도 불안을 완화할 수 있다면 기쁠 것 같습니다."

추가로 루이화는 염증을 줄이는 데 어느 정도 입증된 비약리학적 개입도 몇 가지 제안했다. 운동과 체중 감량, 지중해식 식단(신선한 과일과 채소, 견과류, 콩, 식물성 기름 섭취를 늘리고 육류 줄이기), 마음챙김 명상, 뒤이어 마지막에 이어진 제안은 의외였다. 바로 종교였다.

한 연구에서는 규칙적으로 종교 행사에 참여하는 사람들은 스트레스가 심한 일을 경험한 후 C 반응성 단백질(CRP)의 수치가 38퍼센트 덜 상승한다고 밝혔다.[6] 또 다른 연구에서는 큰 스트레스를 견딘 사람들의 CRP 수치가 낮은 데는 "내적 종교성intrinsic religiosity"(종교 집단에 소속되어 나오는 믿음이 아닌 개인의 영성적 신념)이라는 개념과 연관이 있다고 제안했다.[7] 아마도 신의 개입이라기보단 개인의 생활 양식 요인에 의한 결과로 보인다. 종교적 믿음이 강력한 사람들은 알코올을 과도하게 섭취하거나 흡연할 가능성이 적고, 종교 커뮤니티에 참여하며 힘들 때 사회적인 지지를 받는 것이 스트레스를 완화하는 역할로 작용할 수 있다.

흥미롭게도 연구에서는 어떠한 대상을 숭배해야 하는지 명시하지 않았다. 따라서 후드 망토를 뒤집어쓰고 끔찍한 시체의 도시 르뤼에가 있는 방향으로 엎드려 어둠의 신 크툴루의 귀환을 바라며 주문을 외우는 것을 고려 중이라면, 기쁜 소식은 이런 의식으로 류머티즘에 걸릴 위험을 낮출 수 있다는 것이다.

종교적 깨달음을 얻어야 한다니 좀 혼란스러웠지만 내 신경 사이토카인 상태에는 이롭게 작용할 수도 있었다. 반대로 루이화가 제안한 다른 요법들은 매우 실행 가능해 보였다. 이미 운동은 시작한 상태였다. 다음은 체중 감량이었다. 데이브는 내게 운동은 "칼로리를 태우는 최악의 방법이자 효율이 상당히 떨어지는 방법"이라고 충고했다. 체중을 감량하려면 음식에 신경써야 했다.

장을 "두 번째 뇌"로 칭하는 수많은 기사를 읽었다. 식습관과 장내 박테리아가 정서에 어떠한 영향을 주는지에 관해서 말이다. 심지어 대범한 생쥐들의 대변을 이식받은 소심한 생쥐들이 용감해졌다는 연구도 있었다. 식습관을 바꾸면 내 성격의 근본도 바뀔까? 대변이 겁쟁이를 치료할 수 있을까?

✧

2004년 규슈대학의 스도 노부유키 박사와 그의 동료들은 생쥐 한 집단을 살균된 플라스틱 아이솔레이터 • 미생물에 노출되지 않도록 만든 사육장치—옮긴이에서 태어난 순간부터 길렀다. 생쥐들에게는 살균된 음식과 물을 제공했고 아이솔레이터 벽 안쪽에 달린 살균 글러브를 낀 채 돌봤다. 그 어떤 장내 박테리아가 없는 '초청정' 무균 환경에서 생쥐들을 기르는 것이 목표였다.

9주 차가 되자 연구자는 생쥐들을 각각 50밀리리터 용량의 원뿔

튜브 안으로 밀어넣은 뒤 30분에서 두 시간 동안 가둬두었다. 논문에서 "급성 구속 스트레스 프로토콜"이라고 칭한 이 단계가 끝난 후 연구진은 생쥐를 풀어준 뒤 목을 부러뜨렸다. 그렇게 죽은 생쥐의 심장을 해부해 투쟁, 도피 또는 경직 반응의 "호르몬 연쇄 반응" 중에 나오는 호르몬 두 가지, ACTH와 코르티코스테론(인간의 코르티솔과 비슷한)의 수치를 측정했다.[8]

튜브에 갇힌 경험이 생쥐에게 극도의 스트레스를 주었고, 연구진은 무균 생쥐들이 일반 생쥐에 비해 스트레스 호르몬을 두 배가 넘게 분비했다고 밝혔다. 또한 대뇌겉질과 해마 속 BDNF가 저하되어 있었다. 이를 확인한 연구진은 장내 미생물군이(장속 박테리아의 생태계가) 불안과 어떠한 관련이 있을지도 모른다는 생각이 들었다.

2011년 맥매스터대학 연구진이 NIH 스위스 계통과 BALB/c 계통의 실험용 생쥐들로 진행한 연구가 유명하다. BALB/c는 스도 박사의 실험에도 사용된 생쥐로, 혈통을 거슬러 올라가면 1913년(월터 캐넌이 하버드 축구팀의 소변 샘플을 조사했던 때) 오하이오의 생쥐 판매자가 보유했던 종에서 시작됐다. 무엇보다 BALB/c 생쥐들은 유독 "소심하고 불안한" 성격으로 유명하다(유전학 용어로 "불안 유사 표현형을 보인다"고 자주 설명한다). 이와 반대로 NIH 스위스 생쥐들은 주변 환경을 탐색하는 일에 좀 더 빠르게 반응한다(논문 저자들은 이런 행동을 두고 "모험심이 강하다"라고 표현했다).

선행 연구와 마찬가지로 쥐들은 무균 환경에서 자랐다. 그런 후 "모험심이 강한" NIH 스위스 생쥐들의 목에 튜브를 넣어 "소심한" BALB/c 생쥐 성체의 맹장 안에 든 내용물을 강제로 먹였다. 소장과 대장 사이에 자리한 맹장은 박테리아로 가득해 음식물을 발효시키는 주머니이며 식물성 물질의 분해를 돕는다(이 역할을 하던 인간의 맹장은 퇴화 기관이 됐다). 이와 반대로 "소심한" BALB/c 생쥐들에게는 NIH 스위스 생쥐 성체의 맹장 내용물을 강제로 먹였다. 즉, 모험심이 강한 생쥐는 소심한 생쥐의 장내 박테리아를, 소심한 생쥐는 모험심이 강한 생쥐의 장내 박테리아를 섭취한 셈이다.

3주 후 연구진은 생쥐들에게 "스텝다운 테스트"를 시켰다. 단 위에 올려둔 생쥐가 아래 바닥으로 깡충 뛰어 내려오기까지 얼마나 걸리는지 시간을 쟀다. 일반 장내 박테리아를 지닌 NIH 스위스 생쥐들은 평균 20초가 걸렸다. 일반 BALB/c 생쥐들은 단 가장자리에서 아래를 살펴보고, 반대편으로 달아나고, 자세히 들여다보고, 확인하고 탐험한 뒤에 평균 5분이 걸려 단에서 뛰어내렸다.

연구진이 두 계통의 장내 박테리아를 바꾼 후 "용감한" NIH 스위스 생쥐들은 뛰어내리기까지 (전보다 약 3배 늘어난) 평균 1분이 걸렸고, "소심한" BALB/c 생쥐들은 (3분의 1이 단축된) 3분 정도밖에 걸리지 않았다.[9] 실제 이야기는 여러 유명 과학 기사에서 읽었던 내용보다 시시했다. 대부분의 기사에서는 생쥐들 체내에 서로의 대변이 급격히 늘어난 후 서로의 성격을 완전히 닮아갔다는 뉘앙스를 전달했다. 하지만 대변 이식 후에도 원래 "소심한" 생쥐들은 원래 "용감한" 쥐들보다 단을 뛰어내리는 데 3배나 긴 시간이 걸렸다.

그렇지만 변화가 일어났다는 것만으로도 놀랍다. 분명 **무언가**가 벌어졌다. 하지만 그게 무엇일까? 인간에게도 벌어질 수 있을까?

.ᐧᐤ.

답을 얻기 위해, 장내 미생물학을 연구하는 사이먼 카딩 교수가 있는 노리치의 쿼드램연구소를 방문했다. 하얀색 클래딩이 불규칙하게 외벽을 장식한 모습이 마치 스타트렉의 함선 보그 큐브와 거대 QR 코드의 혼종처럼 보이는 초현대적인 유리 건물이었다.

나는 사이먼에게 장이 정서에 영향을 미치는지 물었다. "간단히 말하자면, 그렇습니다." 사이먼은 뇌와 장이 미주신경으로 직접 소통한다고 설명했다. 미주신경은 뇌줄기에서 시작해 척수를 따라 내려오다 신체 중앙에서 여러 갈래로 나뉘어 위장관 전체에 걸치는 긴 신경조직이다. 두뇌는 장에 신호를 보내 소화의 속도를 통제한다. 장은 뇌에 배가 부르다거나 음식을 섭취해야 한다는(허기) 신호를 보낸다. 장은 혈류로도 간접적으로 두뇌와 소통한다. 혈류 속 '장내분비세포'라는 특수 세포로 가능하다. 이 세포에는 서로 다른 유형의 호르몬을 생산하는 다양한 아형subtype이 무려 50여 종이나 있다.

도파민의 약 50퍼센트와 세로토닌의 약 90퍼센트가 장에서 만들어진다. 하지만 세로토닌과 도파민은 혈액뇌장벽blood-brain barrier을 넘을 수 없다. 이 장벽은 필터처럼 작용해 혈류 속 작은 분자와 영양소는 통과시켜 뇌까지 전달하지만, 미생물과 독소같이 크고 복잡한 구조는 가로막는 "크고 물리적인 장벽"이다. 따라서 장내 세로토닌이 늘어난다고 뇌 속 세로토닌의 유효량이 늘어나진 않는다(세로토닌이나 도파민 알약을 섭취하는 것으로 불안이 간단하게 해결되지 않는 이유다).

세로토닌은 다양한 역할을 한다. 장에서는 운동성을 늘리는데, 쉽게 말해 장이 좀 더 빠르게 움직이도록 자극한다. 장내 세로토닌의 수치가 높아지면 설사를 하게 되는데, 이는 독소가 신체에 심각한 위해를 가하기 전에 몸 밖으로 내보내는 상당히 유용한 기제다. 다른 부위에서 세로토닌은 인슐린 생성이나 혈관 수축을 촉진한다.[10] 이에 비해 도파민의 역할은 덜 알려졌지만, 장에서는 전해질 흡수와 위 배출•음식이 위에서 소장으로 배출되는 과정—옮긴이을 조절하는 데 도움을 주는 것으로 알려졌다.

뇌를 제외하고 신체에서 뉴런이 가장 많은 곳이 장이다. 장신경계enteric nervous system(ENS)에는 식도에서 항문까지 위장관에 걸쳐 약 5억 개의 뉴런이 분포한다. 모든 소화 기능을 조절하는 ENS는 중추신경계, 면역계와 소통한다. 사람들이 장을 두고 "두 번째 뇌"라고 말하는 이유다. 나는 장내 박테리아의 변화가 불안을 낮춘다는 놀라운 연구에 대해 물었다.

사이먼은 동물 연구에서 얻은 증거는 큰 의미가 없을 수 있다고 설명했다. "생쥐 연구의 결과가 꼭 인간에게 적용되는 것은 아닙니다. 그럴 수 없는 타당한 이유가 있죠. 인간의 (위장)관은 생쥐의 그것과 같지 않거든요." 사이먼은 성인의 발 크기 정도로 양손을 벌렸다. "생쥐의 위장관은 길이가 이 정도지만 인간은 수 미터나 됩니다." 생쥐들은 음식을 저장하는 특별한 전위forestomach가 있다. 생쥐는 음식이 장을 통과하기까지 6~7시간이 걸리는데, 이는 인간보다 10배나 빠른 속도다.[11] 모든 설치류가 그렇듯 생쥐 또한 구토를 할 수 없다.[12] 생쥐들의 위장 근육은 인간과 달리 구역질을 하는 데 적합하지 않고, 연구자들은 생쥐에게 구토 반사를 일으키는 핵심적인 뇌줄기 회로가 없다고 본다(오래전부터 사냥터 관리인들과 쥐 방제업자들은 쥐 미끼를 놓을 때 이 점을 이용했다. 관리인이 귀리죽과 소석고를 5 대 5로 섞어 만든 미끼를 쥐들이 먹으면 "그 혼합물이 몸 안에서 부풀다 딱딱하게 굳어" 죽음에 이르게 한다는 글을 읽었다[13]).

생쥐가 단 위에서 아래로 떨어지기까지 걸리는 시간과 인간의 불안에 어떠한 연관성이 있을까? 사이먼의 결론은 이랬다. "아마도 없을 겁니다." 연구진이 생쥐의 행동을 "불안 유사"라고 표현한 것은 생쥐들이 실제로 어떤 감정을 느끼는지 모르기 때문이다. 물어볼 수도 없다. 단지 이들의 행동에서 유추해볼 뿐이다.[14] 달리고, 꼼짝하지 않고,[15] 많이 먹고, 음식을 섭취하지 않고, "과도하게" 그루밍을 하고,[16] 그루밍을 하지 않고,[17] 깜짝 놀라고, 망설이고, 끼익 소리를 지르고, 소변을 보고, 수영을 하고, 물에 떠 있고[18] 등등 여러 활동의 패러다임을 연구진은 "불안 유사 행동"으로 간주한 것이다.

뿐만 아니라 (당연하게도) 설치류의 두뇌는 인간 두뇌의 축소판이 아니다. 메릴랜드대학 정서 및 중개 신경과학 연구소의 소장이자 신경과학자인 알렉산더 섀크먼은, 불안의 핵심이 불확실성과 걱정스러운 생각에 대한 인내심 부족이라면 앞이마엽 겉질이 잘 발달하지 않은 생쥐와 쥐를 연구한 결과를 얼마나 일반화할 수 있겠느냐고 지적했다. 정확하기 때문이 아니라 실행이 용이하기 때문에 설치류로 실험을 해온 걸까? "어쩌면 쥐를 대상으로 공포 조건화를 연구하거나 (어둠을 선호하는 특징을 이용해) 밝게 불이 켜진 공간에서의 반응을 연구하는 것은 잘못된 방향일 수 있습니다. 종 선택이 잘못됐을 수도 있고요. 잘못된 사실만 굉장히 많이 배우는지도 모르죠."

생쥐가 인간의 축소판이 아니라는 점은 매우 자명해 보이지만, 사이먼은 자신에게 연락을 해오는 과학 저널리스트들에게 이 사실을 자꾸만 짚어줘야 한다고 털어놨다. "많은 사람이 이 사실을 수용하거나 인정하지 않습니다." 그는 이렇게 말했다. "우리는 인간이라는 점이 중요합니다. 우리에게는 인간 종의 미생물 군집이 있죠. 이 사실을 대중매체에서는 결코 다루지 않아요." 최신 생쥐 연구가 나올 때마다 그에게 언론사의 문의가 이어졌다. "연구 결과를 사실로 보기 어려운 이유를 설명해줘야 합니다. 왜 그것이 단순한 추측에 그치며 과장인지를요. 하지만 사람들은 알고 싶어 하지 않아요."

프로바이오틱스를 마시는 것이 불안 해소에 도움이 될지 물었다.

(유산균 음료 액티비아를 제조하는 기업 다논의 지원으로 진행된) 한 작은 규모의 이중맹검 연구ㆍ약효를 판단하기 위해 대상자와 연구자 모두에게 실험 조건을 알리지 않는 연구—옮긴이로 건강한 여성 집단이 4주간 "프로바이오틱스가 함유된 발효 유제품"을 마셨더니 편도체 등 불안 및 우울과 관련한 두뇌 영역의 활동이 크게 저하됐다는 사실이 드러났다.[19]

조사하면서 편도체를 계속 마주쳤다. 여러 기사에서 편도체를 두뇌의 "공포 센터"라고 칭했다. 「두뇌의 '공포 센터'가 불안한 아이의 정서를 왜곡한다」,[20] 「마법 버섯이 두뇌의 공포 센터 내 연결성을 어떻게 변화시키는지 연구로 밝혀졌다」[21]와 같은 제목이 등장했다. 편도체는 투쟁, 도피 또는 경직 반응을 언제 촉발할지 결정하는 역할을 맡았다.

이 프로바이오틱스 연구에서 참가자들은 불안이 낮아졌다고 보고하지 않았고, 애초부터 임상적으로 불안에 시달리지도 않았지만, fMRI 스캐너로는 참가자들의 두뇌가 통제 집단에 비해 화가 나거나 공포에 떠는 표정 이미지에 덜 반응하는 것이 확인됐다. "유럽식품안전청은 아직 프로바이오틱스 제품에 건강 강조 표시를 부여할 증거를 찾지 못했습니다." 사이먼이 설명했다. "증거가 없어요. 때문에 건강과 웰빙에 좋다는 모호하고 일반적인 설명만 보게 될 겁니다."

그는 프로바이오틱스의 문제란 작은 발효유 한 병을 마실 때 살아서 활동하는 박테리아가 얼마나 될지 알 수 없다는 것이라고 설명했다. 박테리아는 위산과 "단백질 분해 효소가 가득한" 소장에서 살아남아야 100조 마리의 미생물로 가득 찬 잘록창자(결장)에 도달한다. "작은 발효유 한 병에 담긴 작은 미생물들이 이 여정을 성공할 확률이 얼마나 될까요? 바다에 조약돌 하나를 던지는 것과 비슷하죠."

동물 연구에서 무균 생쥐들은 대변을 이식받기 전 완벽히 살균된 환경에서 보호되었기에, 박테리아는 비교적 훼손되지 않은 서식지를 점령할 수 있었다. 이와 반대로 우리가 섭취하는 모든 것은 이미 형성된 미생물군 유전체와 경쟁을 벌여야 한다. "평형을 유지하도록 설계된 시스템입니다. 항상성이죠. 우리 몸은 저항합니다." 때문에 우리의 장이 병원균과 굉장히 효율적으로 싸워 물리칠 수 있다. "밀어내고, 이미 존재하는 것은 지켜내며, 구조적으로 원래의 상태를 유지합니다."

2018년에 피험자 1551명으로 진행한 12건의 연구를 메타분석한 결과, 불안을 치료하는 데 프로바이오틱스와 위약 간의 유의미한 차이가 없다고 드러났다.[22] "프로바이오틱스의 정신건강 치료를 주제로 한 (또 다른) 메타분석을 조사했습니다." 사이먼이 말했다. "17건의 연구를 메타분석한 연구 결과는, 프로바이오틱스가 정서와 불안한 상태에 변화를 가져온다는 설득력 있는 증거가 없다는 것입니다." 물론 당신은 긍정적인 결과를 얻은 이상한 연구도 접할 것이다. 필시 대체 건강도서 저자들이 자신의 의도에 따라 취사선택한 자료다. 하지만 전체적인 맥락을 감안하면, 불안이 조금이나마 개선되었더라도 우연의 일치였을 공산이 크다.

인간 연구에서 특히나 식습관과 관련한 연구에서는 정확한 데이터를 얻기가 어려운 것으로 악명이 높다. (윤리적으로) 인간을 태어날 때부터 무균 버블 안에 가두고 지켜볼 수는 없다. 참가자의 식습관을 통제할 수 있는 연구는 극히 드물다. 식습관 실험에 참여한 사람들은 자신이 무엇을 먹었는지 잘못 기억하거나 잘못 보고한다. 다논의 지원으로 진행한 그 소규모의 실험에서조차 연구진이 대변을 확인한 결과, 요청한 요거트를 섭취하지 않은 것으로 드러나 한 참가자가 제외되는 일이 있었다.

"왜 생쥐로 실험하는지 알겠죠? 다 같은 연령에, 동족인 데다, 같은 음식을 먹고 같은 환경에서 생활하기 때문입니다." 노골적으로 말하자면 인간은 결코 동의하지 않을 시련을 줄 수 있고, 다 끝난 후에는 (규슈대학 연구에서처럼) 죽일 수 있다. 영국은 동물실험에 관련해 세계에서 가장 엄격한 법령이 마련됐다고 사이먼은 강조했다. "이를 위반하면 범죄를 저지르는 것으로 위반자는 수감되고, 실험을 주최한 기관에는 벌금이 부과되며 동물을 연구할 자격을 잃습니다."

심리학 및 신경과학 연구 분야의 동물 복지에 관한 국제 규정이 존재하지는 않지만, 대다수의 국가에는 규제 기관의 윤리 심의를 거쳐 승인받는 절차가 마련되어 있다.[23] 그렇지만 기관이 위해와 잠재적 이익 간의 상충을 용인할 수 있다고 해도 생쥐에게는 여전히 실험이 고문과 아주 다르게 느껴지지 않는다. 불안 연구라는 미명하에 생쥐는 좁은 튜브 안에서 두 시간 동안 갇혀 지내다 죽임을 당하거나,[24] 15일간 하루에 360회 전기 충격을 받거나,[25] 열판에 화상을 입거나(논문에서는 "유해 열 자극"으로 칭한다),[26] 탈출이 불가능하며 물이 가득 찬 수조에 던져진 후 헤엄치거나 빠져 죽거나("강제 수영 실험")[27] 해야 한다. 설치류들을 케이지에 각각 넣어두는 (일반적인) 조치도 스트레스를 줄 수 있다. 쥐와 생쥐는 사회적 동물이다. 최근 한 연구는 개인 케이지로 옮긴 생쥐들이 쾌감 불감증을 보였고, 한 케이지 안에서 함께 지내는 생쥐들에 비해 스트레스를 나타내는 생물학적 표지와 불안이 높아진 것을 발견했다.[28] 고립된 쥐의 발작 빈도가 무려 16배나 높았다.

솔직히 말해, 기분이 좀 묘해지기 시작했다. 결국 이 동물들은 **나의** 컨디션을 이해하기 위해 쓰인 것이다. 생명윤리학자이자 동물과학 교수로 동물 복지와 실험 시 통증 조절에 관한 미국 연방 정책을

IV 알고 싶고 삼키 삼키하기

77

구축하는 데 도움을 준 버나드 롤린과 대화를 나눴다. 그는 오늘날 상황이 좋아졌지만, 잔인하고 근본적으로 무의미한 연구가 여전히 진행된다고 말했다. "좋은 연구를 하는 좋은 과학자들이 있지만, 현실을 부정하는 한심한 사람들도 있습니다. 기술적으로 능숙하게 전극을 심으면서도 본인이 지금 뭘 하는지는 생각을 안 합니다."

공리주의 철학자로 현재 프린스턴에 있는 피터 싱어는 심리 연구에서 동물을 사용하는 문제를 "심리학자의 딜레마Psychologist's Dilemma"라고 칭했다. 그는 이렇게 설명했다. "동물이 우리와 다르다면 실험을 할 이유가 없고, 동물이 우리와 비슷하다면 우리에게 행해질 때 충격적으로 느껴질 실험을 동물에게 해서는 안 된다."[29]

버나드 롤린과 그의 아들 마이클(전문의 자격 두 개를 보유한 정신과 의사)이 공저한 논문에서는 이 딜레마를 이렇게 정리했다. "동물 모델을 두고 적합성과 윤리성을 동시에 지켜낼 수는 없다."[30] 대화를 나눌 때는 좀 더 직설적으로 말했다. "당연히 동물들도 고통을 느끼죠, 이 한심한 인간들아."

엄밀히 말해 대다수의 연구자가 동물 모델의 단점을 정확히 인지한다. 유니버시티칼리지런던의 신경과학자인 알렉산드라 피케 박사는 불안 및 전반적인 신경과학 치료가 공통적으로 실패하는 것은 바로 동물과 인간의 차이 때문이라고 설명했다. "동물 연구에서 성공이란 이래요. 쥐가 미로에서 길을 찾을 수 있는가? 하지만 인간에게 성공이란 이것이죠. 불안을 덜 느낍니까?"

피케 박사의 연구는 동물을 대상으로 불안장애를 연구하려는 시도가 비현실적이거나 쓸모 없을 수 있다는 점을 보여준다. 우리가 합리적으로 할 수 있는 일은 불안장애의 기저에 자리한 특정한 프로세스를(가령 PTSD를 앓는 사람들의 작업기억 장애와 같은 증상을) 살펴 생

쥐와 인간의 작업기억을 연구하는 것이다.[31]

심리학자의 딜레마는 동물 연구자를 난감한 처지로 내몬다. 사실 **모든** 모델이 부적절하다. 우리는 관심이 가는 무언가와 가장 가까운 대상들을 수없이 시험하며 점차 지식을 쌓아나간다. 쥐를 단 위에서 뛰어내리게 하거나 미로에서 길을 찾게 하는 불안 연구에서 동물은 누군가의 애완동물로 사는 것보다는 스트레스를 덜 받을 것이다.

한 달에 내가 먹는 소시지 튀김과 페퍼로니 피자, 케밥을 생각하면, 동물 복지에 대해 큰 목소리를 내는 행위가 (지극히도 옳지만) 위선이라는 비난을 피하기 어렵다. 사이먼에게 건강상의 이익만 생각한다면 프로바이오틱스를 마시는 것이 좋은지 물었다. 그의 조언은 간단했다. "돈 아끼세요. **프리**바이오틱스를 먹으면 됩니다." 즉, 신선한 과일과 채소, 식물성 다당류가 풍부한 음식이다. "장내 미생물이 바로 그런 음식을 먹이로 삼죠." 그는 가공식품을 줄인 식사를 권했다. 동물성 식품을 줄이고 섬유질을 늘리라는 것이다. "접시 안 내용물의 색감이 다양할수록 좋습니다." 루이화 호우 박사가 지중해식 식단을 조언하며 계속 언급했던 내용이다. 이러한 식단이 내 불안을 낮춰주지 못한다 하더라도 크러스트 피자며 탄산음료에 비하면 여러 면에서 내 건강을 증진해줄 것 같았다.

하지만 사이먼은 단기적인 개입만으로는 충분하지 않다고 경고했다. 내 미생물군은 회복력이 대단했다. 새로운 식습관을 지속하지 않는다면 예전의 세균들이 맹렬한 기세로 되살아날 터였다. "장내 미생물을 변화시키고 싶다면 식단을 계속해야 합니다." 그는 이렇게 말했다. "앞으로 영원히요."

그곳을 나오기 전, 마지막으로 묻고 싶은 것이 하나 있었다. 생쥐와 대변 이식에 관한 이야기를 기억하는가? 쿼드램연구소에서 인간을 대상으로 같은 연구를 진행했다(분변 미생물군 이식faecal microbiota transplanation 또는 FMT라고 한다). FMT는 잠재적으로 치명적인 C. 디피실 감염에 뛰어난 효과를 발휘하는 치료법으로,[32] 건강한 지원자의 미생물군 유전체를 환자의 몸에 이식해 위험한 박테리아를 이겨내도록 돕는다. 연구소는 FMT가 만성피로증후군 또는 파킨슨병에 효과가 있을지 실험하고자 했다.

FMT는 공여자의 분변을 휘저어 대변 밀크셰이크처럼 만들면 환자가 입에서 위 또는 소장의 상부까지 연결한 튜브를 통해 이를 삼키거나 항문을 통해 대장에 삽입하는 방식으로 진행한다. 때로는 분변을 알약 형태로 만드는데, 사이먼은 "크랩슐crapsule" • 변crap이 담긴 캡슐—옮긴이이라고 불렀다. 「내 아버지의 변이 내 목숨을 구했다」[33] 등의 따뜻한 기사 제목을 본 나는 (최후의 수단으로) 비록 정신건강의 문제지만 이 사람과 비슷한 구원을 받을 수 있을지 궁금해졌다. 굉장히 침착한 성정을 지닌 낯선 이의 변을 삼켜서 내 불안을 이겨낼 수 있을지 사이먼에게 물었다.

그는 내 질문에 놀라울 정도로 진지하게 답변했다. 사이먼은 C. 디피실 외에 다른 질환에 FMT를 적용하는 행위를 정당화하는 탄탄한 과학적 증거가 없다고 말했다. 하지만 내가 시도해볼 마음이 있다면 이상적인 공여자는 건강한 식단을 유지하는 침착한 사람일 것이라고 설명했다. "감염 여부 검사를 받은 사람이어야 합니다. 장내 미생물군 유전체에 해로운 게 없는 사람이어야 하고요. 비교적 치료나 부상을 입은 경험이 적어야죠. 따라서 열두 살에서 열여덟 살 사이의 사람이 당신에게 이상적인 공여자라고 볼 수 있습니다."

불안을 느끼지 않는 십대를 찾아서는 내가 삼켜야 하니 식품 용기에 변을 좀 봐줄 수 있냐고 물어야 했다. 내 불안 증세를 완화하기 위한 일이라서 그래요. 대변 좀 달라고 누군지도 모르는 십대에게 부탁을 한다니 범죄자로 등록되기 딱 좋은 행위처럼 보였다. 생쥐들에게도 대변 이식 효과가 **그닥** 대단하지 않았다.

좀 더 현실적으로는 사이먼과 루이화 모두 염증을 줄이고, 장내 미생물군 유전체의 다양성을 늘리며, 전반적인 건강을 지키는 방법으로 입증된 지중해식 식단을 추천했다. 즉 과일과 채소, 통곡물, 견과류, 씨앗류, 생선이나 요거트와 같이 기름기가 적은 단백질을 많이 섭취해야 한다는 뜻이다. 설탕과 동물성 지방, 가공육을 줄여야 한다는 것이다.

2017년 한 메타분석에서는 "과일과 채소, 통곡물, 생선, 올리브오일, 저지방 유제품, 항산화물질"을 많이 섭취하고 고기를 적게 먹는 사람들은 우울증에 걸릴 위험이 적다고 밝혔다.[34] 2019년 한 연구는 과일과 채소의 많은 섭취량이 불안과 우울에 시달릴 가능성이 낮아지는 것과 관련이 있음을 발견했다.[35]

물론 이미 망가진 사람들이 브로콜리보다 베이컨 샌드위치를 집어들 확률이 높은 것일 수도 있다. 《정서장애저널Journal of Affective Disorders》에 실린 또 다른 메타분석은 "전향적 연구들"을, 즉 사람들의 식습관을 살핀 다음에 추후 누가 우울증에 시달리는지 연구한 자료들을 분석했다. 메타분석 저자들은 지중해식 식단과 우울증 위험 저하 간에 약한 연관성을 발견했지만, 참가자들이 임상 우울증의 공식 진단 기준을 충족해야 하는 연구가 아니라 "증상의 심각성" 척도

IV 먹고 추고 싸우고 살아가기

로 우울증을 측정한 연구들에서만 이 연관성이 발견됐다고 밝혔다. 저자들은 평균적으로 우울증 1건을 막기 위해 식습관을 바꿔야 하는 사람의 수를 47명으로 추정했다.[36]

1건의 치료 효과를 올리기 위해 필요한 치료 환자의 수를 뜻하는 이 "혜택필요수number needed to benefit"(NNB 또는 "치료필요수number needed to treat [NNT]"라고 한다)가 높은 것 같지만, 저자들은 심혈관 질환에 널리 처방되는 약물인 스타틴의 NNB보다는 적다고 언급했다.[37] 실제로는 이 수치가 더 안 좋다 해도 인과관계만 있다면, 그리고 모든 영국 국민이 식단을 지중해식으로 바꾼다고 생각하면, 우울과 불안이 수천 건이나 줄어드는 셈이다.

몇 달 전부터 채식주의자가 되어볼까 생각했다. 육식이 불편해진 지는 좀 됐지만 즐거움을 거부하고 싶지 않았고, 내가 변할 거란 확신이 없었기에 고기를 계속 먹었다. 몇 차례 육식을 '쉬어'보기도 했지만 다시 돌아왔다. 루이화, 사이먼, 데이브와 대화를 나누고 내내 동물 연구에 불편함을 느낀 나는 마음을 정했다. 인간의 변도 먹으려 했다면 채소 섭취를 고려할 때가 되었다. 뜨겁게 몰아치는 도덕적 우월감에 휩싸여 나는 육식을 영원히 금하기로 결심했다.

지금껏 내가 배운 내용을 되새기자니 머릿속에서 무지개 색으로 가득한 접시와 풍부한 자연의 산물로 가득 찬 식탁이라는 멋진 광경이 펼쳐졌다. 황금빛 밀밭을 가로지르며 전력 질주를 하고, 핏빛으로 저무는 해를 상대로 섀도복싱을 하며, 팔굽혀펴기도 마친 뒤 이마가 잔뜩 땀에 젖은 채 자리에 앉아 글을 쓰는 것이다. 이상할 정도로 낙관적인 상태에 빠졌다. 무언가가 달라지고 있었다. 어쩌면 종교적인 대화도 곧 가능할지 모를 일이었다.

새로운 식습관을 실행한 지 일주일쯤 되었을 무렵, 나는 십대 청소년의 변을 먹을까 다시금 진지하게 고민하기 시작했다.

칼로리를 계산해주는 앱으로 내가 먹는 음식을 기록했다. 데이브는 굶으면 내 몸이 지방이 아니라 근육을 쓰기 시작하는 것은 물론이고 스트레스도 높아질 거라고 경고했다. 나는 칼로리가 약간 부족한 상태를 유지하고 싶었다. 건강하고 지속 가능한 방식으로 말이다.

끔찍했다. 허기가 지면 지방과 설탕, 탄수화물을 곧장 섭취하며 생활해온 지가 오래였다. 지루할 때도, 아니면 불안할 때도, 행복할 때도 말이다. 감자칩과 초콜릿 바는 어떤 일을 마칠 때마다 보상으로 수여되는 작은 메달이었다. 새로운 식습관으로 하루에 고작 200에서 300칼로리를 덜 섭취할 뿐인데도 첫 주에는 음식 생각밖에 나지 않았다. 너무 배가 고픈 나머지 울기도 했다.

갑작스럽게 찾아오는 격렬한 괴로움을 달래기 위해, 양은 많지만 칼로리가 낮은 음식을 물색했다. 칼로리는 낮고 소화가 느리며 혈당지수도 낮은 포리지가 내 가장 친한 친구가 되었다. 초콜릿이나 에너지 드링크에 비해 포리지는 몸에서 당으로 분해하는 데 오래 걸려 혈당이 덜 오르고, 인슐린 스파이크와 코르티솔 분비, 식후 피로감이 촉발될 가능성도 낮았다. 처음 시작했을 때는 하루 과일 및 채소 섭취량이 0에서 1인분 사이였고 그 1인분도 보통은 주스 한 잔이었다. 피자도 "지중해식"에 속할지는 모르겠다. 워낙 채소를 먹지 않았던 터라 어떻게 해야 할지 혼란스러웠다. 달리 식사에 어떻게 포함해야 할지 몰라 콜리플라워 한 무더기를 쪘다.

내가 그동안 틀에 박힌 루틴에 갇혀 있었다는 사실을 깨달았다.

학생 때부터 거의 매일 똑같은 아침과 점심 메뉴를 유지했다. 아침에
는 위타빅스 시리얼 바 네 개와 우유. 점심은 땅콩버터 샌드위치, 치
즈 샌드위치, 디저트로 감자칩 한 봉지와 초콜릿 바. 저녁은 뭐든 냉
장고에 있는 것이나 테이크아웃 음식이었다. 즉, 뭘 먹어야 할지 고
민하며 스트레스를 받는 일이 없었다. 메뉴를 고르는 것은 정말 스트
레스였다. 마치 낙제할지도 모를 시험을 보듯 불안하고 괴로웠다.

정상이 아니란 점은 안다. 아마 이렇게 생각할 것이다. 세상에, 정
신 좀 차려. 점심으로 뭘 먹을지 고르는 일이 내게는 폭탄을 해체하는
일처럼 느껴진다는 것 외에는 뭐라 말할지 모르겠다. 특히 칼로리가
정해졌을 땐 더욱 그랬다. 루틴이 있으면 내 삶의 큰 부분을 자동으
로 처리할 수 있었다. 새로운 변화가 위협처럼 느껴졌다.

2주 동안 기분이 정말 형편없었다. 푹 젖은 양말을 계속 신은 듯
한 더러운 기분이었다. 10분 동안 줄을 서서 기다리다 마침내 산 아
이스크림을 떨어뜨린 기분. 캠핑 휴가를 떠나 잘 모르는 사람들과 텐
트를 함께 쓰는 와중에 첫날 밤 침낭에 소리가 묻힐 것 같아 슬쩍 방
귀를 뀌는데, 순간 그것이 방귀가 아님을 깨달았을 때의 더러운 기
분. 식습관을 개선하려고 노력하며 내가 항상 짐작하던 추측은 확신
이 되었다. 나는 달라질 수 없는 사람이며, 변화를 시도하다니 한심
하다는 것. 내 몸무게와 건강 상태는 고정값이었다. 내 불안처럼 말
이다. 결국 내가 먹을 저녁식사조차 감당하지 못한다면 진짜 불행이
닥쳤을 때 어떻게 살아남겠는가?

✦

당신이 불안한 사람이라면 스스로에게 해볼 만한 질문이 하나 있

다. 내 예지력은 얼마나 정확한가? 지금껏 미래를 예측하는 능력이 어땠는가? 일주일 후, 한 달 후, 1년 후 어떤 일이 벌어질지 정확하게 예측했는가? 적중률은 어느 정도인가?

머릿속으로 떠나는 시간 여행 외에는 보통 인간이 하는 모든 일에서 자신이 아무런 가치를 발휘하지 못할 거라고 생각하다니 이상한 노릇이다. 나는 망칠 거야, 나를 싫어할 거야, 회사에서 해고당할 거야, 그는 거절할 거야, 끔찍한 시간을 보내게 될 거야, 인간은 망할 거야, 불안에 시달리는 사람을 바라보라. 그들은 거리의 무지렁이다. 침대 위 노스트라다무스다.

인지행동치료의 창시자이자 심리학자인 에런 벡은 이 증상을 "점쟁이 오류fortune teller error"라고 칭했다. 그는 불안한 사람들은 실제로 그 일이 벌어지지 않음에도 미래를 부정적으로 예측할 때가 많다고 지적했다. 하지만 우리의 예측이 틀렸다는 사실은 인지하지 못하는데, 두 가지 때문이다. 첫째로 우리의 예측이 맞았는지 확인하지 않는다. 그 파티에 가면 공황발작을 일으킬 거라고 생각한 나머지 참석하지 않고는 당연히 그랬으리라 믿고 넘어가는 것이다. 둘째로는 별 문제 없이 진행된 일은 그러지 못한 일보다 기억에 남지 않는다. 특히나 불안을 느끼고 위험을 감지하는 데만 촉각을 곤두세우는 사람들은 더욱 그렇다.

미래를 부정적으로 예측할 때면 나는 이를 단순히 머릿속 생각이나 근거 없는 가십 또는 추측으로 떠올리는 것이 아니라 곧 닥쳐올 위험에 대한 구체적인 증거의 형태로 경험한다. 지금보다 늙은 내가 총알이 박힌 채 비틀거리며 타임 포털에서 걸어 나와 죽어가는 목소리로 경고의 말을 전하는 것과 비슷한 느낌이다. 머릿속에서 그 참사가 어떤 식으로 벌어질지 그려지고, 호르몬 연쇄 반응이 촉발되어 곧

다가올 생사를 건 분투에 대비한다.

인지행동치료는 이런 생각들을 비판적으로 평가하도록 만든다. 이런 식이다. 잠깐만, 그게 사실일지 어떻게 알아? 이와 비슷한 확률로 일어날 다른 상황은 뭘까? 두려워하는 일이 벌어지지 않는데도 내 상상처럼 괴로울 거라고 믿는 근거가 있어?

문제는 두뇌가 아무런 노력을 들이지 않고도 모욕적인 일과 재앙을 쉽게 떠올린다는 것이다. 이런 생각을 해체하고 틀렸다는 사실을 입증하는 데는 대단한 노력이 필요하다. 반려견의 대변을 알아서 치우자는 운동의 일환으로 길거리에 있는 개똥에 이쑤시개만 한 깃발을 꽂고 다니는 사람과 비슷한 기분을 느끼기 시작한다. 논리로 대응하면 실패하는 것도 이 때문일 터다. 당신의 걱정에게 질문을 던지며 소크라테스식 대화를 시작해볼 수도 있다. 내가 망칠 거라는 증거는 무엇인가? 하지만 사실 예측 자체는 문제가 아닐 때도 있다.

어떠한 고민을 친구에게 털어놓을 때, 당신에게 정말 필요한 건 그저 공감어린 태도로 이야기 들어주는 것뿐이지만 친구는 곧장 이런저런 해결책을 제시했던 경험이 있지 않은가? 때로는 타인의 말을, 그리고 무엇보다 자기 자신의 말을 들어줘야 한다. 정말 걱정이겠구나, 그렇지? 그것 때문에 네가 힘들다는 거 잘 알겠어. 네가 괴로워하니 마음이 안 좋아. 그런데 너 망쳐도 괜찮아. 다 망쳐도 돼. 무슨 일이 벌어지든 내가 곁에 있을게. 무슨 일이 생기든 너 자체로 충분한 사람이야.

✧

내가 식습관도 바꾸지 못하고 운동도 하지 못하리라는 초기 예측은 헛소리로 판명되었다. 물론 예전에 식사도 운동도 꾸준히 하지 못했던 것은 사실이다. 무려 평생의 습관을 바꾸려 했던 것도 사실이다. 처음 몇 주는 수면 저하, 배고픔, 불편함, 널을 뛰는 기분으로 끔찍했던 것도 사실이다. 하지만 계속했다. 어쩌면 현 상태를 정말 견디기 어려웠기 때문일 수도 있다. 시간을 내어 나를 도와주는 데이브를 실망시키고 싶지 않다는 마음 때문이었는지도 모른다.

평소의 나와는 다른 모습이었다. 내가 생각하는 나의 모습과 동떨어져 있었다. 내 예측과도 달랐다. 그럼에도 계속했다. 데이브에게 들었던 니트NEAT를 떠올리며, 크기가 작고 저렴한 스테퍼를 구매하고 서류 캐비닛 위에 노트북을 올려놓은 뒤 하루에 한 시간씩 스테퍼를 밟으며 글을 썼다. 점심식사로는 샌드위치 두 개와 감자칩, 초콜릿, 에너지 드링크 대신 수프와 피타 브레드 반쪽을 먹었다. 머리를 비우려 산책을 나가거나 달리기를 했다. 70년대의 음흉한 체육 교사처럼 보이지 않는 러닝용 반바지도 구매했다.

체중이 줄어들기 시작했다. 달리기 거리도 늘었다. 5킬로미터에서 10킬로미터로, 하프 마라톤으로, 일주일에 한 번은 최소 약 19킬로미터 이상의 장거리로 점차 늘려갔다. 몸무게 6.35킬로그램이 빠지더니, 12.7킬로그램이, 19킬로그램이 빠졌다.

불안은 여전했다. 공황발작도 마찬가지였다. 잘 먹고, 장거리 달리기도 했지만, 여전히 밤에는 끔찍한 시간을 보내기도 했다. 스스로가 무시무시한 세상에 갇힌 쓸모없고 무가치하며 끔찍한 인간인 듯한 기분에, 내 삶과 결혼 생활을 망칠 것이고 대단하기 그지없는 딸아이에게 실망감만 안겨줄 거라는 기분에 여전히 휩싸였다.

운동이 불안에 효과를 발휘하는 가장 기본적인 원리 중 하나는 바로 전환이다. 집 밖으로 나가게 만든다. 적어도 배우자에게 짜증을 내고 사태를 악화하는 일은 방지할 수 있다.

달리기는 내가 달라지고 있다는 증거였다. 자리에서 일어났고, 내키지 않은 일을 하겠다고 결심했고, 결국 해내었다. 달리기를 할 때마다 내 자신의 능력에 대해 스스로 말했던 부정적인 예측이 틀렸음이 입증되었다. 달리기를 완수하고 나면 기분이 좋았다. 집을 비운 시간이 너무 길어진 나머지 들어가면 리사가 내게 한 소리 할지도 모른다는 생각에 조바심이 났을지언정 말이다. 사실 글을 쓰기가 싫어 달리기를 하는 것 같은 불안함에 시달려도 말이다.

탄수화물과 지방을 폭식하는 대신 건강한 음식을 먹을 때에도 달리기와 비슷한 경험을 했다. 피자치즈를 먹은 뒤 찾아오는 기분 나쁨과는 완전히 반대되는 느낌이 들었다. 자신에게 친절하게 대했고, 내 몸을 돌봤으며 어쩌면, 정말 어쩌면 내가 이런 친절을 받을 자격이 충분한 인간이라는 생각이 들었다.

힘겨운 싸움과 추락을 여전히 반복했고, (여러모로) 내 상태가 악화될 때도 있었지만, 건강해지는 신체는 강력한 변화의 씨앗을 심었다. 공황발작이 지나면 스스로에게 이런 말을 하곤 했다. *난 변할 수 없어. 늘 불안에 시달렸잖아. 그게 나란 인간이야. 나아질 수 없을 거야.* 하지만 바닥을 치는 와중에도 자그마한 의심의 목소리가 자꾸 울렸다. *몸무게도 달라지지 않을 거라고 생각했잖아. 달리기도 할 수 없을 거라 생각했고. 둘 다 네 생각이 틀렸다면 다른 추측도 틀릴 수 있지 않을까?*

V
항우울제의 부작용과 금단 증상

무시무시하고 비정상적인
꿈을 꾸기 시작했다

몇몇 연구자와 대화를 나누며 이상한 점을 발견했다. 대화가 끝을 향하자 연구자들의 보디랭귀지가 달라진 것이다. 몸을 내 쪽으로 기울이고는 목소리를 낮춘 뒤 그들이 건넨 질문은 각기 달랐지만 골자는 이랬다. "항우울제에 대해서는 어떤 이야기를 할 생각입니까?"

내전 중 어느 쪽에 충성을 맹세할 거냐는 질문과 비슷하게 느껴졌다. 제국의 편인가, 아니면 반군의 편인가? 가끔 진짜 질문은 이것 같다고 느꼈다. 우리 편인가요? 공개하지 않는다는 조건으로 연구자들이 기업의 끄나풀, 거짓말쟁이, 멍청이, 위험한 돌팔이라고 칭한 여러 유명인의 이야기도 나눴다. 몇몇 연구자는 "완전한 헛소리", "그 사람은 쓰레기"라는 표현도 썼다. 독설이 나오자 놀랐다. 과학의 세계는 냉정한 데이터와 냉철한 결론만 존재한다고 생각했었다.

과학의 **프로세스**를 요약하자면 냉정한 데이터와 냉철한 결론이 정확한 표현일 것이다. 과학은 지식의 총체가 아니다. 이론을 시험하는 시스템이다. 과학은 우리의 직관에, 스토리와 일관성을 향한 우리의 애정에 핸드 브레이크와 같은 역할을 한다. 뻔하고 정형화된 무언가의 이면에 자리한 놀랍고 복잡한 원리들을 밝혀낸다. 과학은 편견을 경계한다. 하지만 우리가 데이터로 무엇을 **하고** 또 이를 어떻게 해석하며 소개할지, 청자는 누구인지, 데이터를 해석하면서 어떤 스토리가 만들어지는지, 이 스토리를 인정받기 위해 어떤 행위를 하는지의 문제에서, 뭐랄까, 데이터가 뜨겁게 변한다.

그럴 이유가 있다. 연구로 만들어낸 스토리는 사람들이 죽고 사는 문제다. 우세한 서사가 국가 정책을 만들고 개인의 행동을 이끄는 데 기여한다. 우리는 들은 스토리에 따라 어떤 치료는 거부하고 또 어떤 치료에는 엄청난 돈을 쓴다. 연간 다양한 주제에 걸쳐 출판되는 약 130만 건의 학술 논문을 읽을 시간도, 의향도, 노하우도 없는 우리는(설령 이 모두를 갖췄어도 대다수의 논문은 유료화 장벽 너머에 있다) 신뢰하는 권위자들이 중요한 내용을 전달해줄 거라 믿는다.[1]

다시 말해 (유튜브·페이스북·뉴스를 통해) 상대적으로 적은 수의 전달자들이 어떤 정보가 대중에게 도달하고 수용될지에 막대한 영향을 끼친다. 여기에는 돈을 벌고 명성을 얻어야 한다는 문제도 있다. 심지어 돈이라는 숨은 동기가 없는 선의의 '전문가'조차 실수를 하고 이것이 심각한 결과로 이어지기도 한다.

'나쁜 과학' 때문에 사람들은 건강상 이득이 입증되지 않은 비싼 보조제에 매년 수백만 달러를 낭비한다. 사람들이 은 이온수(물에 녹은 은 입자로 자가면역질환부터 암까지 모든 병을 치료할 수 있다고 알려졌다)를 마시다가 피부가 파랗게 변하는 것도 이 때문이다. 화학요법을 거부하고 효과도 없는 '자연'요법을 택하는 것도 마찬가지다. 나쁜 과학이 백신 거부 현상을 일으켰다. 답을 모르는 것과, 잘못된 방향으로 다른 사람들을 따라오게 만들어 이익을 취하는 것은 별개다.

내가 어떤 이야기 할 수 있겠는가? 어느 쪽을 고르든 내게 화를 내는 사람은 있을 터였다. 사회적 비판은 내 불안을 발동하는 가장 큰 트리거였다. 나는 그저 효과가 있는 방법을 찾고 싶을 뿐이었다. 사실 내 첫 문제가 바로 이것이었다. 약물치료를 받고 있었지만 더는 효과가 없었다는 사실 말이다.

✧

설트랄린의 공식적인 부작용은 이렇다. 불면증, 설사, 발한, '불안감', 코피, 치질, '혀의 장애', 트림, 요실금, 성기능 장애, 암, 약물의존, '눈 문제', 딸꾹질, 음경과 포피의 붉어짐과 통증, '무시무시하고 비정상적인 꿈'. 내 불안을 치료할 방법을 찾기 시작할 때는 2년 가까이 설트랄린을 복용하던 중이었다.

설트랄린은 SSRI(선택 세로토닌 재흡수 억제제selective serotonin reuptake inhibitor)계열의 항우울제다. 이런 약물에 대해 내가 뭐라 말하든 논란을 피할 수 없다. 가령 설트랄린을 '항우울제'라고 하면, (누군가는) 항생제가 박테리아 감염을 목표로 삼듯 항우울제는 '우울'이라는 실재하는 생물학적 상태를 타깃으로 삼아야 한다고 말할 것이다. 하지만 미생물과 달리 우울이나 불안은 현미경으로 확인할 수 없으므로 어떤 약물을 "항우울제"나 "항불안제"로 불러선 안 된다는 지적이다. 이런 이름표가 달린 것은 좋게 말하자면 희망적이기 때문이다.

누군가에겐 설트랄린을 "약"이라 부르는 것조차 이념의 문제다. 심리학자 루시 존스톤 박사는 "정신의학의 생의학적 모델biomedical model psychiatry"이라는 개념을 가장 크게 비판하는 인물이다. 루시는 "모든 정신과 약물에 반대하는 것이 아니고, 내가 아는 사람 중에도 그런 이는 아무도 없다"는 점을 강조했지만, 정신과 약물을 약이라고 부르는 데 반대하는 이유는 이 용어가 "어떠한 약이 알려진 역기능을 목표 대상으로 삼아 바로잡을 수 있다는 의미를 시사"하기 때문이라고 설명했다. 마찬가지로 루시는 설트랄린 같은 약물을 불안 '치료제'라고 부르는 데 반대한다. "술집에 가서 불안함을 느꼈지만 와인 한 잔을 마신 후 불안이 좀 가셨다고 해서 와인을 사회공포증 '치료제'라고 하지는 않아요. 또한 사회공포증이 생기는 이유가 두뇌 속에 알코올이 부족해서라고도 생각하지 않고요."

우리가 어떻게 부르든 설트랄린을 포함해 시탈로프람, 플루옥세틴 같은 SSRI 계열은 불안장애 '최전선'에 있는 약물이자 정신과 의사들이 가장 흔하게 처방하는 약물이다. (루시는 수많은 비판자 중 한 명으로, 또 다른 한 명인 영국 정신과 의사인 조안나 몽크리프는 극심한 불안을 "장애disorder"로 여기는 것이 얼마나 유용한지에 의문을 갖는다. 장애라는 용어가 삶의 경험에서 용인할 법한 정서적 반응을 지칭하기보다는 바로잡아야 할 의료적 이상을 암시한다는 것이 그 이유다.)

SSRI는 세로토닌의 재흡수를 가로막아 세로토닌이 뇌 속에 더 많이 잔류하도록 한다. 뇌 속 뉴런들은 축삭돌기라고 부르는 긴 줄기로, 인접한 뉴런의 가지처럼 뻗은 돌기, 즉 가지돌기에 신호를 보내 서로 소통한다. 축삭돌기의 끝부분이 가지돌기를 만나는 작은 틈을 시냅스라고 한다. 세로토닌성 뉴런에서는 축삭돌기가 활동전위("발화")를 일으킬 때 세로토닌이 분비된다. 세로토닌 분자는 시냅스를 건너 인접한 뉴런의 세로토닌 수용체들에 "도킹"해 이를 활성화한다. 이후 세로토닌 분자들은 이 수용체들에서 분리된다. 약 10퍼센트가 사라지고 나머지는 축삭돌기에 재흡수된다. SSRI는 이 "재흡수"를 막아 더 많은 세로토닌이 시냅스 간극에 부유하도록 만들고, 세로토닌 수용체를 여러 번 활성화한다.

SSRI 비판자들은 두뇌 속 세로토닌의 기능 및 상호작용은커녕 세로토닌과 불안의 정확한 관계 또한 제대로 밝혀지지 않았다고 (옳게) 지적한다. 내가 아는 믿을 만한 정신과 의사나 신경과학자, 심리학자 중 해당 지식을 갖추었다고 주장하는 사람은 없다.[2]

현재 우리가 세로토닌에 관해 아는 것은 이 정도다. 화학명은 5-하이드록시트립타민hydroxytryptamine 또는 5-HT이다. 대중적인 이미지는 "행복" 신경전달물질이지만 두뇌뿐 아니라 여러 신체 부위에서 각기 다른 역할을 수행한다. 두뇌에서는 정서, 인지, 기억, 허기, 중독, 우울, 불안에 관여한다. 두뇌 밖에서는 혈관 수축제로 작용한다. 소화관에서는 소화관 벽을 수축시켜 음식의 이동 속도를 높인다. 뿐만 아니라 심박, 메스꺼움과 구토감, (옥시토신과 함께) 모유 분비, 사정 지연에도 관여한다.[3] 휴! 이 얼마나 부지런히 일하는 물질인가.

뇌에서 세로토닌은 정서 조절에 핵심적인 역할을 하는 듯하다. 세로토닌 활성도 감소는 불안 및 우울 상승과 연관이 있다. 하지만 세로토닌 수치의 **상승 또한** 불안을 높인다. 스웨덴의 웁살라대학에서는 사회불안장애를 겪는 18명을 대상으로 연구를 진행했다. 세로토닌 합성을 직접 측정하기 어려운 바, 보통 여러 간접 경로를 활용하는데 대다수가 침습성이거나 신뢰하기가 어려운 방식이다. 이에 연구진은 몸에서 세로토닌으로 바뀌는 물질인 5-하이드록시트립토판(5-HTP)에 특별한 방사선 추적자를 주입해 참가자들에게 제공한 뒤 PET 스캐너로 추적했다. 그 결과 사회불안장애를 겪는 환자들은 건강한 통제군보다 확연히 더 많은 세로토닌을 합성했고, 연구진은 이 현상을 과활성 세로토닌 시스템의 특징이라고 결론지었다.[4]

최신 이론들은 뇌 속 세로토닌 수용체의 여러 유형을 구별하고,

세로토닌이 수행하는 각기 다른 기능들도 구분한다. 어떤 연구자들은 세로토닌이 인내심과[5] 스트레스에 견디는 능력에[6] 도움을 줄 수 있다고 말한다. 우리가 스트레스를 수동적으로 참아내거나 이를 해결하기 위해 적극적으로 조치를 취하도록 세로토닌이 돕는다는 것이다. 또 다른 연구자들은 세로토닌 활성이 없으면 불안은 없되 우울이 생기고, 활성도가 낮으면 불안한 우울이 발현되며, 활성도가 높으면 우울은 없되 불안이 생기는 모델을 제시했다.[7]

나와 이야기를 나눈 신경과학자와 정신과 의사는 하나같이 세로토닌이 전부가 아닐 확률이 높다고 설명했다. 왜일까? 신경전달물질은 (또 다시 항상성에 일부 근거해) 서로 상호작용하기 때문에 세로토닌의 효과만 단독으로 연구하는 일은 다소 곤란하고, 어떤 면에서는 무의미하다. 카디프대학의 연구자 스테판 브루거는 신경생물학에 아직 우리가 모르는 것이 많다고 설명했다. "세로토닌에 영향을 주는 약물이 효과가 있어 보이거나 실제로 어떠한 효과를 발휘한다는 사실은 다들 압니다. 다만 세로토닌이 불안에 악영향을 미친다는 직접적인 증거는 전혀 없죠."

수많은 실험을 통해 SSRI 계열 약물들이 평균적으로 범불안장애의 증상을 감소시키는 데 위약보다 나은 효과를 보인다는 것은 확인됐다. 2011년 메타분석에서는 플루옥세틴이 평균적으로 가장 효과적인 한편, 부작용으로 중단한 사람이 가장 적은 설트랄린은 내약성·약물의 부작용이나 불편함을 견뎌낼 수 있는 정도—옮긴이이 가장 좋다고 결론 지었다.[8] 두뇌에 관한, 그리고 세로토닌이 두뇌와 상호작용하는 방법에 관한 철저하고 근본적인 모델은 없지만, 고통받는 사람들이 있기 때문에 정신과 의사를 비롯해 여러 의사는 현재 최상의 데이터를 바탕으로 행동하려고 노력해야 한다.

내가 처음 설트랄린을 시도했을 당시, 뒤틀리는 복통에 뜨끈한 그레이비소스를 뒤로 쏟아내며 일주일을 화장실에서 살았다. 잠을 잘 수도 없었다. 의자에 앉으면 다리가 덜덜 떨리며 나도 모르게 테이블 아래서 춤을 춰댔다. 얼굴은 찡긋거리고, 윙크를 하고, 괴상한 표정이 지어졌다. 피부에는 열이 올랐고 계속 땀을 흘렸다.

다시 병원을 찾아 다른 약물을 요청했다. 병원에서는 시탈로프람으로 약을 교체했다. 부작용이 전혀 없었다. 아니, 사실 효과도 없었다. 정서든 웰빙이든 눈에 띄는 변화가 없었다. 몸에서 효과가 날 때까지 몇 주 정도는 기다리셔야 합니다. 의사가 말했다(입증된 조언이었다. 연구에 따르면 치료법을 꾸준히 따를 때 SSRI 계열 약물의 전반적인 반응률이 상승한다).[9] 몇 주를 기다렸다. 아무 일도 벌어지지 않았다. 복용량을 늘려야 할 것 같습니다. 의사가 말했다. 용량을 늘렸다. 마찬가지였다.

약물이 아무런 효과가 없다고 말하자 가족 몇 명은 내게 또 모르는 일이지, 그 약 안 먹었다면 상태가 지금보다 안 좋았을 수도 있잖아라고 말했고, 사실이긴 했지만, 이런 생각은 말 그대로 어디다 갖다 붙여도 사실이 된다. 무지갯빛 유니콘 꼬리 모양의 항문 삽입용 성인용품을 착용했다는 이유 하나로 췌장이 터지지 않아서, 아니면 췌장의 폭발을 막는 다른 요인이 있는지 확신할 수가 없어서, 남은 평생 그 성인용품을 끼고 다니는 것과 비슷한 논리다.

어느 날, 약 섭취를 중단했다. 아무 일도 벌어지지 않았다(그럼에도 해서는 안 되는 짓이었다. 의사와 먼저 상의하지 않고 난데없이 약을 중단해서는 절대로 안 된다). 그렇다고 시탈로프람이 가짜 치료제란 뜻은 아니다. 많은 사람이 자주 말하듯, 특정 일화의 복수형은 데이터가 아니다. 하지만 몇몇 정신과 의사에게서 해당 약물이 내 증상에서는 조금 특이한 선택이었다는 말을 나중에 들었다. 다른 SSRI 계열 약물에 잘 반응하지 않는 환자들에게 시탈로프람이 효과가 나타난다는 약간의 증거는 있지만,[10] 해당 약물은 불안장애 환자들에게 권장하는 약물 중 다섯 손가락 안에도 들지 못한다.

한편, 나는 망가지고 있었다. 설트랄린을 복용하던 며칠을 떠올렸다. 두 손이 쉬지 않고 벌벌 떨렸다. 땀으로 침대 시트가 수차례나 푹 젖었다. 내 엉덩이는 갈색의 소고기 농축 페이스트로 가득 찬 방귀 방석 같았다. 하지만 (정신 상태를 보자면) 내가 기억하기로는 비교적 평온했다. 인정하건대 다리 경련과 멈추지 않는 설사는 습관적으로 떠오르는 걱정의 모놀로그도 지워버릴 정도로 강력했지만, 그럼에도 자꾸 이런 생각이 들었다. 의사는 2주면 최악의 부작용도 완화될 거라고 장담했다. 약물치료에 다시 한 번 도전해보면 어떨까?

잃을 게 별로 없다는 생각이었다. 이번에는 다른 의사에게 진료를 봤고(내가 원해서가 아니라, 영국 국가보건서비스[NHS]의 감축으로 지역 서비스가 축소되며 내 지역 보건의가 계속 바뀌었다), 해당 의사는 설트랄린에 더해 프로프라놀롤을 처방했다. 베타 차단제인 이 약물은 체내 노르아드레날린의 생성을 줄이고,[11] 심박을 낮추며, 발한과 떨림 같은 증상 개선에 도움을 준다. 원래는 갑상샘(갑상선)항진증의 처방약이었지만 불안 완화 효과가 우연히 발견되었다.

하룻밤 새 불안이 사라졌다. 다음 날 아침 눈을 뜬 나는 불안하지 않았다. 이후 며칠간 아내가 조금 건조하고 무심하게 말해도 젠장, 날 미워하는 군이라고 생각하는 대신 마음이 좀 급한가 보네라고 넘기고는 걱정하지 않았다. 내가 아내에게 도움도 베풀 수 있을 것 같았다.

몇 차례 과거의 공황반응에, 습관적인 걱정에 일부러 빠져보려

한 적도 있었다. 침대에 앉아 이런 생각을 했다. 보통은 나를 불안에 빠지게 하는 일이었잖아? 하지만 불안은 찾아오지 않았다. 그 감정들이 밀려오는 상상도 했고, 나를 부정적인 소용돌이에 빠뜨리는 이런저런 생각들도 떠올려봤지만, 어떤 것에도 감정의 무게가 느껴지지 않았다. 이런 식이었다. 뭐, 그럴 수 있지. 그런 걱정이 들 수는 있지만 굳이 일부러 걱정할 필요가 있나? 클럽 안에 불이 켜졌고, 나와 불안이 처음으로 얼굴을 확인하고는 단숨에 술이 깼다.

와, 정상적으로 산다는 게 이런 기분이군. 복잡한 치료적 개입도, 몇 시간 동안 내 비논리적인 생각을 줄줄이 반박하며 일기를 쓸 필요도 없었다. 손을 끓는 물에 넣지 않거나 압정을 삼키지 않는 것처럼, 나 또는 미래에 대해 두려운 상상을 하지 않는 것은 지극히 당연한 일이 되었다. 굳이 일부러 걱정할 필요가 있을까? 걱정이 터무니없는 짓임을 깨닫기 위해 왜 몇 년간의 치료가 필요할까? 물론 부작용도 있었다. 경련을 했고 땀을 흘렸다. 변을 엄청 봤다. 하지만 의사의 말처럼 2, 3주 지나자 대부분 진정되었다. 계속 사라지지 않았던 것은 극치감장애와 발기부전이었다. 발기가 완전히 되지 않았고, 마침내 사정을 할 순간이 되어도 아무런 느낌이 없었다.

대중적인 이미지상 발기부전은 우스꽝스러운 불운과 성격의 결함 사이의 어느 중간쯤으로 그려진다. 남성들은 30년 전에 비해 스트레스·절망감·자살에 대한 생각을 좀 더 자유롭게 말할 수 있게 되었지만, 발기부전 같은 약물 부작용은 여전히 논의되지 않는다. 당신의 사례연구에서 '반쯤 늘어진 음경'과 '통제 불능의 지림' 같은 문구가 들어간 이상 고상한 담론을 형성하기 어렵기 때문일 것이다. 발기부전 증상을 털어놓는 내게 설트랄린의 흔한 부작용이라고 답하는 의사의 이야기를 듣고는, 내가 뭘 할 수가 없다는 생각에 입을 다물었다. 기분이 바닥을 치고 있을 때 자위의 기쁨마저 떠났다는 사실을 깨닫는 것은 그리 달갑지 않다. 수년간, 자위는 세상이 변했던 순간에도 관계가 끝났던 순간에도 내 곁을 지켜주던 충직한 구조견이었다. 너는 그래도 나를 사랑하지? 우리 둘은 영원할 거야. 자, 이리 와!

결과적으로는 이 거래가 가치 있다는 생각이었다. 불안정하고 심술궂은 미친놈이 아니라, 내가 되고 싶은 사람으로 살 수 있었다. 아프고, 온몸을 덜덜 떨며 두려워하고, 탈진한 상태로 며칠을 잃어버리지 않았다. 웃는 것도 가능했다. 약물이 "사람을 좀비로 만든다"고 말하던 이야기와 달리 감정이 무뎌지지 않았다. 즐거움, 경탄, 슬픔, 기쁨을 모두 경험했다. 피로와 두려움에 마비되지 않은 덕분에 이런 긍정적인 감정을 느끼기가 **쉬워졌다.** 다음 폭발에 대비하는 상태에서 벗어났다. 온전한 사람이 된 듯한 기분이었다.

유니콘과 무지개가 가득한 삶이었다는 말이 아니다. 다만 오랫동안 불안이나 우울을 느낀 사람에게 정상적인 상태란 기적과 비슷하다. 사랑하는 사람과 함께 앉아 TV를 보면서도 괜찮은 기분을 느끼는 것. 그날 해야 할 일을 하고 괜찮은 기분을 느끼는 것.

베트남 승려 틱낫한은 이런 말을 했다. "치통이 있어야 치통이 없는 것이 행복인 줄 깨닫는다." 사람들에게 내가 불안에서 벗어났다고 알렸다. 내 삶을 불안 이전과 이후로 나누어 생각하기 시작했다. 몇 달간 정상적인 삶이 이어졌고, 천국이었다.

✦

효과가 서서히 사라졌다. 징후는 어렴풋했다. 짜증이 스치고, 사소한 일에도 울컥했다. 그러고는 극심한 죄책감을 느꼈다. 왜 그렇게 반응했을까? 새로운 나는 이렇게 행동하지 않았는데. 내 냉담한 태도는 언쟁으로 이어졌다. 그러고 나면 자신이 멍청하고, 괴물 같고, 버려진 기분이 들었다. 상황은 더욱 나락으로 치달았다.

공황발작이 마침내 모습을 드러내자 패배한 기분이 곱절로 들었다(발작의 여파 속에서 이런 생각이 들었다. 공황이 발톱을 세우고 철조망을 찢으며 내게 조금씩 다가왔다고). 내 증상들이 다시 돌아왔기 때문만이 아니라 이제는 최전선의 정신과 약물조차 나를 진정시킬 수 없다는 사실 때문이었다. 내 본성이 너무 강했다. 설트랄린은 죽어가는 모닥불에 툭 던지는 파라핀이었다. 잠깐 눈부신 불길이 타오르고 빛이 번쩍하지만 그걸로 끝일 뿐, 따뜻했던 기억밖에 남지 않는다. 이제 더 최악인 점은 아무런 효과도 없이 부작용만 남았다는 것이다. 계속 먹는 게 좋겠어. 가까운 사람들이 말했다. 그 약 안 먹었다면 상태가 지금보다 안 좋았을 수도 있잖아. 혹시나 이 말이 맞을까 봐 설트랄린 복용을 중단하기가 두려웠다.

반면 설트랄린이 **무언가** 변화를 가져온 것은 맞았다. 한동안 설트랄린은 지금껏 겪어온 증상들을 잠재우며 가장 큰 안식을 선사했다. 내 감정과 나를, 인간이 관계를 맺는다는 사실을 뚜렷하게 볼 수 있었다. 불안은 내가 늘 경험하는 대상이었지만 설트랄린 덕분에 불안하지 않았다. 그 잠깐의 일탈이 대단했다. 회복의 가능성을 품었던 유일한 이유였다. 그래서 도대체 무슨 일이 벌어졌던 걸까?

✧

"설트랄린 같은 약물이 사람들에게 어떠한 효과가 있다는 데는 의심의 여지가 없어요." 루시 존스톤은 내게 이렇게 말했다. "그 효과 중

일부는 도움이 되는 경험을 선사할 겁니다." 하지만 다른 일부는 (자극이나 진정 같은) 단순히 고통스러운 생각에서 벗어나게 하는 비특이적 효과라고 루시는 설명했다. 그 외 효과는 아마도 플라세보일 것이다. 반면 설트랄린과 같은 약물에는 중대한 부작용이 있고 그중 몇몇은 섭취를 중단한 후에도 계속된다고 설명했다.

누군가에게 비활성 설탕 알약을 주며 설트랄린과 비슷한 항우울제라고 한다면, 사실 불안 증상이 개선되는 모습을 보일 확률이 크다. 유사한 현상을 의학 전반에 걸쳐 찾아볼 수 있다. 영국의 어느 유명한 연구에서는 유명 상표의 위약이 유명하지 않은 상표보다 두통을 완화하는 데에 더 큰 효과를 보인다는 점이 드러났다.[12] 또 다른 연구는 위약을 하루 네 차례 섭취한 위궤양 환자들이 하루 두 차례 섭취한 사람들보다 치료 효과가 높았다.[13] 또 다른 연구에서 참가자들은 빨간색 위약은 흥분제로, 파란색 위약은 진정제로 작용한다고 보고했다.[14] 위약의 브랜드, 복용 횟수, 색깔에 따른 효과는 다른 여러 연구에서 모방됐다.

"플라세보 효과"는 사실 여러 현상의 모음일 것이다. 어떤 현상은 본래의 신체적·정신적 치유 능력이 달라지며 우리의 경외심을 일으키기도 하고, 또 어떤 현상은 우리가 실험 데이터를 기록하고 측정하는 방식에서 탄생한 대단히 지루한 인공적 산물이다. 임상시험을 생각해보자. 보통 사람들은 증상이 최악일 때 임상에 참가한다. 그때가 바로 도움을 가장 적극적으로 찾아다니는 때이기도 하고, 정신과 의사가 임상에 관해 언급할 공산이 가장 큰 시점이기도 하다. 불안장애와 우울증 같은 상태는 주기성을 띤다. 증상이 나쁜 시기가 있고, 치료가 되지는 않았는데 증상이 가벼워질 때도 있다. 좀 나은 한 주를 맞이하는 것이다.

최악의 상태일 때 임상에 참여한 사람들에게 설탕 알약을 제공했다 해도 참가자들 중 몇몇은 임상이 끝나는 4주나 6주, 8주 후가 불안의 사이클 내 호전되는 시기와 맞물린다. 참가자들이 이미 최고치에 가까운 불안 또는 우울을 경험한다고 보고했다면, 이보다 상태가 더 나빠지기도 어렵다. 이러한 현상을 "평균으로의 회귀"라고 하는데, 플라세보 효과에서 가장 맥 빠지는 요인이다. (피부 발진부터 위 불편감, 불안까지) 알아서 나아지는 증상이 많고, 이런 특성을 고려하지 않는다면 어떤 개입이든 상황을 개선하는 것처럼 보인다.

(약을 잊지 않고 복용하는 등) 어떠한 식이요법이 지켜져야 하는 연구에서 약 복용은 좋은 결과를 일으키는 원인이 아니라 프록시 지표•측정 대상의 특징을 반영하는 지표—옮긴이일 수 있다. 약을 챙겨 먹는 사람이 여러 건강한 루틴을 더 잘 지킨다는 뜻이다. 표본 집단이 노년층이라면, 인지적으로 손상이 덜하기 때문에 약 복용을 성실히 이행하는 것일 수도 있다. 정기적으로 찾아와 약을 먹어야 한다는 점을 상기시키는 사람이 주변에 있을 수도 있다. 전반적으로 더욱 행복하고 스스로를 좀 더 의욕적으로 돌보는 이들일 수도 있다. 만성 스트레스와 사회적 고립은 사망 가능성을 높이는 주요 위험 요인이다. 따라서 (진짜든 위약이든) 규칙적인 약 복용과 더 좋은 결과는 **인과관계**가 아니라 **상관관계**일 수 있다는 뜻이다.

불안은 특히나 플라세보 효과에 빠지기 쉽다. 오랫동안 불안을 느꼈고 희망이 없다는 생각을 하던 당신이 상태를 낫게 해줄지도 모르는 신약 임상에 선발되었다고 상상해보길 바란다. (해당 약을 복용하기 전이지만) 불안에서 잠시 벗어날 수 있다는 가능성만으로도 기분이 좋아지고 저절로 불안이 저하될 수 있다. 새로운 연구자가 내 대화 요청에 응할 때마다 느끼는 기분이다. 어쩌면 이 사람일지도, 어쩌면 오늘 방법을 찾아낼 지도, 희망은 대단한 활력제다.

하워드 브로디 박사와 데이비드 B. 워터스는 진단이 치료의 한 형태라고 주장했다. 불쾌한 증상들의 이름을 아는 것이 환자에게는 "자신의 행동에 대한 납득 가능하고 수용 가능한 설명"으로 작용한다. 고전하는 스스로를 용서하고, 자신과 타인에게 좀 더 긍정적인 정서를 갖기가 수월해질 수 있다. 우리의 고통은 의미 있는 무언가로 변한다. 불안에서는 진단 그 자체가 치료약이 될지 모른다.[15]

어떤 경우든, 임상 수백 건을 메타분석한 자료에 따르면 설트랄린 같은 SSRI 계열 약물들과 그 외 정신약리학적 치료법은 불안장애와[16] 우울증의[17] 괴로운 증상을 완화하는 데 위약보다 대체로 효과가 낫다. 플라세보 효과는 실재하지만(그리고 점점 더 그 효과가 커질 수도 있지만) 어찌되었든 항불안제가 우세하다.

하지만 얼마나 나을까? 이런 약물들이 비용과 부작용 및 잠재적인 후유증을 상쇄할 만큼 위약보다 더 나은 결과를 낼까? "Ham-D"(해밀턴 우울증 평가 척도Hamilton depression rating scale) 같은 점수의 평균을 내는 대규모 메타분석들은 약물 반응의 개인차에 관해서는 많은 것을 숨긴다. 약물에 굉장히 잘 반응하는 듯한 사람들도 있다. 그러지 않거나 심지어 증상이 악화되는 사람들도 있다. "모든 정신질환 치료에는 3의 법칙이 있습니다." 연구자이자 정신과 의사인 스테판 브루거가 말했다. "치료법으로 3분의 1은 나아지거나 '차도가 보인다'고 말할 수 있을 정도로 좋아지고, 다른 3분의 1은 약간의 효과를 보며, 나머지 3분의 1은 유의미한 효과를 전혀 보지 못하죠."

유니버시티칼리지런던의 인지신경과학협회 소속 올리버 로빈슨 박사와 대화를 나누던 중에도 유사한 이야기를 들었다. 최근 약물로만 불안장애 환자들을 치료할 때 "60에서 70퍼센트의 환자들은 호전되지 않는다"라는 이야기였다. 표면적으로는 약물치료의 효과가 그리 대단해 보이지 않는다. 지역 보건의가 심각한 불안장애를 지닌 환자 10명에게 SSRI를 처방해도 두 달 후 6에서 7명은 여전히 임상적으로 불안한 상태라는 뜻이니까.

스테판은 항우울제의 플라세보 통제 연구들에서는 NNB(1명이 혜택을 받기 위해 필요한 환자의 수)가 제법 높게 나온다고 말했다. 어떤 연구들은 5명에서 7명으로 잡는데, 다시 말해 위약으로는 아무런 효과가 없는 환자 1명이 항우울제의 치료 효과를 보기 위해 환자가 6명 정도 필요하다는 뜻이다. 하지만 (심혈관 약물 스타틴의 이야기에서 앞서 확인했듯) 일반적인 내과 약물의 NNB와 크게 다르지 않은 수치다. "정신과 약물이 쓰레기라면" 스테판이 말을 이었다. "혈압약 또한 쓰레기인 셈입니다."

2012년 뮌헨공과대학의 정신의학 및 심리치료 학과 부학장인 스테판 레흐트 교수는 정신질환 약물의 효과와 일반적인 여러 치료법의 효과를 비교한 논문을 출간했다. 내과 질환과 정신장애를 모두 합해 94건의 메타분석을 살핀 그는 정신질환 약물 대부분의 효과 크기가 "가장 일반적인 약물 치료법과 같은 범위"에 있다고 설명했다. 다시 말해 정신질환 약물이 뇌졸중, 관절염, 편두통, 심장마비, 암에 흔히 처방되는 다양한 약물만큼 효과를 발휘한다는 뜻이다.[18] 하지만 (레흐트 교수가 지적하듯) 이 결과를 질병의 위중도 맥락에서 이해해야 한다. 치명적인 심장마비를 예방할 4퍼센트의 가능성과 불안을 약간 감소시킬 4퍼센트 가능성은, 더욱이 여기에 심각한 비용과 부작용이 동반된다면, 의미가 다르다.

루시 존스톤은 사전동의 • 먼저 환자에게 절차와 위험성을 고지해 치료 여부를 선택하도록 하는 것—옮긴이의 문제라고 봤다. 루시는 불안장애를 가진 환자들은 이런 말을 듣게 된다고 설명했다. "'이건 질병이고, 치료는 이렇게 할 겁니다. 화학적 불균형 때문에 생기는 문제입니다'라고요. 다 거짓말이죠. 의사는 사람들의 삶과 정체성에 대단한 영향을 미칠 수 있어요. 논문이라도 좀 읽으면서 어느 정도 면모를 갖춘 정신과 의사라면 전혀 근거 없는 소리란 사실을 잘 알 거예요."

정신과 약물에 의심을 품는 사람들이 마치 대중의 관점인 양 자주 입에 올리는 단어가 바로 "화학적 불균형"이다. 나는 심각한 불안을 꽤 오래 겪어오면서도, 그리고 연구자들과 대화를 나누면서도 지역 보건의나 정신과 의사, 심리학자, 신경과학자가 오직 "화학적 불균형" 때문에 불안이 생긴다고 말하는 소리를 들은 적이 한 번도 없다. NHS에서는 공식적으로 "양육과 환경", "삶의 경험"을 정신건강 악화의 두 가지 주원인으로 지목했고 그 뒤로 차별, 실업, 홈리스 상태가 이어진다.[19] "화학적 불균형"은 찾으려 해도 찾을 수가 없다.

(루시 같은 심리학자와 달리 약물을 처방할 자격이 있는) 정신과 의사들이 이런 현상을 조장한다고 비난을 받는다. 왕립정신의학회의 회장인 에이드리언 제임스 박사에게 의견을 물었다. "정말 생물학적으로 접근하는 정신과 의사마저도 정신질환을 일으키는 여러 사회적 결정 요인에 관해 말합니다." 그는 이렇게 답했다. 사회에서 완벽하게 소외된 사람이 아니고서야 사회적 요인이 있다는 데 반대할 사람은 없다. "모든 지표가 잘못된 방향을 가리키기 때문입니다. 지나치게 단순화해서, 불안의 원인이 되는 화학물질이 존재하고 이게 때때로 충분하지 않거나 너무 많은데 뭔가를 주입하면 불균형을 잡을 수 있다는 시각은 당치도 않아요. 각성과 관련한 몇 가지 화학물질이 있다는 사실은 밝혀졌고, 우리가 사용하는 몇몇 약물이 가바 수용체와 같은 물질에 작용한다는 것도 알지만, 정신질환을 완전히 생물학적

인 관점에서만 말하는 일은 분명 잘못입니다. 정신질환은 생물학적·심리적·사회적 요인이 모두 결합된 결과입니다."

이러한 접근법은 보통 정신질환의 생물심리사회biopsychosocial 모델이라고 한다. 어떠한 요인은 두뇌와, 또 어떠한 요인은 생각 및 신념과, 또 다른 요인은 환경과 연관이 있다는 의미다. 이 모델은 대단히 주류의 관점이고 정신건강 연구 분야에서 흔하기에, 몇몇 논문 저자들이 이 모델을 정설에 가해지는 위험하고도 급진적인 위협으로 소개하거나, 본인들이 대형 제약사에서 숨긴 비밀을 근면함과 꾀를 발휘해 밝혀냈다는 식으로 서술할 때면 늘 놀라곤 한다. 에이드리언이 불안과의 전쟁에서 중요하게 강조하는 중부 전선은 약물이 아니라 시스템이다. 동료들에게 자신의 걱정을 표현하는 데 심리적으로 열린 따뜻한 일터, 빠르게 요청할 수 있는 온라인 도움, 실업과 학업 성과를 두고 젊은 층에 가해지는 부담 등 사회적 스트레스 요인의 저하가 중요하다.

나와 대화를 나누던 스테판 브루거는 정신의학이 아직 진행형이라는 점을 인정했다. "우리가 모든 것을 다 알며 정신과 약물이 훌륭하다고 생각하는 정신과 의사를 많이 만나보지 못했습니다. 사실이 아니니까요. 정신의학의 생의학적 모델을 비판하는 사람이 많은데 일종의 허수아비 논법이죠. 제가 의사로서 치료법에 줏대 없고 양면적인 모습을 보인다고 말해도 괜찮습니다. 하루의 반 정도는 환자들에게 아니라고, 다른 약을 처방할 생각은 없다고, 심리학자를 만나시는 게 좋겠다고 말합니다."

나는 루시가 "거짓말"이라고 한 발언에 이의를 제기했다. 내 불안장애를 두고 오로지 "화학적 불균형" 탓만 하는 사람을 단 한 명도 보지 못했다. 나는 루시에게 적어도 처음에는 설트랄린이 온종일 걱정으로 괴로워하지 않는 삶이란 무엇인지 잠깐이나마 경험하게 해줬다고 설명했다. 이 약물은 다른 방식의 삶도 가능하다는 점을 보여주었다. "좋습니다." 그는 이렇게 답하고는 화학적 불균형 이론은 대중의 머릿속에 각인되었고, 누군가 이의를 제기하면 정신과 의사들은 그저 은유적으로 그 용어를 언급했을 뿐이라 말할 것이라고 설명했다. 정신과 약물을 처방하는 의사들은 본인이 들었던 이야기를 믿었고, 그게 옳다고 여겼기에 그렇게 했을 거라고도 덧붙였다. "장기 복용의 덫에 빠지지 않아야 해요. 효과가 점점 줄어들거나 약을 끊을 수 없을 것 같은 순간이요. 저라면 불안의 정도를 좀 더 관리 가능한 수준으로 낮추는 다른 방법이 여럿 있다고 말할 겁니다."

약을 중단하기가 어려울 수 있다는 말이 무슨 뜻인지 경험상 잘 안다. 연구 24건을 체계적으로 검토한 결과, 항우울제를 중단하려 했던 사람들 절반 이상이 금단증상을 겪었고 그중 절반 가까이가 증상의 정도를 "심각하다"고 보고했다.[20] 저자들은 "항우울제의 금단증상 연구에 관심이 꾸준히 낮다"는 점을 지적했다. SSRI 계열과 그 외 항우울제를 끊을 때 나타나는 증상은 "중단 증후군discontinuation syndrome"으로 더욱 잘 알려졌다. 《영국정신의학저널British Journal of Psychiatry》에 실린 글은 "1997년과 2006년 제약회사의 후원으로 열린 콘퍼런스 이후 이 용어가 문헌에 현격히 자주 등장한다"고 지적했고, 정신과 약물을 제조하는 업체에서 "중단 증후군"이란 표현을 미는 이유는 "금단"이란 단어가 연상시키는 오명을 피하려 하기 때문이라고 주장했다.[21] 사실과 다른 정보를 전달하려는 제약회사의 의도일까, 아니면 의사들이 정신과 약물을 둘러싼 불편함을 줄이고 항우울제에 "중독"될까 봐 걱정하는 환자들의 두려움을 진정시키고자 하는 간절한 바람에서 벌어진 현상일까? 둘 다 때문일 수 있다.

SSRI의 잠재적 금단 효과는 감기와 비슷한 증상, 두통, 피로감, 경련성 복통, 설사, 구토, 불면증, 어지러움, 흐릿한 시야, 전기 충격을 받은 듯한 감각("브레인 잽스brain zaps"라고도 한다), 떨림, 과민함, 기분 저하, 불안 등이 있다.[22] 약물을 오래 복용할수록 이런 증상을 경험할 확률 또한 높아진다. 루시와 스테판과 대화를 나눌 즈음 나는 설트랄린을 2년째 복용 중이었다.

SSRI 계열 약물의 불안을 예방하는 효과가 점점 줄어드는지를 판단하기란 쉽지 않다. 당연하게도 어떤 집단을 모니터하는 기간이 길수록 불안장애가 재발할 확률도 높아진다(3개월보다 24개월 동안 재발의 빈도가 더 많이 관찰될 것이다). 그렇다고 해서 반드시 SSRI 계열 약물의 효과가 사라진다고 볼 수는 없다. 한편 계속 SSRI 계열을 복용하는 것이 재발률을 낮춘다고 말하는 여러 연구[23]에서는 약을 중단한 집단들에서 증상이 늘어난 이유가 해당 약물로 **인한** 금단 효과 때문일 수도 있다고 밝혔다(이런 현상을 저자들도 인지하고 통제하려 했지만, 그러한 통제가 얼마나 효과적이었을지는 논란의 여지가 있다고도 밝혔다).

SSRI가 축삭돌기의 세로토닌 재흡수를 막아 시냅스 내 세로토닌 수치를 증가시킨다는 설명을 기억하는가? 또한 월터 캐넌이 말한 항상성에 관해, 즉 몸이 체내 균형과 안정성을 유지하려 노력한다는 것 또한 기억하는가? 항상성은 몸 전체에서 나타난다고 드러났다. 두뇌를 포함해서 말이다. 축삭돌기와 가지돌기 틈에 부유하여 만성적으로 상승한 세로토닌 수치에 노출되면 시냅스 후 수용체들은 결국 하향 조절된다.[24] 즉, 수용체의 수가 줄어든다. 어느 정도의 자극을 원하는지 정해진 설정값이 세포 내부에 있는 것처럼 말이다. 계속 방의 온도를 높이면 결국 창문을 부수거나 셔츠를 벗는 것이다. 세로토닌과 불안의 관계가 명확하게 밝혀지지 않은 바, 시냅스 후 수용체 수의 변화가 나쁘다고 확정지을 수는 없다. 어떤 연구자들은 불안이 과민한 세로토닌 수용체와 관련하고, SSRI가 장기적인 하향 조절을 유도해 불안을 치료하는 것이라고 추측하기도 한다.

한편, 매일 약물을 처방하는 정신과 의사부터 약물의 효과에 굉장히 회의적인 시선을 보내는 일부 심리학자와 운동가까지 모두가 동의하는 점은, 이러한 약물을 갑자기 중단하는 짓은 현명하지 않다는 것이다. 몇 주에 걸쳐 복용량을 조금씩 줄여나간다고 해서 반드시 금단 증상이 약해진다는 보장은 없지만, 느닷없이 약을 끊는 것은 가장 위험한 행동이고 자신에게 해로운 선택이 될 수 있다. 갑작스러운 중단에 찬성하는 사람은 아무도 없다. 이 점을 강조하는 이유는, 내가 바로 그 선택을 하는 이야기가 이제 등장하기 때문이다. 정말 한심한 짓이다. 절대로 따라하지 않길 바란다.

✧

"맹세컨대 네 살부터 열여섯 살까지 운 적이 없습니다. 아버지도 그렇게 말씀하셨고요. 단 한 번도 울지 않았어요. 절대로요. 그냥 울기를 거부했어요." 헬스장 오너이자 트레이너인 데이브 토머스와 이야기를 나누던 중 그는 아침에 코르티솔과 테스토스테론이 높다면(좋은 현상이다) 남성의 경우에는 "우리 나이에도" 한눈에 확인할 방법이 있다고 말했다. 나는 설트랄린을 복용한 이후부터 어떠한 문제에 시달렸는지를 웅얼대며 설명했다.

"저도 열여섯 살 때 SSRI 계열 약물을 처방받은 적 있습니다." 데이브가 말했다. "이제 와 생각해보면, 잘못되었던 거죠. 저는 말 그대로 불안한 십대였을 뿐이거든요." 럭비 경기 도중 싸움이 났고 데이브는 주먹을 날렸다. "그러고는 울음이 터져버렸어요." 투쟁, 도피 또는 경직 반응의 한 가지 생리적 현상은 일시적으로 눈물샘을 억제하는 것이라 눈물을 흘리기가 어려워진다.[25] 초기의 흥분이 지나가고 이 억제 현상도 사라지면, 투쟁 도피 반응에 나오는 두 신경전달물질 노르아드레날린과 아세틸콜린이 눈물샘을 자극해 눈물을 분비한다. 따라서 충격에 이어 갑자기 울음이 터질 수 있다.

"사람들이 저를 지역 보건의에게 데려갔습니다." 데이브가 설명했다. "의사는 곧장 세로자트Seroxat를 처방했고요." 세로자트는 SSRI 파록세틴의 브랜드명이다. 공황장애에도 사용이 승인된 최초의 항우울제다. 2015년 한 체계적 검토 연구는 세로자트가 같은 계열의 약물 가운데 금단 증상의 발생률과 강도가 가장 높다고 밝혔다.[26]

"그런 약들이 절 완전히 망가뜨렸습니다. 열여섯 살 때에 한 번 슬퍼서 울었다고 곧장 약물치료를 받은 거죠. 누군가와 대화하는 기회를 전혀 얻지 못했습니다." 데이브의 발기가 멈췄다. 오르가슴을 느낄 수도 없었다. "이게 열여섯 살짜리를 망가뜨리는 일이 아니면 도대체 뭐가 그렇겠습니까?"

2012년 세로자트의 제조사인 글락소스미스클라인(GSK)은 미국 법무부에 총 30억 달러를 물었는데, 이는 십대에게 파록세틴의 효과가 입증되지 않았음에도 18세 미만에게 우울증 치료제로 해당 약물을 광고한 일을 포함해 여러 기소 건으로 부과된 형사 벌금 10억 달러를 포함했다. 기업은 파록세틴이 플라세보보다 효과가 뛰어나지 않다는 연구 두 건의 데이터를 숨기고, PR사를 고용해 파록세틴이 위약과 다름 없는 효과를 보인다는 연구 결과를 "청소년의 주요 우울증에 전반적으로 내약성이 좋고 효과가 있다"라고 조작했다.

영국의 의약품 및 건강관리 제품 규제청은 GSK가 진행한 아홉 건의 임상시험을 조사한 바, GSK가 사회불안장애나 우울증, 강박장애에서 "세로자트의 효과를 보여주는 데 실패"했을 뿐 아니라 세로자트가 "소아 청소년 환자들 사이에 자살 행동과 관련한 사건의 발생률 증가와 연관성이 있다"는 "강력한 증거"가 나왔다. GSK가 18세 미만 실험과 성인 실험의 데이터를 통합해 십대의 자살 시도, 자해, 자살 충동에 대한 데이터가 더 큰 규모의 성인 실험 데이터에 '희석되게' 만들었다는 것도 밝혀졌다. GSK에서 유출된 메모에는 파록세틴의 효능이 입증되지 않았다는 문구가 포함되면 약물의 "프로필·포장에 기재되어야 하는 약의 작용·용량·주의사항 등의 정보—옮긴이이 훼손"될 것이고 결국 "상용화가 어려울 것"이라고 적혀 있었다.[27]

"저도 소송에 참여하라는 이야기를 들었습니다." 데이브가 말했다. "그냥 하고 싶지 않았어요. 지나간 일이니까요." 데이브는 내게 당시 지역 보건의는 나이가 좀 있었던 의사로 불안이나 우울에 관한 이야기를 그리 편치 않아했던 것 같다고 설명했다. "그냥 좀… 북부지방 사람 같은 분이었죠. '이 약만 먹으면 괜찮아질 거야'라는 식이었습니다." 결국 데이브가 약을 복용한 후 더욱 안 좋아진다는 사실을 깨달은 부모님이 약을 중단할 수 있게 도와주었다. "정말 형편없는 의료 조언 때문에 십대 시절을 잃었다고 생각합니다."

데이브의 이야기를 언급한 이유는 항우울제에 주의하거나 불신을 표하는 사람들이 위험한 괴짜 취급을 받으며 비판당하기 때문이다. 솔직히 나도 때때로 이런 사람들과 행동을 함께한다. 우리는 수십 년에 걸쳐 정신질환을 둘러싼 오명에 맞서 싸우고, (약을 먹는 것이 나약함의 증거라거나 먹으면 좀비가 된다는 식으로) 정신과 약물을 "화학적 이마엽 절제술"처럼 보는 말도 안 되는 고정관념을 거부해왔다.

항우울제에 주의를 기울여야 하는 이유가 있다. 불안은 몇몇 기업에 어마어마한 돈을 가져다주었다. 항우울제를 만드는 많은 제조사가 약물을 사실과 다르게 홍보하고 의료진에게 뇌물을 제공한 일로 수백만 달러의 민사소송이 제기되었다. 2009년 설트랄린 제조사인 화이자는 범불안장애 약물로 자주 처방되는 프레가발린을 포함한 약물 네 종을 승인받지 않은 용도로 불법 홍보한 혐의로 형사 및 민사 벌금 23억 달러를 물었다. 3년 후 GSK에 과징금이 부과되기 전까지만 해도 이는 제약업체에 부과된 과징금 규모로는 사상 최대 금액이었다.[28] 그렇지만 화이자에서 3주간 발생하는 매출에도 못 미치는 액수였다.

한편 경제적 이해관계의 충돌은 비단 항우울제, 더 나아가 의약품 업계에만 해당하는 이야기가 아니다. 그 근거가 전혀 충분하지 않은 여러 불안 치료법으로 큰 수익이 발생한다. 미국의 마음챙김 명상 시장만 해도 규모가 20억 달러 이상으로 추정되고, '웰니스' 업계 전체를 본다면 4조 달러 이상의 돈을 긁어모으는 것으로 알려져 있다.[29] 의약품 산업에는 여러 규제기관이 마련되었지만, 대체 건강 분야에 속한 기업들이 정신건강에 대해 주장하는 이야기는 엄격한 조사를 거의 받지 않는다. 모르긴 몰라도 항우울제는 인류 역사상 가장 엄격한 연구를 거쳐 탄생한 불안 치료제일 것이다.

(내 경험을 포함해) 항우울제를 복용하며 온갖 끔찍한 시간을 보낸 사람들의 가슴 아픈 사연을 많이 접했지만, 대체로 긍정적인 경험을 한 사람들도 많이 만났다. 부작용 가능성에 관해서 신경과학자인 올리버 로빈슨 박사는 이렇게 말했다. "부작용이 없다는 말은 듣지도 마세요. 어떤 것이든 부작용은 있습니다."

러닝을 하다보면 통증과 고통을 겪는다. 발목을 삐거나 무릎이 평생 망가지기도 한다. 심리치료는 비용도 높고 시간도 들며 (일시적이라도) 기분을 엉망으로 만드는 힘든 감정을 불러올 수 있다. 치료자가 별로거나 확실한 연구로 입증되지 않은 방법을 쓴다면 전에 없던 다른 문제들이 생기기도 한다. 명상과 마음챙김 수련은 나약해진 사람들의 정신착란적 증상과 연관된다(다만 이런 증상이 꼭 수련 때문은 아니며, 어떤 식으로 발현됐을지는 규명하기 어렵다). 식단 변경은 위 불편감, 피로, 갈망, 집중력 저하, 과민함, 불면증을 야기할 수 있다.

평균적으로 항우울제가 플라세보보다 조금 더 나은 정도의 효과를 발휘하는 것에 불과해 보여도, 항우울제 처방은 동시에 진행하는 여러 치료적 개입 중 하나가 될 수 있다. 2014년 불안장애와 우울증에 관한 52건의 연구를 메타분석한 결과, 공황장애와 강박장애(OCD), 우울증에서 항우울제가 대화치료와 동반될 때 약물을 단독으로 복용할 때보다 효과가 두 배 커진다는 사실이 드러났다.[30] 다른 연구들은 불안장애를 치료하는 데 항우울제와 심리치료 간의 유의미한 차이를 발견하지 못했다.[31] 다시 말해 두 가지가 각각 쓰일 수도, 함께 쓰일 수도 있다는 뜻이다.

심리치료보다 약물이 분명하게 나은 점 하나는 바로 대기하지 않아도 된다는 것이다. 인지행동치료(CBT)가 불안 치료에 유효하다는 탄탄한 증거가 있지만,[32] 영국에서는 전문가를 소개받고 첫 번째 진료를 진행하기까지 몇 주에서 몇 달까지 걸린다. 최근에는 첫 번째 진료를 받기까지 대기 시간이 줄기는 했지만 두 번째 진료까지의 대기는 길어져, 최초 진료의 대기 시간을 제외하고도 환자 6명 중 1명꼴로 90일 이상을 기다려야 하는 상황이다. 만성적으로 재정 부족을 겪는 정신건강 서비스가 목표한 바를 달성하기 위해 그저 우선순위를 전환한 전략으로 보인다.[33] 팬데믹 동안에는 영국 NHS 전반적으로 대기 시간이 최장 기록을 갱신한 반면,[34] 심리치료 접근성 향상(IAPT) 서비스로 전달된 진료 의뢰 건수는 급락해,[35] 이미 영국 상담 및 심리치료 협회로부터 "용납할 수 없다"라고 비난을 받았던 현실이 너욱 악화된 모양새다. 이와 반대로 지역 보건의에게 가서 (내가 그랬듯) 끔찍하게 불안하고 견딜 수 없으며 앞으로 한 주를 또 어떻게 마주해야 할지 모르겠다고 하면, 의사는 설트랄린 처방전을 주고 환자는 바로 그날부터 약을 복용한다.

불안 치료법을 실험하는 연구 대부분은 두 집단 또는 '군arm'을 비교한다. 약물이나 심리치료 등 치료를 받는 집단과, 정신약리학적으로 비활성화된 알약을 먹거나 인터뷰를 진행하는 등의 위약을 경험하는 "통제" 집단이다. 앞서 봤듯이 위약 집단들이 놀랍게도 좋은 성과를 보일 때가 많다. 하지만 위약 또한 일종의 개입이다.

치료법의 "진정한" 효과를 밝히기 위해서 세 번째 군을 포함하는 연구들도 있다. 연구진은 아무런 도움도 받지 않는 사람들에게는 어떤 일이 일어날지 알고 싶은 것이다. 사람들에게 치료를 제공하지 않는 것은 비윤리적이지만, 연구진이 증상은 있지만 치료를 제공받지 않는 사람들에게, 가령 범불안장애를 겪는 사람들 중 치료 대기자 명단에 오른 이들에게 6주 연구의 시작과 끝에 증상에 관한 질문지를 작성해달라고 요청할 수는 있다. 이 세 번째 "비개입" 군은 보통 "대기 명단" 집단으로 불린다. 대기 명단 집단은 위약과 치료 집단에 비해 한결같이 훨씬 안 좋은 결과를 보인다. 증상이 더욱 심하고 공황 발작도 더욱 자주 일어난다. 감정 상태도 더욱 안 좋고, 불안을 더욱 크게 느낀다.

"불안은 결국 불확실성에서 비롯됩니다." 올리버 로빈슨 박사는 내게 이렇게 말했다. 믿을 수 있는 권위자가 자신 있게 진단을 내리고 치료법을 처방하는 행위가 이 불확실성을 낮춰준다. 발생 가능한 부작용과 약효를 경험하기까지 2주 정도 걸린다는 설명마저도 일종의 계획과 절차를 전달하는 셈이 된다. 이 일련의 행위 자체가 치료적인 경험을 선사한다.

그렇다고 해서 항우울제가 아무런 효과도 없다는 뜻은 아니다. 다만, 미지에 대한 불편감을 마주한 사람에게는 적극적으로 해를 끼치지 않는 이상 **어떠한** 개입이든 그 무엇도 받지 못하는 것보다는 낫다는 의미다. 철학자인 데이비드 A. 조플링의 말처럼 생명에 지장이 없는 많은 질환에는 "부정확하더라도 진단이 곧 치료다."[36] 불안장애에 시달리는 사람에게 당신이 할 수 있는 최악의 행동은 대기자 명단에 올려놓고 기다리게 하는 것이다.

물론 필요할 때 사비를 들여 개인 진료를 볼 수 있고 다양한 의사와 치료법 중에 선택할 수 있는 부유한 중산층에게는 그리 문제가 안된다. 이들은 또한 NHS 의사보다 더 오랜 시간을 들여 진단을 내리고, 정신질환에 다양한 약물을 처방한 경험이 더욱 많은 정신과 의사들에게서 개인 상담을 받을 경제적 여유도 있다(내 지역 보건의가 정신과 의사를 소개해줄 당시 1회 90분의 상담료가 395파운드·약 67만 원—옮긴이였고, 나로서는 수용하기 어려운 금액이었다).[37] 사정이 어려운 사람들이, 즉 가장 스트레스를 받고[38] 불안에 관련한 장애를 경험할 위험이 가장 높은 사람들이(일자리가 없으면 범불안장애를 겪을 가능성이 두 배 이상, 공포증은 세 배 이상 높아진다)[39] 최악의 치료를 받는 것이다. 이들에게는 가장 빈곤한 선택지와 가장 충만한 대기 시간이 주어진다.

최상의 치료마저도 현재는 그다지 믿음직스럽지 못하다. 올리버 로빈슨은 환자의 약 25퍼센트에겐 약물도 CBT도 효과가 없을 것으로 예상했다. 물론 처음부터 약물치료나 CBT를 받을 수 있다는 가정하에 나온 비율이다. 불안장애는 세계에서 가장 흔한 정신질환이기에 표준 치료법이 아무런 효과가 없을 사람들 또한 굉장히 많다. 뿐만 아니라 "CBT"를 사람마다 다르게 해석한다는 문제도 있다. 심리치료자들이 행동 또는 인지 요소를 완전히 배제할 때도 있다(몇몇 연구에서는 이런 접근이 치료 결과에 아무런 영향도 미치지 못할 것이라고 우려한다).[40] 두 사람이 CBT라는 이름하에 서로 공통점이 하나도 없는 두 가지 치료를 받을 수 있다. 임상시험에서 연구하는 CBT를 일반 사람들이 항상 받지는 않는다.

반대로 의사가 약을 처방할 경우에는 놀라울 정도의 일관성이 발견된다. 설트랄린의 모든 분자는 수소 원자 17개, 탄소 원자 17개, 염소 원자 2개, 질소 원자 1개로 구성된다. 약물적 개입은 언제나 원자 수준까지 완벽히 동일하다. 그렇다고 약물이 더 낫고 효과가 있다는 뜻은 아니다. 하지만 저렴하고, 대기할 필요도 없으며, 모두가 동일한 치료를 받는다. 의사들은 자원이 제한적이다. 약물이 왜 매력적인 선택지인지 이제 이해할 수 있을 것이다.

✿

스테판에게 약물에 관해 내게 어떤 선택지가 있는지 물었다. "좋습니다." 그가 말했다. "제가 당신이라면 어떻게 하겠는지를 말하죠." 당시 나는 하루에 설트랄린 50밀리그램을 복용했다. 그는 ("200밀리그램까지") 복용량을 늘릴 수도 있지만, 이미 부작용을 경험하는 중이라면 더 심해질 수 있다고 설명했다. 그는 SSRI 계열에 더불어 SNRI(세로토닌-노르아드레날린 재흡수 억제제serotonin-noradrenaline reuptake inhibitor) 계열의 약물 두 가지, 벤라팍신과 둘록세틴을 추천했다(한 메타분석 연구에서는 불안 점수가 절반 이하로 낮아진 환자 수를 기준으로 두 약물을 각각 7위와 3위로 평가했다).[41] 스테판은 두 약물이 설트랄린보다 성적sexual 부작용이 적어 보인다고 덧붙였다.

스테판은 또한 '쿠에티아핀'이란 약물도 언급했는데, 더 적은 투여량으로도 불안 치료에 "꽤 좋은" 효과를 보이는 듯했다. 범불안장애 치료용으로는 승인을 받지 못했기 때문에(조현병 또는 양극성장애에 주로 처방되는 약물이다) 의사가 내게 이 약을 쓴다면 "오프라벨off-label" 처방 • 정식 허가를 받지 않은 약을 처방하는 행위—옮긴이이 된다. 대형 제약 회사들이 벌금을 무는 사례 중 하나가 바로 오프라벨 마케팅이다. 스테판은 쿠에티아핀을 복용하면 무척이나 졸음이 쏟아지고 살이 찔 수 있다고 경고했다.

그는 내가 술을 마시면 한결 진정이 되는 편인지 물었다. "그렇다면 술이 두뇌의 주요 억제성 신경전달물질인 가바에 미치는 영향 때문입니다. 가바는 무엇이든 진정시키거든요." 나는 7년째 술은 한 방울도 입에 대지 않았다고 말했다. 술을 끊었을 당시에 불안이 훨씬 악화되었다. "알코올은 가장 추악한 약물이죠." 스테판이 설명했다. "두뇌 속 모든 신경전달물질을 강타하거든요. 알코올이 불안을 완화하는 효과를 발휘하는 것은 아마도 알코올이 가바에 미치는 영향 때문일 겁니다."

불안은 "두뇌 속에 알코올이 부족해서" 생기는 것이 아니라고 말한 루시의 의견에 오류가 있다는 뜻일까. 그보다는 이미 아무도 찬성하지 않는 의견이 왜 틀렸는지 밝히는 쪽에 가깝다. 알코올은 가바 수용체에 결합해 가바의 효과를 모방한다. 불안을 조절하는 가바의 역할에는 충분한 근거가 이미 밝혀졌고,[42] 공황장애 환자들은 건강한 통제군에 비해 가바 수치가 낮다.[43] 기침 시럽이 계속되는 기침을 진정시키듯이 위스키 또한 같은 효과를 발휘할 수 있다. 이런 효과가 있다고 해서 기침이 발생하는 이유가 목 안에 위스키가 부족한 탓이라는 의미도 아니고, 또한 기침 시럽의 효능을 부정하는 것도 아니다. 기침 시럽과 위스키 모두 증상을 완화한다. 기침 시럽이 일반적인 감기는 치료할 수 없지만 그렇다고 아무런 쓸모 없는 약물이 되지는 않는다.

스테판은 가바에 영향을 미치고 만성 신경통증 같은 증상에 처방되는 프레가발린과 가바펜틴을 추천하기도 했다. 부작용이 가장 적기는 하지만 "대단히 많이 섭취하면 정신이 혼미"해질 거라고 설명했다. 설트랄린과 함께 복용할 수 있다고도 덧붙였다.

스테판이 여러 약물과 부작용을 설명하는 동안 구역감이 올라왔다. 나는 내 자신이 열린 태도로 '과학을 통해 더 나은 삶'을 꿈꾸는 사람이라고 생각한다. 반약물주의자나 반정신의학주의자가 아니라 말이다. 물론 젊은 시절 로널드 D. 랭에 심취했고(내 논문 주제가 반정신의학주의 운동에 대한 문헌이었다) 어빙 고프먼의 『수용소』, 토머스 사즈의 『정신병의 신화The Myth of Mental Illness』와 같은 고전 비판서들을 읽었다. 정신의학이 역사에 비판할 것이 너무 많다고 생각했고(특히나 여성, 유색인종, LGBTQ+를 대하는 방식이 큰 문제였다), 여전히 구조적인 편견에 사로잡혔으며 여러모로 개선되어야 할 분야라고 여겼다. 하지만 나는 이성적인 조사와 증거 또한 믿는 사람이었다. 설트랄린이 (일시적일지라도) 내게 도움이 된 것도 사실이다.

그럼에도 두려웠다. 약을 챙겨 먹어야 한다는 것 자체가 내게 큰 불안을 안겨줬다. 한번은 강연 때문에 브루나이로 출국해야 했던 날 뒤늦게야 약을 잊었다는 사실을 깨달았다. 밤새 공항까지 차를 몰고 와 약을 건네준 리사는 다시 집으로 돌아가 잠 한숨 자지 못하고 다음 날 아침 출근했다(다행히도 아내는 기중기를 운전하거나 심장 수술을 집도하지 않는다). 누군가가 내게 베푼 가장 친절한 행동이었다. 우리 둘 중 누구도 다시는 그런 스트레스를 경험하는 일이 없길 바랐다.

가끔 내가 다니는 약국에 처방약이 부족하면 미친 사람처럼 전화를 돌리고 몇 번이나 동네 이곳저곳을 오가며 비상 공급처를 확보했다. 어디든 갈 일이 있을 때면 그 일정에 맞게 약이 충분한지 확인해야 했고, 혹시나 가방을 잃어버릴 상황을 대비해 코트 주머니에 넣어둘 예비용 약까지 준비해야 했다. 정신과 약물을 복용한다는 것은 하루 24시간을 항상 의식하며 약간의 실수로도 곧장 비상사태에 빠지는 삶을 산다는 뜻이다. 삶 전체가 이 은색의 작은 블리스터 포장재에 묶인다.

⚝

어쩌면 약물을 둘러싼 오명을 다수 내면화했는지도 모른다. 약을 먹는 것은 실패의 상징이라고 말이다. 루시는 약을 복용하는 데에 장점과 단점이 모두 있지만 대부분의 사람이 아마도 단점은 전해들은 바가 없을 거라고 말했다. 루시에게 나는 달랐다고 말했다. 약 복용을 둘러싸고 여전히 오명과 수치심, 설교를 견뎌야 한다. 약을 먹겠다고 쉽게 결정할 사람은 없다. 지역 보건의를 찾아가 도움을 요청하는 정도가 되면 필사적인 상태다. 대부분의 사람들에게 주어진 선택지가 얼마나 제한되었는지를 생각해본다면 정말 자유롭게 결정한다고 볼 수 있을까?

내가 누리지 못했던 것이자 어떤 의사도 언급한 적 없던 것 하나는 바로 장기 계획이다. 이 약물을 얼마나 복용할 생각인가? 6개월? 1년? 2년? 약을 중단해도 될지는 어떻게 결정할까? 영국 지역 보건의의 표준적인 진료는 몇 분 사이에 끝난다. 이런 유의(솔직히 말해 **극히 중요한**) 대화를 나누기에는 진료 시간이 충분치 않다.

불안 치료로 약물을 복용하는 것은 그리 만족스러운 이야기가 아닐 수도 있다. 비단 이 책의 목적에 한정해서만이 아니다(물론 인정하건대 내 불안의 해결책이 설트랄린 복용량을 50밀리그램에서 100밀리그램으로 늘리는 것이라면, 비장한 시작에 비해 맥 빠지는 결론일 테지만). 걱정이 되고 희망이 없이 느껴지다가 알약 하나를 먹고는 다시 괜찮아진다니. 어떤 이들에게는 꽤 멋지고도 의미 있는 약의 승리처럼 느껴질 것이다. 우리는 사람들에게 삶을 되찾아주는 방법을, 최악의 상황에 빠진 이들에게 힘을 되찾아주는 방법을 발견해낸 것이다.

또 어떤 이들에게는 분명 디스토피아적이다. 약물은 구조 요청에 합선을 일으키는 행위다. 이들이 보기에 불안, 걱정, 공황장애는 모두 고통에 대한 의미 있는 반응(상처와 분노의 외침)이고, 약물이 이를 정지시키는 셈이다. 우리가 물어야 할 질문은 불안에 빠진 생쥐들의 뇌 속 어떠한 신경전달물질이 기능을 하지 못하는지가 아니라 "왜 이렇게 불안한 사람이 많을까?"라고 이들은 지적한다.

저명한 의료사회학자이자 장애인 권리 운동가인 어빙 졸라 박사는 한 남자의 이야기를 들려주었다. 강물에 떠내려오는 사람들을 정신없이 건져내 강둑까지 끌고 가서는 인공호흡을 하며 목숨을 살리기 바빴던 남자는 정작 "강 상류에서 이들을 민 사람은 누구지?"라는 생각은 하지 못했다. 루시는 우리가 불안과 우울이라고 부르는 것들의 핵심 원인은 현대의 산업화된 자본주의 사회라고 믿는다. "신자유주의가 사람들을 이용하고, 이들의 고통을 이용해 치료제도 아닌 것을 치료제로 판매하며 돈을 벌고 있어요. 계속되는 순환인 셈이죠. 치료제도 대단히 개인주의적이고요. '착취당하는 일을 한다면 하루 10분 마음챙김으로 마음이 한결 괜찮아질 겁니다. 제가 쓴 자기계발서를 사세요. 아, 효과가 없다고요? 그럼 다른 자기계발서를 사세요. 이것도 사시고요.' 그 자체로 일종의 착취나 다름없는 잘못된 해결책을 자꾸 제시하죠."

이런 이야기를 하는 사람이 많았다. 불안을 둔화하기 위해 약을 처방하는 것은 본질에서 벗어난 행위라고. 덜덜 떨리는 엔진 소음을 막으려고 라디오 볼륨을 높이는 것과 비슷하다고 말이다. 나만의 해결책을 찾으려던 행동은 어리석었을까? 만약 문제가 내 안에 있었던 게 아니라면? 세상이 문제였다면?

✦

2주 후, 아내가 내민 알록달록한 약통을 보고는 지난 이틀간 깜빡 잊고 설트랄린을 복용하지 않았다는 사실을 깨달았다. 이상한 일이었다. 잠시 생각에 빠졌다. 평소보다 더 불안한 상태인가? 심장이 빨리 뛰고 있나? 아니었다. 완벽히 정상이었다.

물론 우레 같은 공황발작 증상도, 거슬리는 걱정들도, 짜증과 불안으로 현관문 근처에서 얼어붙거나 횡성수설하며 반복적으로 말도 안 되는 소리를 쏟아내는 일들도 여전했다. 하지만 더 **악화**되지는 았다. 실험 중인 새로운 불안 치료법을 다룬 글을 읽었는데 효과가 상당해 보였다. 그 치료법을 시도해보고 싶다면 설트랄린을 중단해야 했다. 설트랄린을 같이 복용한다면 죽을 수도 있었다.

책상에 앉아 있던 나는 오늘 먹어야 할 하얀색 작은 알약을 통 안에 남겨두는 것이 대단한 각오를 요하는 일처럼 느껴지지 않았고, 곧 노트북을 닫고서 잠자리에 들었다. 괜찮았다. 아마도 금단 증상은 애초에 약물이 효과를 발휘했어야만 느끼는 것인지도 모른다는 생각이 들었다. 이 이야기를 글로 쓴다면 사람들에게 나를 따라하지 말라는 말을 꼭 전해야겠다고 다짐했다. 어떤 이들에게는 어려운 일이 될 수 있기 때문이다.

하지만 난 약을 갑자기 중단해도 어려움이 없겠지? 쉽겠지.

✦

시내를 향해 걷던 중에 리사의 메시지가 도착했다. 차 키가 어디 있냐고? 아내는 수키의 생일선물을 찾으러 나가야 했다. 주머니를 두들기다, 실수로 차 키를 가져왔음을 깨달았다.

아내에게 답장을 보냈다. 세상에, 정말 미안했다. 습관처럼 챙긴 게 분명했다. 별 생각 없이 말이다. 너무 멍청한 짓을 저질렀다. 아내가 수키의 선물로 주문 제작한 뒷마당용 장난감 부엌을 가지러 가려고 따로 시간을 빼놓았다는 사실을 알고 있었다. 미안하다는 문자를 입력하자 눈물이 쏟아지기 시작했다. 나는 정말 아무짝에도 쓸모가 없는 사람이었다. 그냥 알아서 죽는 편이 나았다.

잠깐만. 이런 생각이 들었다. *그건 좀… 너무 간 것 같은데.* 약을 중단하는 일이 내 예상만큼 쉽지는 않을 거라는 첫 번째 징후였다. 이후 며칠 동안 감정이 널을 뛰었다. 잠에서 깨어보니 재진입 중인 로켓의 원뿔형 선단 부분에 몸이 묶인 채로 눈을 뜬 것 같은 기분이었다. 모

든 감정이 최대치로 확대되었다.

수키의 생일날 아이를 데리고 피자를 먹으러 갔다. 대화를 나누다 아이가 할머니 집 정원에 있는 해바라기 이야기를 꺼냈다. "죽을지도 몰라." 아이가 낮은 목소리로 말했다. 수키는 내 눈을 바라봤다. "죽을지도 몰라." 아이가 죽음을 이야기한 것이 처음이었다. 시선을 피할 수밖에 없었다.

창밖, 아이의 뒤편으로 타는 듯한 주홍빛의 나뭇잎이 눈이 시릴 정도로 환하게 빛났다. 온갖 색과 소리가 밀려들었다. 모든 것이 말도 안 되게 연약했고 소중했다. 수키를 매우 사랑했고, 내 가족을 정말, 정말 사랑했으며, 이 우주는 너무나 광활하고 불가항력적이었다. 나뭇가지 사이로 새어드는 햇빛, 주변에서 식사를 하는 사람들, 모든 것이 의미로 가득 찼다. 왜 아무도 울지 않을까? 이 모든 것이 그저 한순간뿐이라는 걸 알면서도 어떻게 생각을 하거나 웃거나 멀쩡할 수 있을까? 우리는 다 죽을 겁니다! 소리를 지르고 싶었다. 어떻게 이렇게 평온할 수가 있는 겁니까? 하지만 입을 꾹 다물었고, 덕분에 아직도 피자 가게에 입장할 수 있다.

다음 날, 나는 무너지고 말았다. 침대에 웅크려 흐느꼈다. 모든 것이 너무도 지나치게, 강하게 다가왔다. 사람을 미치게 만드는 러브크래프트적 우주의 진실•절대적인 신은 없고 인간은 은하의 규모에서 볼 때 유의미한 존재가 아니라는 우주주의—옮긴이을 깨달았고, 다시는 계란프라이 샌드위치를 먹거나 TV를 시청하지 못할 것 같았다. 앞으로 평생 동안 끔찍한 진실에 짓눌린 채 살아야 할 터였다.

이후 몇 주간, 어두운 무력감은 조금씩 사라졌다. 차라리 죽었으면 좋겠다 싶을 만큼 삶이 견디지 못할 정도로 강렬하지는 않을 수도 있다는 생각이 들기 시작했다. 설트랄린 없이도 생활을 유지해나갔다. 그러던 중 무너져내렸다. 몇 년 만에 제대로 된, 압도적인 우울증을 경험했다. 치료법을 찾으려 노력하고 다양한 변화를 시도하며 내 삶이 나아질 거라 믿었다. 하지만 지금은 그로 인해 삶이 더욱 바닥으로 치달았다.

V 항우울제의 부작용과 금단 증상

VI

스트레스의 역사

현대의 삶은 쓰레기다

어느 날 아침, 아내가 왓츠앱으로 보낸 메시지를 받았다. 우리 핵벙커를 사야 할까? 언제 이런 대화를 나눴었나, 떠올리려 애썼다. 우리가 처음 만났을 당시 아내는 돼지 인플루엔자로 벌어질 팬데믹에 대비해 식량을 비축하던 여자였다. 가슴께가 조여왔다. 농담하는 건가? 무슨 일을 벌이려는 거지?

불안이 차오르기 시작했고, 그에 더불어 수치심도 몰려들었다. 리사가 새로운 걸 제안할 때마다 나는 늘 이런 식이었다. 변화를 싫어했다. 즉흥성·모험심 같은 것은 어디로 갔을까? 결과적으로는 거실 벽을 노란색으로 칠하자던 아내의 말은 옳았다.

나는 두어 번 심호흡을 한 뒤 답장을 고민했다. 지지하는 것**처럼** 보이고 싶었을 뿐, 실제로 아내의 의견을 지지하고 싶지는 않았다. 여유롭고 무심하게 반응하면 아내가 흥미를 잃을지도 몰랐다. 두려움에 흐릿해진 정신으로 답장을 보냈다. 어디 있는 건데? 얼마쯤 하지?

5일 후, 우리는 녹이 슨 해치를 들어올려 캄캄한 통로를 내려다봤다. 커다란 건초 더미를 등지고 바람이 들지 않는 위치에 자리한 벙커 입구는 블랙베리 덤불로 가려졌다.

흙길을 따라 운전한 뒤 차에서 내려 들판을 가로질러 걸었다. 평지에 바람이 강하게 부는 노퍽의 시골 지역이 몇 마일이나 펼쳐져 있었다. 해치에 도착하기까지 블랙베리 나무들이 짓밟힌 구불구불 길을 헤치며 나아가야 했다.

오히려 리사는 더 의욕적이 되었다. 내가 순순히 나오자 리사는 깜짝 놀랐다. 내가 자제력을 잃고 횡설수설하는 모습보다 그나마 나은 반응을 보이는 것이 극히도 드물어, 리사는 이 일 자체가 대단히 좋은 징조다 못해 운명처럼 느껴지는 모양이었다. "여기 터를 시민농장처럼 쓸 수도 있어." 결혼 생활 내내 정원을 가꾼 적도, 가드닝에 흥미를 보인 적도 단 한 번 없는 나에게 리사는 어쩐지 기대하는 목소리로 말했다. 그런 접근이라면 이 터에서 체인톱으로 얼음 조각상을 만들거나 학생들에게 말레이어를 가르치는 일도 가능했다.

이제 내가 해치 안으로 들어갈 차례가 되자 배가 싸해지며 불길한 느낌이 들었다. 아래 텅 빈 공간으로 다리 하나를 걸쳤다. 콘크리트 바닥까지 깊이가 최소 4.6미터 정도는 될 터였다. 발이 미끄러지기라도 하면, 못 되도 한쪽 골반은 박살날 것이다. 혼자 왔다면? 도움을 요청할 방법도 없고(핸드폰 신호가 잡히지 않았다), 지나가는 사람눈에 띌 가능성도 없었다. 누군가가 당신을 찾으러 오지 않는 이상 지하에서 숨을 거두는 것이다.

다리가 사다리에 닿자 깜짝 놀라고 말았다. 아드레날린이 온몸에서 분출되었다. 사다리가 부러지면 어떡하지? 지금껏 살면서 내가 죽게 되리라는 것을 알면서도 본능을 억누른 순간이 많았다. 사회적 불안(사람들의 평가에 대한 두려움)으로 신체적 불안(방치된 핵 벙커 사다리에서 떨어져 산산조각 난 골반으로 고통 속에 몇 시간이나 쓰러져 있다가 구조요원이 좁은 해치 틈으로 날 끌어올리는 두려움)을 억누르는 일종의 거래다.

내 아래쪽으로 나 있는 사다리는 무너지지 않았다(**이번만큼은**이라고 두뇌가 고맙게도 짚어주었다). 내려갈수록 바람 소리가 잦아들고 따뜻했던 볕은 희미해져 퀴퀴하고 음산한 한기가 느껴지기 시작했다. 벽을 따라 내려온 절연 케이블 옆에는 핸들을 조정해 해치를 닫을 수 있는 장치가 보였다. 벙커 내부는 방 하나에 '금연' 스티커로 도배된 하얀색 포마이카 캐비닛 몇 개가 벽에 나란히 서 있었다. 접이식 2층 침대와 샤워 공간, 내용물을 하수처리장에 보내지 않고 화학제로 처리하는 용변기가 마련되어 있었다. 책상과 바닥에는 흙먼지가 말라붙어 있었다. 한쪽 구석에 마련된 싱크대 옆에는 전기포트와 우스터소스, 표백제 몇 통이 보였다.

그곳에서 나와 다시 햇빛이 비추는 세상으로 돌아온 우리는 벙커 주인과 대화를 나눴다. 나와 비슷한 연령대에 색이 바랜 검은색 티셔츠를 입고 타투를 한 남성은 성격이 서글서글했다. 주말에 어머니를 모시고 별장처럼 쓸 용도로 샀지만 자신은 태국에서 몇 년째 살고 있으며 고령의 모친은 사다리를 타고 다니기가 여의치 않은 상황이었다. 그는 아쉬운 눈빛으로 밑동만 남은 밀밭을 응시했다. 시간은 빨리도 흘러갔고, 토요일 저녁을 나이든 모친과 비좁은 지하 벙커에서 보내려던 그의 꿈은 영원히 꿈으로만 남게 되었다.

저 멀리 회색의 낡은 교회 건물뿐 아무것도 없는 시골 벌판 한가운데 자리한 해치 옆에 서 있자니 묘한 기분이 들었다. 벙커를 처음 지을 당시 이 남자가 마주한 풍경과 같은 터였다. 늘어선 생울타리 사이로 바스락대며 바람이 스쳤다. 이 작은 터가 망망대해 위 뗏목 같았다.

피신처가 필요할지도 모른다고 생각하며 사는 삶을 상상해보라. 언젠가 세계적인 위기를 맞을지도 모른다고 믿으며 사는 삶을. 잠시 발걸음을 멈춰 오크나무, 너도밤나무, 산사나무, 그리고 영국의 광경을 마지막으로 눈에 담고 지하로 도피하는 장면을. 레버를 당겨 머리 위로 난 작은 구멍이 닫히는 모습을.

✧

『정신장애 진단 및 통계 편람Diagnostic and Statistical Manual of Mental Disorders』, 또는 DSM-5는 미국에서 현재 사용하는 정신질환 진단 기준이다. 여기에 따르면 범불안장애로 진단받기 위해서는 걱정이 "지나친" 수준이어야 한다. 아무리 고통스럽고 끔찍해도 불안만으로는 정신적으로 병이 들었다고 판정받기에 충분하지 않다. 핵심은 실제 벌어지는 일에 비해 지나친 감정을 느껴야 한다는 것이다.[1]

기후변화를 마주하고 불안을 느낀다면 "지나친" 것일까? 이 세상이 점점 생명을 위협하고, 내 딸아이가 홍수와 식량 부족에 시달리고, 자원 때문에 집들이 파괴되고 무력 충돌이 벌어지는 (두려울 정도로 그럴 법한) 미래를 직면하고 두려움을 느끼는 일이 "지나친" 것일까? 이미 벌어지는 일들이 아닌가? 글로벌 팬데믹에서 걱정을 멈출 수 없는 게 지나친 것인가? 우리 집 창문 밖에서 종말을 알리는 끔찍한 연극이 펼쳐지는 와중에, 망치로 누군가가 살해당하는 상황에서도 멍하게 있는 캐릭터 전신베개처럼 정치인들이 무심한 표정으로 구경만 하는 상황이 가학적으로 느껴지는 게 지나친 건가? 정신과 의사이자 강제 수용소 생존자인 빅토르 E. 프랑클은 이런 말을 했다. "비정상적인 상황에서 비정상적인 반응을 보이는 것은 정상적인 행동이다."[2]

세상이 끝날 때 불안장애란 것이 **존재**하기는 할까? 우리는 불안한 시대에 살고 있다. 이 말에 반박할 사람을 찾기가 어려울 것이다. 불안에 시달리는 사람들이 자주 듣는 말이다. "네가 불안을 느끼는 것이 당연해. 불안한 시대잖아." "현대 생활의 속도 때문이야." "네가 불안하지 **않으면** 그게 더 이상한 거야." 불안장애의 치료법을 찾고 있다고 사람들에게 알렸을 때 많은 이가 이렇게 반응했는데, 아마도 듣기 좋은 말을 해주려던 것 같다. 불안은 내 잘못이 아니었다. 내가 경험하던 것은 정신질환이 아니라 병든 사회의 증상이었다.

스콧 스토셀은 회고록『나는 불안과 함께 살아간다』에 이렇게 적었다. "만성 스트레스가 현 시대의 특징이라거나 불안이 근대성의 문화적 징후라는 말에 반박할 사람은 거의 없을 것이다." 내가 집어든 불안을 주제로 한 대중 심리서마다 비슷한 이야기가 등장했다. 강연과 연구 논문에도 등장했다. 루시 존스톤 박사는 내게 학생들이 "전염병 수준"의 불안에 시달린다고 말했다. 2차 세계대전 당시의 정신건강이 더욱 양호했다고도 덧붙였다. 나는 병든 게 아니었다. 섬세하게 시대정신을 읽어낼 뿐이었다.

우리는 불안의 시대에 사는가? 딱딱한 철학적 질문을 하는 것이 아니다. 불이 난 건물의 다락에 갇혀 광란의 공황 상태로 소방서에 전화를 건 사람에게는 진정제가 아니라 소방대를 보내야 한다. 문제는 어떠한 감정을 겪는지가 아니라, 그 감정을 불러일으키는 견딜 수 없는 상황이다. 현대의 삶이 불안의 원인이라면 우리의 유전자나 두뇌, 약물, 새로운 심리치료, 새로운 사고방식을 들여다볼 필요가 없다. 세상을 바꿔야 한다.

✧

몇 년 전 어둡고 고질적인 우울증의 창자 하부쯤을 지날 당시, 중국 선전 포스터가 담긴 탁상용 일력을 뜯는 일이 너무나 부담스럽고 혼란스러운 과제처럼 느껴졌다. 뜯어내지 못한 일력들이 날 비난하는 것 같았다. 난 정말 쓰레기야. 일력마저 밀리다니. 이런 생각을 하며 "변절자이자 반역자인 린 뱌오를 엄중히 고발하자"라고 촉구하는 그림을 며칠 동안 뚫어지게 바라봤다. 그저 팔을 뻗어 날짜가 지난 페이지를 손가락으로 집고 뜯어내기만 하면 되는 일이었다. 그럼에도 현실과 의지력 사이의 간극은 결코 메울 수 없는 깊은 골 같았다.

작가인 M. 몰리 백스는 이 같은 우울증의 대표적인 증상을 두고 "불가능한 일The Impossible Task"이라고 설명했다. "무엇이든 불가능한 일이 될 수 있다. 은행에 가고, 처방전 리필로 약을 새로 타고•약물이나 질환에 따라 예외는 있지만, 해외에서는 최초 처방전으로 몇 회까지는 의사 처방 없이 약국에서 약을 탈 수 있다—옮긴이, 침대를 정리하고, 이메일을 확인하고, 공과금을 내는 그런 일들 말이다. 다른 사람들 눈에는 이런 일이 갑자기 불가능해진다는 것이 '전혀' 이해되지 않는다."[3] 불가능한 일은 보통 사소하고 단순한, 살면서 이미 숱하게 했던 일이 될 때가 많다. 어느 날 갑자기, 그냥, 할 수가, 없게 된다.

만성적으로 불안하거나 우울한 사람에게, 당신이 처한 곤경을 해결하려면 수세기 동안 세계적으로 억압을 자행해온 거대한 단일 세력을 무너뜨릴 공동의 힘을 결집하기만 하면 된다고 말하는 것이, 약간의 부담으로 다가오리라는 점을 이제 이해할 것이다. 속옷을 갈아입는 것만으로도 인공위성 스푸트니크를 발사한 것에 버금가는 성취감을 느끼는 사람에게 오래된 혁명의 불씨를 자극하기란 어렵다.

✧

이제 팩트를 살펴보겠다. 세계보건기구(WHO)의 최근 보고에 따르면 불안장애와 우울증이 1990년에서 2013년 사이에 50퍼센트 가까이 증가했다.[4] 대규모 역학 연구에서는 증상이 비슷하다는 이유로 불안장애와 우울증을 한데 묶는 경우가 많다. 둘은 동반이환co-morbid으로, 다시 말해 우리는 두 질환을 보통 함께 경험한다. 비슷한 치료법에 두 질환 모두 반응을 보이고, 역사적으로 두 병명을 (신경증과 신경쇠약처럼) 구별 없이 쓸 때가 많았다. 실로 범불안장애는 불안장애보다는 주요우울증의 증상으로 더욱 잘 알려졌다고 과거부터 지금까지 계속 주장하는 연구자가 많다.[5] NHS에서 처방하는 항불안제와 항우울제 수가 지난 10년 간 두 배 이상으로 늘어 연간 처방전 발행 건수가 7090만 건으로 증가했다.[6] 1996년에서 2013년 사이 미국 성인 가운데 발륨이 포함된 항불안제 약물인 벤조다이아제핀을 처방받은 수가 810만 명에서 67퍼센트 상승해 1350만 명이 됐다.[7]

루시는 젊은 층이 불안과 우울의 "전염병epidemic"을 앓는다는 말의 근거로 영국 아동의 8명 중 1명이 한 가지 이상의 정신장애를 가졌다는 연구와,[8] 불안장애가 가장 흔하다고 발표한 2017년 NHS의 연구를 들었다. (루시는 자신의 의견을 뒷받침할 때 의학 모델의 진단 기준과 의학 용어를 자주 쓰는 것 같았다. 이 이야기를 꺼내자 그는 "어쩌면 '전염병'이란 용어는 잘못된 선택인 듯싶다"라고 덧붙였다.)

국가별로 그 수는 다르겠지만 세계 인구의 2.5퍼센트에서 7퍼센트가 불안장애로 알려진 장애를 겪는다고 말하는 자료도 있다.[9] 또 다른 자료에서는 불안장애의 평생 유병률이 33.7퍼센트에 달한다고 전했다. 다시 말해 세계 인구의 3분의 1이 살면서 언젠가 불안장애의 기준을 충족한다는 뜻이다.[10] 한 해 세계적으로 불안장애를 경험하는 사람이 2억 8400만 명으로 추정되는 바(이는 영국 인구의 네 배 이상이다),[11] 불안은 가장 흔하게 진단되는 정신건강 장애다.

이 수치들을 접한 후 한편으로는 좀 짜증스럽기도 했다. 내게 불안이란 '충만한 내면 세계'의 증거였다. 하지만 이것이 보잘것없는 데다 대중적인 질환이라니. 또 다른 한편으로는 불안이 이렇게 만연했다는 사실이 역설적으로 위안이 되었다. 내 상태는 개인의 결함보다는 시대의 비극적인 징후에 가까웠다. 언젠가 불안은 지난 시대를 보여주는 운치 있는 상징물이 될지 모른다. 고래수염 코르셋이나 매독처럼 말이다.

이 모든 통계 자료를 읽으며, 유난히 불안한 시대를 사는 우리의 모습이 당연하게 느껴졌다. 점점 더 불안한 세상이 되어간다는 인식이 만연하다. 내가 만약 불안은 우리 현대만의 고유한 저주라고 결론 내린다면 스콧 스토셀도 "반박할 사람은 거의 없을 것이다"라는 부분을 "아예 없을 것"이라고 수정할 것이다.

하지만 이렇게 마무리 짓기가 망설여졌다. 유례없이 두렵고 가슴 저미는 시기를, 너무도 끔찍해 불안이 필연적인 결과가 되는 시대를 산다면, 우리는 아무런 잘못이 없고 책임은 '사회'란 모호한 개념에 전가된다. 불안을 겪는 사람들이 시대와 사회가 잘못이라는 이야기를 많이 듣는 이유도 이것이다. 우리가 자기 비난에서 벗어나도록 한다. 하지만 이런 생각은 우리에게서 대체로 통제력을 앗아간다. 불안이 불가피하다면(심지어 **마땅한** 반응이라면) 전 세계적으로 태도와 라이프스타일, 경제 시스템, 자원의 분배에서 인류 역사상 유례없을 대대적인 변화를 끌어내지 못하는 이상, 우리는 끔찍한 고통에서 벗어날 수 없다는 뜻이다.

내 불안은 문명에 오염된 땅에서 피어난 당연한 결실이었을까? 팀 클레어가 전 시대를 살았다면, 전원주택에 거주하는 느긋하고 한가한 신사로 아련하게 습지를 바라보며 이탄•수분이 높은 식물이 퇴적해 완전히 탄화하지 못한 석탄—옮긴이에 대한 시를 지었을까? 정말 지금이 약 반세기 전보다 스트레스가 심하고 불안을 더 많이 유발하는 세상일까? 현대성이 우리를 불안한 만신창이로 만든 걸까? 우리는 불안의 시대에 사는가? 그렇다면 정확히 언제부터 잘못되기 시작했을까?

✧

1970년 앨빈 토플러가 출간한 『미래쇼크』는 600만 부 이상이 판매되었다. 이 책에서 그는 전쟁 이후 과학기술의 빠른 진보가 "정보 과부하"와 광범위한 문화적 트라우마를 불러오고, "너무 짧은 시간 안에 많은 변화를 경험하게 만들어 사람들에게 충격적인 스트레스와 혼란을 야기했다"라고 적었다. 토플러는 너무 많은 소비자 선택부터 낡은 건물을 새 건물로 대체하는 일까지 모든 것이 끔찍하고 외로운 무상함의 상태를, 무엇 하나 안정적이지도 확실하지도 않은 상태를 불러일으켰다고 봤다. 심장질환과 비만, 불안의 발병률이 증가하는 현상은 전례 없는 현대 삶의 스트레스 때문이었다.

토플러는 이 새로운 불안의 시대가 1950년에 출현했고, 이전의 서구권 사회는 농장이나 공장이라는 평생 직장과 교회와 가족, 민족 정체성과 같은 시스템 덕분에 예측 가능한 삶이라는 안전성이 보장되어 더욱 느리고 안정적인 삶을 누렸다고 설명했다. 그의 주장은 좌파 진보주의(자본주의 때문에 삶이 끔찍해졌어)와 보수주의(전통을 버렸기 때문에 삶이 끔찍해졌어), 양측 모두를 영리하게 만족시켰다.

당시 불안한 현대성을 향한 종말론적 관점도 유행했다. 생태학자 존 B. 캘훈은 수십 년을 바쳐 고밀도가 쥐와 생쥐들에게 얼마나 스트레스를 주는지 연구했다. 토플러의 저서가 출간된 해 캘훈의 가장 악명 높은 연구는 암울함의 정점을 찍었다. 캘훈은 "유니버스Universe 25"라는 세계를 만들어 식량과 공간이 충분하고 질병과 포식자는 없는 폐쇄된 서식지를 만들었다. 그는 이곳을 "폐쇄된 유토피아 세계"라고 묘사했다.[12]

처음에는 쥐의 개체수가 폭발적으로 증가했다. 이후 증가세가 둔화되기 시작하며 쥐들의 행동이 달라졌다. 어미 쥐들은 새끼를 버리거나 공격했다. 사회계급 제도 내에서 자신의 역할을 찾지 못한 수컷들은 "신체적으로 그리고 심리적으로 후퇴하는 모습을 보이며 거의 활동하지 않고 바닥 한 가운데쯤에 모여 있었다." 쥐들은 더 이상 번식하지 않았다. 수컷 중에는 사회에서 완전히 도피해 혼자만의 시간을 보내며 자신을 단장하는 데만 강박적으로 매달리는 쥐들이 생겼다. 다른 쥐들과는 달리 싸움으로 얻은 상처가 전혀 없는 이 쥐들에게 캘훈은 "아름다운 쥐들"이라는 별명을 붙였다.

캘훈은 밀도가 일정 수준을 넘어서면 깊고도 장기적인 사회적 상호작용이 불가능해진다고 믿었다. 그는 설치류와 인간은 구성원 수가 최대 12인 집단까지 수용하도록 진화했다고 생각했다. 도시에는 스트레스를 유발하는 방해물과 훼방을 놓는 낯선 이가 너무 많았다.

쥐 두 마리 사이에 새로운 쥐 한 마리가 다가오거나 둘 사이에 몸을 밀어 넣으면, 기존의 두 마리는 함께 소통하려 노력할 것이다. "만족을 극대화"하기 위해 사회적 행동은 더욱 많아지지만, 지속 시간은 짧아지고 열의 또한 줄어든다. 한편 원치 않는 상호작용이 이어질 때 두려움·후퇴·공격성이 나타난다. 시골 오솔길에서 한 사람을 마주칠 때와 지하철 객실에서 50명을 마주할 때(또는 소셜미디어에서 디지털 존재 수백 명을 마주할 때) 무엇이 다른지 생각해보길 바란다.

캘훈은 친밀한 유대감이 파괴되고 스트레스가 증가하는 현상이 사회에 영속적인 분열을 가져온다고 믿었고, "행동의 싱크behavioral sink"라는 용어를 만들어 결코 돌아올 수 없는 문화적 사건의 지평선을 설명했다. 캘훈은 인간이 이 한계선을 넘는 시점을 1984년으로 봤고, 문턱을 넘은 후 삶은 견딜 수 없을 정도로 불안을 유발하게 되며 "인구 재앙을 피할 가능성은 순식간에 사라질 것"이라고 예측했다.

오늘날 대다수의 심리학자는 (적어도 논문에서는) 인간의 복잡한 감정을 설명하는 맥락에서 경직이나 후퇴와 같은 행동을 가리켜 "불안 유사 행동"이라는 용어를 사용하는 식으로 조심스럽게 동물 모델의 한계를 밝힌다. 이렇듯 신중한 언어 선택에 익숙하다면 캘훈의 글을 읽는 일이 아찔한 여행처럼 느껴질 것이다.

캘훈은 생쥐들을 작은 인간으로 거리낌 없이 소개한다. 쥐들이 사는 케이지를 "고층 아파트", 무리에서 나온 쥐들을 "낙오자", 폭력적인 쥐들은 "비행 청소년"이라고 불렀다. 쥐들 절반에게 소형 장궁을 쥐어주고는 크레시 전투를 재연이라도 할 기세였다. 비평가들이 캘훈의 의인관을 비판하자 그는 인간이 다르다는 점을 증명할 책임은 그들에게 있다고 응수했다.[13] 이러한 반응에 아마도 비평가들은 이렇게 응답했을 것이다. "우리는 차를 운전합니다, 존. 우리는 이런 식의 한심한 논쟁을 하기 위해 복잡하고 추상적인 개념을 언어적 표상으로 전달할 줄 알고요, 이 멍청한 인간아."

캘훈의 연구는 놀라울 정도로 편향적이고 에덴동산, 묵시록의 네 기사와 같은 화려한 인용으로 범벅이다. 한 번씩 정신이 온전치 않은 사람이 끼적인 메모처럼 보이기도 한다. 그는 자신의 생쥐 유니버스에서 전쟁과 기근, 역병을 없애고자 "죽음의 죽음", 즉 그가 "죽음의 제곱"이라고 명명한 상황을 일으킨 과정을 복잡하게 설명했다. 결국 연구 지원금이 끊겼다.

그럼에도 이런 사실은 중요치 않았다. 토플러와 마찬가지로 캘훈이 불러온 여러 우려는 폭넓은 사상가 집단의 공감을 샀다. 그 우려들은 앞서 언급한 머리 데이비스의 말을 빌리자면 흥미롭다! 그 덕분에 과학적 엄격성이란 촌스러운 방해물에서 자유로울 수 있었다. 보수주의자들에게는 전통적 모성의 역할을 저버린 여성, 폭력적이고 반항적인 청소년, 동성애와 같은 '서브컬처'의 등장을 생생하게 그린 캘훈의 설치류 복지국가 이야기가 문화적 타락을 재치 있게 비유한 글로 읽혔다. 진보주의자들 눈에는 전쟁 후 베이비붐 현상의 결과로 벌어진 도시의 과도한 소비지상주의와 생태계 붕괴를 향한 강력한 경고로 읽혔다. 하지만 토플러와 캘훈이 옳았을까? 인구가 증가하고 사회적 관습이 달라지며 점점 더 견딜 수 없을 정도로 스트레스가 심한 세상으로 변해간 것일까? 그러니까… '2차 세계대전'의 평온했던 시절과 비교해?

2차 세계대전 당시 정신건강이 더욱 양호했다는 루시의 주장에도 불구하고, 참전한 7000만 명의 군인은 물론 교전 지역이나 폭격으로 파괴된 지역의 거주민들도, 전투를 경험하지 않은 지역에 거주한 이들보다 평생 불안장애와 주요우울장애 둘 다에 걸릴 위험이 더

VI 스트레스의 역수

135

욱 높았다.[14] 정신적 외상을 입은 수많은 군인을 치료한 미국 정신과 의사 로이 G. 그린커와 존 P. 스피걸은 신경쇠약이 발생 여부의 문제가 아니라 시기의 문제라고 정리했다. 이들은 전시 복무 중인 군인이 100일에서 1년이 지나면 한계점에 이른다고 봤다. "어떤 군인이 왜 불안에 굴복했는지가 아니라 어떻게 불안에 굴복하지 않을 수 있는지를 묻는 것이 더욱 타당해 보인다."[15]

1940년 독일군의 런던 대공습 당시 영국인들의 정신이 강건했다는 이야기가 나오는 것은 전시 선전활동의 영향에 더불어 의사들이 오히려 정신세계의 파멸이라는 최악의 상황을 예측했기 때문이다. 1938년 선도적인 정신과 의사 18명으로 구성된 위원회는 노인과 여성, 아이를 포함한 민간인들이 폭격당하는 상황을 보며 "정신적 사상자가 신체적 사상자의 세 배가 될 것"이라고 예측했다. 이들은 전쟁 발발 후 첫 6개월 동안 영국의 히스테리, 심한 공황장애 및 다른 불안장애 환자들이 300만에서 400만 명에 이를 것으로 봤다.[16] 하지만 역사상 유례 없는 신경증의 확산이 나타나지 않자 많은 사람이 침착한 영국인들은 끄떡없었다고 결론 내렸다.

1942년《랜싯Lancet》에 실린 글에서 정신과 의사 오브리 루이스는 영국 전역의 정신과 외래 진료소에서 데이터를 모은 후 "공습이 신경증적 질환의 증가에 대단한 영향을 미치지 않았다"라고 정리했다.[17] 하지만 공습이 민간인을 더욱 평온하고 행복하게 만드는 데 기여했던 것도 아니다. 루이스의 보고서에는 진료소에 입원해야 할 정도로 심각한 불안장애 환자들만 포함되었다. 57일간 연속으로 하늘에서 떨어지는 폭탄에 공포를 느꼈다고 해서 정신적으로 병든 것은 아니다. 하지만 대단한 스트레스를 받은 건 사실이다. 그렇다면 전쟁이 일어나기 전에는 어땠을까?

나는 1937년 심장병 전문의 토머스 호더가 업무의 "단조로움 및 무미건조함", "국제안보 불안의 확산", "경쟁적인 삶의 불안"에서 비롯된 "현대 삶의 스트레스"를 안타까워했다는 기록을 찾을 수 있었다.[18] 대공황 당시 미국 인구의 무려 25퍼센트가 실직했다. 앞서 봤듯이 빈곤과 실업은 불안장애를 경험할 가능성을 두 배에서 세 배까지 높이는 큰 위험 요인이다. 루스벨트 대통령의 1933년 취임 연설문은 그 유명한 "우리가 유일하게 두려워해야 할 것은… 두려움 그 자체입니다"로 시작해 자신의 나라를 삼킨 "이름도 없는, 불합리하고 부당한 두려움"을 애석해하는 내용으로 이어진다.

1929년 월스트리트 대폭락이 벌어지기도 전인 1925년, 《뉴욕 타임스》에 실린 글에 의사 윌리엄 S. 새들러는 새로 등장한 "예방 가능한 몇 가지 질환"에 "아메리카니티스Americanities"라는 이름을 붙였다. "흥분, 미국인의 삶 속 끊임없는 충동, 미국인의 기질 속 초조함이 40, 50대의 사망률 증가에 기여하고 있다. 적응과 자연선택은 비행기와 라디오를 일상처럼 접하는 문명사회의 스트레스에 적합한 인종을 탄생시킬 시간이 없었다."[19] 더 거슬러 올라가면 이와 비슷한 경고를 찾을 수 있다.

사회과학자 J.A. 홉슨은 1901년 출간한 저서 『편협한 애국주의의 심리학The Psychology of Jingoism』에 이렇게 적었다. "사람과 상품, 뉴스를 저렴하고 빠르게 운반하기 위한 기계 설비로 오늘날의 평범한 남성 또는 여성이 증기와 전기의 시대 이전에 살았던 선조들이 경험했던 것보다 1000배 많은 사람들의 직접적인 영향력에 일상적으로 노출되기가 쉬워졌다." 도시 생활과 "적응에 대한 압박감"이 사람의 "신경 구조"에 유해한 영향을 끼친다고 믿은 그는 "현대적 산업주의가 한참 진행된 모든 국가에 신경증 질환이 팽배한 현상은 국민들이 전반적으로 신경이 피로한 상태라는 방증이다"라고 주장했다.

같은 시기 "나약한 신경"과 "정신쇠약", "신경쇠약증"을 앓는 독자를 도와준다고 말하는 자기계발서의 홍수와 더불어 선천적으로 불안한 중산층을 위한 새로운 치료법이 폭발적으로 증가했는데, 그중에는 프랑스 심리학자인 에밀 쿠에의 "자기암시"도 있었다. 본질적으로 할 수 있다고 믿는 긍정 확언을 반복하는 이 치료법이 정서적 질환 외에도 자궁탈출증부터 난청까지 무엇이든 치유할 수 있다고 추종자들은 주장했다. 빅토리아시대의 "히스테리"보다 "신경쇠약"이란 용어를 선호하는 다수의 의사는 인간의 몸이 에너지가 유한하다는 점에서 배터리와 비슷하고, 심각한 불안 또는 우울 환자들은 현대적 생활의 부담으로 에너지가 소모되었다고 믿었다.

1897년 프랑스 사회학자인 에밀 뒤르켐은 현대성과 급속한 변화가 사람들에게 사회에서 멀어졌다는 고립감과 불안함, 우울함, 무의미함을 초래했다고 주장했다. 그는 가족과 교회 같은 전통적인 공동체의 붕괴로 도시에 사는 사람들의 자살률이 시골 지역보다 훨씬 높다고 말했다. 그 결과 남은 것은 참을 수 없는 불안과 외로움이었다.

하지만 기계화의 두려움, 도시의 과밀화, 사회적 변화는 이미 오래된 것이었다. 1881년 출간된 조지 M. 비어드의 『미국의 신경과민증: 원인과 결과American Nervousness: Its Causes and Consequences』에는 "정신 소모"의 "급속한 증가" 또는 신경쇠약의 책임으로 "증기력, 정기 간행물, 전보, 과학, 여성의 지적 활동이라는 다섯 가지 특징으로 고대와는 구별되는 **현대 문명**"을 꼽았다. 비어드는 진보와 불안의 연관성을 분명히 밝혔다. 그는 "문명은 신경과민이 적거나 없을 수 없는, 다양한 현대적 신경과민 증상이 필연적으로 발생할 수밖에 없는 상수 요인이다"라고 경고했다. 여성의 지적 활동을 향한 그의 경악은('구

시대적이고 편협한'이라고 표현하고 싶다) 무언가 다른 이야기가 있음을 짐작케 하는 첫 번째 단서다. 비어드에게는 여성에게 교육의 기회가 주어진다는 것 자체가 현대화의 공포였다.

토플러의 『미래쇼크』가 등장하기 약 한 세기 전인 1876년 벤저민 워드 리처드슨 박사는 『현대 삶의 질병들Disease of Modern Life』에 두 챕터나 할애해 "걱정과 정신적 긴장에서 비롯된 질병들"을 이야기하며 그 원인이 도시 생활과 산업시대의 변화 속도라고 지적했다. 1860년 에든버러 왕립의과대학의 연설 자리에서 의사 제임스 크라이튼 브라운은 이렇게 밝혔다. "우리는 전기의 시대를, 철도와 가스의 시대를, 급속한 사상과 행동의 시대를 살고 있습니다. 한 달이라는 짧은 기간 동안 우리의 두뇌로 전달되는 개념들은 우리의 선조들이 몇 년간 받았던 것보다, 우리의 조부들이 평생 필요로 했던 것보다 (더욱) 많아졌습니다."

크라이튼 브라운은 열차 여행과 "우수성"을 자랑하는 학교들 내 "과도한 압박"이 신경과민, 피로, 불면, 뇌 질환을 급속하게 확산시킨다고 봤다. 그는 20년 후 "고대 의학 또는 의학의 아버지들이 모르는 병적인 신경과민"이 영국을 고통에 빠지게 할 것이고, 신경질환이 크게 증가하며 그에 따라 모르핀, 비소, 담배와 같은 "신경증 치료약들"의 인기도 상승할 것이라고 경고했다.[20]

실제로 이러한 시각이 지배적이었던 바, 1895년 유명한 의사였던 토머스 클리퍼드 올버트는 《컨템포러리 리뷰Contemporary Review》에 분노에 찬 글을 실어야 했고, "신경계에 대한 애정이 커지고 있다"며 대중의 생각을 개탄스러워 했다. 그는 신랄하고 냉소적이며 짧은 호흡의 단어들로 신문은 늘 "조바심·우울감·불안을 부담이 심한 삶, 빙빙 나 있는 철로, 전보의 맹공, 사업상 갈등, 부를 향한 갈망, 천박하고 즉각적인 즐거움을 향한 저속한 욕망 탓"으로 돌린다고 조롱했다. 올버트에게 "신경허약", "신경쇠약", "히스테리"에 대한 이야기가 갑작스럽게 늘어나는 현상은 그저 "현재의 멋스러운 유행이고, 50년 전의 '간liver'이 이제는 '신경'으로 달라진 것뿐"이었다.

크라이튼 브라운과 비어드 같은 빅토리아시대 의사들이 여성의 두뇌가 '혹사'당하는 데 불편한 경고를 전하는 글을 읽다보면, 이들의 우려가 전적으로 사회의 정서적 건강이 아니라 기존의 권력 기반이 달라지는 거북한 상황을 향한다는 인상을 받는다. 백인 중산층 남성이 그리 달가워하지 않는 방향으로 사회의 규범이 달라지고 있었다. 신경장애의 증가를 안타까워하는 영국 평론가들 다수는 사실 그 행간에서 인종의 퇴화, 성 역할의 전환, 대를 이을 신체의 건강 악화가 대영제국과 식민지를 지키는 데 차질을 불러올까 우려했다. 영국은 익숙한 기존의 방식을 지키기 위해 공장 근로자와 자본가가 필요했다. 세계주의적인 오만한 겁쟁이들이 관리하는 하층민이 도시의 비즈니스로 쇠약해지고 병들어간다는 사실에 지배 계층은 초조해했다. 영국이 패권을 유지하게 해줄 강건하고 원기 왕성한 남자들을 어디서 찾을까?

1857년 인도의 반란 이후 영국인들은 "전투 민족"이라 불리는 사람들 가운데서 병사를 모집하는 정책을 시작했다. 이 정책은 농장 또는 산악 지역 출신의 인도인은 (퇴보했을 지라도) 강하고 용감한 반면 도시와 도회지에서 고등교육을 받은 이들은 싸움에 익숙지 않고 상황이 어려워지면 도망치기 쉬운 "겁쟁이"라고 상정했다.[21] 이런 말도 안 되는 생각은 인도인을 나누고 정복하는 편리한 구실이었지만, 영국 장교들 다수가 분명 진짜로 이렇게 믿었다. 이들은 약 80년 전 에드워드 기번의 『로마제국 쇠망사』에 적힌 경고를 새겼다. 즉, 문명의 과시는 편안한 삶과 세계주의의 타락, 무도 정신의 부패를 일으키고, 궁극적으로는 국민을 야만인들에게 파괴당하기 알맞은 나약하고 불안한 겁쟁이로 만든다고 믿었다.

불안에 고통받은 사람이라면 이런 말을 자주 들어봤을 것이다. "과거에는 사람들이 불안할 시간이 없었어. 그냥 제 할 일 하고 사느라 바빴지" 같은 이야기 말이다. 불안과 공황은 사치스러운 문제라는 식으로 전개된다. 쥐들은 캘훈이 포식자와 질병을 없애고 평생 필요한 먹이를 제공하자 만성적으로 스트레스가 높아졌다. 현대적 삶이 **더 많은** 불안을 야기한다는 주장에 회의적이었던 클리퍼드 올버트마저도 현대의 신경증 환자는 한결같이 "부유하고 나태하다"고 믿었다. 그는 어쩌면 신경증 환자들을 눈송이snowflake • 너무 예민하게 구는 사람을 뜻하는 속어—옮긴이라고 불렀을지도 모른다.

이러한 믿음에서 도출되는 결론은 (올버트는 미처 확인하지 못했지만) 캘훈의 "유토피아적인" 쥐의 세상에서 많은 사람이 얻은 교훈과 정확하게 일치한다. 더욱 번영하면 불안 또한 반드시 커진다는 것이다. 실로 볼테르 같은 위대한 작가도 1764년에 출간한 『철학 사전』에 이런 질문을 남겼다. "왜 도시보다 시골에 자살이 적을까? 들에서는 몸이 괴롭고, 도시에서는 마음이 괴롭다. 쟁기질을 하는 사람은 우울함을 느낄 시간이 없다. 스스로 목숨을 끊는 자들은 바로 나태한 자들이다." 볼테르는 당연히 쟁기질을 하는 사람도 아니었고 농장 노동자들과 오랜 시간 인터뷰를 하며 이들의 정신질환 이력을 파악하지도 않았다. 수많은 작가처럼 볼테르 또한 대안적 방법, 즉 추측으로 결론에 도달했다. 그보다도 전인 1733년에 스코틀랜드 의사 조지 체인은 사회가 바로 전 세대조차 잘 모르는 신경장애들로 벌집이 됐다고 말하며, 맛있는 음식이 풍부하고 앉아서 하는 일이 많으며 인구

밀도가 높은 도시에서 생활하는 현대적 삶 때문이라고 주장했다. 그가 "온갖 종류의 신경장애들"을 주제로 저술한 도서명은 『잉글랜드인의 병The English Malady』였다.

할 말은 많지만 여기서 멈추지 않으면 끝없는 푸념이 이어질 것 같다. 이제 이 이야기면 충분할 듯하다. 기원전 6세기 갠지스강 유역의 평야를 휩쓴 산업혁명으로 자급 경제에서 과잉 경제로 전환되고, 세계주의적인 상업 계층이 출현하고, 교통수단의 개발에 힘입어 멋진 도심지가 주목받기 시작하며 고향 땅을 떠나 사는 사람들에게, 붓다는 설법을 전했다. 자본가, 대단한 규모의 군대, 도시의 관료 체제라는 멋진 신세계에 압도당하고 불안에 빠진 사람들은 금욕과 일상에서 벗어남을 말하는 붓다의 이야기에 큰 가르침을 얻었다.[22]

내가 보기에 인간의 역사란 항상 전원의 아름다움에서 과거보다는 정신없고 참담하며 엉망진창인 스트레스와 불안·환멸의 세상으로 나아감의 연속인 듯싶다. 50년 전 또는 한 세기 전, 심지어 3세기 전의 삶이 스트레스가 적었다 해도 인간은 지금과 마찬가지로 극도의 불안과 걱정, 신경쇠약을 겪었다. 과거의 인간들이 거듭해서 우리에게 말하고 있다. 그들의 착각이라고 치부할 수는 있다. 우리가 인류 역사상 유일무이한 세대로 당연하게 두려움을 느끼는 시대를 마침내 살게 됐다고 생각할 수 있다. 아니면 이렇게 물을 수도 있다. 도대체 지금이 이전 시대들과 뭐가 다를까?

         ✧

"가용성 휴리스틱availability heuristic"이란 심리학자 아모스 트버스키와 대니얼 카너먼이 제안한 인지적 어림짐작이다.[23] 다시 말해 머리에 어떠한 생각이 쉽게 떠오를수록 그것이 사실이라 판단하는 현상이다. 현대성이 지닌 우려들은 쉽게 떠오른다. 자주 접하는 정보인 셈이다. 그 결과 이런 우려들이 과거에 비해 더욱 만연하다고 판단하는 식이다. 확증편향confirmation bias이라는 용어도 들어봤을 것이다. 기존의 신념에 부합하는 정보만 구하고, 반하는 정보는 거부하며, 모호한 정보는 우리의 신념에 일치하는 방향으로 해석하는 인지 왜곡이다. 보통은 합리적이고 실용적으로 작용한다. 누군가가 터무니없는 제의를 할 때마다 그에 따른 찬반 증거를 취합하며 시간을 낭비하지 않아도 되니까. 고려할 만한 가치조차 없는 이야기도 있다.

하지만 손쉬운 방법에만 의지한다면 지적으로 나태해진다. 가용성 휴리스틱과 확증편향은 해롭게도 작용하며 우리가 사실 전혀 알아보지도 않은 온갖 복잡한 문제의 답을 이미 안다고 **착각**하게 만든다.

⟡

『미래쇼크』가 출간됐을 당시 앨빈 토플러가 마흔 둘이었으니 그가 열한 살 때 2차 세계대전이 발발한 것이다. 이 책이 출간될 즈음이 그가 말하는, 사회가 광란과 불가해함으로 점철된 현대성의 악몽으로 요동치기 시작하던 때다. 1960년대 반체제 문화가 정점에 달했던 만큼 이 책은 1970년에 중년이 된 사람이 딱 쓸 법한 책이다. 앨빈 토플러에게 마지막으로 삶이 더 단순하고, 더 좋았고, 스트레스는 적었을 시대는 그가 유년시절을 보낸 때였다.

가장 오래되고 널리 알려진 신화는 바로 최초의 인간 두 명이 자연 속의 안전한 낙원에서 순수함을 잃은 탓에 쫓겨나는 이야기다. 모두가 경험했기에 와닿을 수밖에 없다. 누구나 한때는 어린아이였다. 우리 모두 순수함을 잃는 경험을 했다. 다른 사람들보다 이르게 겪은 이들도 있다.

'그 가을'이 오기 며칠 전의 날들을 어렴풋이 기억한다. 웨일스와 콘월 해변을 누비며 바다로 겁 없이 뛰어들었다. 바닷가 바위 사이의 커다란 웅덩이로 풍덩 몸을 날렸다. 그림과 이야기로 연습장을 몇 권이나 채웠다. 목에 힘을 주고 다니며 으스대고, 크게 노래를 부르고, 낯선 사람들과 이야기도 나눴다. 무엇에도 적극적이었다. 전쟁이나 돈, 기후붕괴, 팬데믹, 노화, 유산, 학대, 불의, 깊이 곪은 수치심을 모르던 시절이었다. 내게 80년대 초는 불안 이전의 시대다.

1996년, 열다섯 살이었을 때 웨일스에서 가족 휴가를 마치고 돌아오니 집에 도둑이 들었다가 나온 뒤였다. 도둑들은 (어렸을 때부터 쓰던 붉은색에 무늬가 새겨진) 내 이불 커버를 벗겨 물건을 담는 가방으로 썼다. CD 플레이어도 훔쳐갔다. 캠코더도, 나와 아버지와 동생이 작은 레고를 조립한 영상이 녹화된 카세트들도 가져갔다. 부모님의 약혼반지도. 집에 온 경찰이 내 방에서 지문을 채취했다. 몇 달이 지난 후에도 내 노란색 캐릭터 저금통은 (도둑이 안에 든 돈은 털어갔다) 지문 채취용 은색 파우더로 뒤덮여 있었다.

휴가에서 집으로 돌아오기 직전의 기억이 유독 생생하게 남았다. 웨일스 서부의 도시 카디건에 위치한 마트 2층에 앉아, 막 구입한 브릿팝 밴드 슬리퍼의 〈The It Girl〉 앨범 라이너 노트를 휙휙 넘겨보고 있었다. 아버지는 아래층에서 제퍼슨 스타십의 〈Red Octopus〉 레코드판을 결제했다. 정박형 캐러밴으로 돌아와 새로 산 앨범을 휴대용 CD플레이어에 넣었고, 디스토션 효과가 들어간 기타 코드(D#마이너였던 것 같다)로 〈Lie Detector〉 노래가 시작되자마자 이 곡과 사랑에 빠지리라고 직감했다. 집에 돌아와 상황을 확인한 후, 얼떨떨한 기분으로 정원에 앉아 있던 내 손에는 그때까지도 그 CD가 들려 있었다. 좀 전까지만 해도 크리스마스 선물과 생일선물 겸해서 받은 내 CD 플레이어로 드디어 들을 수 있다는 생각에 말할 수 없이 들떴었다.

몇 달 후 학교에서 괴롭힘이 시작되었다. 당시에는 몰랐지만 그 시절, 정원에 앉아 아직 들어보지 못한 노래의 가사를 읽으며 도둑맞은 물품들을 살피던 부모님의 대화 소리를 듣던 어린 시절의 나를 떠올리자면, 다른 세계로의 전환을 알리는 또렷한 선 하나가 보인다. 이제 와 생각해보니 내 유년시절의 마침표를 찍은 순간이었다.

⚡

발전을 숭배하자는 이야기가 아니다. 그것이 전해준 축복은 분명 이율배반적이다. 오늘날 우리가 마주한 문제들은 많고도 심각하다. 현대 세계는 인류에게 말할 수 없는 스트레스를 주고, 그 고통을 공평하게 분배하지도 않는다. 하지만 우리가 피신하고자 하는 과거는 애초에 존재하지도 않았다.

수많은 연구가 빈곤과 스트레스 호르몬 수치,[24] 정신질환 발병률 증가[25] 간의 강력한 연관성을 밝혀냈다. 세계적으로 1990년에서 2018년 사이 극빈층에 속한 인구수는 12억 5000만 명이 줄어들었다.[26] 모든 것이 평온했던 시절을 찾아 과거로 더 거슬러 올라갈수록 더욱 암울한 고통과 박탈, 높은 사망률만 마주하게 되고, 이런 현실은 심지어 당시 가장 높은 특권층마저도 예외가 아니었다. 17세기 선조들은 "고통과 질병, 조기 사망에 매우 취약"했고, 17세기 후반기에 태어난 귀족 남성의 평균 수명은 29.6세였다.[27] 전염병이 몇 차례나

VI 스트레스의 역수

유럽을 휩쓸었고 한 도시의 인구 반이 흑사병으로 목숨을 잃기도 했다. 천연두, 발진티푸스, 이질의 발병은 곧 3분의 1의 확률로 유산이나 사산되지 않고 태어난 아이들이 열두 살까지 살아남을 확률이 겨우 50퍼센트밖에 되지 않는다는 의미였다. 살아남은 이들은 형제자매, 친구, 부모의 죽음을 슬퍼했다.[28]

'과거'를 갈망하는 사람들은 자신을 철제 호흡보조기 통 안에 갇힌 소아마비 환자나 계약제 하인, 투표권이 없는 여성에 대입하지 않는다. 노스탤지어는 빅토리아시대의 어린 굴뚝 청소부를, 발암성 그을음이 가득한 비좁은 연통을 오가는 네 살짜리 아이가 아니라 뮤지컬 무대 위 캐릭터로 둔갑시킨다. 생계를 위해 농사를 짓는 농부들은 질병이나 방화, 강도, 흉작, 늑대들의 공격, 병든 소, 악천후가 한 철만 닥쳐도 죽음으로 이어지는 고된 현실 속 머리 희끗한 생존주의자가 아니라 자연 속 근심 없는 철학자가 된다.

그런데 잠깐, 많이들 인용하는 세계보건기구의 통계자료, 그러니까 1990년부터 2013년 사이에 불안장애가 50퍼센트 가까이 상승했다는 이야기는 어떻게 된 걸까? WHO 보고서를 읽으며 가장 먼저 눈에 띄었던 점은 불안 및 우울 환자의 49퍼센트 상승이 인구수 대비가 아니라 절대수를 의미한다는 것이다.[29] 1990년에서 2013년 사이 세계 인구는 53억 명에서 72억 명으로 약 35퍼센트 증가했다. 불안 및 우울의 확산세가 23년간 동일하려면 해당 인구도 35퍼센트가 증가해야 할 것이다. 따라서 실제로 불안과 우울을 경험하는 인구 비율을 따진다면 과거에 비해 약 14퍼센트 증가한 셈이다. 훨씬 더 작은 수치다. 하지만 증가한 것은 맞다. 그렇지 않은가?

하지만 무엇이 증가했다는 걸까? (놀랄지 모르지만) 불안과 우울이 아니다. 이 수치는 얼마나 많은 사람이 불안 또는 우울을 겪는지 보여주지 않는다. 대신 얼마나 많은 사람이 불안장애 또는 우울증으로 **진단받았는지**를 기록한 자료다. 당신이 정신과 의사를 찾아가 상황을 이야기한 뒤 의료진이 당신을 불안장애로 진단하겠다고 결정하면 불안장애로 기록된다. 따라서 이 통계는 불안 자체가 아니라 '진단 행위'의 빈도다. 정신질환은 가령 범죄와 비슷하게 애매하다. 통계로만 보자면 범죄는 신고가 있기 전까지는 범죄가 아니고, 범죄의 **기준**은 국가마다 그리고 한 국가 내에서도 시대에 따라 달라진다.

1990년에서 2013년 사이 세계적으로 정신질환을 대하는 태도가 크게 달라졌다. 여전히 여러 나라에서 정치인이나 공인이 불안이나 우울을 겪은 개인의 경험을 공개적으로 말하기 어려워하지만 이런 질환을 둘러싼 담화는 달라졌다. 전보다 적극 도움을 구하는 사람이 많아졌다.

그런데 인간의 경험 유형을 분류하는 범주를 만드는 과정에서 희한한 일이 벌어졌다. 예컨대 불가사리와는 다르게 인간은 분류군을 인지하고, 어떠한 분류군에 속하거나 벗어나기 위해 자신의 행동을 바꾸기도 한다. 이로 인해 철학자 이언 해킹이 말한 "루핑 효과looping effects", 즉 사회 현실을 설명하기 위해 만들어낸 용어가 그 현실을 바꾸는 현상이 벌어진다.[30] 정부 기관은 이 효과에 근거해 정책을 결정한다. 개인은 새로운 용어에 빗대어 자신의 행동을 이해하고 정체성의 경계를 정한다. 저널리스트들은 새로운 범주에서 탄생한 새로운 이론을 주제로 기사를 쓴다. 새로운 범주에 속한 사람들을 지원하는 집단이 생겨나고, 이를 바탕으로 사람들이 모이고, 새로운 세력 기반이 생겨난다. 현실이 달라진다.

나쁘다는 말은 아니지만 분명 중요한 문제이긴 하다. 불안장애를 널리 인식할수록 본인 삶의 경험을 바라보며 아, 내가 불안/우울을 겪고 있구나 생각하는 사람 또한 많아진다. 물론 나 또한 이런 과정을 거쳐 의사를 찾아왔다. 내가 단순히 슬픈 게 아니라 '우울증이 있을지도' 모른다는 생각이 들었다. 내 감정을 새롭게 이해하는 이런 프레임워크가 없었다면 의사를 찾아갈 생각을 했을지 의문이다. 만약 병원에 가지 않았다면 진단도 받지 않았을 것이고, 그렇게 내 질환은 통계에 잡히지 않았을 것이다.

세계 불안 인구의 수치는 헬스케어의 접근성, 정신질환을 둘러싼 오명, 의료 교육, 진단 경향의 변화, 시스템에 대한 지역사회의 신뢰에 대단히 민감한 영향을 받는다. 유럽은 인구 10만 명당 정신건강 종사자가 50명인 한편 아프리카는 0.9명이다.[31] 불안장애는 전문가가 진단해야 기록된다. 앞서 확인했듯 문제의 기간 동안 세계적 극빈층은 눈에 띄게 감소했다. 소득과 사회 기반시설이 강화되며 정신질환을 진단할 자격을 갖춘 전문 의료인의 수 또한 크게 상승했다.

또한 불안장애가 무엇인지 정의하는 **개념**은 지난 20년간 제대로 확립되지 않았다. 내가 진단받은 여러 병명 중 하나인 범불안장애(GAD)를 생각해보자. 1990년 미국 의사들은 DSM-3-R, 『정신장애 진단 및 통계 편람』 3차 개정안에 따라 진단을 내렸다. GAD의 조건을 충족하기 위해서는 "비현실적인/지나친 불안과 걱정"을 6개월 이상 경험해야 하고 18개의 증상 중 6개를 보여야 한다. 2013년 DSM 5차 개정안이 발표됐고, GAD 증상 리스트는 6개로 줄어 그중 3개와 관련한 증상이 있고 지난 6개월간 지나친 불안과 걱정을 경험한 날이 그러지 않은 날보다 많으면 진단 기준에 부합한다.[32] 5차 개정안의 기준은 좀 더 명확해졌다. 하지만 두 안의 기준은 분명 다르다. 1990년대보다 21세기에 범불안장애의 기준을 충족하기가 쉬워졌다. (영국에서 의사들은 현재 ICD-11 즉, WHO의 '국제질병분류International

Classification of Diseases' 11차 개정안의 기준을 사용한다. 이 역시 DSM과 다르고, 진단 기준 또한 여러 차례 수정을 거쳤다.)

2006년 다국적 제약 기업인 화이자에서 내놓은 GAD-7, 범불안장애 "선별 검사" 7문항 평가는 "지난 2주간 아래의 문제로 불편함을 겪은 적이 자주 있습니까?"라는 질문으로 진행된다. 이 평가지는 진단 도구로 사용되어서는 안 되지만 내가 겪어본 바, 진단 도구로 쓰이고 특히나 증상에 관한 깊은 대화를 나눌 시간이 없는 의사들이 채택하는 방법이다. 비평가들은 GAD-7이 지나친 불안과 걱정이 6개월 이상 지속되어야 하고 최소 2주간은 해당 증상을 경험하는 날이 그러지 않은 날에 비해 많아야 한다는 1990년에 비해 "진단 기준을 너무 낮게 설정"했다고 비판한다.[33]

이후로 대단히 축소된 버전 GAD-2가 등장해 해당 평가를 질문 단 두 개로 줄였다.[34] 이 역시도 그저 선별 검사로 쓰여야 하지만, GAD-7과 GAD-2 모두 불안장애 유병률을 측정하는 역학 연구에서 참가자가 온라인상 질문에 답하는 형식으로 활용된다.[35] GAD-2의 민감도 • 실제 질환이 있는 환자가 검사에서 양성으로 나오는 비율로, 이 수치가 높을수록 신뢰도가 높다─옮긴이는 질환에 따라 66퍼센트에서 89퍼센트로 평가되는데, 이는 해당 테스트를 치른 사람들 간 (최소) 11퍼센트는 차이가 전혀 감지되지 않는다는 뜻이다.

과잉 진단의 음모를 말하고자 하는 것은 아니지만 화이자가 분명 덕을 보긴 했다. 1990년 화이자는 영국에 설트랄린을 출시했다. 다음 해 미국에서는 졸로프트란 이름으로 유통되기 시작했다. 대다수의 국가에서는 의사의 처방이 필요한 약물을 소비자에게 직접 광고하는 행위가 불법이지만 1997년 미국은 가이드라인이 완화되었다. 그 결과 적응장애와 같은 일시적인 불안장애 환자들에게 정신과 약물의 과다 처방과 "처방량 증가" 현상이 벌어졌다.[36] 2016년이 되자 졸로프트는 미국에서 가장 많이 처방되는 정신과 약물이 되었다.

바스대학 심리학자 캐서린 버튼 박사는 GAD-7과 이와 비슷한 우울증 선별 도구인 환자건강설문지Patient Health Questionnaire-9(PHQ-9)로 데이터가 수집되는 거대한 원동력은 경제적인 사안이라고 내게 말했다. 정신건강 서비스의 확대가 필요하다고 정책 입안자들에게 보여주기 위해 증거를 모으는 것이라고 말이다. 앞서 등장한 WHO 보고서의 부제는 "세계 투자수익률 분석"이다. 정신질환을 인도주의적 위기보다는 "근로손실일수"와 같은 표현으로 경제적 부담의 관점에서 바라볼 때가 많다. 이렇게 하지 않으면 정부 기관들은 중요한 문제로 인식하지 않기 때문이다. WHO마저도 세계적으로 불안 치료를 확대할 때 연 생산량이 500억 달러 증가한다고 가치를 명시했다. "연구자들과 자금 제공자들, 정책 입안자들과 마찬가지로 우리도 자금 지원을 늘리기 위해 특정한 메시지를 전달해야 한다는 부담이 있습니다." 캐서린이 말했다.

정부 기관과 유권자들에게 풍부한 자원을 갖춘 정신건강 서비스를 지원하도록 관심을 이끌어내기란 어려운 일이다. 정신질환을 둘러싼 오명 때문에, 자신 또는 사랑하는 누군가가 도움을 받아야 하는 순간이 오기 전까지는 누구나 정신질환을 생각하고 싶어 하지 않는다. 때문에 연구진과 여러 기관은 예산을 얻기 위해 싸워야만 한다. WHO와 NHS에서 하는 연구는 분명 대단하지만, 이들이 공개적으로 연구 결과를 발표할 때 자신들의 존속을 정당화하는 내용을 강조한다 해서 그리 놀랄 일은 아니다. 불안장애가 전보다 더욱 흔하게 진단되고 약리적 개입이 전보다 더욱 흔하게 처방된다는 사실을 감안한다면, 20년, 30년, 50년 전과 비교해 현재 병리학적으로 스트레스를 받는 인구 비율이 더 높다는 결론에는 무리가 있다.

헤드라인을 장식하는 통계 수치가 등장하게 된 데는 여러 이유가 있고, 정확히 한 가지를 꼽아 이것 때문이라고 짚어낼 수는 없다. 이러한 현상에 얽힌 여러 복잡한 문제를 생각하면 우리의 신중한 접근만이 지적으로 정당한 태도일 것이다. 이 변화의 원인 중 하나는 아마도 "개념 크리프concept creep"•처음 설정한 개념이 서서히 확장하는 현상—옮긴이 일 것이다.[37] 장애의 정의가 확대되었다. 고통스럽긴 하지만 완벽히 건강하고 또 정상적인 정서 반응을 병으로 보는 과잉 진단에서 비롯된 변화일 수도 있다.

하지만 정신질환을 둘러싼 오명은 줄어들었고 정신건강 서비스의 접근성이 높아진 것은 사실이다. 이제는 더 좋은 약물도 마련되었다. 어쩌면 우리는 과거보다 더욱 스트레스를 받는 것이 아닐지도 모른다. 어쩌면 사회적으로 수용할 수 있는 고통의 기준이 낮아진 것일지도 모른다. 아니면 과거보다 도움을 받는 사람들이 늘어난 것일지도 모른다.

VII
소셜미디어 중독

끊임없는 불행 탐색을
멈춰야 할 때가 되었다

새뮤얼 존슨의 소설 『라셀라스』에서 아비시니아 왕자는 행복을 찾기 위해, 가장 잘 사는 방법을 찾기 위해, 즉 자신이 "삶의 선택"이라 칭한 것을 찾기 위해 길을 떠난다. 후반부에는 그와 그의 일행이 한 탑에서 천문학자를 만나는 이야기가 등장한다. 오랜 고립의 세월 끝에 천문학자는 자신이 날씨를 조종할 수 있다고 믿게 되었다. 그는 이렇게 말했다. "내가 천랑성의 분노를 억눌렀고, 뜨겁게 작열하는 거해궁을 진정시켰다오." 천문학자는 지쳐 있었고, 폭풍으로 죽은 사람들을 지키지 못했다는 죄책감에 괴로워했다. 결국 라셀라스와 일행은 천문학자에게 더욱 넓은 세상을 함께 탐험하자고 제안했고 천문학자는 자신이 사실 날씨를 통제하지 않았음을, 그간 착각에 빠져 있었음을 깨닫는다.

작가인 나는 작은 방에서 혼자 시간을 많이 보낸다. 작가가 되고 싶은 사람들 중 이 점을 작가의 가장 큰 매력으로 많이들 꼽을 것이다. 작가 크리스 맥크러든이 내게 한 말처럼 말이다. "다들 자신이 뭘 하며 시간을 보내는지 다른 사람들에게 알려야 할 것 같은 세상에서 '완전 나 혼자만 하는 무언가를 할 수 있다면?'이란 생각은 상당히 매력적이죠." 하지만 고독함이 정신에 항상 좋은 것은 아니다. 난 동료가 없다. 내가 머무는 탑 밖으로는 거의 나가지 않는다. 많은 작가에게 세계를 내다보는 망원경은 소셜미디어가 되었다. 약을 중단한 여파로 글을 쓰기가 불가능에 가까워졌다. 육아를 하지 않을 때는 침대에 앉아 페이스북과 트위터만 들여다봤다. 매일같이 나를 **공포에 질리게** 하는 것들을 마주했다.

내가 팔로잉하는 사람들은 재앙, 범죄, 잔인함을 공유하며 "오, 이런", "으악", "이놈의 정부는" 같은 짧은 코멘트를 달았다. 낮이나 밤이나 중세 수도자처럼 성실하게 움직이며 나쁜 소식을 찾아 전달하고, 끔찍한 사건을 모르는 사람이 없도록 널리 알리는 데 힘썼다. 본인들이 아주 중요한 공공 서비스를 제공하는 사람이라고 생각하는 것 같았다. 왜 이렇게 많은 사람이 나쁜 소식을 전파하는 일에 매달릴까? 왜 나같이 불안한 인간이 둠스크롤링•암울한 뉴스를 강박적으로 확인하는 행위—옮긴이에 중독되었던 걸까?

·✧·

1968년 심리학자인 존 달리와 빕 라타네는 실험 참가자들에게 조금씩 연기가 차오르는 대기실에서 설문지 작성을 요청했다. 혼자 있을 때는 참가자들의 75퍼센트가 연기가 난다고 알렸지만, 문틈 아래로 새어 들어오는 연기에 무관심한 척하는 연기자, 즉 "수동적 타인들passive others"이 있을 때는 연기가 난다고 보고한 사람이 10퍼센트밖에 되지 않았다.[1]

K.C. 그린의 카툰에 나오는 "별일 아니야This is fine"라는 대사는 어떤 이들에겐 현시대를 상징하는 문구가 되었다. 인류의 종말을 재촉하는 수많은 위기를 병적일 정도로 알아채지 못하는 타인들과 평행현실 속에서 사는 것 같은 느낌을 단 한마디로 표현하는 문구다.

불안한 사람은 평온하고 절제된 사람과 함께하고 싶어 한다고 생각할 것이다. 주변 환경에 걱정스러운 무언가가 있지만 주변 사람들이 걱정하지 **않는다면** 내 마음도 편해지지 않겠는가? 결국 많은 불안장애 환자는 자기 통찰을 지닌 똑똑한 사람들이다. 우리도 스스로가 조바심을 내는 성격이라는 사실을 안다. 우리가 걱정하는 일 대다수는 실제로 벌어지지 않으리라는 것도. 때문에 당신은 이렇게 생각할 수도 있다. 우리가 경험하는 두려움이 DSM-5에 등장하는 표현을 빌려 **지나친지** 판단하는 유용한 측정 도구는 주변 사람들도 같은 두려움을 느끼는지 반응을 살피는 거라고 말이다. 당연히 다들 별로 신경쓰지 않는다면 내가 마주한 대상이 다가오는 위험이 아니라 그냥 불안이라는 방증일 것이다. 그렇지 않은가? 휴, 패닉에 빠질 필요가 없네.

비행기에서 창가 자리에 앉았다고 상상해보길 바란다. 밖을 내다보니 엔진에 불이 붙었다. 주변 다른 승객들은 다들 잠에 빠졌다. 옆사람을 거칠게 흔든다. "저기요, 저기요. 일어나요. 비행기에 불이 붙었다고요." 승객들은 하품을 하며 당신을 향해 짜증스러운 눈빛을 보낸다. "아무 이상 없어요. 다시 잠이나 자요." 당신은 소리를 지르기 시작한다. "비행기가 추락할 거라고요! 다들 일어나요!" 그러나 아무도 당신의 이야기를 듣지 않는다.

불안한 사람에게 "걱정할 것 하나 없어"라는 말을 하면 상대에게 전달되는 메시지는 "네가 혼자 알아서 해"가 된다. 경계심은 우리가 본능적으로 주변에 전파하는 무거운 짐이다. 불안한 기니피그 글로리아를 기억하는가? 집단 내 누군가가 걱정하는 빛을 띠면 사교적인 종들이 보이는 본능적 반응이 있다. 한 연구에서는 쥐에게 특정 소리를 들으면 고통스러운 전기 충격을 연상하도록 가르쳤다. 이 쥐와 다른 쥐를 한 케이지 안에 넣고 특정 소리를 재생하자 전기 충격을 연상한 쥐를 관찰한 다른 쥐도 그 소리를 두려워하게 됐다.[2] 우리 두뇌는 특히나 두려움에 관해서는 타인의 보디랭귀지와[3] 표정을 즉각 해석하는 놀라운 능력이 있다. 실험에서 불안 유사 반응을 일으키는 대표적인 방법은 두려움에 질린 표정을 한 누군가의 사진을 보여주는 것이다.[4]

패닉을 효율적으로 전달하는 종은 더욱 오래 생존하는 경향을 보인다. 털을 세우고, 경직되고, 날카로운 소리를 내고, 두려워하는 표정을 짓는 등 집단 내 누군가가 보이는 두려움의 신호는 진화를 거치는 동안 위협을 알리는 신뢰할 만한 프록시 지표로 활용되었다. 이들의 반응으로 각성 상태가 촉발되고, 교감신경계가 작동하며, 아드레날린과 코르티솔의 증가로 경계 태세에 접어든 우리는 주변 환경을 빠르게 살피고 위험이 어딨는지 파악한다.

눈에는 이상이 없지만 두뇌 손상으로 시력을 잃은 이들조차 의식적으로는 알지 못하는 상황에서도 타인의 보디랭귀지 신호에 정서적인 반응을 보인다.[5] 칼로리 섭취량마저도 허기나 개인의 선택이 아니라 사회적 신호에 따라 결정되는데, 이것이 "표준 일치norm matching"라는 효과다. 주변 사람들이 우리와 비슷하다고 인식할수록, 내집단 또는 "부족"의 일부가 될수록 이 효과는 더욱 강한 힘을 발휘한다.[6]

이 현상은 인간의 행동 양식에서 아찔할 정도로 넓은 범위에 적용된다. 우리는 언제 먹고, 말하고, 웃을지, 어떤 의견을 형성하고, 무엇을 입고, 무엇을 원하고, 언제 두려워해야 하는지 서로에게 대단히 의지한다. 무의식적으로 우리와 비슷해 보이는 모델을 선택한다. 나이·성별과 같은 명백한 표지 또는 같은 대학을 나왔는지와 같은 간접적인 표지를 이용한다.[7] 대다수는 타인과의 일치성을 좇는 현상은 수긍하지만, 자신의 행동이 개인의 선택이 아닌 다른 요인에 영향을 받았다는 점은 믿으려 하지 않는다. 소위 "제3자 효과third-person effect"라는 현상이다.[8] 오, 물론 다른 사람들은 광고를 보고 현혹되어 물건을 사겠지, 나는 아니지만.

"친화 동기affiliation motives", 즉 "호감을 얻고, 수용되고, 소속되고자 하는 욕구"를 말하는 심리학자들도 있다.[9] 소외되기를 두려워하기 때문에 같은 부족이라 여기는 사람들의 행동을 모방하는 것이다. 진화적인 관점에서 사회적 거부는 보호막을 잃고, 음식과 짝짓기 대상에 접근할 기회를 잃는 것이다. 한 걸음만 내디디면 죽음인 셈이다.

특히나 마음이 불안할 때는 집단 구성원들과 행동을 같이하는 쪽이 안전하게 느껴진다. 집단에서 합의와 갈등이 일어날 때 중간뇌 도파민이 일시적으로 감소하는데, 어떠한 행동의 보상이 기대보다 적을 때 나타나는 현상이다.[10] 우리가 원하는 바를 얻지 못했을 때 행동을 조정하는 것과 연관이 있는 문측대상영역이 동원되는 현상에 더해, 연구진은 개인이 집단의 의견과 상충할 때 기댐핵, 즉 보상과 기쁨에 관여하는 두뇌 영역이 비활성화되는 현상을 발견했다. 이 두 영역이 각각 활성화되고 비활성화되는 강도가 강해질수록 실험 참가자들이 집단의 규범에 순응하고자 나중에 자신의 의견을 바꾸려는 경향이 강해졌다.

선택은 인지적으로 부담스러운 행위다. 우리는 매일같이 대체로 사소하고 때로는 삶을 변화시킬 만큼 중대한 선택지를 수천 개씩 마주한다. 우리는 한정된 데이터로 작업을 수행한다. 구성원들을 모델로 삼을수록 인지적 부담을 집단에 분산할 수가 있다. 모든 작업을 '인하우스'로 처리한다면 가장 중요한 업무에 몰입할 집중력이 떨어진다. 대사 비용이 많이 드는 것이다.

이 모든 사안을 고려해보면 불안한 사람들이 자신과 비슷한, 두려움이 많고 경계심이 높은 사람들로 구성된 큰 집단을 찾을 수 있는 곳으로 향한다는 사실은 그리 놀랍지 않다. 겁에 질리고 궁지에 몰린 사람들은 적어도 위협을 경계하는 듯 보이니까. 이들은 공동의 짐 일부를 함께 짊어지고 모든 위험과, 미래에 다가올 것으로 추정되는 모든 재앙, 모든 적을 분류하고 공유한다. 변절자이자 반역자인 린 뱌오를 엄중히 고발한다.

걱정이 습관화된 사람들 가운데 낮지 않은 비율이 국가적 위기 상황에서 오히려 평온함을 느낀다고 밝히는 이유도 이 때문일 것이다. 마침내 이들은 인류를 대표해 짊어지던 걱정을 멈출 수 있게 되었다. 드디어 다른 인간들도 그 위험을 보게 된 것이다. 이제 경종을 울리던 역할을 맡을 다른 누군가가 나타났다.

✧

기네스 맥주 1파인트를 마셨다고 모두가 새벽 3시에 생울타리에 기대어 잔뜩 취한 채로 본인의 토사물을 뒤집어쓰진 않는다. 즉석복권을 사는 모든 사람이 복권 때문에 수만 파운드의 빚을 지지는 않는다. 많은 사람이 소소한 재미를 주는 이런 활동들을 가볍게, 별 문제 없이 즐길 줄 안다. 문제는, 내가 그런 사람들 중 하나가 아닌 듯한 느낌이 들기 시작했다는 것이다. 알코올도 그랬고 무엇보다 소셜미디어가 그랬다.

팬덤과 부족을 거느린 소셜미디어는 적절한 행동 모델을 찾고 싶어 하는 우리의 선천적인 기질을 더욱 자극한다. 하지만 소셜미디어는 중립적인 공간이 아니다. 상업적인 비즈니스의 영역이다. 알고리즘이 우리를 분류하면 다음에는 광고주들이 우리의 고유성을 더욱 세밀하고 가늘게 채 썰어 반영한 모듬 플래터를 내민다. 처음에는 이런 기능이 내게 위안이 되었다. 내 성격의 어떤 면과 거의 꼭 맞는 작은 커뮤니티들을 엄선해 펼쳐놓은 느낌이었다. 내 동지들을 찾았어. 이런 생각이 들었다. 그러다 이내 이 사람들이 날 싫어하면 어쩌지? 하는 걱정이 찾아왔다.

소셜미디어가 나를 더 불안하게 만든다는 사실이 진짜 위험 요인은 아니었을지도 모른다. 아마도 내가 힘든 감정을 마비시키기 위해 사용하는 진정제로 소셜미디어가 사용되었다는 점이 문제였을 것이다.

전화기에서 페이스북과 트위터 앱을 삭제했다. 내 홍보를 위해 트위터에는 나 대신 무작위적인 명사와 형용사로 말도 안 되는 '글쓰기 팁'을 생성해 올리는 봇을 만들었다. 두 사이트 모두 1년 동안 관리하지 않았다. 내가 무언가를 놓치고 있다는 기분에서 벗어나기까지 일주일 정도 걸렸다. 내가 없는 사이 밈 유행은 생겨나고 사라졌다. 외국에 사는 가족들과 친구들의 글도 읽지 못했다. 하지만 일상에서 스트레스를 주던 거대한 원인이 사라졌다. 뉴스도 그만 봤다. 소셜미디어와 마찬가지로 뉴스에 작용하는 선택압은 공익성이 아니라 소비주의다.

날씨를 통제하지 못한다는 사실을 깨달으면 두려움이 찾아온다. 대단히 영리하게 도덕적 위선을 꼬집거나 정의를 부르짖는 트윗을 쓴다 해도 폭풍은 맹렬하게 몰아친다. 소셜미디어는 로터스 이터들 lotus eaters의 섬이지만•그리스 신화에 등장하는 로터스 열매는 고향을 잊고 섬에서 계속 살고 싶게 만드는 최면 효과가 있다—옮긴이, 여기서는 환각성의 열매 대신 양파 맛 몬스터 먼치 과자가 주어진다. 내심 이것이 우리에게 해롭다는 사실을 모두 알고 있다. 강박적으로 뉴스를 확인하는 일은 우리의 소중한 삶을 낭비하는 행위다. 하지만 당신이 몇 년이나 노력해서 얻는 사회적 자본이라는 것이 한 줌의 장난감 돈이라는 사실은 인정하기 힘들다.

✦

자연재해나 전쟁과 같은 인도주의적 위기 이후 수많은 생존자가 심각한 심리적 상처를 입는다는 사실은 놀랍지 않다. 놀라운 점은 오히려 얼마나 많은 사람이 상처를 받지 않느냐는 것이다. 추정치에는 차이가 있지만, 여러 연구에서 정신적 외상을 초래하는 사건의 생존자 중 약 4분의 1은 주요우울장애[11] 또는 PTSD를[12] 경험한다고 밝힌 한편, 트라우마 생존자가 PTSD를 겪는 비율이 100명 중 한 명이라는 낮은 수치를 제시한 연구도 여럿 있다.[13] 다시 말해 생존자의 75퍼센트는 장기적으로 심각한 수준의 부정적인 영향을 받지 않고 상실을 극복한다는 이야기다. 끔찍한 사건이지만 이들은 회복한다.

현재의 세상이 과거보다 **더욱** 스트레스가 심하진 않을지도 모르지만, 우리가 걱정에 사로잡힐 이유만큼은 넘쳐나는 것이 사실이다. 우리는 이상하고도 허약한 로봇으로, 햄을 두른 푸딩 그릇만큼이나 연약한 막을 둘러 지극히도 취약한 장기를 보호한 채, 과속하는 자동차, 병원균, 높은 곳, 다른 사람들 등 우리를 손쉽게 죽일 수 있는 위험으로 가득한 세계를 살아가고 있다. 그럼에도 모든 사람이 심각한 수준의 통제 불가능한 불안 증상을 경험하지는 않는다. 모두가 공황 발작을 겪는 것은 아니다.

같은 상황에서 왜 이렇게 달리 반응할까? 어떻게 어떤 사람들은 견뎌내고, 또 어떤 이들은 자신의 고통을 마땅한 분노 또는 연민, 감사함 또는 변화를 일으키는 동기로 탈바꿈하는 한편, 어떤 이들은(나 같은 사람들은) 겁에 질리는 것일까?

VIII
불안 유전자

불안에 유독 더 취약한 사람이 있다

1945년 봄, 드레스덴 서부 어딘가에서 러시아 병사가 모신나강 카빈 소총을 한 소녀의 머리에 겨눴다. 소녀는 목발에 몸을 기대고 있었다. 열여덟 살인 이 소녀는 로젠탈로 도피한 가족에게 가는 길이었다. 얼마 전까지만 해도 소녀는 하반신 전체에 깁스를 했었다. 병사는 소녀가 건너려는 다리를 지키는 중이었다. 그는 어눌한 독일어로 소녀를 향해 돌아서라고 소리쳤다. 진격 중인 붉은 군대의 손에 소녀의 가족을 포함해 많은 이가 죽거나 강간당했다. 그럼에도 소녀는 물러나지 않았다.

소녀는 지금까지의 여정을 병사에게 이야기했다. 병원에서 퇴원한 소녀는 철로를 따라 걸었다. 전차를 타고 폭격으로 파괴된 드레스덴을 가로질렀다. 사람들이 나눠준 음식을 먹으며 연명했다. 단지 집으로 돌아가 엄마를 다시 만나고 싶은 생각뿐이었다. 소녀가 그 단어를 입에 올리자, 영어·러시아어·독일어가 모두 같은 "마마mama"란 단어를 내뱉자 병사는 훌쩍이기 시작했다. 소녀의 눈에 병사는 자신과 비슷한 또래로 보였다. 병사는 어머니를 보지 못한 지 몇 년이 되었다고 말했다.

재빨리 머리를 굴린 소녀는 이렇게 말했다. 다리 건너편에서 이쪽으로 넘어오려던 날 발견한 것으로 하면 어떻겠냐고. 병사는, 소년은 고개를 끄덕였다. 방향을 바꾼 그는 다리를 건너 가족에게 향하는 소녀를 향해 소총을 겨누고는 가라고, 돌아가라고 소리쳤다.

✦

그 소녀가 바로 내 할머니다. 담대하고 침착하며 민첩하게 생각하지 않았다면, 그래서 독일을 무사히 가로질러 세계적 분쟁의 적진에 속한 두 인간이 공감을 나누는 순간을 만들어내지 못했다면, 나는 이 세상에 존재하지 않았을 것이다.

할머니는 행복한 유년시절을 보내지 못했다. 선천적인 골반 기형으로 일곱 살 때 깁스를 한 채 병원에 18개월 가까이 입원했다. 병원 수녀들이 대단히 잔인하게 굴 때도 있었다. 한번은 악몽을 꾸던 할머니가 비명을 지르자 수녀 한 명이 전나무 가지로 할머니를 내려친 뒤, 주사바늘 때문에 생긴 상처라고 거짓말을 하게 시켰다. 할머니가 한창 자라던 때는 파시즘이 퍼져나가던 시기였고, 장애가 있는 아이는 학교 선생님들에게 조롱을 받았다. 십대 시절 내내 2차 세계대전으로 아무것도 할 수가 없었다. 그럼에도 할머니는 한스러워 하지도, 공황에 빠지지도 않았다. 연금을 수령하는 나이였음에도 할머니는 집에 들어온 도둑에 맞서 그가 도망치지 못하도록 팔을 붙잡고 늘어졌다.

이토록 회복력이 좋은 여성에게서 어떻게 이렇게 불만 많고, 나약하며, 감상적인 손자가 나왔을까?

불안에 유전적인 요소가 있다는 우려스러운 글을 읽었다. 우리 안에는 불안 "설정값"이 있다고 말이다. 내가 집안 누군가에게서 걱정에 대한 유전적 소인을 물려받은 것일까? 내 불안한 기질을 수키에게 이미 물려준 것일까? 이에 반해 내가 읽은 수많은 대중 심리서는 내 불안이 양육과 어린 시절 경험의 산물이라고 했다. 어릴 적 트라우마가 훗날 정신건강 문제를 일으키는 중요한 요인이라는 믿음이 대중 의식에 점차 퍼져나갔다.

어린 시절이 나를 이렇게 만든 걸까? 아니면 불안은 조상에게서 이어져 내려온 저주받은 핏줄 때문일까? 어떤 사람들은 애초부터 이렇게 만들어질까? 불안 유전자라는 것이 정말 있을까?

✧

우리는 쥐 대변 이식 연구에서 설치류의 종마다 특징이 다르다는 사실을 확인했다. 다른 쥐들보다 소심한 것으로 알려진 BALB/c 알비노 쥐처럼 말이다. 쥐들 가운데 위스타-교토Wistar-Kyoto가 BALB/c와 특징이 유사하다. 이 쥐는 열린 공간을 탐험하는 데 주저하는 모습을 보이고 HPA 축에서 코르티솔과 아드레날린이 더욱 자주 분비된다. 보통 쥐를 물이 담긴 비커에 떨어뜨리면 맹렬하게 헤엄을 치다 결국 포기하고 가만히 떠 있다. 쥐를 물에서 건져 케이지에 가져다 놓으면 한동안 꼼짝도 안 하다가 움직이기 시작한다. 위스타-교토 쥐들은 "강제 수영 테스트"를 마친 후에 부동자세로 있는 시간이 다른 종보다 길었고 많은 연구자가 항우울제 투약 이후 부동 지속시간이 짧아진 것을 바탕으로 이 행동을 우울 또는 절망의 증상으로 해석한다. 위스타-교토 쥐들은 예상하듯이 스트레스와 우울증 연구에 널리 활용되고 새로운 항우울제 시험용으로 자주 쓰인다.

이러한 설치류 모델이 터무니없다고 여기는 연구자들도 있다.[1] 물에 떠 있는 현상은 에너지를 아끼는 적응적 행동이라고 보는 것이다. 항우울제가 억제하는 기능은 "절망감"이 아니라 기억이고, 쥐들이 경험에서 배우고 자연스러운 생존 행동으로 전환하는 능력이 떨어지는 현상이라고 주장한다. 강제 수영은 "구성 타당도construct validity"•검사 도구의 적격성 여부를 판단하는 정도—옮긴이가 낮다. 즉, 강제 수영이 그것으로 입증하고자 하는 바와 동떨어져 있다는 말이다. 우울증은 지속적인 고통에 반응하여 천천히 진행되는 것이지 물에 빠지는 즉시 발현되는 증세가 아니다. 이 연구자들은 "물에 뜬 쥐 표현형"이 인간 우울증의 좋은 모델이라는 생각은 말도 안 된다고 주장한다.[2]

이 설치류 종이 좋은 실험 대상인지 아닌지와 무관하게, 만약 생명체의 투쟁, 도피 또는 경직 반응의 강도와 지속시간, 민감도가 유전이라면, 남들보다 스트레스와 불안에 좀 더 취약한 사람이 존재할 수 있다. 다만 BALB/c 생쥐들과 위스타-교토 쥐들은 수십 년간 동계 교배 되었으나, 왕족을 제외하고 대다수의 인간은 짝짓기에서 이보다 훨씬 다양성을 누린다.

여러 대규모 역학 연구를 통해 불안장애의 유전성이 약 30~40퍼센트로 밝혀졌다.[3] 유전성이란… 피비린내 날 정도로 복잡한 개념이다. 처음에 나는 내 우울증의 3분의 1 정도가 유전이라고 생각했다. 내가 큰 사이즈의 스무디 음료라면(날 두고 겉만 번지르르하고 요령 좋은 능구렁이smoothie라고 말하는 사람도 있다) 재료의 3분의 1은 부모님에게서 받은 유전이고 나머지는 환경이 채운다고 생각했다.

다만 완전히 틀린 생각이었다. 불안장애가 30~40퍼센트로 유전된다는 의미는 불안의 30~40퍼센트가 결정되어 있다거나 "유전자에 의해 발생"한다는 소리가 아니다. 당신의 환경에 60~70퍼센트의 책임이 있다는 뜻도 아니다. 유전성은 무엇이 얼마나 쉽게 변화할 수 있는지도 그리 많은 것을 말해주지 않는다. 예컨대 머리색은 유전될 가능성이 (73~99퍼센트 사이로) 매우 높지만, 우리는 색을 아주 쉽게 바꿀 수 있다.

다만 '유전성은 이런 의미가 아닙니다'라고 설명하는 쪽이 '그것은 이런 것입니다'라고 설명하기보다 훨씬 쉽다. 사실 굉장히 유사한 두 사람 중 한 명은 가까운 가족이 범불안장애나 공포증이 있다고 한다면 그렇지 않은 사람에 비해 확률적으로 범불안장애나 공포증을 겪을 가능성이 높다는 것은 누구나 다 안다. 이렇게 가까운 가족에게 불안장애가 있느냐를 바탕으로 어떤 사람이 불안장애가 있는지 추정하기를 수백 명 대상으로 한다면 유추가 틀릴 때가 많지만, 그럼에도 무작위로 추측하는 것보다는 성적이 낫다.

유전학을 이해해보려고 관련 논문을 산더미만큼 읽었지만 가볍게 접근한 비기너를 위한 학문이 전혀 아니었다. 내 뇌가 블랑망제 푸딩으로 변했다가 귀로 흘러나오는 것 같은 기분이었다. 때문에 유전학에 관하여 여러 유명한 책을 저술했고 제대로 된 전문가인 유전학자 애덤 러더퍼드를 찾아가기로 했다.

✧

우리는 노리치에 있는 한 호텔 바에서 커피 약속을 잡았다. 생전 처음 만나는 사람에게 "안녕하세요. 팀입니다. 불안에 떠는 남자요"라고 인사를 하려니 좀 긴장이 되었다. 사람들이 내 불안을 덜어주어야 한다는 책임감을 느낄까 봐 걱정하는 나는 일부러 더 멀쩡해 보이려고 애를 쓸 때가 많았다.

그간 불안을 주제로 수집해온 이런저런(심지어 대부분 맞지도 않는) 정보를 10분 동안 주절주절 읊어대는 나를 대단한 인내심으로 견뎌준 애덤은 마침내 내게 궁금한 점이 있는지 물었다. 아, 맞다. 그렇지. 나는 내 불안이 유전에 의한 건지 알고 싶어서 그를 만났다.

그는 기초적인 내용으로 이야기를 시작했다. "유전학에서 가장 먼저 밝힌 유전자는 널리 알려진 유전성 질환과 연관된 것들입니다." 낭성섬유증, 헌팅턴병, 근디스트로피(근이영양증)였다. "이 유전자들이 가장 먼저 밝혀진 까닭은 굉장히 명확하고 뚜렷한 패턴으로 집안 대대로 이어져온 질환이기 때문이죠. 그래서 학교에서 먼저 배우는 겁니다." 유전학의 역사는 모든 질환 또는 모든 형질에 그것을 야기하는 한 가지 유전자가 있다고 시사했었다. "낭성섬유증의 유전자가 하나 있습니다. 이후 발견된 질환들도 마찬가지였고요."

유전학자가 아닌 일반인 대다수는 여전히 "1유전자, 1형질"이라는 초기 모델로 유전을 이해한다. 무언가 잘못되면 유전자 하나가 이상하다고 생각하는 것이다. 낭성섬유증과 헌팅턴병처럼 단일기원 monogenetic 질환에는 맞는 말이다. 하지만 과학자들이 이 질환들을 일찍이 이해했던 이유는 가장 쉽게 발견할 수 있는 질환이기 때문이다. 이 질환들이 아웃라이어였던 셈이다.

2001년 휴먼 게놈(유전체)이 마침이 공개되기 전까지만 해도 인간에게 얼마나 많은 유전자가 있는지 알지 못했다. 휴먼 게놈을 조합하기 위해 모인 마지막 회의 자리에서 이완 버니라는 젊은 박사는 유전학자들이 1달러씩을 걸고 인간의 유전자 수를 맞히는 내기를 진행했다. "하나같이 너무 높은 숫자를 생각했어요. 가장 큰 수가 15만 개

정도였습니다. 프랑스 유전학자가 말한 2만 9000개가 가장 낮은 예측치였는데 다들 이 사람이 괜히 그러는 거라 생각했어요."

실제 숫자는 2만으로 밝혀졌다. "기본적으로 유전학이 리셋된 겁니다. 1유전자 1형질이라는 모델로 접근하기에는 유전자 수가 너무 적었으니까요. 이후 탄생한 것이 유전자가 네트워크를 이뤄 작용한다는 개념입니다. 대부분의 유전자는 여러 기능을 합니다. 다른 유전자들과 동시에 작용하기도 하고 다른 조직에서 다른 유전자를 조절하기도 하고요. 어떤 유전자들은 (초기) 발달 단계에 어떤 작용을 하지만 발달 후반기에는 완전히 다른 작용을 하기도 합니다."

좀 더 복잡해진 관계를 규명하기 위해 전장유전체 연관성 분석 genome-wide association study, 즉 GWAS('지와즈'라고 발음한다)라는 새로운 기술이 등장했다. 복잡한 질환 또는 형질에 관련한 유전자들을 찾기 위해 같은 질환을 지닌 사람들 다수에게서 유전체 샘플(튜브에 뱉은 침)을 받아 특정 유전체의 위치를 비교한 후 그래프로 나타낸다. 맨해튼 플롯Manhattan plot이라는 그래프인데, 작은 수직 기둥이 "맨해튼의 스카이라인처럼 보이기" 때문에 붙은 이름이다. 우리가 봐야 할 것은 그래프상 고층 건물이 우뚝 솟은 지점이다. 그래프에 급등한 막대는 특정 질환과의 관련성에서 통계적으로 유의미한 유전자 표지가(유전체 속 단편적인 조각들이) 있음을 의미한다.

"낭포성섬유증의 전장유전체 연관성 분석을 한다고 가정해봅시다. 해당 질병을 앓는 사람 1000명에게 튜브에 침을 뱉어달라고 한 다음 유전체의 서열을 분석하고 그래프로 만드는 겁니다. 염색체는 X축, 통계적 유의성은 Y축으로요. 그럼 그래프상 높게 솟은(유의성이 높게 나타난) 기둥이 하나 보일 텐데, 낭포성섬유증을 유발하는 한 가지 유전자 CFTR이 있기 때문입니다." 하지만 불안과 같은 복잡한 질환이나 상태에는 작지만 통계적으로 유의미한 유전자가 수십 개(수백 개까지도) 나올 수 있다.

애덤을 만나기 전 나는 불안 및 우울의 유전적 연관성Genetic Links to Anxiety and Depression(GLAD) 연구에 참가했었다. 튜브에 침을 뱉은 뒤 내 정서, 불안의 역사, 나이와 라이프스타일, 가족, 소득 등 다양한 질문에 답을 적었다. 이 이야기를 들은 애덤은 연구진이 내가 답한 내용을 바탕으로 비슷한 진단을 받은 사람들과 같은 집단으로 분류한 뒤 DNA 염기서열 분석을 하고 그래프로 결과를 나타내 유의미하게 치솟은 막대가 있는지 살폈을 거라고 설명했다.

범불안장애 같은 질환을 겪는 사람들에게서 자주 보이는 특정한 유전자가 있을까? 불안과 관련된 유전자가 몇 개 있다. "특히나 흥미로운 유전자가 하나 있습니다. 흥미로운 형질에 관련된 한 가지 유전자가 있다는 집착을 보여주는 전형적인 경우인데요. 불안에 관련해서는 폭력성이란 형질입니다. 하지만 이런 생각 자체가 유전자의 작용 방식을 완전히 잘못 해석한 것이죠."

해당 유전자는 모노아민 산화효소monoamine oxidase A(MAO-A) 유전자다. 1993년 한 브루너 교수는 여러 세대에 거쳐 범죄 행위를 저지른 어느 네덜란드 집안을 연구해 논문을 발표했다. 집안 남성들 모두 "분노나 두려움, 좌절감에 폭력적인 반응을 보이는 경향"과 "방화, 강간 미수, 노출증"을 포함한 "충동적 행동"을 보였다.[4] 브루너와 그의 동료들은 이들에게서 공통적으로 MAO-A 변이가 있음을 발견했다. 연구진은 이 유전자 변이로 인해 세로토닌, 도파민, 노르아드레날린의 조절에 문제가 생기고 렘수면 장애가 생겨 만성적인 수면 부족에 시달리는 것으로 추측했다.

"매체에서는 '폭력 유전자'를 발견했다고 난리가 나서 떠들어댔죠. 이후로 모노아민 산화효소 변이에 따라 어떠한 행동 양식이 발현되는지를 밝히려는 여러 (한심하기 그지없는) 연구가 뒤이었습니다."

한 연구에서는 해당 유전자와 위험성이 높은 도박을 좋아하는 도시 남성 간의 연관성을 발견했다. 또 다른 연구는 자신이 마오리 혈통이라고 주장한 사람들은 그러지 않은 사람에 비해 변형된 MAO-A 유전자가 있을 확률이 높다고 밝혔다. 그 결과 MAO-A는 "전사 유전자warrior gene"라는 이름을 얻었다. "끔찍한 연구였습니다. 저널에 실렸다고 반드시 옳은 것도, 좋은 것도 아니죠. 사람들은 무슨무슨 교수라 하면 당연히 다 맞는 이야기만 할 거라고 생각하는 듯합니다. 정말 형편없는 과학자도 제법 있는데요."

애덤은 MAO-A가 불안과도 연관성이 있다고 말했다. "당연한 이야기죠. 신경전달물질은 그리 많지 않지만, 이 물질들이 전달되는 곳은 아주 많습니다. 신경전달물질은 **모든** 신경 활동과 연관된 몇 안 되는 메신저 분자거든요." 유전자와 질환 간의 연관성을 고려할 필요가 없다는 것이 아니라 앞으로 우리가 밝혀내야 할 사안이 많다는 뜻이다. "이 유전자가 관련이 있다는 사실이 밝혀졌고 또 20년간 연구를 해왔으며 그 생화학적 회로도 알고 있으니, 계속 연구를 하다 보면 이 회로에 특정 약물을 정확하게 겨냥할 수 있을 겁니다. 약리적 개입 대부분이 탄환이 퍼져나가는 나팔총처럼 접근하거든요." 그럼 현재는 어떤 결론을 낼 수 있을까?

"좋은 질문이지만 제 대답이 만족스럽지는 않을 겁니다. 안타깝지만요." 애덤이 말했다. "유전 대 환경nature vs nurture에 관한 이야기가 많았어요. 1890년대 프랜시스 골턴이 만든 말이죠. 유전학의 아버지 같은 인물이지만 참고로 대단한 인종 차별주의자였습니다."

찰스 다윈의 배다른 사촌이었던 골턴은 질문지를 활용하거나 상관관계를 확인하는 법 등 오늘날 거의 모든 심리학 연구에서 사용되는 개념을 창안했다. 가령 운동 빈도와 불안의 정도처럼 두 가지 변수 간에 통계적 상관관계가 있는지를 확인하는 접근법 같은 것이다. 그는 또한 대단한 인종 차별주의자라고 애덤이 덧붙였다. 그는 공개적으로 매우 당당하게 백인 지배층을 양성해야 한다고 촉구했다.[5]

유전학자들이 몇십 년 전에 '유전 대 환경'은 선천적인 것과 환경 사이의 상호작용을 이해하는 유용한 접근법이 아니라는 점을 밝혔다고 애덤은 설명했다. "환경이란 부모님이 어렸을 때 책을 읽어주었는지, 안아주었는지, 때렸는지 같은 것을 말하는 게 아닙니다. 물론 이런 면도 일부 작용하지만요. 환경이란 말 그대로 이 세계에서 유전자가 아닌 모든 것을 뜻합니다. 어머니 뱃속에서 태아일 때 어떤 방향으로 자리했는지처럼 확률론적이고 임의적인 것들이죠. 심지어 정자가 난자에 진입하는 위치마저도 난자의 발달에 영향을 미치거든요." 생쥐들은 정자가 세포에 진입하는 지점이 머리-꼬리 축을 형성하는 데 중요하게 작용한다. 실제로 인간에게도 그런지는 정확하게 알 수 없지만 충분히 있을 법한 일이다. "따라서 DNA가 아닌 것은 전부 환경인 겁니다. 이게 가장 기본적인 설명이죠. 언론에서 '유전인가, 환경인가?' 같은 질문을 많이 하는데, 답은 항상, 언제나, 늘, 둘 다입니다." 그럼 진짜 질문은 이것이다. 둘 중 조금 더 우세한 쪽이 있는가?

"굉장히 간단하고 쉬운 케이스인 낭포성섬유증으로 돌아가봅시다. 낭포성섬유증을 일으키는 델타F508 변이가 있다면 거의 확실하게 이 병을 앓습니다." 치료법이 발달한 덕분에 이 변이가 기대 수명에 미치는 영향은 낮아졌다. "그럼에도 변이로 인해 생명이 단축될 겁니다. 하지만 똑같은 유전적 돌연변이에도 수천 명이 질환의 중증

도를 다르게 경험하죠. 바로 침투도penetrance 때문입니다. 낭포성섬유
종의 침투도는 대단히 가변적인데, 최근에야 밝혀진 사실로는 작지
만 중대한 영향을 미치는 다른 여러 유전자가 침투도를 좌우하고, 해
당 변이가 발생하던 시점의 환경적인 제약 또한 영향을 미칩니다."

따라서 낭포성섬유증 같은 단일 기원 질환마저도 우리가 처음 생
각했던 정도보다 훨씬 복잡한 것으로 밝혀졌다. 깊이 파고들수록 유
전학의 기본 개념이 흔들렸다. 눈 색깔을 한번 살펴보자. 갈색 또는
파란색 눈을 결정하는 유전자가 있고, 갈색 눈은 우성인 이상 이 유
전자가 한 카피copy만 있어도 유전되며 파란색 눈은 해당 유전자가
두 개 있어야 한다고 배웠다. 애덤은 어느 정도 사실이라고 했다. "하
지만 실제론 별 의미가 없어요. 부모의 눈 색깔에 따라 자녀의 눈 색
깔은 어떤 조합으로도 나올 수 있습니다. 유전학의 본질을 가장 분명
하게 보여주는 사례죠. 유전학의 핵심 메시지는 바로 **확률적**이라는
것입니다."

그는 불안과 연관성이 있는 변이들까지 포함해 나와 완전히 동
일한 게놈을 지녔지만 내가 겪는 증상을 경험하지 않는 또 다른 내
가 다른 세계에 존재할 수도 있다고 설명했다. "잔인하게 들렸다면
미안합니다." 사실이었다. 범불안장애와 연관된 유전자는 많을 수 있
다. 하지만 그렇다고 해서 이것들이 범불안장애 유전자라는 뜻은 아
니다. "예상치 못한 기습은 또 있습니다. 어떤 질환이나 특징, 행동에
관여하는 유전자 변이의 확률적 속성을 이해하는 연구는 대규모 인
구 집단을 대상으로 진행하는 수밖에 없다는 것이죠. 개개인은 대상
이 아닙니다. 따라서 복잡한 질환을 예측하기는 정말로 불가능에 가
깝습니다."

애덤은 자신에게 파킨슨병 위험군에 속하는 유전자 변이 apoE4

가 있다는 사실을 알게 되었다. "평생 해당 질병에 걸릴 위험이 두 배로 오르지만 0.05퍼센트에서 0.1퍼센트 정도로 극히 미약한 정도입니다. 일반적으로 건강하기 위한 규칙을 지키는 일들 이외에는 제가 더 할 수 있는 것이 없어요. 기업들이 유전학을 바탕으로 식습관이며 뭐며 조언한다고 나서도 금연하고, 운동 많이 하고, 균형 잡힌 식단을 유지하고, 가능한 한 육류를 줄이라는 내용 이상으로 조언해줄 수 있는 게 없습니다." 그렇다면 불안장애의 유전성이 30에서 40퍼센트라는 말은 실제로 어떤 의미일까?

유전성을 "과학에서 가장 까다로운 영역 중 하나"라고 설명하는 애덤의 말에 그간 제대로 이해하지 못했던 나는 안도감을 느꼈다. 유전성을 이해할 때는 여러 가지 주의해야 할 점이 있다. 사람들은 유전성을 크게 오해한다. "유전성은 한 집단 내에서 개인 간 차이의 비율을 유전자로 설명할 수 있는 정도를 측정한 지표입니다." 예를 들어 인지 능력은 유전성이 40에서 60퍼센트 사이라고 한다. "40퍼센트가 유전적으로 결정된다는 뜻이 아닙니다. **집단 내 차이**의 40퍼센트가 유전적으로 결정될 수 있다는 의미죠." 하지만 이 역시도 인구 집단만을 대상으로 한다. 넓게 분포한 평균을 설명하는 것이다. 개인에 대해서는 전혀 알 수 없다.

애덤은 유전학이 우리에게 일종의 소속감을 주고 우리가 왜 이런 상태인지 이유를 설명해줄 수 있을 거라는 기대감에 사람들이 유전학에 끌리는 것 같다고 말했다. 하지만 가계도를 거슬러 올라가다 보면 계산이 복잡해진다. 부모님에게 각각 부모님이 있고, 이 네 명 또한 각각 부모 두 명씩 있다. 11세기에 이르면 조상이 1조 명이 되는 것이다. 다만 과거로 거슬러 갈수록 인구가 기하급수적으로 증가하는 현상은 일어날 수 없다. 가계도는 계속해서 뻗어나가다 같은 사람이 여러 위치를 점령하며 접히는 지점이 생긴다. 추적해 올라가다 보면 결국 모두가 당신의 조상이 되는, 소위 유전적 등점genetic isopoint이라는 지점에 이른다. 유럽에서는 이 등점이 약 10세기에 등장한다. 당시 아이를 낳았던 사람들은 모두 현재 살아 있는 모든 사람의 조상이 되는 것이다. 연구자들은 세계 인구의 등점을 약 기원전 14세기경으로 보지만 이보다 더 이르다는 주장도 있다.

"튜브에 뱉은 침으로 당신이란 사람을 설명할 수 있는 것은 전혀 없습니다. 사람들은 '내가 지금 왜 이런지 설명해줄 무언가가 필요해'라고 생각하죠. 유전학이 표면적으로는 그 역할을 해주고요."

⟡

불안은 일부, 양심의 가책 같은 것이다. 끔찍한 죄책감에서 비롯된 자책이다. 불안을 극복할 방법을 찾아 나선 초반에, 불안을 겪는 사람을 대상으로 그들의 경험을 묻는 설문지를 만들었었다. 마지막 질문은 "불안 또는 공황에 관하여 한 가지 명확하게 해소하고 싶은 궁금증이 있다면 무엇입니까?"였다. 가장 많이 나온 답변은 이 두 단어였다. "왜 접니까?"

하지만 불안이 만약 우리의 잘못이 아니라면? 우리가 어떤 이유에서인지 잘못 설계된 거라면? 우리 안에 이 결점이, 이 취약함이 원래부터 심어졌다면, 그래서 주변 사람들을 따라하는 모든 시도가 마치 하늘을 날아보려는 펭귄의 시도처럼 실패할 운명을 맞이할 수밖에 없다면? 그래서 마침내 그 모든 애타는 노력을 내려놓을 수 있다면? 내심 애덤이 이런 말을 해주길 간절히 바랐다. 자, 당신의 DNA를 분석했는데 겁쟁이 유전자가 나왔습니다. 당신이 불안한 이유가 있었어요.

불안 민감성의 유전적 요인을 찾으려는 노력은 5-HTTLPR, 즉 SLC6A 유전자의 다형성에 초점이 맞춰져왔다. 다형성이 유전자의 프로모터promoter(촉진유전자, 언제 어디서 발현될지 결정하는 인자)에 영향을 미쳐 해당 유전자가 짧아지거나 길어지는 데, 이를 "대립유전자"라고 한다. 짧은 대립유전자는 세로토닌 운반체 "전사transcription"가 억제된다(유전자의 DNA 염기서열 정보가 mRNA라고 하는 전령 RNA 분자로 복사되고 이후 mRNA는 라이보솜에 어떠한 단백질을 생성하라고 명령을 전달하는데, 이를 전사라고 한다). 한 초기 연구에서는 짧은 대립유전자 카피를 하나 또는 두 개 보유한 사람들이 불안을 경험할 확률이 높다고 밝혔다.[6] 또 다른 연구들에서는 다형성이 우울[7] 또는 양극성 장애의[8] 민감성을 크게 높이는 데 관여하거나, 긴 대립유전자 변이가 있을 때 항우울제에 더욱 빠르게 반응하는 현상을 기대할 수 있다고 밝혔다.[9]

하지만 연구가 진행될수록 이런 연관성이 점점 더 흐려졌다. 아무런 연관성을 찾지 못한 연구도 있었고,[10] 유전자-환경의 상호작용을 살펴야 한다고 말하는 연구도 있었다. 한 연구는 5-HTTLPR의 짧은 대립유전자 변이가 두 개인 아이들이 비협조적인 환경에서 자랄 경우 대조 집단에 비해 슬픔과 우울을 더욱 많이 느끼지만, 협조적인 환경에서 자란다면 대조 집단보다 더욱 행복하고 자신감 넘치는 모습을 보인다는 점을 발견했다.[11] 연구진은 다형성이 대체로 민감성을 높이는 데 관여하는 것으로 보이며, 이로 인해 환경을 고려하지 않은 연구에서는 일관성 없는 결과가 도출될 수 있다고 정리했다. 반면 2017년에 이 논점을 핵심적으로 살핀 종합적 메타연구는 5-HTTLPR의 짧은 대립유전자가 스트레스에 따른 우울증이 발생할 위험을 높인다는 신빙성 있는 증거를 찾지 못했다.[12]

어떤 연구자들은 5-HTTLPR에 길고 짧은 대립유전자, 이렇게 단 두 개의 변이만 있다고 보는 시각이 잘못되었다고 지적한다. 긴 대립유전자 내 단일 뉴클레오타이드 다형성으로 추가 버전이 두 개 생겨나므로 "이중대립형"(두 개의 대립형질)보다는 기능적으로 삼대립(세 개의 대립형질)으로 이해해야 한다는 설명이다. 그 버전 중 하나가 프로모터의 활성 관점에서 짧은 대립유전자에 상응한다. 즉, 이 버전을 짧은 대립유전자 변이로 분류하는 것이 더욱 타당하다는 뜻이다. 5-HTTLPR의 연관성을 둘러싼 혼란은 이 두 유형의 긴 대립유전자를 구별하지 않는 데서 발생하는 셈이다.[13] 하지만 분자유전학을 전문으로 한 신경학자는 내게 삼대립 5-HTTLPR의 영향을 연구하는 대부분의 연구가 "극단적으로 검정력이 낮다"고 말했다. 즉, 표본 크기가 너무 작아 찾고자 하는 영향을 확실하게 탐지할 수 없다는 뜻이다.

대단히 복잡한 이야기가 아닌가? 특정 다형성의 유무처럼 객관적이고 관찰 가능한 척도는 "지난 2주간 불안했던 정도를 1에서 7로 평가한다면 몇 점입니까?", "배우자가 당신에게 얼마나 친절했습니까?"와 같은 심리적이고 주관적인 측정 방법과 상충한다. 다시 밝히지만, 우리는 **확률**을 이야기할 뿐이다. 이러한 경향들은 집단에서 관찰되지만 개개인을 설명할 수는 없다.

불안 유전자 같은 것은 없다. 단일 돌연변이가 티 하나 없이 무결한 두뇌에 두려움을 솟구치게 만드는, 그런 것은 없다. 불안과 우울증은 복잡한 다유전자성 질환이다. 가장 중요하게 관련하는 유전체 영역들마저도 총 위험의 극히 낮은 비율만 설명한다.[14] 하지만 미래에는 특정 유전자 변이와 여러 변이들 간의 관계는 무엇인지, 이 변이들이 두뇌와 몸이 신경전달물질과 호르몬을 분비하는 시기와 방법에 어떤 영향을 미치는지, 신경전달물질과 호르몬이 불안과 같은 감정의 경험을 어떻게 조절하는지 명확히 밝혀질지도 모른다.

"옛날 농담이긴 한데요." 애덤이 말했다. "'다른 한편으로는on the other hand'이란 소리를 못하게 팔이 하나만 있는 과학자가 필요하다는 우스갯소리도 있습니다." 과학자들이 그렇듯 유전학자들은 복잡한 문제들을 조금씩 쪼아대고 있다. 의학 연구원들은 수많은 질병의 치료 결과를 향상해왔지만 계속해서 예외 사례에 주목하고 현재의 모델이 해결하지 못하는 지점들을 고민하며 개선할 방법을 찾는다.

유전학은 아직 내게 명확한 답변을 주지 못했다. 하지만 애덤은 내가 GLAD 같은 연구에 참여하는 데 의미가 있다고 여겼다. 결국 나만의 문제가 아니기 때문이다. "다른 사람들을 돕는 겁니다. 지식의 기반을 넓히는 데 일조하고, 덕분에 미래 세대가 도움을 받을 수 있겠죠. 미래에 암은 역사학자들만이 관심을 갖는 질병이 될 겁니다." 심각한 불안과 공황, PTSD 같은 문제를 해결하려면 연구가 필요하다. 그것도 아주 오랜 시간의 연구가. 애덤은 내게(그리고 모두에게) 그 과정의 일부가 되어달라고 촉구했다. "답이 뭔지 묻지만 말고요. 우리와 함께합시다."

이상하게 위안이 되었다. 이상하게 느낀 이유는 이런 제안이 의미하는 바가 결국 내가 원하는 답이 현재 닿을 수 없는 곳에 있다는 뜻이기 때문이다. 위안이 되는 지점은, 내가 실패하더라도 내 노력이 한낱 허사가 되지는 않는다는 것. 어쩌면 GLAD 같은 연구에 참여하여 후세대에게 도움이 될 만한 무언가를 남길 수 있을지도 모른다. 걱정에 빠져 궁지에 몰린 후대의 누군가는 좀 더 수월하게 상황을 견딜 수 있을지도 모른다. 아직 태어나지 않은 아이가 나 같은 사람들 덕분에 언젠가 끔찍한 만성 불안을 피해갈지도 모를 일이다.

물론 함께하자는 이야기보다는 이런 말을 듣고 싶었다. "이것이 불안 유전자인데, 갖고 계시군요. 이 유전자의 스위치를 끄는 새 치료법을 개발했습니다." 그랬다면 정말 멋졌을 테고, 미래의 아이들을 돕겠다는 내 포부는 사라졌을 것이다. 얘들아 미안하다. 난 스카이다이빙 하러 간다. 하지만 내가 치료법을 찾는 데 실패하더라도 나라는 하나의 사례연구를 제공할 수 있다는 사실을 알고 나니 위로가 되었다. 내 이야기는 교훈이 담긴 과학 동화와 같아진다. 나는 편집증적 사고 1000개를 엮어 만든 쇠사슬을 끌고 불안에 떨며 스크루지를 찾아가는 『크리스마스 캐럴』 속 말리의 유령이 되는 것이다.

IX
어린 시절의 트라우마

마침내 집으로 돌아왔다

어렸을 때, 아마도 아홉 살, 열 살쯤이었나, 집으로 가던 중 시야 한 켠에서 움직이는 그림자가 언뜻 감지됐다. 생울타리 뒤에서 남자아이 한 명이 튀어나와 내 앞을 막아섰다. 나보다 나이가 많았다. 나는 아래를 내려다봤다. 상대는 15센티미터 정도 되는 보위 나이프를 쥐고 있었다. 그가 나이프를 재빠르게 내밀었다 뒤로 물렸다. 은빛으로 번쩍이는 물고기 같았다.

"나랑 붙어볼래?" 내게 물었다. 나는 칼날에 혼이 나간 듯 멍해졌다. 그가 칼날을 내 배에 가져다대며 한 걸음 다가왔다. 그는 왼쪽으로 움직이는 척하다 다시 오른쪽으로 몸을 움직였다. 내 시선은 나이프에 꽂혀 있었다. 잘 벼려진 은색의 칼날에. 그가 칼을 잔디로 던졌다. 한눈을 판 사이에 그는 내 복부를 강타했다. 나는 몸을 웅크렸다. 그는 앞에 서서 내가 일어나길 기다렸다. 나는 도망쳤다. 집으로 달려와 현관문을 두드렸다. 문을 열어준 아버지가 물었다. "너 괜찮아?"

"아니요." 이렇게 답했다. 울음을 터뜨렸다. 아버지는 경찰서에 가지 않았다. 그 아이가 누군지는 몰랐지만 어디에 사는지는 알았던 아버지는 그 아이 집으로 찾아갔다. 나중에 아버지에게 들었는데 그 아이 부친은 이렇게 말했다고 한다. "아, 걔는 맨날 누나 나이프를 훔친답니다."

그날의 사건, 십대 때 학교에서 당한 괴롭힘, 할아버지의 갑작스러운 죽음, 휴가를 마치고 돌아온 집에 도둑이 든 일은 내 어린 시절이 불안과 트라우마로 가득했다고 여기기 충분했다. 공황발작이 잦아들 무렵이면 자신이 어쩌다 이런 꼴이 되었는지, 별것도 아닌 일에 정신을 놓는 상태가 된 건지 의아한 생각이 들기 마련이다. 과거 위협을 당했거나 무력감을 느꼈던 때를 떠올린다. 이런 걸 '트라우마'라고 할 수 있는가? 그 일이 지워지지 않는 상처를 남긴 건가?

내 유년시절의 대부분은 더없이 안전했다. 먹을 것이 충분했고, 친구들도 있었다. 장난감도 많았다. 따뜻한 부모님의 보살핌을 받았다. 아버지는 딱히 불안해하는 성격은 아니었다. 엄마는 예전에도 지금도 걱정이 많은 편이지만 나처럼 병적일 정도는 아니다. 결정적으로 엄마는 불안이 있었지만 그에 대처하는 능력도 겸비했다. 어떤 일에 불안해지면 엄마는 조치를 취했다. 문이 잘 잠겼는지 확인하고, 만일의 사태에 대비해 계획을 세우고, 여분의 양말을 챙기는 분이었다. 하지만 거기에 얽매여 옴짝달싹 못하지는 않았다.

아동기 부정적 경험 연구Adverse Childhood Experiences Study(ACES)와 같이 획기적인 여러 연구 덕분에, 어린 시절 정신적 외상을 초래할 수 있는 스트레스가 심한 사건을 경험하면 성인이 되어 흡연과 알코올중독, 비만 등 신체적·정신적 건강 문제가 발생할 위험이 높아진다는 사실이 밝혀졌다.[1] 유사한 연구들에서는 아동기에 신체적·정신적 학대에 (목격을 했든 직접 당했든) 자주 노출되고 학대의 강도가 심할수록 성인이 된 후 정신건강 상태가 심각하다는 것이 드러났다.[2]

비극적인 한편 그리 놀랍지는 않은 이 연구 결과들은 전장유전체 연관성 분석과 유사한 한계를 지닌다. 이 결과들은 역학적이다. 인구 집단의 규모에서 위험의 확률을 이야기한다. 이 결과들은 가정폭력의 끔찍하고도 지속적인 악영향을 보여주고, 왜 모든 사회가 이런 문제를 해결하기 위해 가능한 한 모든 수단을 동원해 집요하게 파고들어야 하는지를 강조하는 자료가 된다. 하지만 이런 연구 결과들로는 개개인을 파악할 수 없다. 참혹한 경험을 딛고 일어나 성인이 되어서도 정신질환을 경험하지 않는 이들이 있다. 또 어떤 이들은 멋진 아동기를 보내고도 심각한 불안과 우울, 중독에 허덕인다. 연구들이 보여주는 것은 동향이지 절대 요인이 아니다.

아동기의 부정적인 사건에 영향받을 사람을 예측하기란 어려운데, 일부 요인은 부정적인 영향이 사건 그 자체가 아니라 아이가 그 사건을 어떻게 해석하는가에 기인하기 때문이다. 분명 부정적인 해석(나는 가치가 없어, 사랑받을 자격이 없어, 나쁜 사람이야)을 이끌어낼 가능성이 조금 더 큰 사건은 있지만, 그렇다고 이런 해석들로 반드시 귀결되는 것은 아니다. 뿐만 아니라 상대적으로 무해해 보이는 사건에서도 아이들은 이런 부정적인 결론을 내리기도 한다.[3]

몇몇 신경과학자는 우리가 스트레스를 완전히 잘못 이해한다고 주장한다. 스트레스는 지나치게 큰 위협 때문이 아니라 지나치게 낮은 안전함 때문에 발생한다는 것이다. 안전하지 않을 때는 바짝 경계하며 위험을 감시하는 태도가 우리의 기본값이 된다. (애정이 넘치는 양육자의 존재와 같은) 안전 신호들이 두뇌 회로에 연계되어 자기 조절과 정서 조절을 가능케 하는데, 이때 위협 반응을 억제하는 배안쪽(

복내측) 앞이마엽 겉질도 포함된다. 우리는 위험을 찾지 않는다. 우리는 안전하다는 신호를 찾는다.[4]

✧

컬럼비아대학의 신경과학자 님 토트넘은 유년시절의 경험이 성인이 된 후 스트레스에 대처하는 능력과 두뇌의 기능 및 구조를 재설계하는 데 어떤 영향을 미치는지 자신의 커리어를 바쳐 연구해왔다. 보통 생쥐들은 조용한 곳에 보금자리를 마련하지만, 한 연구에서 생후 15일부터 24일 사이 음악에 노출된 생쥐들은 이후 자신이 들었던 음악이 나오는 장소에 보금자리를 마련했다. 단순히 삐삐거리는 소음에 노출되었을 때는 이런 행동을 보이지 않았으므로, 음악의 어떤 면이 초기의 결정적 시기에 놓인 생쥐들에게 영향을 끼쳤고 이후 생쥐들은 음악을 들으면 안전함을 떠올렸던 것으로 보였다.[5]

님은 인간에게서도 유사한 패턴이 발견되는지 확인하고 싶었다. 그는 18세에서 23세의 실험 참가자를 대상으로 스트레스가 높은 과제를 수행하는 연구를 진행했다. 연구자가 지켜보는 가운데 수학 문제를 푸는 과제였다. 하지만 이것은 트릭이었다. 이스트앵글리아대학의 심리학자 니컬러스 월시는 내게 이렇게 설명했다. "인간은 두 가지에 대단히 민감합니다. 부정적인 사회적 평가를 받는 것과 시간 제약 내에 무언가를 해야 하는 것이죠." 니컬러스는 트리어대학의 클레멘스 키르슈바움이 개발한 '트리어 사회적 스트레스 테스트Trier social stress test'를 약간 변형해서 실험에 사용했다. 기존의 트리어 테스트에서는 (하얀색 실험실 가운을 입고) 클립보드를 든 연구자 몇 명이 앉아 있는 가운데 참가자는 선 채로 344에서 17씩 계속 뺄셈을 하는 골치 아픈 문제를 풀어야 했다. 사전에 연구자들은 참가자들에게 응원이나 호응을 보여서는 안 되고 차가운 표정을 유지해야 한다는 지시를 받았다. 참가자가 실수를 하면 연구자들은 "계속 하세요"라고 말하고는 클립보드에 작게 표시를 했다.

니컬러스는 트리어 테스트를 변형한 '몬트리올 이미징 스트레스 과제Montreal imaging stress task', 즉 MIST로 실험을 진행했다. 참가자들은 fMRI 스캐너 안에서 과제를 수행해야 했다.[6] "얼마나 잘하는지, 얼마나 잘해야 하는지, 얼마나 못하는지를 과제 화면 위에 띄워 참가자들이 확인할 수 있도록 했습니다. 참가자들 옆에 서서 '좀 더 분발해야 합니다' 같은 말을 하기도 했고요." 이야기를 하던 그가 묘한 미소를 지었다. "안구 추적 테스트도 했는데, 안구 추적기를 쓴 상태에서 눈물을 흘린 참가자도 있었습니다."

신경과학자인 알렉산더 섀크먼은 내게 트리어 테스트를 이렇게 설명했다. "인간에게 사회적 스트레스를 유발하는 데 가장 널리 활용되는 가장 강력한 프로토콜일 겁니다. 실제로 많은 사람이 고통스러운 열기나 전기 충격 또는 전기 충격의 위협, 공포 조건화, 그 어떤 공포 영화보다도 이 테스트를 더욱 불쾌하게 받아들입니다." 트리어 테스트는 아드레날린과 코르티솔 분비와 같은 생리학적 반응을 이끌어낸다. 알렉산더는 참가자들에게 다양한 스트레스 상황을 조성하는 연구에 참여한 적이 있다고 밝혔다. 연구 참가자들은 "훼손된 사체와 역겨운 내용물로 가득 찬 변기 같은" 끔찍한 사진을 보고, 통증을 느낄 정도로 뜨거운 열패드를 팔에 부착하고, 트리어 테스트를 했다. 참가자들이 최악으로 꼽은 것은 무엇이었을까? 바로 트리어 테스트였다. "가장 현실적이기 때문입니다."

님의 연구에서는 연구자 한 명이 뒤에서 지켜보는 가운데 참가자가 수학 문제를 풀어야 했다. 타이머를 조작한 탓에 주어진 시간 내에 문제를 풀기가 어려웠다. 참가자가 답을 하지 못하고 다음 문제가 등장하거나 오답을 쓸 경우 점수가 줄어들며 큰 소리로 버저가 울렸다. 참가자들끼리 점수를 비교할 예정이라고 알렸다. 이 괴로운 과제를 마친 후에는 참가자에게 5분간의 휴식을 주며 음악을 듣도록 했다. 참가자들은 "라디오 채널" 두 개 중에 하나를 고를 수 있었다. 하나는 이들이 6~10살 때 출시된 팝 음악이었고, 다른 하나는 15~19살 때 나온 팝이었다. 두 채널 모두 해당 연도의 이름을 붙이지 않았다. 5분간의 휴식 후 이들은 다시 수학 문제를 풀었다.

님과 그의 동료들은 스트레스가 성인 참가자들이 6~10살 때 유행했던 음악을 선호하게 만든다는 것을 발견했다. 참가자들이 어렸을 때 해당 음악에 많이 노출됐을수록 선호도 또한 높아졌다. 특정 시기의 음악에 선호도를 표현하지 않았음에도 나타나는 현상이었다. 미국에서 성장하지 않아 해당 노래에 익숙지 않은 통제군에 비해 참가자들은 6~10살 때 유행했던 팝을 듣고 스트레스가 크게 낮아졌다. 이들은 마음이 편안해진다고 밝혔고, 피부 발한 반응이 줄었으며, fMRI 스캐너로 관찰한 참가자들에게서는 전측 대상겉질이라는 영역이 활성화되고 편도체라는 또 다른 영역과의 연결성이 높아지는 모습이 보였다.

님은 생쥐와 마찬가지로 인간 또한 음악과의 관계를 형성하는 민감한 시기가 있고, 나중에 해당 음악이 극심한 스트레스에 대처하는 데 도움이 된다고 결론지었다. 하지만 님은 여섯 살 이전에 경험하는 부모님의 사망이나 이혼과 같은 어린 시절의 역경이 이 결정적인 시기를 앞당길 수 있다는 사실도 발견했다. 이른 시기에 역경을 경험한 사람들은 스트레스 상황에서 유치원 시절(4세에서 6세)의 음악을 더

욱 선호했고, 그 시절의 음악이 마음의 평안을 찾는 데도 더욱 효과 적으로 작용하는 듯 보였다.[7]

"뭐, 노스탤지어 때문에 마음이 편안해졌겠지"라고 생각할지도 모르지만, 바로 이것이 중요한 지점이다. '노스탤지어'는 '집으로 돌 아가다'라는 의미의 노스트nost와 '고통'이라는 뜻의 앨지어algia에서 유래된 단어이며, 말 그대로 집으로 돌아가고 싶은 고통스러운 갈망 을 뜻한다. 발달의 결정적 시기에 들었던 음악이 강력한 안전 신호로 작용해 전측 대상겉질과 앞이마엽 겉질을 활성화하고 우리의 본능 적인 위협 회로를 진정시키며 정지시킨다고 님은 추측했다. 음악은 불안 이전의 삶으로, 집으로 돌아가는 길이다.

⟡

내 결정적 시기에, 즉 이 모델에 따르면 1987년에서 1991년 사 이에 유행한 음악들로 플레이리스트를 만들었다. 조지 마이클의 〈Faith〉, 리사 루기드의 〈Run With Us〉, 보위의 〈Magic Dance〉가 단 연 최고의 노래라고 생각하고, 여기에 반박한다면 진심으로 싸울 생 각이다. 하지만 특정 시기에 무언가가 유명했다고 해서 그것이 꼭 위 안을 주리라는 보장이 있을까?

당시 가장 유명했던 곡인 브라이언 애덤스의 〈(Everything I Do) I Do It for You〉를 생각해보자. 들으면 곧장 이 곡이 영국 차트 역사 상 최장 기간 연속 1위를 지켰던, 그 끔찍했던 16주로 돌아간다. 4개 월에 가까운 기간 동안 핵폭발 후 온 사방을 뒤덮는 방사능 낙진처럼 영국 전역에서 이 노래만 들렸다. 양치를 할 때도, 잠이 들 때도 애덤 스의 허스키하고 날카로운 목소리가 내내 이어졌다. 탁한 쇳소리로 이어지는 후렴에 인이 박인 나머지 무슨 생각을 하든 뻔한 이성애자의 숨 막히는 사운드트랙이 머릿속에 울리지 **않으면** 이상할 지경이었다. 이 곡은 내게 안전함이나 집 같은 느낌을 전해주지 않는다. 우리 조상들이 바다 밖으로 나온 것이 한스럽기만 했다.

어떠한 개입이 효과가 있다고 주장하는 심리학 실험을 마주할 때마다 이렇게 물어야 한다. 뭐랑 비교해서 효과가 있다는 말인가? 어렸을 때 히트했던 곡을 듣는 편이 십대 때 출시된 아무 노래보다야 스트레스를 낮추는 효과가 좀 더 좋긴 하겠지만 그 효과가 가령, 당신이 **정말 좋아하는** 노래를 들을 때보다 클까? 팝 밴드 브로스나 바나나라마의 곡을 듣는 것이 비틀스의 화이트 앨범이나 MF둠보다 나를 더 행복하게 할까? 그런 효과가 실제로 있더라도 너무 미미해서 없는 것이나 마찬가지 아닐까(우리가 접하는 모든 연구에 물어야 하는 질문이다)? "유의한"이 "큰"은 아니며 다만 "우연의 결과로 볼 가능성은 낮은" 정도라는 뜻이다.

그럼에도 진심으로 형편없는 노래들을 들으면서도 곧장 분노를 터뜨리지 않을 줄 아는 내 모습을 확인하는 것은 좋았다. 러닝을 하며 마돈나의 〈Borderline〉을 들으니 사실 주체할 수 없을 정도로 행복해지긴 했다. 노리치 거리를 내달리던 나는 얼마 지나지 않아 기쁨으로 가득 찬 내 심장에 맞춰 립싱크를 하고 보깅 댄스를 췄다.

✦

님은 아동기 역경이 이후 일부 두뇌 영역의 구조적·기능적 발달에 영향을 미칠 수 있는데 특히나 편도체와 해마에 영향을 준다는 것 또한 발견했다. 어린 시절에 트라우마를 겪으면 성인이 되었을 때 해마는 크기가 줄어들고, 편도체는 크기가 줄며 반응성은 높아진다. 하지만 분명하진 않다. 스트레스가 심한 어린 시절을 보내면 편도체가 커진다고 말하는 여러 연구도 있다.[8]

장기적이고 강도 높은 스트레스 요인은 발달하는 두뇌에 깊은 영향을 주는데, 이 영향은 세월이 많이 지나기 전에는 확인할 수 없을 때가 많다. 하지만 님은 내게 이 결정적 시기의 정확한 타이밍을 밝혀내는 것이 "굉장히 어려운데, 타이밍 효과를 통제하기가 대단히 힘들기 때문"이라고 설명했다. 아이의 두뇌에 어떤 일이 벌어지는지를 확인하기 위해 실험 삼아 아이에게 잔인한 행위를 가할 수는 없는 노릇이다. "하지만 이른 시기의 만성적인 스트레스가, 특히나 부모-자녀 관계를 망가뜨리는 스트레스가 지속적인 위험으로 작용한다고 여겨집니다." 그는 개인차에 따라 반응하는 방식이 달라진다고 내게 설명하며 "차별적 감수성differential susceptibility"이라는 개념을 소개했다. 어떤 연구자들은 같은 부모 아래서 태어나도 아이들이 다른 기질을 지니는 현상은 진화론적인 적응의 산물이라고 주장한다. 어떤 아이들은 환경에 굉장히 반응하는, 다시 말해 "가소성이 높은plastic" 경향을 지니고 어떤 아이들은 그러지 못한 식이다.[9] (물론 증거가 엇갈리기는 하지만, 실제로 반응성이 낮은 경향은 5-HTTLPR의 짧은 대립유전자 다형성의 특징으로 본다.) 캘리포니아대학의 소아과 의사인 톰 보이스는 민감성이 높은 아이들(그가 "난초"라고 표현한)은 좋고 나쁜 경험들을 좀 더 예민하게 느낀다고 설명한다. 이 아이들이 자라면서 많은 스트레스를 경험한다면 민감성이 낮은 아이들("민들레")보다 부정적인 영향을 많이 받는다. 한편 굉장히 안정적이고 안전한 환경에서는 또 상대적으로 훨씬 나은 모습을 보인다.[10]

내 동생은 나보다 훨씬 침착하고 내면이 단단한 편이다. 물론 워낙 내가 높은 수준의 불안과 혼란으로 가득 찬 사람이라 비교하기가 좀 그렇지만. 동생은 자폐증 아이들과 특수한 요구를 지닌 성인들을 돕는데, 인내심과 빠른 판단력·침착함이 필요한 일이다. 동생은 공부나 창의적인 활동에는 한결같이 관심이 없었지만 어른스러운 모습을 보이는 데는 나보다 항상 나았다. 비슷한 유전자를 상속받았지만 기질이 상당히 다르다.

보이스의 듣기 좋은 표현에 대입해 내 자신을, 멋지게 성장하려면 특별한 돌봄과 관심이 필요한 난초로, 꽃이 잘 피지 않는 난초로 생각하니 잠시나마 위안이 되었다. 하지만 그 까다로움에 수많은 사람이 일제히 눈을 굴리며 회전식 터빈처럼 강력한 에너지를 뿜어내는 모습도 그려졌다. 물론 나 자신을 포함해서 말이다. 이런 아이들은 1970년대 초超심리학자이자 자칭 심령술사인 낸시 앤 탭이 처음으로 소개한 인디고 아이들Indigo Children과 이상할 정도로 닮았다. 그는 검푸른 인디고 기운을 지닌 새로운 세대의 특별한 아이들이 태어나고 있으며, 이 아이들은 강력한 의지와 뛰어난 직감을 지니고 고귀함 비슷한 분위기를 풍기며 사회에서는 일반적으로 "이상하다"고 여길 행동을 보인다고 주장했다. 아이가 갑자기 분노를 폭발시키거나 다른 아이들을 괴롭힌다면 그건 부모가 잘못해서가 아니다. 이 아이가 미래 영성 지도자의 자질을 타고났기 때문이다.

나는 부모의 수치심을 덜어주고 자녀를 있는 그대로 사랑하도록 독려하는 장치라면 무엇이든 적극적으로 지지하는 사람이다. 하지만 의도가 좋다고 해서 그것이 과학적으로 증명되는 것은 아니다.

여느 진단명과 마찬가지로 우리가 아이들에게 붙이는 이름표는 중립적이지 않다. 이런 이름표는 부모로서 아이에게 거는 기대와 아이가 자신을 인식하는 방향에 영향을 미친다. 그리고 이런 기대감이 아이가 어떻게 행동하고 또 어떠한 도전을 마주하기로 선택하는지, 성인들이 이 아이를 어떻게 대하는지에도 영향을 끼친다. 이 모든 것이 아이가 세상을 바라보는 관점에 지대한 영향을 준다. "재능이 있는", "특수한 요구를 지닌", "인디고", "난초", "민들레" 등과 같은 이름표는 유익하고 아무런 나쁜 의도가 없어 보이기까지 하지만 우리가 아주 조심하지 않는다면, 이런 표시는 족쇄가 되고 만다.

캐나다의 심리학자로 교류분석 치료 요법을 창시한 에릭 번은 많은 이가 대부분 무의식적으로 행하는 일련의 "사회적 게임social game"을 이야기했다. 거기서 그가 "의족Wooden Leg"이라고 이름 붙인 개념이 있다. 자신의 약점을 강조해 선택에 따른 책임을 회피하려는 성향을 가리키는 것으로, 가장 기본적인 반응은 이렇다. "의족 하나를 찬 사람에게 무엇을 바랍니까?"[11] 번의 제안은 비과학적이지만 (또한 장애인 차별이기까지 하지만) 내 안의 두려움을 정확히 짚어냈다. 내 정서 상태가 유전적 유산 또는 어린 시절의 사건이라는 아스픽 고기 젤리에 평생 갇혀 벗어날 수 없다는 생각이 끔찍이도 싫으면서도, 내심 정신이 이상해진 데는 합당한 이유가 있으니 '무죄' 판결을 받고 싶다는 바람 또한 가졌던 건지도 모른다.

나만의 조사를 계속했지만 공황장애가 조금도 나아지지 않는 듯했다. 유독 괴로운 날들이 이어질 때면 바닥에 쓰러져 몸을 덜덜 떨며 발작하는 와중에 신에게 제발 날 좀 살려달라고 중얼거렸다. 내심 책임을 벗을 방법을 간절히 바랐다. 나는 완전히 가망이 없다는 이야기를 듣고 싶었다. "2p21 염색체에 인트로닉 rs1067327 다형성이 있는 사람에게 무엇을 바랍니까?"라고 말할 수 있길 바랐다.

내 친구와 가족 대부분은 나를 두고 (좋게 말해) "대단히 민감한 성향"이라고 말할 것이다. 유전자와 어린 시절의 경험이 모두 합쳐진 내 레퍼토리가 불안장애를 경험할 가능성을 높였는지도 모른다. 그렇다고 해서 내가 유약하고 나약한 생명체로 평생 길고 푹신한 소파에 드러누운 채 부채를 펼쳐 흔들며 "우리는 앞으로 어떻게 될 것인가?" 한탄만 할 운명이라는 뜻은 아니다.

발달하는 두뇌에서 벌어지는 변화에 대한 님의 연구가 매우 흥미롭게 다가왔다. 특히나 님이 중요하게 보는 편도체라는 영역이. 언젠가 들어본 적 있었다. 뿐만 아니라 한 가지 유전 돌연변이가 내 관심을 사로잡았다. 대단히 놀라웠다. 두려움을 완전히 지워버리는 돌연변이였다.

X
두뇌 속 작은 부분

불안에서 벗어날 수 있다면
조금은 제거해도 되지 않을까?

'S'는 그가 경찰에게 신고하면 어떻게 죽게 될 지를 자세하게도 기술하는 익명의 편지를 몇 통 받았다. 집에서 나와 홀로 있는 그의 눈에 총기를 소지한 남자가보였다. 복도 어디선가 갑자기 등장한 남성은 그에게 다가가 머리에 피스톨을 들이밀었다. "빵!" 그가 입으로 소리를 냈다. 그러고는 도망쳤다.

그날 오후 S는 걱정스러운 표정의 경찰관에게 문을 열어주었다. 괜찮으십니까? 경찰이 물었다. 괜찮아요. 그가 답했다. 어쩐 일로 오셨는지요? 경찰은 집을 잘못 찾아왔나 하는 생각에 주저했다. 굉장히 놀란 이웃 한 명이 누군가가 그의 머리에 총을 겨눴다고 신고했다고 밝혔다. 아, 네, 그런데 도망갔어요. S가 말했다. 경찰관은 당황했다. 이 여자는 아무렇지 않아 보였다.

S는 목숨을 향한 위협에 익숙해진 상태였다. 일전에 그는 아들이 뒤뜰에서 발견한 크랙(코카인) 봉투를 경찰에 건네며 이웃이 마약 밀매를 하는 것 같다고 신고한 일이 있었다. 곧 그에게 살해 협박이 담

긴 편지가 오기 시작했다. 그럼에도 두 번째 봉투를 발견하자 또 경찰서를 찾았다. S는 살해 협박 편지와 총기를 든 사내가 연관이 있다고 생각하지 않았다. 남성과의 만남을 "이상한" 일로 치부했다. 그는 남자가 그런 행동을 한 동기를 이해할 수 없었다.[1] 그에게 겁을 주고 싶었다면 남자는 멋지게 실패한 셈이었다. 피스톨 총부리가 관자놀이에 닿을 때도 S는 아무런 두려움을 느끼지 않았다고 설명했다. 마약 중독자 한 명이 그의 목에 칼을 겨누고 죽이겠다고 협박했을 때도 마찬가지였다. 낯선 사람이 그를 버려진 헛간으로 끌고 가 강간하려 했을 때도. 불륜을 따져 묻는 그를 남편이 바닥에 쓰러뜨리고 목을 졸라 정신을 잃을 때도 아무런 두려움을 느끼지 않았다.

(의학 논문에서 "환자 S.M."으로 등장하는) S는 두려움이란 것을 전혀 느끼지 않는다고 말했다. 수십 년간 연구자들은 그를 설문조사하고, 그의 일기장을 분석하고, 그에게 3개월간 휴대용 컴퓨터를 들고 다니며 매일 정서 상태를 녹음하게 하고, 친구들과 가족을 인터뷰하고, 공포 영화도 틀어주고, 살아 있는 타란툴라와 뱀을 보여주고, 심지어 유령이 나온다는 흉가에도 데려가는 등 셀 수 없을 정도의 많은 테스트를 진행했다. (흉가에서 그는 전혀 겁먹지 않았을 뿐 아니라 영화 〈헬레이저〉 속에서 안면에 못을 잔뜩 박은 핀헤드로 분장한 배우를 오히려 깜짝 놀라게 했다. 그는 이 배우에게 다가가 가면에 꽂힌 못을 쿡 찔렀는데, 단순히 "궁금해서"가 이유였다.)[2]

환자 S.M.의 이야기를 들었을 때 내 정반대의 모습을 보여주는 마법의 거울을 들여다보는 기분이었다. 심리학자 두 명에게 구체적인 정보를 전달하지 않은 채 S.M.을 분석해달라고 요청했다. 두 사람은 그가 "회복력이 높고" "생존가"이며, "뛰어난 대처 기술"을 지녔다고 분석했다. 두 심리학자는 "'힘든 시기'를 대수롭지 않게 받아들이고 역경도 삶의 일부로 받아들이는" 그의 태도에 감탄했고, 그가 대부분의 사람을 "착하고, 선의가 있으며, 긍정적으로" 인식한다는 데 주목했다.[3]

환자 S.M.은 희귀한 열성 유전질환인 우르바흐-비테Urbach-Wiethe 증후군을 앓았다. 1929년 최초로 발견된 이래 400건 정도밖에 보고되지 않은 질환이다. ECM1 유전자의 돌연변이로 발생하며, S.M.은 DNA를 구성하는 단위체인 뉴클레오타이드 하나가 결손되었다. 우르바흐-비테가 열성 질환인 만큼 그 인자를 지녔으나 증상은 전혀 없는 사람들도 있다. 증상이 나타나면 가장 눈에 띄는 특징은 쉰 목소리와 나이에 비해 주름진 피부이다. 대다수는 이 질병으로 인해 두뇌에 칼슘이 쌓여 특정 영역이 파괴된다. 그 이유는 명확히 밝혀지지 않았지만, 우르바흐-비테를 앓는 대부분이 두뇌 양쪽에 아몬드 모양으로 생긴 편도체라는 부위가 석회화된다.

S.M.을 분석한 심리학자 두 명에게 환자의 병명을 알리자 두 사람은 "생존가"라고 적었던 부분을 "부정적인 정서 현상을 인식하는 능력이 비정상적으로 낮은" 데 따른 반응으로 수정했다. 내게는 **대단히 멋진** 반응이었다. 심리학자들이 이 여성의 태도가 성격이나 학습된 대처 전략이 아니라 유전질환에서 비롯되었다는 사실을 깨닫자마자 당연하게도 병리학적인 반응이 되고 말았다. 결국, 두뇌 손상으로 정신이 더욱 건강해지는 것은 말도 안 되니까. 아니면, 가능할까?

✦

우리는 양쪽 뇌에 하나씩, 총 두 개의 편도체가 있다. 이 작은 아몬드 모양의 영역은 시상하부 아래, 해마 위에 자리해 두뇌 전체 용적의 0.3퍼센트 정도를 차지한다. 뉴런이 약 1000억 개에 달하는 뇌에서 상대적으로 아주 작은 부분이지만 인간의 정서, 그중에서도 공포의 비밀을 풀기 위한 연구자들의 경쟁이 펼쳐지며 편도체는 곧장 집중 연구 대상이 되었다.

과거에는 편도체가 뱀과 늑대들에게서 우리를 지켜주는 역할을 했지만 이제 내가 마주하는 위협이란 생태학적이거나 실존주의적 또는 정서적·행정적이다. 열차를 잘못 탈까 봐 걱정하거나 나이가 들고 후회가 남을까 봐 걱정하는 식이다. 나는 결국 전혀 쓸데가 없는 아드레날린에 취해 흥분 상태에 빠진다.

이와는 대조적인 환자 S.M.은 회복력과 긍정성, 용기의 상징처럼 보였다. 물론 내 편도체를 재설계하거나 기능을 멈추거나 제거한다면 나도 자유로울 수 있을 터였다. 생각과 감정을 고치기 위해 두뇌에 직접 무언가를 한다는 생각에 거북함이 드는 것은 이해한다. 뼈로 정교하게 만들어진 조종석 안에 자리한 1.3킬로그램의 물과 지방 조직은 소중한 생일부터 사랑하는 사람을 향한 애정, 자녀의 이름, '흡연'의 개념까지 모든 기억을 담는다. 두뇌 속 어딘가의 연결을 자르거나 (더욱 끔찍하게는) 어떠한 부분을 완전히 제거한다니 마치 메스를 영혼 깊숙이 들이대는 것처럼 느껴진다.

하지만 현대 의학은 눈부시게 훌륭하지 않은가? 앞서 두 심리학자가 환자 S.M.을 "비정상적"이라고 표현했지만, 내게는 특별하다는 설명이 더욱 적합하게 느껴졌다. 어쩌면 행복과 신뢰, 평온으로 가득한 삶을 비정상적이라 하는 것일지도. 어쩌면 인간은 우선순위 하단에 즐거움이 자리한 세상에 어울리도록 설계됐는지도.

뇌수술이 너무 극단적으로 들린다면 아마도 당신이 공황발작을 한 번도 경험해보지 않아서일 것이다. 속이 뒤틀리는 불안에 몸서리칠 때마다, 주방 바닥에 꼼짝 못하고 드러눕는 공황발작이 찾아올 때마다 내 머릿속 일부가 잘려 나가는 기분이었다. 내 두뇌에 정말 공포 센터란 게 **필요**할까? 이 구식의 하드웨어를, 시대착오적인 신경을 그냥 없애버리면 어떨까? 두려움 없는 삶이란 가능성을 적극 수용해보면 어떨까? 내 두뇌의 일부를 한 번 잘라내면 영영 되돌릴 수 없다는 두려움에도 이 문제를 오랫동안, 아주 오랫동안 곰곰이 생각했다. 이 수술을 해주겠다는 의사를 찾는다면 어떤 일이 벌어질까?

✦

편도체란 무엇이고 그 역할을 설명하는 이론을 어떻게 만들어나가기 시작했는지를 이해하기 위해서는 1936년 12월 7일의 시카고대학 실험실로 되돌아가야 한다. 월요일 오후 다섯 시를 막 지났을 무렵, 폴 부시 박사는 원숭이의 뇌를 수술하고 있었다. "세상에, 지금껏 마주한 그 어떤 동물보다도 사악한 원숭이였습니다." 그는 약 50년의 세월이 흐른 후 이렇게 말했다. "가까이 다가가는 것도 위험했어요. 사람을 해치지 않을 때는 옷이라도 찢어놓았습니다. 정말 못된 아이였어요."[4]

(오로라Aurora라는 이름의) 이 원숭이는 굉장히 폭력적이었고, 기존의 연구자는 영장류를 대하는 기술이 비상하기로 유명한 동료 하인리히 클뤼버 교수에게 이 원숭이를 넘겼다. 클뤼버는 뛰어난, 어쩌면 기이한 연구자로 명성이 자자했다. 1차 세계대전 당시 독일군 이등병으로 복무한 뒤 미국에 와서 심리학자로 교육받았다. "특별한 사람이었죠." 부시는 이렇게 말했다. "제가 만난 사람들 가운데 가장 뛰어나고 아는 것이 많았습니다."

연구 초기에 클뤼버는 '사진 기억력'이라는 **직관적 기억력**을 지닌 아이들에게 관심이 많았다. 그의 커리어를 설명하는 창의적인 사건 중 하나는, 환각을 유발하는 성분이 든 가시 없는 선인장 페요테를 먹으면 이 아이들의 시각 경험을 조금 더 잘 이해하게 될까 궁금했던 그가 벌인 일이다. 그는 실험실에서 말린 페요테 제일 위의 동그란 디스크 모양 부위인 버튼을 다량 섭취하며 그 여정을 『신성한 식물 The Divine Plant』이라는 짧은 분량의 책으로 기록했다.[5] 결국 페요테와 시각적 경험 연구 간에 관련성은 "극히 적은" 것으로 밝혀졌다. "그런 뒤 그는 원숭이들에게 그 약물을 먹였습니다." 부시가 말했다. "그는 원숭이들에게 뭐든 줬죠. 본인 점심까지도요."

클뤼버는 페요테의 향정신성 성분인 메스칼린이 두뇌가 시각 정보를 처리하는 과정을 이해하는 데 도움을 줄 거라는 믿음을 버리지 않았다. 그는 레서스원숭이들에게 색 또는 질감이 다른 물체에 연결된 줄을 당기면 음식을 보상으로 받는 훈련을 시켰다. 그런 뒤 그는 메스칼린이 원숭이의 수행 능력에 어떤 영향을 미칠지 실험했다. 환각 상태에 빠졌을 때도 보상과 연결된 색과 질감을 분별할까? 이 실험 중에 부시의 연구 방향을 완전히 바꾸는 한 가지 사건이 벌어졌다.

부시는 환각에 빠진 원숭이들이 입술을 잘근거리고 핥는 모습을 발견했다. "하인리히에게 말했습니다. '입술이랑 입 움직이는 모습이 관자엽 뇌전증(측두엽 간질) 증세랑 비슷한데요.' 그 환자들도 입술을 씹고 때리거든요. '갈고리이랑을 제거해야 할 것 같습니다.'"

갈고리이랑은 뇌 깊은 곳의 작은 갈고리처럼 생긴 부위다. 클뤼버는 그보다 작은 특정 영역을 부시가 척출해주길 바랐지만 부시는 그렇게 정교한 수술을 할 자신이 없었다. 결국 월요일 오후 늦게 부시는 오로라에게 진정제를 투여한 뒤 좌측 관자엽을 모두 제거했고, 여기에는 관자엽 깊은 곳에 자리한 편도체도 포함되었다. "다음 날 아침, 아침에 전화기가 정신없이 울렸습니다. 전화를 받았더니 하인리히가 대뜸 말하더군요. '폴, 내 원숭이한테 무슨 짓을 한 겁니까?'" 오로라의 성격이 완전히 달라져 있었다. 예전의 공격적이었던 원숭이가 말을 잘 듣다못해 온순하기까지 했다.

후속 연구에서 부시는 레서스원숭이 여러 마리의 양쪽 내측 관자엽 모두를 제거하는 유사한 수술을 진행했다. 수술 후 원숭이들은 몇 가지 행동을 보였는데 이것이 현재 '클뤼버-부시 증후군'으로 알려진 증상이다. 수술 후 원숭이들은 입에 무언가를 넣고 핥는 데 강박을 보였다. 성욕이 과해져 눈에 보이는 거의 모든 대상에 올라탔고 자위행위를 자주 했다. 하지만 이보다 정서에 더 큰 변화가 나타났다.

원숭이들은 모두 야생에서 잡혀와 자연 서식지에서 철장으로 옮겨왔다. 예전에는 사람이 다가가면 두려움에 날카로운 비명을 지르고 이리저리 뛰어다녔다. 하지만 수술 후에는 심드렁해 보였고, 심지어 연구자들이 만지거나 안아 올려도 무관심한 반응을 보였다. 레서스원숭이들이 가장 무서워하는 자극 중 하나인 뱀을 보고도 두려워하는 반응을 보이지 않았다.[6]

하인리히 클뤼버와 폴 부시의 발견 이후로 그 뒤를 따라 수많은 실험이 이루어졌다. 대부분의 교과서에서는 획기적인 발견을 한 인물로 이 두 사람을 소개하지만, 사실 둘은 해당 실험도, 발견도 처음으로 한 사람이 아니다. 그보다 50여 년 전, 유니버시티칼리지런던의 에드워드 앨버트 샤피 셰이퍼 교수와(아드레날린이라는 호르몬을 발견해 불안 연구 분야에 대단히 기여한 인물이다) 미국인 제자 생어 브라운이 원숭이의 시각겉질을 발견했다. 두 사람은 몸집이 큰 수컷 레서스원숭이의 좌측과 우측 관자엽을 제거하는 연구를 했다. 두 사람은 이렇게 기록했다.

가장 눈에 띄는 변화는 원숭이의 기질에서 나타났다. 수술 전에는 굉장히 거칠고 사나웠으며 장난을 걸거나 손을 대려고 하는 사람에게 폭력을 휘둘렀다. 이제는 자발적이고도 무심하게 누구나에게 접근하고, 사람의 손에 몸을 맡기며 심지어 장난을 치거나 철썩 때려도 보복을 하려 들거나 벗어나려 애쓰지 않았다. 원숭이는 무엇이든 느끼고, 맛보고, 냄새를 맡으려 하고, 어떠한 대상을 여러 관점에서 조심스럽게 살펴보기도 하고, 비단 무생물을 대상으로만이 아니라 사람과 다른 원숭이들에게도 그랬다. 거칠고 공격적인 낯선 원숭이를 같은 우리에 넣었다. 우리가 수술한 원숭이는 곧장 앞서 기술한 태도로 새로운 친구를 탐색하기 시작했지만 그런 관심이 상대에게 받아들여지지 않았고, 이후 벌어진 싸움에서 우리의 원숭이가 심각한 패배를 당했다. 원숭이들을 떨어뜨려 멀찍이 묶어놨지만 우리 원숭이는 얼마 지나지 않아 몸을 스스로 풀고는 두려워하거나 의심하는 기색 없이 새로 온 원숭이에게 다시 다가가 탐색을 재개했는데, 앞선 탐색의 결과가 어땠는지 벌써 완전히 잊은 것처럼 보였다.[7]

"우리 원숭이"의 안타까운 호기심이 매우 사랑스러웠다. 이 원숭이 이야기를 들으니 내가 술을 마시던 시절이 떠올랐다.

1930년대 클뤼버와 부시의 실험 이후, 여러 연구자는 원숭이들에게서 발견한 정서적 변화가 편도체의 척출로 벌어진 현상일 수 있다는 점을 깨달았다. 1950년대 후반, 다시금 유니버시티칼리지런던에서 존 다우너는 레서스원숭이의 한쪽 편도체를 제거하고 남은 편도체와 반대쪽 눈의 연결을 끊었다. 원숭이의 시신경교차 부위와 다른 연결들을 잘라내서 다우너는 두 눈을 양쪽 뇌 모두와 완벽히 분리할 수 있었다.

그는 안대를 이용해 원숭이의 행동이 편도체가 있는 쪽 시야로 세상을 보는지 아닌지에 따라 달라지는 것을 확인했다. 편도체와 연결된 눈으로 볼 때 원숭이는 사람이 다가가면 두려움과 공격성을 내보이며 소리를 지르고, 뒷걸음질치고, 소변을 봤다. 편도체와 연결이 끊긴 눈으로 볼 때는 사람이 곁에 있어도 오로라와 "우리 원숭이"처럼 침착하고 무관심한 모습을 보였다. 원숭이는 인간을 좋게 인식하며(시력을 잃지는 않았다) 앞에 무엇이 있든 위협으로 받아들이지 못했다. 이러한 관찰을 바탕으로 "감각적 체험에 정서적 의미를 부여하는데" 편도체가 필요하다는 이론이 정립되었다.[8]

한쪽 눈을 감고 다른 쪽 눈을 뜨니 좀 전까지만 해도 두려웠던 무언가가 갑자기 색채를 잃는다. 가슴이 울릴 정도로 심장을 뛰게 하고, 무슨 수를 써서라도 도망쳐야 한다는 생각이 들게 하고, 바지를 적실 정도로 공포에 질리게 하는 것이었는데, 텅 비었다. 무엇이든 콩 통조림이나 밀가루 체망을 볼 때 드는 느낌 정도만 전해준다. 어, 저기 좀 봐. 도끼를 휘두르는 미치광이네. 불교 승려들이 무상함과 무색계에 대해 명상을 한 후 모든 세상이 텅 빈 것처럼 보인다고 말하는 의식 상태가 떠올랐다. 과학자들에 의해 두뇌 일부를 강제로 척출당한 채 케이지에 갇힌 원숭이에게 질투를 느낀다면 당연히 이상하게 들릴 것이다. 하지만 부러웠다.

두려움을 느끼지 않는 것이 아마도 승려에게는 미덕이겠지만 원숭이에게는 그리 도움이 되지 않을 것이다. 특히나 야생에서 살아남아야 하는 원숭이에게는 더욱.

1960년대 후반 정신과 의사인 아서 클링은 레서스원숭이와 버빗원숭이 두 그룹의 편도체를 수술로 제거한 후 다시 야생으로 풀어줬다. 첫 번째 그룹은 순식간에 야생 원숭이들에게 거부를 당하고 폭행당했으며 바다로 쫓겨났다. 2주도 채 되지 않아 원숭이들은 전부 물에 빠져 죽거나, 물리고 할퀴어져 죽거나, 굶주림으로 사망했다. 아프리카 잠베지강을 따라 풀어준 두 번째 그룹은 먹거나 마시는 데 아무런 관심을 보이지 않았고 일곱 시간 만에 야생에서 길을 잃고서 다시는 보이지 않았다. 클링은 편도체가 없는 원숭이들은 "위험한 대치 상황을 예측하고 회피하는 능력이 떨어졌고 공격에 취약했으며 먹이를 구하기 위해 싸울 능력이 없었다"고 기록했다.[9]

원숭이와 다르게 나는 음식을 얻기 위해 몸싸움에 휘말릴 일도, 야트막한 초목에 몸을 숨기고 어슬렁거리는 최상위 포식자에게 상처를 입거나 먹힐 일도 없었다. 본능적인 두려움과 불신을 유발하는 뇌 속 아주 작은 영역을 잘라내는 것이 뭐가 그리 나쁠까? 우리가 몸을 바꿔나가듯 두뇌도 원하는 대로 바꾸면 안 될까? 너무 엽기적으로 보이지 않도록 '뉴로해킹neurohacking'처럼 유행을 끌 만한 이름으로 새롭게 브랜딩하면 어떨까? 왜 뇌수술은 이토록 금기시될까?

⚡

부시가 원숭이에게 역사적인 수술을 하기 석 달 전인 1936년 9월 14일 마취과 의사가 앨리스 해멋을 데리러 왔다. 앨리스는 수술대에서 환자를 잃은 뒤 면허가 취소된 한 남성의 제안에, 미국에서 지금껏 한 번도 실행된 적 없는 대단히 실험적인 수술을 받는 데 동의했다. 바로 이마엽 절제술이었다.

마취과 의사가 들어오자 앨리스는 긴장하기 시작했다. "저 사람은 누구인가요?" 앨리스가 물었다. "여기는 왜 온 거예요? 나한테 뭘 하려고 하는데요? 그만 가라고 해요."[10] 수술 전날 63세의 앨리스는 동의를 철회했다. 앞서 의사가 자신의 곱슬머리를 그대로 두겠다고 해서 수술에 동의했는데 거짓말이었다. 게다가 의료진은 앨리스에게 수술을 받지 않으면 여생을 주립 보호시설에서 보내야 한다고 경고까지 했었다. 수술 당일 아침이 되자 앨리스는 바꾼 마음을 확고히 굳혔다. 하지만 의료진은 그의 거부 의사를 무시했다. 앨리스를 침대에 고정했고, 마취과 의사는 버둥거리는 앨리스의 직장으로 마취제인 아베르틴을 주입했다. 마침내 앨리스가 정신을 잃자 의료진이 그의 머리를 밀었다.

앨리스는 "불면증, 불안, 심신을 쇠약하게 하는 우울증"으로 병원을 찾았다. 오랜 세월 그는 미래, 외모, 사람들이 자신을 어떻게 볼까에 대해 걱정하며 살았다. 아주 사소한 일도 그를 괴롭혔다. 자기 자신을 싫어했다. 남편은 최근 들어 그의 행동을 감당하기가 어렵다고 불평했다. 알몸으로 창가에 서고 바닥에 소변을 보는 등 난감한 행동을 했다.

당시에는 '불안장애'란 진단명이 없었지만 앨리스를 본 월터 프리먼 박사는 그가 "'통제 불가능한 걱정'에 시달리는 모습을 보인다"며 "초조성 우울증"으로 진단했다. 프리먼은 앨리스가 포르투갈에서 시험 중인 새로운 수술법에 적격이라고 판단했다. "그가 커리어를 시작할 당시만 해도 심각한 정신병을 앓는 환자에게 제공되는 정신의학적 치료라는 것이 상당히 끔찍한 수준이었습니다." 프리먼의 전기를 쓴 작가 잭 엘 하이는 내게 이렇게 말했다. 심각한 만성질환을 앓는 사람들을 치료하는 효과적인 방법이 거의 전무했다. 프리먼의 말처럼 당시 정신질환을 끝낼 방법은 대부분 죽음이었다. 자신의 능력이 아무 쓸모 없다고 느끼는 의사가 많았다. 수많은 대규모 주립 시설은 절망적인 분위기로 가득했다. "하지만 월터 프리먼은 절망을 그저 받아들이는 사람이 아니었습니다."

이 수술에 영감을 준 사람은 포르투갈의 신경학자 안토니우 에가스 모니스로, 앨리스의 수술에 앞서 약 1년 전 최초의 이마엽 절제술을 지휘한 인물이다. 모니스는 신경외과 수술을 교육받지 않았고 통풍을 앓아 양손을 정상적으로 쓰지 못해 직접 수술을 집도할 수도 없었지만, 정신병 환자들의 "지배적이고 강박적인 생각"이 "강화되는" 강력한 신경 경로가 습관으로 형성됐다는 이론을 만들었다. 이 연결 통로를 끊어내어 유익하지 않은 자동적 정서 반응을 제거하고 두뇌가 건강한 새 회로를 만들어내서 적응하도록 만들어야 한다고 생각했다.

프리먼의 동료인 신경외과 의사 제임스 W. 와츠는 나사송곳으로 앨리스 해멋의 좌측, 우측 이마엽이 있는 머리뼈에 구멍을 두 개 뚫었다. 그런 뒤 철로 된 기다란 주사기 모양의 류코톰이란 도구를 각 구멍에 넣었다. 이 도구의 뒤쪽을 밀어 누르자 앞에서 고리 모양의 와이어가 나왔다. 그는 도구를 회전시키며 와이어로 앨리스의 뇌 속 백질을 절제했다. 수술 후 깨어난 앨리스는 전보다 한결 안정되어 보였다. 프리먼이 그에게 예전에 무엇 때문에 불안을 느꼈었냐고 묻자 그는 이렇게 답했다. "잊어버린 것 같네요. 이제는 별로 중요하게 느껴지지 않아요."

이후 집으로 돌아간 그는 10년간 먹었던 브로민화물 성분의 진정제 없이도 잠을 잘 수 있었다. 불안도 거의 사라졌다. 그는 이렇게 말했다. "이제는 극장에 가서 신발이 불편하지는 않은지, 내 뒷머리가 어떤 상태인지 신경쓰지 않고 정말 작품에만 집중하며 온전히 즐길 수 있어요." 그의 남편은 이후 5년의 시간을 아내의 삶에서 가장 행복한 시기였다고 말했다. 앨리스는 68세의 나이에 폐렴으로 사망했다.

수술의 성공에 힘입어 프리먼은 거의 3500건에 이르는 이마엽 절제술을 지휘했다. 이후 그는 수술법을 "개선"해 환자의 머리뼈에 구멍을 내지 않는 방법을 찾았다. 즉, 수술실이 아닌 곳에서 외과의나 마취 없이도 수술이 가능해졌다. 또한 면허가 없는 그가 직접 수술을 집도할 수 있다는 뜻이었다.

앨리스 해멋의 개인사를 들여다보면 그가 왜 그렇게 걱정에 시달릴 수밖에 없었는지 쉽게 이해가 된다. 첫 아이가 두 살 때 죽었다. 이마엽 절제술을 받기 3년 전에는 시동생이 아내를 살해하고 자살한 일도 있었다. 이후 앨리스는 "다른 남성을 흠모하게 되었고" 이를 남편에게 털어놓은 후 죄책감으로 괴로워했다. 적어도 내게는 앨리스 해멋이 치료가 어려운 뇌 질환이 있는 사람처럼 보이지 않았다. 충분히 이해할 만한 고통에 괴로워한 사람이었다. 끔찍한 트라우마를 몇 차례 경험했고, 속 시원히 대화를 나눌 사람이 한 명도 없었다. 가장 극단적이라고 할 수 있는 그의 행동까지도 집안이라는 감옥에 갇힌데 나름대로 반항한 것으로 이해할 수 있었다.

한창 불안이 심했을 때 나는 소리를 지르고, 몸을 가만히 두지 못한 채 서성거리고, 울고, 혼잣말을 웅얼댔다. 앨리스가 말한 감정들이 불편할 정도로 익숙했다. 자기혐오, 초조함, 공공장소에서 긴장하는 모습까지 말이다. 프리드먼이 말한 결과과 사실이라면 그에게는 참으로 잘된 일이었다.

하지만 앨리스가 약간의 평안을 얻었다 하더라도 그 수술이 필요했는지는 의문이다. 그의 불안이 정말 문제였는지, 그의 행동이 남성들에게 불편함을 끼쳤기 때문은 아니었는지 모호했다. 프리드먼은 그를 "성질이 나쁘고 만족할 줄 모르는" 성격이라고 기록했다. 장차 대통령이 된 존 F. 케네디의 여동생으로 프리드먼에게 이마엽 절제술을 받은 후 요실금이 생기고 걷거나 말할 능력을 잃은 비운의 로즈메리 케네디처럼 앨리스 해멋 또한 자신에게 최선의 치료법이었기 때문에 이마엽 절제술을 받은 것이 아니었고, 무엇보다 동의하에 받은 수술도 아니었다. 의료진이 그를 침대에 고정하고 머리를 절개한 것은 남편이 그를 다루기 "까다롭다"고 생각했기 때문이었다. 로즈메리 케네디의 부친 조가 당연히 자신의 딸을 사랑했듯 앨리엇 남편 또한 그를 사랑했을 것이다. 하지만 프리드먼과 더불어 두 남성은 여성들의 행동을, 이야기를 들어달라는 신호가 아니라 고쳐야 하는 문제쯤으로 봤던 것 같다.

상대가 더는 망가지지 않도록 도와주겠다는 태도로 접근해야 이 사람을 무고한 피해자로 볼 수 있다.

⭐

1992년, 배트맨에 대항하는 새로운 악당이 등장했다. 분노로 가득 찬 근육질의 정신병원 환자 아미그달라Amygdala(편도체의 영어명)

다.[11] 분노발작을 통제하기 위해 편도체를 제거하고 아미그달라가 된 그의 본명은 에런 헬징어다. 그에게는 이런 설명이 덧붙었다. "수술로 편도체를 제거한 환자들은 보통 대단히 침착하고 차분해진다. 하지만 헬징어의 경우 무언가 단단히 잘못되었다."

이마엽 절제술과 비교해 정신질환의 치료법으로 편도체를 제거하는 수술은 상대적으로 드물었다. 어림잡아 이마엽 절제술은 미국에서는 4만 건, 영국에서는 1만 7000건이 행해졌다. (양쪽 편도체를 모두 제거하는) 편도체 절제술은 세계적으로 1000건 이하였다. 이 가운데 약 10퍼센트는 1960년대 일본 신경외과 의사인 나라바야시 히로타로와 그의 동료들이 진행했다. 왁스와 양귀비씨 오일을 섞은 혼합물을 주입해 편도체를 망가뜨렸다. 수술 대상자 중에는 다섯 살밖에 안 되는 아이도 있었다.[12]

우리에게 남은 것이라고는 나라바야시의 말뿐이므로 해당 수술이 얼마나 성공했는지 자신 있게 말할 방법이 없다. 공식적으로는 편도체 절제술을 행한 이유가 관자엽 뇌전증 증세를 완화하기 위해서였다고 하지만, 그는 상당히 솔직하게 털어놨다. "행동장애를 가진 환자들의 정서 상태를 개선하기 위해서지, 이 테크닉으로 뇌전증 발작을 통제하려는 것이 주 목적은 아닙니다." 수술 후 그가 환자들의 상태를 가리켜 가장 자주 쓴 긍정적인 표현은 "협조적"이었다.

1960년에서 1980년 사이 인도에서는 신경외과 수술의 아버지로 불리는 발라수브라마니암 라마무르티 박사의 주도하에 더 많은 편도체 절제술이 행해졌다. 그는 "공격적 행동을 통제"하기 위해 수술 481건을 집도했다고 주장했다.[13] 수술을 받은 대부분이 15세 미만의 아이들이었다. 오늘날 편도체 제거는 다른 치료법이 듣지 않는 심각한 뇌전증 환자를 위한 수술로 간주한다. 하지만 행동을 바꾸려는 목적으로 수술하는 사례가 완전히 사라지진 않았다. 2017년 "가벼운 정신지체"로 기록된 증세를 지닌 중국의 19세 여성이 "정신 증상과 공격성"을 없애고자 편도체 절제술을 받았다는 사례가 보고됐다. 논문 저자들은 수술 후 여성의 증상이 "크게 경감"됐다고 발표했다.[14]

✧

이런 사례들은 (대체로) 오래전 뉴로이미징 기술이 조악하거나 존재하지 않았던 시절에 행해졌다. 화면으로 **내 딸의 생각을 들여다볼 수 있는** 요즘 같은 시대에는 당연히 다른 대안이 있지 않을까? 알렉산더 섀크먼은 내게 클뤼버와 부시의 시대 이후로 적어도 동물 연구에서만큼은 두뇌의 특정 영역을 정확히 겨냥하는 기술이 대단히 발전했다고 설명했다. "꽤 오랫동안 사용됐던 기술이 뭐가 있었습니까? 메스를 들거나, 혹은 뇌 조직을 여기저기 지지거나 태우거나 진공으로 빨아들였죠. 아주 기본적인 신경해부학적 기술이었습니다. 두뇌 영역의 신경을 끊으려고 '중대한 변이'를 유발하는 기법들이요. 그냥 파괴했던 겁니다."

연구자들이 대안으로 개발한 하나는 "흥분독성 병터(병변) 기법 excitotoxic lesions"이다. "흥분성 전달물질을 편도체의 핵 하나처럼 굉장히 작은 영역에 주입해 해당 영역의 뉴런들이 발화하여 죽음을 맞이하도록 하는 기술입니다." 메스를 들이대는 방법보다 좋은 점은 문제의 영역을 지나가나 아무런 연관도 없는 미세한 물질을 보존할 수 있다는 것이다. 두뇌 속 서로 소통하는 두 영역이 있고 이 둘을 잇는 신경섬유가 편도체를 통과할 때, 기존의 방법으로는 편도체만이 아니라 그곳을 지나는 고속도로도 같이 파괴해야 했다. 흥분독성 병터 기법을 쓰면 집은 무너뜨리고 도로는 그대로 유지할 수 있다.

1990년대 널리 활용한 또 다른 접근법은 억제성 신경전달물질인 무시몰을 뇌 영역에 주입하는 것이다. "일시적이고 또 강력하게 세포를 억제할 수 있습니다." 알렉산더가 말했다. "활동을 멈추는 것이죠." 무시몰은 독버섯인 광대버섯에 들어 있는 향정신성 화합물로 섭취 시 섬망과 환각을 일으킨다. 가바의 생성을 강력하게 촉진하는데, 가바는 스테판 브루거가 두뇌의 활동성을 약화한다고 설명했던 신경전달물질이다. 이보다 드문 기술로는 등가쪽(배외측) 앞이마엽 겉질 같은 영역을 냉각해 활동성을 낮추는 방법이 있다. "뉴런이 건강하게 살아는 있지만 활동은 하지 않을 정도로, 동면 상태로 진정시킬 수 있습니다." 연구자들은 두뇌의 특정 영역을 끄기 전, 꺼지는 동안, 끈 후의 행동을 모두 살필 수 있다.

이런 기법들은 메스나 양귀비씨 오일보다 작용하는 면적이 적고 무엇보다 일시적이다. 다만 인간에게는 현실성이 떨어진다. 머리뼈 일부를 제거한 뒤 불안을 완화하고 싶을 때마다 정확한 위치에 주입해야 한다. 더욱이 대중과학이 우리에게 어떻게 말하든, 두뇌는 접근이 용이하게 별개로 분리된 구조가 아니다. 여전히 수많은 세포 집단과 같은 지역에 모인 작은 구성원들을 함께 건드릴 가능성이 있다. 우리에게는 두 가지 학문의 획기적인 기술이 답을 줄 것이다. 화학유전학과 광유전학이다.

화학유전학에서는 바이러스를 이용해 목표로 한 세포를 변형하는데 이때 DREADDs("설계 약물로만 활성화되는 설계 수용체designer receptors exclusively activated by designer drugs")라는 특별한 수용체가 생성된다.[15] 이름에서 오싹한 사이버펑크 느낌이 풍기는 이 수용체는 생물학적으로 비활성 상태의 약물인 클로자핀 N-산화물(CNO)에만 반응한다. 2주 정도 수용체가 해당 세포에 형성되기를 기다렸다가 CNO를 주사로 주입하면 DREADDs가 흥분성 신호 경로와 결합하는지, 억제성 신호 경로와 결합하는지에 따라 뉴런을 잠재우거나 발화가 촉발된다.[16]

다시 말해 무해한 약물을 이용해서 원하는 두뇌 세포를 일시적으로 잠재우거나 활성화할 수 있다는 뜻이다. 이 기법으로 연구자들은 차곡차곡 쌓인 세포들의 일부를 일시적으로나마 목표로 삼을 수 있다고 알렉산더는 설명했다. 자신의 손을 깍지 껴 보여주며 이렇게 말했다. "상호 맞물린, 또는 '소금과 후추'라고 표현하는 패턴으로 되어 있거든요." 병터 기법이나 무시몰, 흥분독소로는 이 세포들을 모두 건드리고 만다. 화학유전학은 대단한 수준의 정밀함으로 소금 또는 후추만 목표로 삼는다. 사전 연구에서는 DREADDs를 이용해 레서스원숭이의 편도체 활동성만 억제하는 데 성공했고, 언젠가 불안한 인간들을 위해 유사한 치료법을 개발하려는 목표로 연구가 계속되고 있다.[17]

비슷한 정확성을 제공하는 광유전학은 어떤 면에서 훨씬 놀랍다. 1990년 중반 과학자들이 생체 발광하는 해파리의 유전자를 벌레에 이식하자 벌레의 뉴런이 초록색으로 빛났고, 이것으로 광유전학 분야가 열렸다.[18] 과학자들은 더욱 다양하고 밝게 빛나는 색을 찾기 시작했다. 이들은 형광 분광계로 산호초를 탐험하며 형광을 발하는 산호와 말미잘을 찾아 유전자를 복제했다. 그 결과 숨 막힐 정도로 놀라우면서도 소름도 끼치는 "뇌지개brainbow 쥐"가 탄생했는데, 쥐의 뇌 속 각각의 뉴런이 다른 색으로 빛나는 덕분에 과학자들이 각 세포의 축삭돌기와 가지돌기를 관찰하기가 한결 용이해졌다.[19]

생쥐와 쥐의 유전자를 조작해 뇌세포가 빛에 반응하도록 만들 수 있게 되었다. 연구진은 레이저를 이용해 각각의 세포를 직접 자극할 수 있다. 화학유전학에서 (무해한 화학물질인) CNO는 비교적 느리게 씻겨나간다. 즉, 효과가 사라지기까지 시간이 좀 걸린다.[20] 광유전학에서는 빛의 속도를 따른다. "0.001초 만에 세포를 끄고 켜는 레버가 있습니다." 알렉산더가 말했다. "세포 활동을 기록하고 (원칙적으로는) 곧장 재생해볼 수 있죠. 키보드나 피아노라고 생각하면 됩니다. 흘러 나오는 불안의 곡과 같은 속도로 연주할 수 있는 겁니다. 지금껏 그 어떤 기술과도 차원이 완전히 다르죠."

광유전학의 한 가지 한계는 광섬유 케이블을 뇌에 직접 심어야 한다는 것이다. 생쥐는 뇌가 작아 케이블의 너비에 비해 꽤 넓은 면적을 살필 수 있다. 하지만 주먹 크기의 뇌를 지닌 비인간 영장류를 대상으로 할 때는 비슷한 면적을 덮는 데 훨씬 많은 케이블이 필요하다. 알렉스는 이렇게 설명했다. "상당히 까다로운 것으로 드러났습니다. 원숭이들은 손이 있잖아요. 머리뼈에 연결된 것들을 잡아서 뜯어 버리려고 하거든요." 그는 뒤이어 이 문제가 두뇌 크기보다 더 큰 걸림돌로 작용할 줄 몰랐다고 밝혔고, 피부 밑에 이동형 배터리 시스템을 심어야 할 것 같다고 설명했다.

속이 조금 불편해졌다. 대단한 가능성에만 푹 빠져서, 살아 있는 생명체를 대상으로 이야기한다는 사실을 잊고 말았다. 이 생명체들은 짐작건대 반복적으로 스트레스를 받거나 생체공학적으로 조작당하는 와중에 연구자들이 자신의 두뇌 활동을 기록하고 분석하는 이 모든 행위를 그다지 즐기지 않을 것 같았다. 그럼에도, 피아노처럼 연주할 수 있는 뉴런이라니. 〈미닛 왈츠〉 같은 불안이라니. 언젠가 누군가의 뇌 안으로 평안의 곡을 '연주'할 수 있지 않을까?

안타깝게도 인간의 뇌에는 선루프가 탑재되지 않았다. 머리뼈 대부분을 제거한 후 그 자리에 광섬유 케이블을 연결할 도킹 스테이션을 설치해야 할 것이다. 설령 그렇게까지 해도 편도체는 여전히 접근할 수 없는 위치에 있다. 추가적인 외과 수술이 아니고서야 편도체에 이를 방법이 없다. 정신외과의 미래 응용 기술은 말 그대로 압도적이었다. 하지만 지금으로서는 뉴런을 직접 촉발해 뇌의 특정 부위를 자극하는 것은 먼 꿈 같은 이야기였다. 그런 줄 알았다.

XI
브레인스톰

전기와 자석으로 두뇌를 자극하고
'위협 회로'를 길들인다

다섯 살 때 동네 영화관에 〈돌아온 오즈〉를 보러 갔다. 캔자스에 사는 도로시가 토네이도에 휩쓸려 마법의 나라 오즈에 떨어진 〈오즈의 마법사〉의 6개월 후 이야기였다. 돌아온 도로시는 잠을 자지 못했다. 숙모 엠과 삼촌 헨리는 말하는 동물과 마녀 이야기를 하는 도로시를 보며 트라우마 때문이라고 생각했고, "전기 치료"를 한다는 정신과 의사 J.B. 월리 박사를 만나러 도로시를 데리고 도시로 향했다.

호화로운 진료실에 자리한 박사는 두뇌가 기계에 지나지 않는다고 설명했다. (머리를 부딪히거나 해서) 고장나면 두뇌를 움직이는 전기 자극들이 잘못 발화되며 악몽과 망상이 생긴다고 말했다. 현대 기술의 기적으로 박사는 이제 그 전기 임펄스를 다스릴 수 있었다.

몇 장면 후 도로시는 바퀴가 달린 들것에 몸이 묶인 채로 누워 있었고, 검은색 긴 드레스를 입고 무서운 얼굴을 한 간호사가 전기충격 기기의 금속 연결부를 어린 도로시의 양쪽 관자놀이에 씌웠다. 월리 박사가 다이얼과 스위치를 만지작거리자 오케스트라 음악이 최고조에 이르렀다. 어린 나는 공포에 휩싸였다.

그러니 축축한 전기 패드를 좌측과 우측의 앞이마엽 겉질에 부착하고 '시작' 버튼을 누를 때 당연히도 두려움을 느꼈다. 스펀지에서 배어나온 소금물이 눈으로 흘러 들어갔다. 위쪽 두피에서 찌릿하고 따끔거리는 감각이 전해졌다. 몇 초 후, 그 느낌은 타는 듯 뜨거워졌다.

✧

경두개 직류전기자극transcranial direct-current stimulation(tDCS)은 전극을 이용해 두피를 거쳐 뇌 안으로 약하게 전류를 흘려보내는 기법이다('외인성 신경자극'이라고도 한다). 전기경련요법electroconvulsive therapy(ECT)은 의도적으로 발작을 유도하고 요즘에는 전신마취하에 진행되는 반면, tDCS는 그리 거칠지 않다. 전류가 목표 뉴런의 안정막전위를 탈분극한다. 즉 뉴런이 활동전위를 만드는('발화'하는) 역치를 전류가 낮추는 것이다. 불씨에 바람을 불어 확 타오르는 온도에 이르도록 하는 것과 비슷하다. 뿐만 아니라 뉴런이 발화하지 않도록, 전극을 붙인 영역의 활동성을 효과적으로 억제할 수도 있다. tDCS는 새롭고 더욱 강한 신경회로를 활성화하고자 두뇌 특정 부위의(또는 영역 간 연결의) 흥분성을 높이거나 낮춘다. 이것이 바로 심리학자 도널드 O. 헤브가 가정한 "함께 발화하는 것은 연결되어 있다"라는 개념이다.[1]

이런 의미에서 신경 자극은 알렉산더가 말한 치료법보다 가볍고 비외과적인 대안이다. 정밀성은 떨어지지만 머리뼈의 일부를 제거하거나 유전자를 조작해 새로운 수용체를 만들지 않고도 두뇌의 특정 영역을 잠시 진정시키거나 흥분시킬 수 있다. 케임브리지대학의 MRC 인지 및 뇌과학부 소속 신경과학자이자 tDCS 등의 두뇌 자극 기법으로 정신질환 치료법을 연구하는 카밀라 노드 박사와 대화를 나눴다.

카밀라에게 tDCS가 어떻게 작용하는지 묻자 그는 곧장 내 기대감을 꺾었다. "제가 10년 전에 이 질문을 받았다면 우울증 및 다른 장애로 인해 기능이 저하된다고 알려진 영역, 즉 등가쪽 앞이마엽 겉질의 전반적인 활동성을 증가시킨다고 대답했을 거예요. 사실 tDCS는 자극이 널리 분산되기 때문에 실제로는 앞이마엽이라고 해야겠지만요. tDCS가 환자들의 정서적 반응의 강도를 낮추는 데 도움을 줄 거라고 생각했어요. 환자들이 집중력을 좀 더 발휘하고, 작업기억도 향상될 거라고요." PTSD를 앓는 사람들은 일관되게 작업기억이 손상되는 증상을 보인다. 물론 작업기억을 향상하는 것으로 PTSD를 치료하려는 시도는 엇갈린 결과를 보이지만 말이다. (표본 규모는 작았으나) 범불안장애를 연구한 논문을 읽었는데, 그 연구에서는 좌측 등가쪽 앞이마엽 겉질을 자극하면 해당 영역이 편도체를 통제하는 능력이 향상된다는 결과를 제시했다.[2] "하지만 지난 10년간 연구를 하다 보니 tDCS가 우울증을 겪는 환자 모두에게 효과가 있지는 않았어요. 사실 아무런 효과도 없던 사람들이 많았죠."

카밀라는 내게 tDCS와 관련해 강건한 실험이 여럿 있었다고 설명했다. 플라세보 효과를 통제하기 위해 연구에서 "허위 자극" 조건을 포함할 때가 많은데, 이는 실험자가 참가자에게 전극을 부착은 하지만 목표 영역에 최대 전류를 보내지 않는 것이었다.

초기에는 연구 결과가 놀라웠다고 카밀라는 말했다. "극소수의 환자들에게도 효과 크기가 아주 컸어요. 5회 또는 8회만 받아도 대다수의 사람이 반응 또는 차도를 보였으니까요." 하지만 (치료법 개발 과정에서 자주 발생하듯) 표본이 커지고 다른 연구자들이 결과를 복제하려 하자 상황이 달라졌다. "제 논문을 포함해서 좀 더 최근에 나온 논문들을 보면 효과가 모든 환자에게서 나타나지 않을뿐더러 전체로 봐도 고무적이지 않아요. 더욱 큰 규모의 여러 임상시험에서는 허위 자극과 비교해 아무런 차이가 없었고요. 심지어 몇몇 환자는 허위 자극에 더 좋은 반응을 보였어요. 플라세보보다 실제로 효과가 좋은지 전혀 확실하지 않은 거죠." 카밀라는 그럼에도 tDCS의 효과를 믿었지만 루이화 호우 박사가 불안과 염증 간의 연관성을 연구하며 예감했듯이, 카밀라 역시 tDCS가 일부 우울증 환자에게만 작용하는 것 같다는 의심이 들었다.

또 다른 외인성 신경자극인 경두개 자기자극transcranial magnetic stimulation, 즉 TMS는 증거가 더 탄탄했다. "크기는 커다란 망고만 하지만 무게는 훨씬 무거운 8자 모양의 코일이죠." 길고 두툼한 케이블이 기기에 연결되어 있다. 코일을 자극하려는 부위 가까이에 대면 된다. "운동겉질의 한 영역에 가져다 대면 손가락이 꿈질거리는데, 코일 움직임에 따라 넷째 손가락이 꿈질거리다가 다음에 새끼손가락이 까딱거려요. 해부학적으로 대단히 정확하다고 할 수 있죠." tDCS보다 더 강력한 감각이 전달되는데, 툭툭 치는 듯한 느낌이 굉장히 불편할 수 있다(어떤 이들은 머리뼈에 구멍을 뚫는 것 같다고까지 표현했다).

지금까지 들은 이야기로는 우울증 치료에도 좋은 결과를 보일 것 같았다. 하지만 등가쪽 앞이마엽 겉질을 표적으로 삼은 이유를 묻자 그는 일부 "편의성" 때문이었다고 털어놨다. 앞이마엽은 불안과 우울증에 연관된 영역일 뿐 아니라 외부에서 접근할 수 있는 유일한 영역이기도 하다. (가령 편도체처럼) 다른 영역에 직접 자극을 주는 일은 현재로서는 외과 수술로만 가능하다. 하지만 카밀라는 새로운 과학 기술이 머지않아 등장할 거라고 말했다. "제가 관심 있게 지켜보고 있거든요. 초음파 자극 같은 것 말이죠."

머지않은 미래에 깊이 자리한 두뇌 영역을 우리가 원하는 대로 자극 또는 억제할 수 있을지도 모른다. 지금으로서 TMS 같은 치료의 비용은 내 예산을 훌쩍 넘었다. 여섯 시간 반의 세션 동안 수천 파운드가 들었다. 하지만 집에서 사용 가능한 가정용 tDCS 기기라는 새로운 바람이 불고 있다. 창의력과 학습 속도가 향상되고 불안 증세가 완화되는 등 온갖 이야기로 마케팅을 하는 중이다. 병원에서 교육받은 전문가가 진행하는 tDCS와 같을까? 아닐 것이다. 그럼에도 하나 사서 시도해볼 용의가 있는가? 물론이지.

✧

기기에는 회색 플라스틱 헤드셋 하나와 고무 패드 세 개가 있었고, 패드에 달린 하얀 스펀지는 식염수에 흠뻑 적셔야 했다. 좌측 앞 이마엽 겉질의 활동성을 자극하고자 헤드셋을 쓰고 핸드폰 앱으로 전류의 세기를 조절하는 슬라이더를 2밀리암페어로 올렸다. 두피에 패드를 부착한 곳 아래가 핀으로 찌르는 것처럼 따끔거리고 타는 듯했다. 소금물이 얼굴을 타고 흘러내려 티셔츠와 청바지 가랑이 부분까지 적셨다. 몇 분 후 시야가 좁아지는 느낌이 들었다. 좋은 신호일까? 동시에 일을 해보려 했지만, 거추장스러운 데다 살이 다 탈 듯한 전기 모자를 쓰고 있다는 사실을 잊기가 어려웠다.

불안이 덜한 느낌은 없었다. 크라우드 펀딩으로 구매한 플라스틱 머리띠를 쓰고는 신경의 부동산 중에서도 일급지 땅을 태우는 중일 가능성이 0퍼센트가 아닌 상황이라면 마음을 편안하게 먹기가 어렵다. 게다가 첫 번째 세션으로 자극된 것은 가리발디 비스킷만 한 사이즈로 빨갛게 익은 화끈거리는 이마뿐이었다.

엄밀히 말하자면 tDCS의 목적은 그 순간의 불안이나 우울을 저하하는 것이 아니다(전극을 떼자마자 효과가 사라진다면 대단히 쓸모없을 것이다). 운동을 하듯 반복적으로 세션을 진행하며 장기적인 이득을 노려야 한다. tDCS가 (가정용은 특히나) 불안에 효과적인 치료법이라는 탄탄한 증거는 아직 없다. 건강을 신경쓴 새 식단과 러닝, 뉴스 읽기 금지 및 소셜미디어 사용 금지와 더불어 자꾸 늘어만 가는 불안 방지 습관에 이 기기 사용도 추가했다. 어쨌거나 이 망할 기기를 이미 사버렸으니까. 여러 시도에 하나 더 한다고 나쁠 것은 없었다.[3] 지금까지 내 접근법은 너무 소극적이었다. 지금껏 상처 딱지에 자꾸 슬쩍슬쩍 손을 대듯 불안을 툭툭 건드리기만 했다. 내가 정말 원하는 것은 둘 중 하나의 목숨을 건 단판 승부였다.

tDCS와 불안에 관한 연구를 보던 나는 카밀이 처음 세웠던 가설을 생각했다. 신경자극이 앞이마엽 겉질의 정서적 반응의 "강도를 낮추는 데" 도움을 줄 거라던 가설 말이다. 몇몇 연구에서는 앞이마엽이 편도체를 억제해 정서 반응의 강도를 낮출 수 있다고 말했다. 본능적 두려움을 조절하는 차단기 역할이었다.

여러 연구를 읽다 보니 내 문제는 편도체 이상인 것 같았다. 어느 신경과학 교과서든 편도체를 다루는 내용에는 한 사람의 이름이 자꾸 등장했다. 폴 부시와 하인리히 클뤼버의 원숭이 실험으로 시작된 이야기가 이 사람의 설치류 연구로 완성되는 듯했다. 수십 년 간의 연구 덕분에 그는 세계에서 가장 유명한 불안 연구자가 되었다. 편도체의 비밀을 알고 싶다면 이 사람, 조지프 르두와 이야기를 나눠야 했다.

٠ۿ٠

이메일을 보낸 내게 조지프는 굉장히 친절하게 응답했지만, 대단히 바쁜지라 몇 달 후에나 시간을 내줬다. 안타깝게도 당시 나는 가족과 휴가를 가기로 되어 있었다. 그와 대화할 아마도 유일한 기회를 놓치느니 휴가 중에 센터파크의 객실에서 그에게 전화를 걸기로 했다. 수키가 태어나 처음으로 조랑말을 타는 모습을 지켜보다 급히 방으로 뛰어 들어왔다. 예약해놓은 조랑말 체험을 혹시나 못하게 될까봐 얼마나 안달을 했는지 수키와 아내의 하루를 단단히 망치고 들어오는 길이었다.

영상 통화가 시작되자 엉망인 몰골로 숨을 헐떡이며 누가 봐도 뻔히 침대인 곳에 앉아 있는 내 꼴이 화면에 비쳤다. 방해받지 않고 조용히 대화를 나눌 만한 곳이 침실밖에 없었다. "안녕하세요." 달아오른 얼굴에 땀을 흘리며 숨을 거칠게 내쉬었다. "저 보이세요?" 조는 화면을 끄고 대화하는 것이 어떻겠냐고 제안했다. 나는 그에게 편도체에 대해 물었다.

"두려움은 편도체가 하는 일이 아닙니다." 그의 책상 옆에 기대어놓은 일렉트릭 기타가 보였다. 그는 신경과학자 아닐 때는 밴드 아미그달로이드amygdaloid(편도체의 영어명)의 리드 싱어로 활약했다. "완전히 잘못 알려진 개념이고, 저 같은 과학자들에게 일부 책임이 있습니다." 잠시 말을 멈춘 그가 다시 입을 뗴었다. "다른 과학자들 잘못이 좀 더 크긴 하지만요."

조지프는 특히나 고인이 된 에스토니아의 신경과학자 자크 판크세프가 편도체를 두뇌의 공포 센터라고(다들 그렇게 알고 있지 않는가?) 널리 알리는 데 기여했다고 비난했다.[4] "사람들에게 이면에 자리한 중요하고 세부적인 내용은 무시해도 된다는 구실을 제공한 셈이죠. 과연 편도체는 공포 센터가 맞을까 고민하는 와중에 과학자인 판크세프가 그렇다고 하니 다들 공포 센터가 맞다고 여겼어요."

70대에 접어든 조지프 르두는 신경과학과 불안 분야에서만큼은 록 스타나 다름없었다. 나와 대화를 나눈 거의 모든 사람이 그를 언급했다. 1990년대 중반에는 그의 연구가 대니얼 골먼이 쓴 베스트셀러 『EQ 감성지능』의 한 챕터를 차지했다. 이 책에서 골먼은 원시적인 편도체가 주도권을 잡으며 우리가 자기 통제력을 잃는 순간을 설명하면서 "편도체 납치amygdala hijack"라는 용어를 창안했다. 이전 연구자들이 편도체의 역할을 설명하는 이론을 정립하는 데 몰입했던 반면, 뉴욕대학의 조지프와 그의 팀은 지금껏 발견된 내용을 바탕으로 편도체가 **어떻게** 작용하는지 정확히 밝히는 데 매진했다.

그가 제안한 기본 모델은 이랬다. 숲을 걷는데 길에 기다란 무언가가 몸을 마는 모습을 봤다고 가정해보자.[5] 시각 자극이 망막에 담기고 이 정보는 두뇌에서 역방향으로 전달된다. 먼저 중계국 역할을 하는 시상에 도착한다. 시상은 재빨리 판단한다. 어떤 **부류**에 속하는가? 위협? 음식? 인간? 시상은 "대략적이고, 원형적인" 분석을 편도체로 바로 보낸다. 편도체에서 나오는 아웃풋은 시상하부를 통해 운동을 제어하고 심박을 통제할 수 있고, 눈앞의 대상을 제대로 확인하기도 전에 순식간에 회피 행동을 하도록 만든다.

한편 시상은 해당 정보를 두뇌 뒤쪽에 있는 시각겉질로도 보낸다. 시각겉질은 시상보다 시각 자극을 더욱 정밀하게 처리하고 해석

XI 페인스톰

해 "엇, 세상에나, 독사잖아"와 같은 고차원적인 평가를 내린다. 시각 겉질의 분석 **또한** 편도체에 직접 전달되어 혈압 상승과 아드레날린 분비 등을 촉발할 수 있다. 한편 시각 자극이 시상에서 시각겉질로 도착하는 순간 시각겉질은 "잠깐, 저거 낡은 호스네" 확인하고, 이 새로운 해석은 편도체로 향해 이제 한 발 물러나 교감신경 반응을 진정시켜도 된다는 메시지를 전달한다.[6]

이러한 겉질하 경로와 겉질 경로를 두고 조지프는 편도체를 향한 "빠르고 불완전한" 경로와 "하향식" 경로로 설명했다. 겉질하 경로의 핵심은 시각 또는 청각 자극이 시상에서 위협으로 해석되고 우리가 눈앞에 있는 무언가의 정체를 확인하기도 전에 이 정보가 편도체로 전달되어 위협 반응이 시작된다는 것이다. 이 모델이 옳다면, 여기서 말하는 시스템 덕분에 우리는 몇 번이나 죽음을 피했을 수도 있다. 먼 선조들의 목숨을 구했던 것만은 분명했다.

시상(이마엽 절제술을 수행한 의사 월터 프리먼이 "감정이 일어나는 곳"으로 여기고 앞이마엽 겉질과의 연결을 끊으려 했던)과 편도체의 직접적인 연결 덕분에 위협처럼 보이는 무언가를 인식하는 즉시 반응할 수 있다. 두뇌에서 좀 더 정교하고 느리게 복잡한 분류학적 미적분학을 풀며 눈앞에 이것이 무엇인지, 뭘 하는지, 어떤 반응을 보여야 하는지 분석 결과를 기다릴 필요가 없다. 시상은 곧장 편도체로 이렇게 소리친다. "젠장! 뱀이야!" 팔짝 뛰며 몸을 뒤로 물리는 것이다. 조지프는 1989년 《뉴욕 타임스》와의 인터뷰에서 이렇게 밝혔다. "그 간발의 차이가 목숨을 구할 수 있습니다. 진화에서는 상당한 강점으로 작용하죠. 하지만 빠르고 조악한 프로세스입니다. 세포들이 빠르게는 움직이지만 대단히 정확하지는 않은 겁니다."

생존의 관점에서 긍정 오류로 치르는 비용은 비교적 낮다. 우리의 불안한 기니피그 글로리아를 한번 생각해보자. 글로리아를 화들짝 놀라게 한 이상한 소음이 알고 보니 아무런 해도 끼치지 않을 내재채기 소리였다면 글로리아로서 대단한 손해는 아니다. 정확성보다 속도가 중요하다. 나중에 후회하기보다 미리 조심하는 편이 낫다.

두뇌의 느리게 기능하는 영역에서 유사 자극이 위협이 아니었다는 사실을 깨달으면, 흥분한 교감신경계에 진정하라는 신호를 보낸다. 코르티솔과 아드레날린의 분비로 심장이 필요보다 빠르게 뛰는 상황이 벌어지면 대사적으로 치러야 할 비용이 생긴다. 하지만 이런 일이 하루에 50번, 100번 생긴다 해도 그 비용이 뱀에게 물리는 것보다(글로리아라면 먹히는 것보다) 낫다.

뱀, 높은 곳, 갑작스러운 큰 소음 등은 본능적으로 두려워하는 한편 다른 자극들에 관해서는 점차 배워나간다. 조지프의 팀은 공포 조건화라는 개념으로 쥐를 오래 연구한 끝에 한 가지 이론을 정립하고 실험했다.

러시아의 생리학자인 이반 파블로프가 개들을 훈련시켜 버저 또는 메트로놈 소리를 듣고 먹이를 연상하도록 만든 이야기를 들어본 적이 있을 것이다. 먹이를 보면 개들은 침을 흘렸다(파블로브는 개의 턱에 구멍을 내어 튜브를 연결한 후 침을 모아 양을 측정했다). 파블로프와 그의 연구진은 먹이의 도착과 특정 소리를 반복적으로 연계했다. 마침내 버저나 메트로놈 소리만으로도 개들은 침을 흘렸다.

파블로프는 시간이 지날수록 개의 반응이 점점 더 정제되는 것을 발견했고, 예컨대 분당 60비트인 메트로놈에는 침을 흘리지만 40비트에는 반응을 보이지 않도록 훈련할 수 있었다. 하지만 그는 두뇌에서 어떤 일이 벌어지는지 대략적인 가설만 세울 수 있었다. (파블로프의 분석 방법은 원초적이었고, 실험용 개들은 오래 살지 못했다. 거의 모든 개의 식도를 제거하고 목에는 구멍을 뚫어, 어떤 음식이든 개들이 삼키지 못하고 구멍으로 흘려 보냈다.)

1980년대와 1990년대 조지프는 불빛과 버저를 이용해 쥐의 시각 및 청각 겉질을 실험했다. 한 연구에서 그는 쥐들을 훈련해 특정 소리와 발에 전해지는 고통스러운 전기 충격을 연계했다. 그의 팀은 쥐의 혈압과 쥐가 얼마나 오래 그 자리에 꼼짝 않고 서 있는지를 측정해 위협 반응을 분석했다. 결국 쥐들은 그 소리만 들려도 몸이 얼어붙고 혈압이 상승했다. 파블로프와 달리 조지프는 조건화 반응의 이면에 자리한 메커니즘을 정확하게 파악할 수 있었다. 각각의 쥐를 마취한 후 뇌정위 고정기(쥐의 머리를 한 자리에 고정하는 단단한 클램프처럼 생긴 기구)에 눕혔다. 그의 팀은 "쥐의 뇌 지도"를 참고하며 파괴하고자 하는 두뇌 영역의 정확한 좌표를 찾았다. 그 후 연구진은 치과용 드릴로 쥐의 머리뼈에 구멍을 뚫어 철로 된 전극을 삽입했다. 전극으로 10초에서 15초 동안 전류를 보내 두뇌 속 목표 영역을 파괴하고 봉합 후 케이지로 돌려보냈다.

이렇게 조지프의 팀은 여러 해에 걸쳐 쥐 수천 마리의 뇌 속 특정 영역을 공들여 파괴했고, 뇌 영역에 손상이 가해진 뒤에도 특정 소리와 고통스러운 통증이 반복해서 동반될 경우 쥐들이 소리에 경직 반응을 보이도록 학습할지 실험했다. 연구진은 "하향식" 겉질 경로(귀-시상-청각겉질-편도체)나 겉질하의 "빠르고 불완전한" 경로(귀-시상-편도체) 둘 중 하나라도 온전하다면 소리에 대한 경직 반응이 나타나는 것을 발견했다. 하지만 두 경로 **모두** 손상되면 경직 반응이 크게 저하됐다.[7] 당시에 나온 논문 대다수가 이러한 현상을 "공포 조건화"의 관점에서 해석했다. 1998년 조지프는 이렇게 적었다. "두뇌 속 공포 경로의 열쇠는 바로 편도체라는 작은 영역이다."

유니버시티칼리지런던의 올리버 로빈슨 박사를 만났을 당시, 그는 내게 이렇게 말했었다. "조지프를 만나면 흥미로운 이야기를 들을 수 있을 거예요. 요즘 그분이 메아 쿨파mea culpa(내 탓이오)라고 자책하는 시기를 보내고 계시거든요." 조지프는 씁쓸하다는 듯 이렇게 말했다. "그게 말이죠. 연구를 시작하고 무언가를 발견해서 이름을 붙였을 뿐입니다. 이 분야에서 그렇게 불렀어요. 그래서 편도체가 관여하는 일은 '공포'라고 한 거죠. '파블로프의 공포 조건화'라고 불리던 방법을 썼으니까요. 그러니 당연히 편도체가 공포를 좌우한다고 생각했죠." 하지만 그는 해당 용어가 늘 불편했다고 털어났다. 1990년대 그는 쥐 연구를 바탕으로 "정서적 반응과 정서적 기억은 의식적이고 인지적인 활동이 없어도 형성될 수 있다"고 주장했다.[8] 이제 그는 이 주장 또한 오해의 소지가 있다고 판단한다. 그는 감정을 의식적인 경험, 즉 해석의 행위로 본다. "불안은 자신이 위험에 빠졌다는 자각입니다. 자각하기 위해서는 뇌에 자신에 대한 상이 있어야 하는데 굉장히 복잡한 개념이고, 이를 떠올리는 건 아마도 인간의 두뇌만이 가능한 일일 겁니다. 그러니까 당신이 특정한 경험을 한다는 사실을 깨닫는 능력 말입니다."

그는 위험을 감지하고 또 반응하는 편도체의 역할을 이야기하는 담론에서 빼놓지 않아야 할 주제가 **생존 회로**의 활동이라고 본다. 생존 회로survival circuit란 진화를 거쳐 생겨난 것으로 유기체가 생존하도록 돕는다. 이런 회로는 의식적인 지각을 전혀 필요로 하지 않는다. 생존 회로의 기능은 과거에 살았고 현재 살아 있는 모든 유기체에게 존재한다. 단세포에서 복잡한 인간까지 모든 유기체가 생명을 지키기 위해서는 위험을 감지하고 반응할 줄 알아야만 한다. "유기체의 생명을 유지하는 문제이지 어떠한 심리 상태가 되고 말고의 문제가 아닙니다. 세균 세포도 위험을 감지하고 반응합니다."

편도체가 위협을 탐지하고 생리학적 반응을 촉발한다고 해서 그 유기체가 우리가 감정이라 말하는 것을 경험하지는 않는다. 그렇다면 편도체가 활성화되는 fMRI 스캔 데이터를 제시한 수백 건의 불안 연구는 무엇인지 조지프에게 물었다. "위협으로 편도체가 활성화되는 현상은 말입니다. 자, 상대가 인식하지 못하는 위협을 제시할 수도 있습니다. 가령, 거미 사진을 알아보지 못할 정도로 빠르게 언뜻 보여주는 거죠. 위협이 편도체로 전달되고 편도체가 활성화되며 심장이 빨리 뛰고 손바닥에서는 땀이 배어나지만, 이 사람은 그 자극이 무엇이었는지도 모르고 자신의 눈앞에 있었다는 사실도 모르며 두려움을 느꼈다고 말하지도 않습니다." 따라서 조지프는 두려움 때문에 편도체가 반응하는 것이 아니라고 봤다.

"편도체는 위험을 탐색하고 반응합니다. 처음부터 끝까지 행동적이고 생리적인 비의식적 프로세스죠. 편도체가 비의식적인 반응을 보이는 데 더해 자극이 무엇인지 의식한다면, 그래서 지금 보는 대상이 뱀이라는 사실을 안다면, 우리는 이 상황이 어떤 의미인지 해석하기 시작합니다. 뱀이 위험하다는 사실은 알고 있고, 심장이 빨리 뛰는 것도 느껴지죠. 때문에 뱀 사진을 보면 이 두 가지 사실이 함께 작용하며 공포가 생겨납니다. 우리는 인지적으로 외부 세계에서 벌어지는 일과, 몸과 마음에서 벌어지는 일을 조합해 제가 '공포 스키마 fear schema'•스키마는 정보를 구조화하고 해석하는 인지적 틀이다—옮긴이라고 부르는 것을 형성합니다." 달리 말하면, 행동 반응은 감정과 다르다는 뜻이다. 불안, 두려움, 사랑 같은 감정은 자아 관념과 더불어 우리의 몸(내부 수용 감각)과 외부(환경)의 경험을 어떻게 이해하는지 의식적인 해석을 반드시 동반한다. "우리의 감정은 수많은 인지 처리과정이 필요한 고차원적인 프로세스입니다."

나는 심리학자인 도널드 더턴과 아서 애런의 1974년 연구 『불안이 높은 상황에서 성적 매력이 고조되는 몇 가지 증거Some Evidence for Heightened Sexual Attraction Under Conditions of High Anxiety』(내 결혼사진 밑에 적어둘 문구로 제격인 것 같다)에 관해 이야기를 꺼냈다. '출렁다리 위의 사랑에 대한 연구'로 더욱 잘 알려져 있다.

이 연구는 노스밴쿠버의 캐필라노 협곡을 가로지르는, 나무판자를 와이어 케이블로 엮어 만든 약 153센티미터 폭에 137미터 길이의 다리 위에서 진행되었다. 이 다리를 선택한 이유는 "각성을 유발하는 여러 특징" 때문인데, 손잡이 난간의 높이가 매우 낮고, 다리가 이리저리 흔들리며, "약 70미터 아래로 바위와 얕은 계곡이 펼쳐져" 있었다. 연구진이 다리 중간에 배치해놓은 "매력적인" 여성 인터뷰 진행자는 다리를 건너는 18세에서 35세 사이의 남성에게 접근해 "경치가 좋은 관광지가 창의적 표현력에 미치는 효과"를 연구하는 프로젝트를 진행하는 중이라고 설명했다. 남성들에게 짧은 설문지에 답하고 뒷장에는 단편 이야기를 하나 적어달라고 부탁했다.

이들이 제출한 이야기와 통제 집단의 이야기를 비교해 성적인 내용을 평가했다. 통제 집단은 여기서 얼마 떨어지지 않은 곳에 위치한 약 3미터 높이의 "튼튼한 삼나무" 다리에서 인터뷰 진행자를 만난 사람들이었다. 뿐만 아니라 각각의 다리에 이번에는 남성 진행자를 세워두고 섭외한 집단이 두 개 더 있었다. 네 집단을 비교한 결과 높은 수준의 불안을 유발하는 출렁다리에서 응답한 남성들의 이야기에 성적인 내용이 가장 많았다. 두 학자가 제시한 한 가지 설명은 이 남성들이 빨라진 심박, 떨리는 손, 땀이 나는 손바닥과 같은 불안의 생리학적 증상을 성적 매력으로 잘못 해석하는 이른바 "각성의 오귀인

misattribution of arousal"이 벌어졌다는 것이었다.[9] (두 사람은 참가자 전원이 이성애자거나 동성애자이며 "매력적인"이라는 기준이 모두 같을 거라고 가정했다.) 두 사람은 "매력적인" 여성이 있을 때 고통스러운 전기 충격을 당한 남성들에게서도 이와 유사한 결과를 얻었다. 전기 충격이 고통스러울수록 상대에게서 매력을 더 많이 느꼈다("매력적인" 사람을 어떤 기준으로 선택했는지는 논문에 언급되지 않았다).

생리적 반응이 가짜일 때도 비슷한 효과가 나타나는 듯했다. 심리학자 스튜어트 밸린스는 참가자들에게 에로틱한 시각 자료를 제시하며 참가자들 본인의 심장박동을 들려줬지만 사실은 가짜 박동 소리였다. 어떤 시각 자료 앞에서 참가자들은 현격히 빨라지는 자신의 '심장박동'을 들었고, 그 자료들이 훨씬 매력적이라는 평가를 내렸다.[10]

"좋습니다." 조지프가 말했다. "훌륭한 사례네요. 이 사례들은 현재 벌어지는 상황에서 두뇌가 내놓은 가장 합리적인 추측을 바탕으로 도출된 인지적 해석을 보여줍니다. 생리적 반응 등등이 모두 결정 요인이 아니라 지원 요인인 셈이죠. 결국 어떤 상황에서 정신적 상태가 유발되는 원인이 무엇인가의 문제입니다." 이 모델에서 인지적 해석은 맥락 단서와 우리 자신 및 세상에 대한 신념이 혼합된 결과물이다. 심장이 뛰고 다리가 풀리는 것 같고 머리가 아찔해지는 느낌이 든다면, 전화로 친구가 자살했다는 가슴 미어지는 소식을 들었거나, 10미터 높이의 다이빙 보드 위에 서 있거나, 결혼 서약을 마치고 사랑하는 사람이 당신에게 키스를 한 것이다.

위에 언급된 상황 모두 경험했던 사람으로서 말하는데 세 경우 모두 신체 증상이 매우 유사하다. '정서의 2요인 이론'으로 알려진 개념으로, 우리는 이런 증상이라는 요인과 맥락이라는 요인(지금 당장의 환경, 자신과 세계에 대한 믿음, 기억)을 연결해 지금 경험하는 감정이 무엇인지 결정한다.[11] 이 모델에 따르면 (더턴과 애런의 연구 속 남성들처럼) 어떤 사람들은 스스로를 불안한 사람으로 여기고 싶지 않기에 현재 주어진 불분명한 상황 속에서 자신의 자아상에 좀 더 적합한 옵션(이 경우 "성적으로 흥분한" 사람)을 선택한다. 반대로 가령 스스로를 소심하다고 여기거나 성욕이나 분노는 잘못된 감정이라고 교육받으며 자란 이들은 매력적인 상대 앞에서 또는 동료의 무례함 앞에서 어떠한 정서적 각성을 경험하는데, 이때 쿵쿵 뛰는 심장이나 땀이 나는 손바닥을 분노로 해석한다. 이상하게도(그리고 안타깝게도) 이 모델에서는 우리가 마땅히 느껴야 할 '옳은' 감정이 있다고 말하지 않는다. 정서적 경험이란 **언제나** 해석의 영역이다.

"공포는 만국 공통의 보편적인 감정이라고들 합니다." 조가 설명했다. "어느 나라나 공포에 해당하는 말이 있으니까요." 하지만 그렇다고 모든 문화가 '공포'란 무엇인지 완벽히 동일하게 정의하진 않는다. die Angst(독일어), la peur(프랑스어), huoli(핀란드어) 등의 단어들은 각 언어 내 형성된 수많은 선택지 중 하나고, 미묘하게 다른 의식적 경험을 가리켜 어감 또한 조금씩 다르다. "공포는 위험의 해석이 문화적으로 정의됐으며 인지적 통합을 거친 상태입니다."

하지만 점점 뿌예져만 가는 신경과학의 수면 위로 둥둥 떠올라 아른거리는 편도체가 있다. 위협 앞에서 보이는 편도체의 반응이 공포 때문은 아니라 해도, 조지프의 말에 따르면 전체 프로세스에서 편도체는 분명 중요한 역할을 한다. 편도체는 투쟁, 도피 또는 경직 반응을 촉발하고, 스트레스 호르몬을 분비하며 심박을 높인다. 우리가 어떻게 몸을 경직시키고 또 어떻게 달아나는지, 코르티솔과 아드레날린을 어떻게 생성하는지는 배울 필요는 없지만(타고난 반응이다),

XI 뜨 레 인 스 톰

이런 반응을 유발하는 새로운 단서들은 배울 수 있다. 쥐들의 편도체가 소리와 고통스러운 충격을 연관시키는 법을 배웠던 것처럼(소리만으로도 혈압 상승과 경직 반응이 유발되었다) 우리도 소리, 시각 단서, 어쩌면 냄새를 우리 안에 내장된 위협 반응과 비의식적으로 연계할 수 있다.

유니버시티칼리지런던의 올리버 로빈슨과 대화를 나눌 당시 그는 내게 공황발작이 때로는 트라우마를 상기시키는 감각에 의해 촉발되기도 한다고 이야기했다. "PTSD의 초기 연구 다수는 베트남에 참전한 미국 군인들을 대상으로 진행됐는데, 찹 수이•미국식 중화 볶음요리—옮긴이에 관한 이야기가 많았습니다. 베트남에 있을 때 군인들이 찹 수이 냄새를 맡았었고, 미국으로 돌아와 그 음식 냄새가 날 때면 공황발작을 일으키는 거죠."

전쟁이 벌어지는 현장과 평화로운 동네를 구분할 줄 알고 그에 따라 적절하게 반응하는 능력은 일부 의식적이고 인지적인 프로세스에 해당한다. 하지만 여기에는 비의식적인 연상 또한 관여하는데 이 연상이 전부 편도체에서 야기되는 것은 아니다. 내가 불안함을 느꼈던 상황들을 전부 되짚어봤다. 방금 전 직업상 무대 위에 올랐을 때처럼 사유가 분명한 상황도 있지만 대부분은 주방 냉장고 옆에 서 있다가 뒤에서 나타난 아내를 보고 불안해졌던 것처럼 정말 터무니없을 때가 많았다. 갑자기 끔찍한 일이 곧 닥칠 것만 같은 생각이 들면서 순식간에 어딘가에 갇혀 꼼짝도 못하는 기분이 들곤 했다.

"어떤 상황이 주어지든 뇌는 수없이 다양한 것을 학습합니다." 조지프가 설명했다. "이것들을 그냥 한데 조합해 뭉개버릴 수는 없어요. 지금껏 공포에 관해서 해온 것처럼 말입니다. 사실 여러 작업이 서로 다른 시스템에 분산되어 이루어지는데 우리는 이 모두를 편도체만 부담하게 한 것입니다." 편도체는 물론 이 부위가 해마와 어떻게 상호작용하는지도 살펴야 한다고 조지프는 덧붙였다.

✧

해마는 기억에 큰 역할을 하는 것으로 널리 알려졌다. 우리가 자서전적 기억(경험한 일을 떠올리는 기억)과 공간 기억(서로 어떠한 관계인지 파악하여 위치를 떠올리는 기억)을 형성하는 데 중요한 역할을 하는 기관이다. 편도체와 마찬가지로 해마 역시 양쪽 두뇌에 각각 하나씩 총 2개가 자리한다. 해마와 편도체는 수많은 직접 연결 및 간접 연결로 다른 두뇌 영역과 이어져 있다.[12] 우리가 위협 반응을 학습할 때(또는 잊을 때) 해마가 어떻게 맥락을 활용해 우리의 행동을 이끄는지에 관해 연구가 많이 진행됐다.[13]

메릴랜드대학의 알렉산더 섀크먼은 내게 해마의 역할을 밝히고자 진행한 동물실험을 언급했다. "해마는 우리 뇌에서 환경 정보를 암호화하고 이 정보를 안전과 연계하는 시스템입니다." 따라서 충격을 연상시키는 소리에 경직으로 반응하는 법을 학습했듯 쥐는 전기 충격이 실행된 특정 케이지에 들어가면 몸을 경직시키는 반응을 학습한다. 맥락 **그 자체**가 위협이 된다. 예전에 다니던 학교 혹은 이혼할 당시에 살았던 집에 가면 구체적인 단서가 없어도 불안이 유발될 수 있다.

알렉산더는 내게 쥐가 되어 고통스러운 전기 충격과 케이지를 연관 짓는 법을 배운 상태임을 상상해보라고 말했다. 그런 뒤 다른 케이지로 옮겨진다. 잠자리가 달라졌을 수 있다. 전에는 우드 칩이 깔렸는데 새로운 곳은 돌이 마련됐다. 어쩌면 냄새도 다르다. 벽도 다른 색으로 칠해졌다. "한 케이지에서 전기 충격을 받은 뒤 다른 케이지로 옮겨졌는데 환경이 다르지 않다면, 아마도 두 환경을 모두 똑같이 위험하다고 인식할 겁니다." 연구자들은 해마가 환경의 공간 정보를 우리에게 어떻게 전달하고 또 해당 정보를 안전과 어떻게 연계하는지 알아내려고 노력 중이다. "이런 반응을 보이겠죠. '우드 칩이 깔린 상자니까 나는 안전해' (또는) '나는 미국으로 돌아온 거야. 아프가니스탄에 있는 게 아니라.'"

또 다른 연구는 해마가 맥락적 공포를 습득하고 후에 이 공포를 지우는 데 주된 역할을 한다고 밝혔다.[14] 어떤 연구자는 맥락과 위협을 연관시키는 법을 배우는 것이 동물에게 **필수**가 아닐 수 있지만,[15] 신체 부상("중대한 변이")이든 만성 스트레스든 심각한 트라우마 때문이든 해마가 손상되면 학습에 장애가 나타나는데, 어떤 환경이 안전하다는 사실을 학습하는 능력이 특히 손상된다고 주장했다.[16]

비의식적인 연상과 의식적인 연상은 물론 동시에 존재할 수 있다.[17] 인간 역시 훈련을 거쳐 특정 소리와 전기 충격을 연관 지을 수 있지만 (쥐와는 달리) 오, 또 그 소리가 들리네, 이제 충격이 오겠군이라고 의식적인 생각을 떠올릴 수 있다. 아니면 의식적으로 내면의 생리적 경험(요동치는 심장과 꽉 쥐어지는 주먹 그리고 떨리는 무릎)을 확인하고는 오, 또 그 감정이 찾아오네, 이제 공황발작이 오겠군 하고 생각하기도 한다.

✦

내게 따로 제안해주고 싶은 것이 있는지 조지프에게 물었다. "제가 생각하기에 우리가 가장 먼저 해야 할 일은 어떤 식으로든 편도체를 길들이는 겁니다." 그는 거미를 끔찍이도 무서워하는 사람들을 예로 들어 설명했다. 이들은 거미를 쳐다볼 수조차 없고, 거미가 나올 만한 장소는 피하며, 거미로 인해 투쟁, 도피 또는 경직 반응을 일으킨다. "거미가 있다는 의식적인 지각을 피해야 합니다. 비의식적으로 초기 노출치료를 진행하는 거죠."

그는 눈치채지 못할 정도로 빠르게 거미 사진을 보여줬다가 곧장 "시각적 마스크"로 해당 사진을 가리는 방법을 제안했다. "홍수요법 flooding • 두려운 자극에 장기간 강도 높게 노출되는 치료법—옮긴이이라는 치료 없이도 편도체의 반응을 약화합니다." 예방접종과 비슷한 개념이다. 편도체에 학습된 위협("조건 자극")을 아주 적은 용량 투여하되 두려움의 경험을 형성하는 기존의 의식적이고 인지적인 요소를 제거하는 것이다. 공포증을 앓는 사람을 거미 사진에 꾸준히 노출시키는 방식은 심각하게 불안을 높이고, 이와 동시에 편도체가 위협 반응을 촉발해 아드레날린과 코르티솔이 분비되는 한편 불쾌한 의식적 생각이 연달아 밀려들게 만든다. 세상에, 싫어, 거미잖아. 여기서 벗어나야 해! 아주 짧은 시간 동안 순식간에 자극을 제시하면 편도체가 반복적인 노출을 거치며 점차 둔감해질 수 있다고 조지프는 믿었다.

"두 번째 단계는 해마가 관여하는 좀 더 의식적인 기억으로 접근합니다." 즉, 기존의 전통적인 노출치료를 한다. 이 단계에서는 거미 공포증 환자가 의식적으로 자극을 인지할 만큼 거미 사진을 오래 보여준 뒤 인내심을 조금씩 쌓도록 한다. "편도체를 길들이기 전에 이 단계부터 하면 순식간에 편도체가 활성화되어 거미 사진을 보는 순간, 각성과 해마의 활성으로 인한 수많은 결과물이 해당 기억을 점점 더 강력하게 새길 겁니다. 따라서 해마 기억을 약화하기보다는 오히려 노출로 기억을 재조건화 또는 재강화하죠."

세 번째 단계에서는 두뇌를 다룬다. 조는 위협으로 인지하고 두려워하는 대상에 반응하지 않도록 편도체와 해마를 길들이고 난 뒤에 이렇게 될 거라고 믿었다. "두뇌가 정신 치료를 받을 준비가 된 상태로 접어들죠. 그간 당신에게 어려움을 야기했고 또 상황을 차분히 생각하지 못하게 만들었던 두뇌 속 두 가지 시스템을 잘 조절하고 있다는 믿음을 바탕으로, 자신의 문제를 이야기하고 긍정적인 조치를 취하며 앞으로 나아갈 준비 말입니다."

거미공포증은 일련의 과정을 설명하는 좋은 사례지만, 대부분의 불안장애에는 단 하나의 구체적인 단서가 없다는 점을 조지프도 알았다. 범불안장애는 "다수의 사건과 일"을 지나치게 걱정하는 증상이다. 이러한 특성상 트리거를 단 하나로 좁힐수가 없다.

그는 범불안장애의 경우 관련한 여러 일이 아니라 **불안한 생각 그 자체**에 노출치료의 원칙을 적용해야 한다고 설명했다. 따라서 나 같은 불안장애 환자들은 (심리치료자의 도움을 받아) 불안한 생각을 떠올리며 근육 이완이나 느린 호흡을 연습하는 방법을 시도할 수 있다. 다른 전략으로는 우리의 의식 속에 떠오르는 자동적인 생각과 잘못된 믿음에 맞서는 연습도 있는데, 이는 전통적 인지행동치료의 기본 접근법이다.[18]

대화를 시작하기에 앞서 조지프는 자신이 심리치료자가 아니라는 점을 분명히 밝혔다. 그의 연구 대부분은 치료법 개발이 아닌 이론들을 정립하고 테스트하는 데 초점이 맞춰졌다. 다 알면서도 솔직히 조금 실망스러웠다. 그는 불안의 신경과학 분야에서 세계 최고 전문가로 손꼽힌다. 『불안』이라는 책까지 쓴 사람이다. 그러면 비밀스러운 최신 기술이 있을 줄 알았다. 내가 누르기만 하면 공포 일체를 사라지게 만드는 버튼 같은 것 말이다. 하지만 대화를 나누는 동안 그는 불안이 자신이 전문으로 연구한 영역은 아니라고 말했다.

"연구자들은 편도체를 치료하면 두려움과 불안 문제를 해결할 수 있을 것처럼 말하죠. 저는 그렇게 생각하지 않습니다. 불안을 치료할 약물을 개발하기 위해 동물의 행동을 연구하는데, 실제로 사람에게 도움이 될 약이 나오리라는 보장은 없습니다." 그는 대형 제약회사들이 두려움과 불안을 해결할 약을 찾지 못하는 탓에 항불안제 개발에서 "철수하고" 있다고 말했다. 이 이야기가 정말 사실인지는 모르겠다. 졸로프트와 같은 SSRI 계열 약물과 발륨 같은 벤조다이아제핀 계열 약물은 연간 몇십억 개나 처방된다. 효과는 논쟁의 여지가 있어도 수요만큼은 그렇지 않다. 약물의 특허가 만료되고 저가 브랜드의 약물이 시중에 유통되다 보니 제약회사로서는 저렴한 제네릭generic•제조법·효능·효과가 모두 동일하나 제조사명이 다른 제품—옮긴이과 비교해 효과 면에서 개선의 폭이 근소한 신약 개발에 투자하기가 위험할 것이다.

물가 상승분을 반영한 기준으로 10억 달러의 연구 개발비가 인가된 신약의 수는 1950년 이후 9년마다 반감되고 있다. 지속가능한 헬스케어 제도 아래에서 환자는 현존하는 저가형 제네릭 약물에 반응을 보이지 않을 때에만 더욱 비싼 신약에 돈을 지불하려 든다. 이것이 제약회사의 잠재 시장을 크게 제한한다. 쟁점은 두려움과 불안을 해결할 약을 찾을 수 없는 것이 아니라 그런 약물이 이미 시장에 있다는 것이다.[19] 위험이 크고 오랜 시간이 필요한 신약 연구개발 과정을 재정적으로 안정시키기 위해서는, 의료진이 그 약을 환자에게 처방하지 않는 것이 비윤리적으로 비춰질 정도로 현존하는 제네릭보다 훨씬 향상된 약을 개발해야 한다.

조지프는 자신의 연구를 포함해 동물 연구가 불안장애 환자들을 위한 결과를 도출하는 데 실패한 이유는 "시작부터 동물 연구의 목적을 잘못 이해한 탓"이라고 설명했다. 우리는 맥매스터대학의 미생물군 유전체 실험에서 높은 곳에서도 서슴없이 뛰어내리는 쥐 BALB/c와 두려움을 덜 느끼는 쥐를 혼동하는 것이다. 이 둘은 분명 다르다. 조지프는 쥐를 덜 소심하게 만드는 약물이 인간에게 같은 효과를 낼 수도 있지만, **공포**에 대한 인간의 의식적 경험에는 아무런 작용도 하지 않을 것이라고 말했다. "즉, 사회불안증이 있는 사람이 전보다는 수월하게 파티에 참석하겠지만 그곳에 있는 동안 불안함을 여전히 느낄 겁니다."

조지프의 비유에 혼란스러워졌다. 그간 벤조 계열, SSRI, SNRI, MAOI 계열 약물과 쿠에티아핀, 베타 차단제인 프로프라놀롤을 복용했고, 술과 다른 여러 물질로 직접 치료를 시도하기도 했다. 하지만 지금껏 단 한 번도 동일한 수준의 불안을 느끼는 동시에 무언가를 (파티에 가거나 무대에 오르는 일 등을) 전보다 조금 더 할 수 있을 것 같은 기분을 경험한 적이 없다. 내게 불안은 **제한 그 자체**다. 이 둘은 완벽히 동일한 개념이다. DSM-5에서 공포증, 사회불안, 범불안장애의 기준은 불안으로 인해 행사나 자신이 두려워하는 대상을 으레 **피하는** 것으로 나온다. 피하지 않고 할 수 있다면 정의상 불안장애를 더는 겪지 않는다고 봐야 한다.

대중 앞에서 연설을 해야 하는 누군가가 무대에 오르며 걱정스러운 생각이 들거나 심박이 상승한다고 해서, 이 사람이 불안장애가 있다고 말하진 않는다. 자연스러운 현상이라고 말한다. 또한 앞에서 이야기했듯 땀을 흘리거나 호흡이 빨라지는 등의 신체 경험을 어떻게 **해석**하느냐가 감정을 결정한다. 조지프가 항불안제의 역할을 어떻게 생각하는지 잘 이해되지 않았다. 좀 더 용감해지고 소심함이 덜해진 것 같은 기분을 느끼면서도 동시에 불안을 느낄 수가 있는지 그에게 물었다. 조지프는 그런 기분을 **느끼는** 것에 대해서는 말을 삼가겠다고 답했다. 다만 그는 용기와 회피를 행동 반응으로 여겼다. 그는 우리 뇌에서 행동을 통제하는 시스템과 감정을 일으키는 시스템을 분리해서 봤다.

"파티를 회피하려는 태도는 단순히 욕구가 아니라 행동적 현상입니다." 편도체의 반응을 약화하는 약을 복용하고 파티에 가면 덜 부담스러워질 수는 있지만 가는 길에 의식적으로는 걱정하는 것이다. "파티 장소에 도착하면 불안함을 느낄 겁니다. 약물이 두려움이라는 감정을 만들어낸 고차원적 인지 시스템까지 바꾼 건 아니니까요."

설명을 들었음에도 여전히 어딘가 이상하고 직관에 반하는 듯 느껴졌다. 설트랄린을 복용했을 때는 불안의 의식적 경험이 분명 달라진 것 같았다. 나는 불안을 덜 느꼈고, 걱정도 덜 했으며, 그에 맞춰 행동도 달라졌다. 불안한 생각도 줄었다. 불안을 잠재우는 항불안제의 효과는 대체로 자기 보고 방식으로 측정하지(주관적이고도 내면적인 경험을 숫자 척도로 평가한다), 행동이나 편도체 반응에 근거해 평가하지 않는다.[20]

조지프의 설명이 직관에 반하는 것처럼 느껴진다고 해서 반드시 틀렸다는 뜻은 아니다. 대체로 과학은 어떤 대상을 향한 우리의 본능적이고 직관적인 설명이 항상 믿을 만하지는 않다는 사실을 일깨워준다. 이를테면 알츠하이머병을 앓는 환자들은 기억의 빈 부분을 메우거나 현재 자신이 처한 상황을 이해하기 위해 자전적인 이야기를 자연스럽게 만들어내는 '작화증' 증세를 보인다. 하지만 그 사실을 전혀 의식하지 못한다. 이상하고 비논리적인 내용이 포함되어도 이들은 자신의 이야기가 진짜라고 확신한다.

조지프는 커리어 초기에 신경과학자인 마이클 가자니가의 제자로 소위 분리 뇌split-brain 환자들을 연구했다. 1950년대 존 다우너의 원숭이처럼 좌뇌와 우뇌를 분리하는 수술을 받은 뇌전증 발작 환자들이었다. 그때 그는 어떤 행동을 하는 이유에 대한 설명이(심지어 스스로에게 하는 설명조차) 늘 옳지는 않다는 사실을 직접 목격했다. 그와 마이클은 버몬트 출신의 십대 분리 뇌 환자 "사례 P.S."를 연구했다. 두 사람은 환자의 시야를 분리해 좌뇌와 우뇌에 단어와 명령어를 보여주었다. 대부분의 두뇌 기능은 보통 한쪽이 우세한 편측성을 보인다. 언어 기능이 널리 알려진 예시로, 좌뇌가 어휘와 문법을 담당하며 대다수의 일을 처리하는 경향이 있는데 적어도 오른손잡이 표본에서만큼은 그렇다(왼손잡이는 뇌 편측화의 전형적인 패턴을 덜 보인다. 신경과학 연구 대다수가 표본이 모두 오른손잡이로만 구성되었다고 명시하는 이유다).[21] P.S.의 우뇌는 말하는 능력을 발휘할 수 없었지만, 질문을 보여주자 왼손으로 스크래블 • 단어 만들기 보드게임—옮긴이의 타일을 배치해 답을 완성할 수는 있었다. 이 과정으로 조지프는 P.S.의 좌뇌와 우뇌 모두 자아의식은 있지만 미래 목표는 서로 다르다는 사실을 발견했다.

"글로 적은 명령어('서다', '손을 흔들다', '웃다')를 우뇌에 제시하자 P.S.는 그에 따라 반응을 보였습니다. 마이클이 아니었다면 그것으로 끝이었을 겁니다." 마이클 가자니가는 P.S.에게 그 행동을 **왜** 하는지 물어보자고 제안했다. 말하는 능력은 좌뇌가 담당하지만 행동을 인지하고 개시하는 것은 우뇌였다. "우뇌에 '서다'라는 명령을 전달하니 P.S.는 스트레칭을 하고 싶어서 선다고 설명했습니다. '손을 흔들다'라는 명령에는 친구를 봐서 손을 흔들었다고 했어요. '웃다'에는 우리가 웃겨서 그랬다고 말했죠."[22] 직관적으로 그리 이해가 되지도, 위안이 되지도 않는 이야기였다. 마이클과 조지프는 인간의 의식을,

행동하는 타당한 이유를 떠올리는 해설가 정도로 바라보게 되었다. 말도 안 되는 해설을 만들어내기는 해도 말이다.

✧

심리학을 공부하며 복잡한 이론 모형과 신경 구조를 가리키는 어려운 전문용어를 배우고, 수십 건의 체계적 보고서를 읽고, 수십 년간의 연구를 몇 년이나 들여 흡수하고는 그 세월을 지나 결국 아주 익숙한 이야기로 돌아오는 모습을 보면 참 아이러니하다. 나는 편도체에 대해 배우기 시작할 당시 정신외과 수술을 받을 준비가 되어 있었다. 머리에 작은 구멍을 내고 불안을 영원히 잠재울 정신적 정관절제술 같은 것 말이다. 결국 내 불안한 두뇌를 바꾸는 문제에서 조지프가 마지막으로 전한 조언은… 대화를 나누라는 것이었다.

"의식적인 경험을 바꾸기 위해서는 또 다른 의식적인 존재와 교류해야 합니다." 심리치료는 치료자의 의식적인 마음과 고객의 의식적인 마음이 대화를 나누는 것이라고 조지프는 말했다. 의식적인 교류에서 이면의 무의식적 스키마 또한 상호작용하며 두뇌 기능을 정상화한다. "정말 중요한 일이 벌어지는 지점입니다. 대화 이면이요." 정리하자면 편도체는 두뇌의 "공포 센터"가 아니라고 했다. 공포와 불안은 조지프의 관점에서는 특정 상황에서의 행동 및 생리 반응을 설명하려고 우리가 스스로에게 들려주는 이야기다.

유전학자인 애덤 러더퍼드는 요즘엔 두뇌를 모듈성(특정 부위가 특정 기능을 책임진다)보다는 **연결**의 관점으로 본다고 내게 말했었다. 알렉산더 섀크먼은 20년간의 뉴로이미징 연구 결과 "위협 회로"에서 정서적 문제에 고조된 반응을 보이는 것이 불안장애와 연관이 있고,

그 위협 회로는 편도체, 분계선조 침대핵, 수도관주위 회색질, 중심부 대상겉질, 앞뇌섬엽으로 구성된다는 점이 드러났다고 설명했다. 이 영역들이 불안장애 환자의 머릿속에서 서로 어떻게 작용하는지 파악한다면 우리에게 어떠한 단서를 전해줄 수 있을 것이다.

하지만 두뇌의 "위협 회로"에서 여전히 편도체가 빅 보스인 것 아닐까? (조지프의 표현에 따라) 편도체를 "길들인"다면 불안을 완화하는 데 도움이 되지 않을까? 여러 연구자가 편도체는 위협 반응을 관장하는 역할만 맡은 게 아니라고 내게 조언했다. "중독자에게 가장 선호하는 약물의 사진을 보여주면 편도체가 반응합니다." 알렉산더는 이렇게 말했다. "열두 시간 동안 음식을 섭취하지 못한 사람에게 맛있는 음식 사진을 보여주세요. 그럼 편도체에서 맹렬하게 불빛이 번쩍입니다."

그는 불안과 관련한 뉴로이미징 연구의 "거의 대부분"은 "정서적 표정 프로토콜emotional faces protocol"이라는 기법을 사용한다고 말했다. 참가자들에게 두려움과 분노의 전형적인 표정을 짓는 낯선 사람의 사진을 보여주는 것이다. "뉴로이미징에서는 현재 우리가 활용할 수 있는 접근법에 호응도가 높은 대상을 연구하려는 경향이 있습니다. 자주 등장하는 fMRI는 일시적이고, 짧고, 위상적 반응 • 빠르고 강력하지만 찰나적인 반응—옮긴이을 연구하는 데 굉장히 탁월하지만, 2분 이상 지속되는 대상에는 본질적으로 쓸모가 없는 기기죠." 그는 연구자들이 두려운 표정의 사진에 좀 더 끌리는 편이라고 털어났다. "두려움을 자극하는 표정을 보여주면 대단히 강력하고 꽤 일관된 편도체 반응을 이끌어낼 수 있다는 사실을 알기 때문이죠. 비교적 쉬운 선택지임을 아는 겁니다." 하지만 참가자들이 두려움을 느끼지 않을 때도 있다. 심박이 증가하는 증상도 보이지 않는다. 실로 두려움을 느끼는 표정을 제시하는 실험에서 연구자들이 맞닥뜨린 가장 큰 문제는 사람들이 스캐너에서 잠에 빠진다는 것이다. "좀 지루하거든요."

유니버시티칼리지런던의 올리버 로빈슨은 박사 후 과정 때 임상과는 무관한 사람들을 대상으로 편도체 활성을 확인하고자 두려움을 느끼는 표정과 행복한 표정을 보여주었다. 놀랍게도 연구진은 편도체 활성화 반응을 발견할 수 없었다. "알고 보니 편도체는 **아무** 표정에도 미친듯이 활성화됩니다." 두뇌의 영역마다 하나의 목적이 있다면 편도체는 가장 두드러지는 자극에 정서적 의미를 부여해 우리의 집중력 방향을 이끄는 역할을 한다는 설명이 더욱 적절하겠다. 그런데 '편도체가 작으면 정서적 반응성도 작다'는 틀린가?

새로운 신경회로를 형성하는 두뇌의 능력인 "신경가소성"은 대중과학계의 유행어가 됐다. 한 연구에서는 8주간의 마음챙김 훈련(명상, 신체 인식 등)이 우측 편도체의 회색질 밀도를 크게 낮췄다고 밝혔고,[23] 성인 155명을 대상으로 MRI를 진행한 또 다른 연구에서는 "기질적으로 마음챙김을 행하는" 사람들, 즉 자신의 생각과 경험을 매 순간 판단하는 마음 없이 의식하고 집중하는 성향을 타고난 사람들은 우측 편도체의 회색질 부피가 비교적 작은 것으로 드러났다.[24] 하지만 대다수의 마음챙김 연구는 표본 크기가 작았고 참여하는 연구진이 열정적인 명상가일 때가 많아 완벽히 공정하게 연구에 임하기 어려웠다. 침착한 사람들의 편도체가 작다는 결과는 두뇌 스캐닝 연구에서 발견되는, 상관관계와 인과관계의 혼동을 여실히 보여주는 전형적인 사례일 수 있다. 독일 그라이프스발트대학의 신경과학자 마르틴 로체가 내게 한 말처럼 말이다. "또 한 번 닭이 먼저냐, 달걀이 먼저냐의 문제입니다."

2009년 연구에서는 "공황장애 환자들은 통제 집단에 비해 양쪽 모두의 편도체가 눈에 띄게 작다"는 사실이 드러났다.[25] 불안장애 진단을 받은 적 없는 "건강한" 성인을 대상으로 한 또 다른 연구는 높은 불안도가 좌측 편도체의 용적 감소와 연관이 있다는 결과를 발표했다.[26] 한 연구는 PTSD를 앓는 100여 명의 참전 용사는 통제 집단과 비교해 좌측과 우측 **모두**의 편도체 용적이 크게 감소했다고 밝혔다. 논문 저자들은 해당 연구가 "작은 편도체가 PTSD에 대한 취약성을 의미"한다는 사실을 뒷받침하는 "탄탄한 증거"를 제공한다고 마무리했다.[27]

편도체를 제거한 환자 S.M.을 기억하는가? 낯선 사람이 자신의 머리에 총구를 겨눠도 두려움을 느끼지 않던 여성 말이다. 연구진은 이 여성에게 "35% CO2 챌린지"를 진행했다. 공황장애에 취약한 대상에게 실험실에서 해당 증세를 유발하는 믿을 만한 방법이다. 여성은 호흡 마스크를 쓰고 이산화탄소가 35퍼센트 함유된 공기를 들이마셨다. 이 이산화탄소 함량은 평소 공기의 875배였다. 한 차례 숨을 들이마시자마자 호흡이 거칠어지기 시작했다. 마스크를 가리키며 손을 흔들다가 울음을 터뜨렸다. "살려주세요!" 연구진은 환자 S.M.에게 첫 번째 공황발작을 성공적으로 선사했다.

여기서 끝난 것이 아니라 **엄청난** 일이 벌어졌다. 여성의 몸이 굳어갔으며, 그는 한 손으로는 연구자의 손을 꽉 잡고 다른 한 손으로는 목을 감싸 쥐며 숨을 헐떡였다. "숨이 안 쉬어져요." 일반적인 이산화탄소 유도 공황발작보다 두 배나 오래 증상이 지속됐다.[28]

환자 S.M.과 같은 유전장애를 지닌 쌍둥이를 대상으로 한 실험에서도 같은 결과가 반복되었다. 연구진은 CO2 챌린지가 쌍둥이 모두에게 공황장애를 일으켰다고 밝혔다.[29] 편도체가 없음에도 실험 참가자 두 명 모두 "공포"와 "공황"에 해당하는 감각을 경험했다. 뿐만 아니라 어떤 이들은 후에 편도체를 제거하고도 여전히 두려움을 경험할 수 있는 것으로 드러났다. 그중 한 명인 "환자 S.P."로 알려진 여성은 평생 좌측 편도체에 손상을 입은 채로 살았다. 심각한 뇌전증으로 인해 48세에 우측 편도체를 제거했다. 환자 S.M.과는 달리 이 여성은 불안과 걱정, 두려움을 느끼는 듯했다.[30]

생후 편도체 손상을 입은 레서스원숭이들을 관찰한 여러 연구에서는 성체가 된 원숭이들의 행동이 편도체 손상을 입지 않은 원숭이들과 미묘하게만 달랐을 뿐이고, 저자들은 신경가소성이 손상된 영역을 상쇄하기 위해 새로운 경로를 생성한 것으로 추측했다. "손상을 입은 두뇌는 연결성의 보상 패턴을 만들고, 주어진 환경과 가장 효과적으로 상호작용하도록 변형된 신경계를 형성하는 것이 분명해 보인다."[31]

이제 좀 알 것 같다고 생각한 순간 그 어느 때보다 큰 혼란에 빠졌다. 전 세계 대학의 더 많은 연구자에게 연락해 대화를 요청했다. 제가 이해를 할 수 있게 좀 도와주세요. 놀랍게도 거의 모든 이가 응답해왔다.

신경자극 기계로 앞이마엽 겉질에 전류를 흘려보내는 나는 이미 반쯤은 사이보그인 셈이다. 구형 포유류의 뇌를 개조할 방법을 거의 다 찾았다고 생각했었다. 로봇은 불안을 느끼지 않을 테니까. 다만, 알고 보니 로봇들도 불안을 느끼고 있었다.

XII
AI가 느끼는 불안

패러노이드 안드로이드,
우울증에 빠진 로봇

1983년 영화 〈위험한 게임〉의 마지막 장면에서 미국의 핵무기 발사 코드가 내장된 군사 컴퓨터 "조슈아"는 지구 종말을 불러올 전쟁을 일으키려 한다. 핵무기가 발사되기 직전, 용감한 해커는 조슈아가 세계 핵전쟁의 양측을 모두 맡아 혼자 전쟁을 벌이는 가상의 상황을 만든다. 조슈아는 미국의 선제공격과 소비에트 연방의 선제공격을 동시에 진행하는 기본 전술을 펼치지만 초강대국 두 곳 모두 전멸한다. 점점 더 복잡한 수를 떠올리는 조슈아는 이상한 이름의 전략으로 응수를 계속하지만 결과는 마찬가지였다. 조슈아의 프로세서에 과부하가 걸리며 스파크가 튄다. "학습하고 있는 겁니다." 조슈아의 창조자가 나직이 말한다.

시뮬레이션이 점차 무섭게 속도를 높이며 파괴적인 작전명이 요상한 파멸의 주문처럼 화면을 가득 채우는 동시에 세계지도 위로 폭발이 계속된다. 모든 작전이 실패로 돌아간다. 모든 선택이 파괴로 끝이 난다. 끝내 상황실이 어둠에 휩싸인다. 이후 조슈아가 남긴 말은 1980년대 가장 많이 인용되는 유행어가 되었다. "이상한 게임이다. 이 게임에서 이길 유일한 방법은 게임을 하지 않는 것뿐이다." 해커는 컴퓨터에게 불안을 가르쳐 세상을 구한 것이다.

✧

자율주행차의 문제를 한번 생각해보자. 우리는 자동차가 정확하길, 우리가 원하는 목적지까지 데려다주길 바란다. 우리는 자동차가 효율적이길, 가장 빨리 목적지에 도착하길 바란다. 하지만 무엇보다 우리는 이 차가 안전하길 원한다. 런던에서 에든버러까지 갈 때 파리를 거쳐서 가고 싶지는 않을 것이다. 뿐만 아니라 학교나 놀이터를 가로지르거나, 인도 위로 올라타거나, 고속도로에서 길을 잘못 드는 것도 원치 않는다.

위험 요소들 가운데 건물이나 강의 위치는 시간이 지나도 비교적 고정된다. 보행자의 행동 같은 것은 예측하기가 어렵기 때문에 위험성을 좀 더 복잡하게 계산해야 한다. 자동차에게 모호성이 증가하는 상황은 신중함 또한 증가해야 한다는 뜻이다. 신중함은 속도를 늦추거나, 멈추거나, 피하는 일이다. 조심성이 없는 자율주행차는 재앙일 것이다. 이 분야의 연구원으로 일하는 친구 한 명이 흥분을 숨길 수 없는 듯 내게 말했다. "자율주행차의 궁극적인 목표는 한 쪽에는 아이가, 다른 쪽에는 아이스크림 트럭이 있음을 확인한 뒤 **아이가 트럭 쪽으로 달려가리라고 예측한 다음** 속도를 늦추는 거야." AI에게 불안을 가르치려는 것이다.

하지만 이 과정에서 한 가지 이상한 일이 벌어졌다. 로봇에게 위험을 학습하고 반응하도록 가르칠수록… 이상할 정도로 인간처럼 행

XII AI가 느끼는 불안

동하기 시작했다. 창고를 떠나려 하지 않는 자율주행 드론. 군중을 싫어하는 자동차. 이런 발견으로 새 심리과학 분야가 각광받기 시작했다. 바로 계산심리학computational psychology이다.

계산심리학은 생각과 감정·행동을 프로그램으로, 두뇌 속에서 가동되고 있을지 모를 하나의 프로그램으로 나타내는 학문이다. 심리학자들은 우리가 마주하는 선택지와 예측되는 상벌을 수학적 모델로 만들어, 우리가 어떤 과정으로 선택을 하는지, 불안한 사람들은 프로세스의 어느 부분이 잘못되는지를 이해하고자 한다.

유니버시티칼리지런던 인지신경과학협회의 올리버 로빈슨은 내게 이렇게 말했다. "우울증에 걸린 로봇 마빈Marvin the Paranoid Android • 『은하수를 여행하는 히치하이커를 위한 안내서』 속 로봇—옮긴이이라고 농담처럼 말합니다. 패러노이드 안드로이드를 왜 만드냐고요? 불안에 사로잡힌 로봇을 만들면 애초에 무엇이 그 로봇을 불안하게 하는지를 알 수 있으니까요."

인간의 마음이라는 복잡하고 난잡한 대상을 일련의 방정식으로 정리할 수 있다니 마음이 편안해졌다. 나는 수학은 젬병이지만 표와 숫자로 정리된 시스템은 좋아한다. 규칙이 있고 분명하게 승자가 가려지는 게임을 좋아한다. 이런 조건들은 예측성과 통제를 의미하고 통달할 가능성을 내포한다. 계산심리학을 배우기 시작하며, 신경증에 걸린 우편물 배송 드론이 내게 걱정에 관해 뭘 가르쳐줄 수 있을지 의아한 생각이 들었다. 결국 우리와 조금도 닮은 구석이 없는데.

그런 줄 알았다.

첫 만남 때 프린스턴대학의 계산 및 이론 신경과학 교수 너새니얼 도는 나와의 약속 때문에 캠퍼스를 가로질러 급히 사무실까지 달려왔다. 반바지 차림에 안경을 쓴 채 다급함을 숨기고 반갑게 대하는 모습에서 어쩐지 좀 더 건강하고 호감도 높은 버전의 〈쥬라기 공원〉 속 프로그래머 데니스 네드리가 떠올랐다. 어떤 점에서 그는 인간의 심리와 컴퓨터과학을 가로막던 전기 울타리의 전력을 끊었다고 볼 수 있다. 하지만 팔을 이리저리 휘저으며 절대로 벗어날 수 없었던 장벽을 넘어 튀어나온 것은 랩터들이 아니었다. 로봇이었다.

너새니얼은 자신이 연구자보다는 경험자로서 불안에 더욱 친숙하지만 최선을 다해 대화에 임하겠다고 말했다. 알고 보니 그가 괜히 겸손을 떤 것이었다(그는 불안에 관해 영향력 있는 수많은 논문을 발표했고, 그중 하나는 조지프 르두와 공동 저자로 출판했다). 계산심리학은 정보처리 과학의 가장 기본이 되는 질문을 바탕으로 파생한 학문이다. 문제를 어떻게 푸는가? 문제를 해결한다는 것은 어떤 의미인가? 고려해야 할 정량적 요인은 무엇인가? 이러한 작업을 수행하는 대가는 무엇인가?

너새니얼은 AI 시스템이 마주한 핵심 문제 중 하나는 보상이 지연되고 추후의 여러 선택에 보상이 좌우되는 상황에서 언제 행동을 실행해야 하는지를 판단하는 것이라고 설명했다. 한 가지 예를 들자면 가장 빠른 시간 안에 미로를 벗어나는 법을 학습하는 로봇이 있다고 생각해보자. 해당 여정은 개별 행동 하나하나로 나뉜다. 왼쪽으로 90도 회전, 다섯 걸음 전진 같은 식이다. "문제는 중간 피드백을 받지 못한다는 겁니다. 목표 지점에 도착해야 목표를 달성하는 것이죠." 시퀀스의 마지막 단계에서야 진짜 보상을 얻는다. "AI 시스템은 미래의 보상을 예측하기 위해 중간 요인들이 쌓여가는 과정이 필요합니다." 순차적으로 진행되어야 한다는 선택의 특성 때문에, 불안이 동반되면 행동의 최적화가 특히나 어려워진다.

"내가 지금 어떤 행동을 하고, 그로써 목표를 달성하거나 점수를 얻는 등의 보상은 나중에 받는 식이 아닙니다. 지금 취하는 행동만이 아니라 사이사이에 하는 모든 것이 보상에 영향을 주죠. 현재 벌어지는 일에 대한 판단은 미래에 벌어질 일까지 고려해 내려야 합니다."

"로봇과 제가 함께 들어간 미로에서 목표 지점까지 최단 거리로 가려면 지금 왼쪽으로 가야 하지만, 여기서 끝이 아니라 이후 수많은 선택도 올바르게 내려야 합니다. 때문에 알고리즘은 이런 식으로 작동하죠. '내가 지금 왼쪽으로 가면 열 걸음에 목표 지점에 도착하겠지만, 오른쪽으로 가면 스무 걸음이 걸린다.' 하지만 이렇게 간단하지 않죠. 왼쪽으로 간 다음 이어지는 선택을 올바르게 해야 열 걸음 후 목표 지점에 도착할 테니까요. 지금 하는 일과 나중에 하는 일 사이에 복잡한 관계가, 상관성이 생겨납니다."

인간의 머릿속에는 가상적인 미래의 그림이 셀 수 없이 많다. 크고 작은 선택에 따라 운명이 갈린다. 길을 건널까, 파티에 갈까, 그 일자리에 지원할까? 우리는 결과를 예측하고, 머릿속에 모델을 만들고, 도출될 수 있는 결과를 자신이 얼마나 좋아하고 또 싫어하는지 판단한다. 과제 단 하나만 수행하도록 설계된 로봇과 달리 우리는 목표를 직접 결정할 수도 있어, 선택과 가능성은 거의 무한하다.

연구자 쿠엔틴 하이스는 2012년 발표한 논문 「당신의 머릿속 분재 나무Bonsai Trees in Your Head」에서 "의사결정나무decision tree"라는 모델로 우리 앞에 펼쳐지는 다양한 미래를 설명했다. 각각의 선택(러닝을 나갈까, 아니면 집에서 포장해온 음식을 먹을까)에 따라 미래가 새로운 가지처럼 뻗어나가는 그림을 상상하면 된다. 하이스는 우리에게 수많은 선택지가 있다고 말하며 "가능한 모든 미래 시퀀스를 고려하는 깃이 보통은 불가능"하기 때문에 몇몇 가지들을 "가지치기"해야 한다고 설명했다. 대단히 사소한 문제들까지 이런 작업을 완벽하게 수행하기란 "계산적으로 감당이 불가능"하다. 따라서 우리는 다양한 트릭과 손쉬운 방법, 정신 기술을 발휘해 이 나무의 크기를 줄인다.[1]

하이스는 대부분의 인간이 이런 유형의 순차적 방정식을 만드는 데 단순한 전략을 사용한다고 말했다. 일련의 선택을 고려할 때 큰 손실 또는 비용을 감수해야 하는 선택지는 일찍이 제거해나간다. "나쁜 선택지들 중 무엇이 최악인가가 아니라 좋은 선택지들 중 무엇이 최고인가"를 선택하며 한정된 지적 자원을 사용하는 것이다.

경험에 따른 여러 법칙이 그렇듯 "혐오 가지치기aversive pruning"는 다양한 상황에서 이롭게 작용한다. 집에 도착한 나는 잠긴 현관문을 열고 들어갈지 창문으로 몸을 던져 들어갈지 결정하는 데 많은 에너지를 쏟지 않는다. 유리를 깨거나 집 아래로 땅을 파는 행위는 명백하게 초기 비용이 대단히 높기 때문에 이런 선택지는 의사결정에 포함하지 않는다. 하지만 하이스는 "인간은 이 전략이 불리하게 작용할 때에도 해당 전략을 사용"하고 그런 현상이 "가벼운 우울증 증상"과 연관이 있음을 발견했다.

"체스 컴퓨터를 생각해보세요." 너새니얼이 설명했다. "게임 내에서 다양한 활로를 고민하며 최선의 수를 찾을 때 말 그대로 수백만 개의 옵션을 검토합니다." 가장 단순한 상황을 들어 설명하자면 당신에게는 약 30가지의 움직임이 가능하고 상대 또한 같은 수의 선택지가 놓인 상황이다. 다섯 수를 앞서 보려면 2430만 개의 시퀀스를 고려해야 한다는 의미다. "두뇌는 몇 가지 시퀀스를 예측할 수는 있지만 가능한 시퀀스를 다 고려할 수는 없기 때문에, 가장 좋아 보이는 몇 가지만 추려내는 트릭을 사용합니다. 우리가 미처 어떤 수를 생각하지 못한 탓에 잘못된 결정을 내리는 상황도 있습니다. 이러한 의사 결정의 프로세스는 현실 세계에서는 물론 어느 정도 복잡한 과제에서 대단히 이상하게 흘러갈 수도 있습니다."

너새니얼의 설명이 하이스와 다른 지점은 이 부분이다. 그는 불안한 비관주의자가 의사결정나무 깊은 곳에 자리한 잠재적인 이익을 폐기하는데, 그 이유는 이들이 어떠한 이익을 고려하지 않기 때문이 아니라 이후 좋은 선택을 내릴 자신의 능력을 의심하기 때문이라고 말한다. 이들은 현재의 상황에 대가가 적은 행위를 택한다. 그것이 나중의 훨씬 큰 잠재적인 이익을 놓치는 선택이 될지라도 말이다. 이들은 자신이 잘 해낼 수 있을 거라고 신뢰하지 못한다.

너새니얼은 미로 속 로봇의 예시로 돌아가보자고 했다. "제가 만약 '왼쪽으로 가면 열 걸음 후 목표에 도달한다'고 한다면 그건 제가 이 선택 이후에도 계속 옳은 선택을 할 거라고 가정하는 상황입니다. 하지만 제가 이후 옳은 선택을 할 거라고 가정하지 않는다면요? 제가 뭔가를 잘못하거나 세상이 저를 공격할 거라고 생각한다면요? 이런 알고리즘에서는 이 생각이 매개변수를 변경하는 요인이 됩니다. 때문에 시스템적으로 특정한 대상에 비관적으로 접근하는데, 지금 이 예시에서는 '추후 내가 할 수 있는 최상의 무언가를 이행할 가능성이 얼마나 되는가?'라는 질문으로 접근하는 겁니다. 모델에 이런 계산을 적용한다면, 제가 미래에 대단히 비관적인 자세를 취할 때 지금 해야 할 선택에도 아주 비관적으로 접근하게 되고 이것이 잘못된 선택으로 이어집니다." 이는 회피 행동으로 나타난다.

"길을 건너다가 죽을 수도 있겠죠? 하지만 내가 신호를 잘 지킨다면 그리고 그러면 안 되는 때에 차도로 뛰어들지 않는다면 괜찮을 겁니다. 내가 안전하기 위해서 집에서만 지내겠다고 생각할 필요가 없죠. 나중에 내가 도로로 뛰어들지 않을 것임을 잘 아니까요. 아이들은 거리로 뛰쳐나가지 않을 거라는 믿음이 없기에 저 없이 아이들만 집 밖으로 나가게 하지 않고요."

"따라서 외출이 안전한지 판단은 내가 자동차 근처에서 어떤 행동을 할 확률이 높은가로 합니다. 내가 합리적으로 행동할 거라고 예상한다면 차로 해를 입을 일이 없고 차로 인한 위험이 내 세계를 오염시킬 일도 없죠. 만약 스스로 실수할 거라고 생각한다면 자신이 추후 합리적으로 행동할 거라는 가정을 유지해봤자 도움이 되지 않습니다. 도로로 뛰어들어 차에 치일 테니까 집밖으로 나가서는 안 되는 겁니다. 따라서 이러한 알고리즘상 매개변수에 대한 제한적인 믿음에서 생기는 작은 변화가 제 세상에 굉장한 영향을 미치죠."

이 이야기를 들으며 머릿속이 분열된 나는 몸을 뒤로 기대며 괴상한 금붕어 표정을 지었다. 자기 파괴적이고 누가 봐도 비합리적인 행동을 하는 이유가 갑자기 명확해진 것이다. 내일도 지속할 수 있다는 확신이 없는 데 뭐 하러 오늘 운동을 하겠는가? 마음에 드는 이성에게 데이트 신청을 해서 용케 성사된다 해도 겁을 먹고 꽁무니를 빼거나 웃음거리나 될 텐데 뭐 하러 데이트 신청을 하겠는가? 평생 완성할 수 없을 거라는 생각이 드는데 뭐 하러 작업 중인 소설을 오늘 조금이나마 더 쓰겠는가? 이렇게 부정적으로 미래를 상상하며 행동을 금하는 전략이 (어떤 기준에서는) 꽤나 효과가 있지 않았는가? 몸을 움찔하며 피하고… 약간의 안도감을 누린다.

"그러다 보면 상황은 점점 더 안 좋아지겠죠? 애초에 방에서 안 나가면 어쩌다 집에서 나갈 일도 막을 수 있다고 생각하게 되니까

247

요." 좋다. 이 이론은 충분히 설득력이 있다. 그렇다고 정확하다는 뜻은 아니다. 이를 인간에게 어떻게 실험할까?

"토이 모델toy model・어떤 메커니즘을 설명하기 위해 아주 단순화한 모델—옮긴이이라면 그런 질문을 할 수 있습니다. 이 이론이 좋은 점은 두뇌 하드웨어 기능의 대략적인 모델들을 바탕으로 한다는 겁니다. 도파민 시스템 같은 것 말이죠. 90년대에 한창 원숭이 두뇌 속 특정 뉴런들을 관찰하는 연구가 진행되었죠. 이 뉴런들은 도파민이라는 신경전달물질을 이동시키는데 도파민은 중독성 약물의 타깃으로 유명했고 보상과 중독에 관여하는 물질이었습니다. 당시 사람들은 도파민을 쾌락 신경전달물질로 알았어요."

나는 도파민이 동기와 도박 같은 중독 행동과 관련된다고 알고 있었다. 연구자이자 정신과 의사인 스테판 브루거와 대화를 나누던 중 내가 이 이야기를 꺼내자마자 그는 곧장 내 말을 잘랐다. "사람들이 신경전달물질을 인식하는 방식에 크게 경고를 날리고 싶습니다. 가장 많은 연구가 이뤄진 도파민을 생각해봅시다. 신체의 움직임에 관여하는 것으로 보이는 물질이죠. 파킨슨병 환자도 그렇고, 도파민이 부족한 사람들은 움직임을 시작하고 지속하는 데 문제가 있어요."

스테판은 내게 도파민이란 "아주, 아주, 아주 많이 복잡"하며 우리의 인식을 개선하는 새로운 연구가 항상 발표된다고 설명했다. 세로토닌과 마찬가지로 도파민의 역할은 그것이 **어디에 위치**하는지에 달렸다. 도파민은 신체에서 호르몬으로, 두뇌에서 신경전달물질로 다양한 기능을 수행한다. "여러 차례 동일한 연구 결과로 충분히 입증된 사실은 도파민 신호가 예측 오류라는 것입니다. 도파민은 원래 생쥐들에게 단 음식이나 설탕 등 보상을 학습시키는 연구로 알려졌어요. 설탕을 예상치 못하게 제공받으면 도파민을 분비한다는 사실을 발견했습니다. 하지만 많은 양의 설탕을 기대한 상황에서 받지 못한다면 도파민 분비가 떨어지죠." 문헌에서는 "위상성 감소phasic dip"라는 용어로 설명했다.

케임브리지대학의 신경과학과 교수인 볼프람 슐츠 박사는 일본 자판기에서 블랙커런트 주스를 사려던 일화로 예측과 도파민의 관계를 멋지게 설명했다. 자판기에는 여섯 가지 음료가 있었지만 일본어를 읽을 줄 몰랐던 그는 오른쪽에서 두 번째 버튼을 눌렀다. 자신이 원하는 블랙커런트 주스가 나올 거라는 기대가 적은 상황이었다. "그 순간, 익숙한 로고의 파란색 캔이 나왔고 바로 제가 원하는 그 음료였습니다." 만세! 예상보다 나은 결과였다. 그날의 놀라움으로 다음부터 그가 어떤 버튼을 눌러야 하는지 각인되었다.[2] 이것이 바로 "긍정적 보상 예측 오류"다. 그는 블랙커런트 주스를 얻지 못할 것이라 예측했다. 그의 예측은 틀렸고 예상보다 나은 결과와의 격차가 중간뇌둘레 경로에서 도파민 뉴런을 활성화했다. 전문용어로 "활동전위를 발생시켰다"고 표현하거나 자주 쓰는 말로는 "발화"라고 한다. 이 작용이 가르침을 강화한다. 와, 예상치 못하게 좋은 것을 얻었어. 이걸 기억해서 다음에 또 해야겠어.

이제 오른쪽에서 두 번째 버튼을 눌러 블랙커런트 주스 캔이 나오는 현상은 예측 오류를 유발하지 않는다. 그 보상을 예측하기 때문이다. 하지만 슐츠는 몇 주 후에 같은 버튼을 눌렀지만 다른 음료수가 나온 상황을 이야기했다. 누군가가 자판기를 전과 다르게 채웠음이 분명했다. 오, 이런! 이때 그는 "부정적 보상 예측 오류"를 경험한 것이다. 블랙커런트 주스가 나올 거라 기대했지만 그가 덜 가치 있게 여긴 무언가가 나왔다. 도파민 뉴런의 발화가 일시적으로 감소하며 해당 행동과 예상보다 나쁜 결과 간에 상관관계가 형성된다.

물론 아주 단순한 비유로 설명했을 뿐이며 스테판이 경고했듯 도파민은 이보다 훨씬 복잡한 물질이다. "도파민은 (정확히 말해) 동기 예측 오류와도 관계하는 것으로 보입니다. 무언가를 얻으려고 어떠한 과제를 수행하는데 생각보다 노력이 적게 든다면 도파민이 분비되죠." 보상에만 관여하는 것이 아니다. "단순히 쾌락이나 좋은 보상, 동기보다는 넓은 개념입니다. 감각 예측 오류에도 같은 현상이 나타나거든요." 불빛의 패턴을 학습한 후 초록색 점이 등장하리라 예측한 상황에서 빨간색 점이 등장하면 예측 오류가 발생하고 도파민이 분비된다. 초록색 불빛보다 빨간색 불빛이 더 좋은 보상은 아니지만 도파민 뉴런은 그에 관계없이 발화한다. "어떠한 일이 벌어질 거라는 예측을 하지만 그 일이 발생하지 않으면 무언가가 당신에게 생각을 바꾸거나 행동을 바꿔야 한다고 신호를 보내는 겁니다."

정리하자면, 당신은 도파민이 어떤 일을 하는지 안다고 생각했겠지만 사실 그렇지 않다. 도파민의 기능은 복잡하고 여전히 우리는 어떤 수용체와 그 하위군에서 어느 위치에 자리하는가에 따라 달라지는 도파민의 역할을 알아내려고 애쓴다.[3] 하지만 너새니얼 모델에서는 두 가지 이유로 도파민이 중요하다. 먼저 우리는 예상치 못한 보상을 받았을 때만 도파민이 증가하는 경험을 하는 것이 아니다. 너새니얼은 100달러 지폐로 예를 들어 설명했다. 이 돈으로 음식 같은 것을 살 수 있다. 이 돈은 보상이라기보다는 그저 보상을 얻을 수 있다는 신호 정도다. 하지만 포장도로에서 이 지폐를 발견한다면 도파민이 슉 하고 분비될 것이다.[4]

"보상의 예측인자가 실제 보상으로 작용합니다." 그는 이렇게 설명했다. "목마른 원숭이의 입안으로 예상치 못한 주스를 쏴주면 도파민이 갑자기 분비되죠. 하지만 제가 원숭이에게 곧 주스를 얻게 될 거라는 신호를 줄 때도 같은 현상이 나타납니다." 이렇게 슉 나오는 도파민이 두뇌가 보상까지의 여러 단계를 강화하는 방법을 밝혀줄 열쇠로 작용할지 모른다.

도파민의 예측 오류 기능이 중요한 두 번째 이유는 연구자가 개인의 낙관성을 측정할 방법을 마련해주기 때문이다. "도파민으로 누군가가 얼마나 놀랐는지를 측정할 수 있습니다. 도파민을 직접 측정할 수는 없지만 그 효과의 일부는 측정할 수 있고, 설치류를 대상으로는 직접 측정이 가능합니다. 누군가가 보상이나 벌로 얼마나 놀랐는지 평가해서 연구자는 해당 유기체가 무엇을 기대했는지를 간접적으로 알 수 있습니다."

이를 실험하는 한 가지 방법은 풍선 유사 위험 과제balloon analogue risk task, 즉 BART이다. 참가자들에게는 컴퓨터 스크린으로 풍선 사진을 제시한다. 이들이 버튼을 클릭하면 풍선이 부푼다. 풍선을 "펌프"할 때마다 (5센트 가량의) 작은 보상을 얻는데, 다른 버튼을 누르면 지금껏 번 돈을 적립하고 다음 풍선에 같은 작업을 수행할 수 있다. 아니면 지금 다루는 풍선을 계속 부풀리는 것도 가능하다. 하지만 펌프를 할 때마다 풍선이 터질 가능성이 높아지고 해당 풍선에 적립된 금액을 전부 잃을 위험이 증가한다. 전형적인 운으로 하는 게임이며 자신이 감수하는 위험을 수학적으로 계산할 데이터가 없다. 세어볼 카드도 없고 풍선이 얼마나 더 부풀 수 있는지를 보여주는 명백한 한계점도 제시되지 않는다.

너새니얼은 불안을 측정하는 실험 도구로서 BART의 가치를 신중하게 평가했다. 개개인을 대상으로 한 테스트는 상당히 "어수선"한데, 다시 말해 수많은 사소한 요인이 참가자의 행동에 영향을 미칠 수 있다는 뜻이다. 모두가 전형적인 행동을 보여주지 않는다. 불안한 사람이 풍선의 펌프 버튼을 대단히 많이 누를 수도 있고, 불안하지 않은 사람이 굉장히 보수적으로 접근하기도 한다. 이렇게 되면 개인의 불안을 제대로 진단할 수 없는 테스트가 된다. 한편, 두 종류 참가자들의 평균 수행을 살피면 유의미한 차이가 발견된다. 불안한 참가자들은 풍선을 부풀리는 횟수가 다른 집단에 비해 적었다.

너새니얼에게 중요한 질문은 이것이었다. "풍선이 터질 때 뇌에서 어떤 일이 벌어지는가?" 펌프 버튼을 누를 때마다 풍선은 부풀고 수익은 5센트씩 증가할 거라는 기대가 형성된다. 따라서 풍선이 터지면, 자판기에서 오른쪽 두 번째 버튼을 누르고 원치 않은 음료수를 받았던 슐츠 박사와 비슷한 경험을 한다. 보상을 예상했지만 바람보다 못한 결과를 얻는 것이다. 이것이 부정적 예측 오류다. 하지만 중요한 것은 오류의 **규모**다. 추가로 5센트를 받을 거라고 예측하며 "펌프" 버튼을 자신 있게 눌렀을 수도 있다. 또는 풍선이 터질 수 있다는 마음의 준비를 하며 이를 악물고 버튼을 눌렀을지도 모른다. 도파민 뉴런 활동성의 감소 규모로 예측 오류의 규모를, 가령 당신이 얼마나 놀랐는가를 파악할 수 있다. 나쁜 결과를 예상했는가, 좋은 결과를 예상했는가? 당신은 항상 풍선이 터지길 기다리는 쪽인가?

너새니얼은 이 모델이 불안한 사람들의 하위 집단을 구분하는 데 도움이 될 수 있다고 말했다. "정신의학의 한 가지 문제는 어떤 치료법에 효과를 보이는 사람들이 있고 그렇지 않은 사람들이 있다는 겁니다." 우주여행의 한 가지 문제는 어떤 행성은 아주 멀리 있다는 점이라는 말과 비슷하게 들렸다.

그가 말하고자 하는 바는 진단 범주가 흐릿하다는 것이다. 그는 불안을 어떠한 분명한 증후군이 아니라 복통이라는 증상에 비교해 설명했다. 복통에는 원인이 다양하고 그에 따라 치료법이 다르다. 치료법을 달리하지 않으면 어떤 환자들은 통증이 좋아지는 반면 어떤 이들은 더욱 악화될 수 있다. 같은 맥락으로 당신의 불안은 내 것과 비슷해 보일 수 있고, 삶에 미치는 영향도 비슷할 수 있지만, 기원은 다를 수 있다. 도움이 되지 않는 생각들을 떠올려보자. 미래의 내가 좋은 선택을 내릴 수 없을 거라는 불신과 좋은 선택을 실천할 능력이 없다는 불신에 관련한 생각일 수 있다. 추후 자신이 차 앞으로 걸어나가지 않을 거라고 신뢰하지 못한다면 지금 실내에 머무르는 게 합리적이다.

하지만 스스로에 대한 불신과 관련하지 않은 또 다른 유형의 부적응적 인식이 있다. 세상을 신뢰하지 못하는 것이다. 내가 잘못한 게 없다 해도 차가 인도를 덮친다면 무슨 소용일까? 결국 차에 치일 텐데. 사람이란 기본적으로 변덕스럽고 남을 이용한다고 생각한다면 첫 데이트에 갈 필요가 있을까? 사회가 5년 후에 망할 거라고 생각하는데 뭐 하러 금연을 할까? 이런 믿음은 난데없이 생겨나지 않는다. 바스대학교의 심리학자인 캐서린 버튼 박사와 대화를 나눌 당시 그는 "부정적인 스키마"의 대부분이 실제 경험으로 형성된다고 설명했다. "사람들은 실제로 벌어졌던 실로 끔찍한 일에 진심으로 부정적인 반응을 보이기도 합니다." 우리는 세상을 설명하는 여러 모델을 쌓아가는데, 이때 뿌리 깊이 새겨진 규칙들도 함께 포함된다.

그는 이렇게 말했다. "이 세상에서 무엇이든 네 뜻대로 할 수 있다는 이야기를 듣는 환경에서 자라고 전폭적인 사랑만 받았다면, 성인이 된 이 사람의 눈에 세상은 자신이 마음만 먹는다면 무엇이든 해낼 수 있는 멋진 곳으로 보입니다. 아주 어린 시절의 경험이 이와 많이 다르다면, 세상은 적대적인 곳이고, 진심으로 당신에게 마음을 써주는 사람이 없으며, 어떠한 일이 벌어지는 데 자신이 아무런 통제력을 발휘할 수 없고, 자신의 행동이 부모의 반응에 어떠한 영향도 미치지 않으므로 부모가 어떤 상황에서 어떤 반응을 보일지 전혀 알 수 없죠. 이렇게 되면 앞으로 삶을 살아가며 적대심에서 비롯된 스키마를 지닐 겁니다."

스키마의 바탕을 형성하는 추정들이 매순간의 정보를 처리하는 데 영향을 미친다. 환경과 내부 경험(심박 증가, 발한 등의 생리적 증상)을 바라보는 렌즈가 되고 우리가 관심을 기울이는 **대상**에도 영향을 미친다. 가령 어떤 파티에 가면 당신은 기회를 찾아다니는가, 위협을 찾아다니는가?

캐서린에게 상점에서 다른 고객이 불만을 제기하는 모습을 보면 상당히 스트레스를 받을 때가 많다고 이야기했다. 내 관심은 그 외 다른 모든 것은 제외하고 온통 그 고객과 직원의 대화에만 집중되며 심장이 빨리 뛰기 시작한다. 나와는 전혀 무관한 일인데도 말이다. "사회적 상황이 아무런 마찰 없이 흘러가기를 굉장히 바라나요?" "네." 매장에서의 상황을 떠올리는 것만으로도 숨을 쉴 수가 없었던 나는 재빨리 대답했다.

캐서린은 사회적 상황에서 갈등이 생기려는 신호에 과도하게 불안함을 느끼는 스키마가 형성된 것 같다고 설명했다. 학교에서 괴롭힘을 당한 적이 있으면 해당 경험이 개인의 사회성과 사회적 상황 속 불안에 큰 영향을 미친다고 말이다. "이것이 모든 정보를 처리하는 감각 프리즘이 되는 거죠."

자신이 중요하다고 여기는 무언가는 더욱 잘 알아채기 마련이다. 불안한 사람들은 분노나 걱정스러운 표정, 격해진 음성, 개 등과 같은 외부 요인이든, 땀이 나는 손, 조여드는 가슴 등 공황발작의 시작을 알리는 증상과 같이 내부 감각이든 위협과 관련된 신호를 민감하게 알아챈다. 그 신호들은 분명하게 제시될 때도 있고('경고: 야생 곰 출몰 지역' 표지판), 암시적일 때도 있는데(빽빽한 숲의 출처가 분명하지 않은 무언가의 배설물), 이런 신호들이 우리의 지각을 좁혀 특정 자극을 강조한다.[5] 우리의 세계관에 편견이 생기고, 때문에 두려움을 유발하는 자극들은 더욱 두드러진다. 이런 자극들이 눈앞에 "빵"하고 튀어나오는 것이다. 불안한 사람들은 위협을 더욱 쉽게 인지하는 만큼 인식하는 빈도 또한 더욱 잦은 경향이 있다. 세상이 위협적인 곳이라는 인식이 강화된다.

너새니얼과 마찬가지로 캐서린 또한 우리가 우리 자신과 세상에 대해 형성한 기본 모델에 관심이 많다. 그의 연구 대부분은 우리가 어떻게 학습하고 또 믿음을 어떻게 계속 업데이트하는지에 초점을 맞춘다. "제가 당신 혹은 누군가와 이야기를 나누는 동안에도 제 안에서는 대화가 어떻게 진행되는지에 대한 가설 또는 모델이 계속 만들어져요." 상대가 미소를 보이면 분위기가 좋게 흘러간다고 생각한다. 지루해보이면 '젠장, 말리고 있군'이란 생각이 들 수 있다. 우리는 표정 신호와 상대가 질문에 어떻게 반응하는지를 바탕으로 평가를 꾸준히 갱신해나간다.

"동일한 객관적 정보 앞에서 개인이 추론을 업데이트하는 방향이 어떻게 달라지는지가 제가 흥미롭게 연구하는 분야입니다." 불안한 사람들은 같은 정보를 침착한 사람들과 다르게 해석할까? 다른 사람들은 완벽히 무시하거나 그저 일시적인 변화 정도로 여기는 중립적인 표현을 두고 불안한 사람들은 상대방이 지루함을 느끼는 신호로 이해할까?

이를 시험하기 위해 캐서린과 그의 동료들은 '사회적 평가 학습 과제social evaluation learning task'라는 것을 개발했다. 컴퓨터상 문자로만 중재되는 아주 기본적이고도 건조한 사회적 상황 모델이다. 케이트는 "좀 인위적"으로 들리겠지만 어떤 과제인지를 설명할 테니 참고 들어달라고 부탁했다.

단어 쌍이 스크린에 등장한다. 하나는 긍정적인 어감이고 다른 하나는 부정적인 어감이다. "멋진 끔찍한" 같은 단어 쌍이 보인다. 방법은 가상의 상대방이 당신을 어떻게 생각하는지를 표현하는 단어 하나를 고르면 된다. 물론 처음에는 아무런 정보가 없는 상황에서 온전한 추측으로만 선택해야 한다. 그 후 당신의 생각이 맞았는지 틀렸는지 듣게 된다. 그런 뒤 "매력적인 눈치없는"처럼 또 다른 형용사 한 쌍이 제시되면 다시 한 번 추측을 해야 한다. 이를 여러 차례 반복하며 상대가 당신을 좋아하는지 아닌지를 알아내는 과제다. "처음에는 긍정적인 단어를 선택한 뒤 정답이라는 이야기를 들었는데 두 번째 상황에서 긍정적인 단어를 택하고 난 후에는 틀렸다는 이야기를 들으면 헷갈리게 되죠. 80퍼센트의 확률로 긍정적인 단어가 정답이라는 이야기를 들으면 컴퓨터가 당신을 좋아한다고 생각할 수 있습니다. 70퍼센트의 확률로 부정적인 어감이 정답이라고 하면 컴퓨터가 당신을 좋아하지 않는다는 생각이 들죠."

이 실험에는 사람이 단어 쌍을 만들지도 않았고, 해석해야 할 보디랭귀지도 없으며, 고려해야 할 상호작용 이력이나 사회적 맥락도 주어지지 않는다. BART와 마찬가지로 개개인을 진단하는 대단히 멋진 도구는 아니다. 하지만 집단으로 살펴보면 결과는 대단하다. "불안과 우울이 낮은 사람들은 컴퓨터가 자신을 좋아한다는 사실을 학습하는 데 실수를 거의 하지 않아요." 케이트가 설명했다. "사람들이 자신을 좋아할 거라고 거의 항상 생각하고, 이런 믿음이 부정당하지도 않죠. 애초에 피드백이 없으니까요. 하지만 이들은 컴퓨터가 자신을 싫어한다는 사실을 학습하는 데는 서툴러요. 실력이 형편없죠. 컴퓨터가 그냥 자신을 싫어한다는 증거를 학습하거나 인정하지 못하는 것 같아요."

이러한 결과는 불안하고 우울한 사람들이 부정적으로 편향되어 있고 위협에 지나치게 민감하다는 가정을 바탕으로 한 인지행동치료(CBT)의 전통적인 모델과 상충하기에 캐서린은 선뜻 이해하기가 어려웠다. "CBT의 골자는 현실적으로 인식하는 거잖아요? 하지만 제 연구와 다른 몇몇 연구로 밝혀진 사실은 우울과 불안이 낮은 사람들이 지나치게 낙천적인 모습을 보인다는 것이었어요. 저희 연구에서는 사회적 불안 정도가 높은 사람들이 부정적 및 긍정적 평가를 학습하는 데 더욱 균형 잡힌 모습을 보여줬어요."

보통 사람과 사회적으로 불안한 사람들은 컴퓨터 페르소나가 자신을 좋아하는지 파악하는 데는 똑같이 좋은 실력을 보였지만, 컴퓨터 페르소나가 자신을 **좋아하지 않는다**는 사실을 인식하는 데는 사회적으로 불안한 사람들이 더욱 나은 모습을 보였다. 불안한 사람들에게는 끔찍한 소식이 아닐 수 없다. 불안이 사라지면 자신도 모르는 새 상대를 언짢게 만드는 수많은 언행을 할 수 있다는 분명한 확인이었으니까. 캐서린은 지난 10년 넘게 약 여덟 건의 연구에서 이 과제를 이용했고,[6] 대단히 강건한 효과를 보여줬다고 설명했다. 그는 부정적인 신호를 인식하는 능력이 떨어지는 모습이 왜 더 나은 정신건강을 가리키는지, 왜 약간의 긍정적 편향이 적응적일 수 있는지 한동안 고민했다.

이에 답하기 위해서는 해당 과제에서 생략된 과정이 무엇인지를 고려해야 한다. 실제 사회적 상호작용은 피드백 루프다. 우리는 지속적으로 평가를 내리면서 **동시에 평가를 받는다.** 이 대화가 잘 흘러가는지에 대한 평가는 우리가 행동하는 방식에 영향을 미친다. 행동, 즉 화법·어조·보디랭귀지는 이제 대화 상대방에게 평가를 받고, 상대방은 그 해석을 바탕으로 이후 행동을 달리한다. 너새니얼의 계산 모델에서처럼 사소한 편향이 결과 변경과 행동 변경으로 이어져 결국 물리적 현실이 달라진다.

"예민해지거나" 캐서린이 말했다. "누군가가 방어적인 태도를 보이면 분위기가 어색해지고 상황이 계속 악화되는 늪에 빠지죠." 상대가 지루함을 느낀다거나 적대적이라는 가정이 우리의 태도를 변화시킨다. 기분이 상하면 마음을 열고 진정성을 내보이고자 하지 않는다. 상대는 당신의 불안을 '저 사람은 나를 좋아하지 않는다'는 증거로 해석할 수 있다. 전통적인 CBT에서는 대화가 잘 진행되지 않아 또는 이 사람이 날 좋아하지 않아 같은 생각을 질문으로 해체한다. 내가 그렇게 생각하는 증거는 무엇인가? 그리고 부정적인 해석의 논리를 하나씩 분해하는 것이다. 이와 대조적으로 심리치료 분야의 제3의 물결인 메타인지 심리치료metacognitive therapy에서는 이런 질문을 던진다. 상대가 나를 좋아하는지 싫어하는지를 관찰하여 나는 무엇을 얻고자 하는가?

캐서린은 가벼운 거슬림을 유발하는 신호에 너무 민감하게 반응하는 태도가 늘 유용하지는 않다고 생각한다. "잠깐 무시하고 넘어가면 별것 아닌 일이 될 테니까요." 상대가 짜증이 나거나 지루해 보인다 해도 이는 상대방이 나를 두고 내린 영구적인 부정적 평가를 의미하는 신호가 아니라 일시적 감정 상태에 가깝다.

누군가가 짜증이 난 상태임을 짐작케 하는 단서를 면밀하게 살펴야 한다고 가르치는 환경도 있다. "아버지가 알코올중독 상태이고 당신에게 변덕스러운 반응을 보인다면 초기 경고 신호에 훨씬 민감해질 수 있어요." 똑같이 아버지의 인내심을 시험하는 상황이지만 아무런 일도 벌어지지 않는 저녁이 있고 폭력 사태가 벌어지는 저녁이 있다. 당신에게는 노려보는 눈빛 또는 노골적인 침묵조차도 '경고: 야생 곰 출몰 지역'이라고 적힌 표지판과 같았던 것이다.

이런 습관은 잊기가 어려운데 우리가 세상을 인식하는 방식에 편견을 심기 때문이다. 우리의 두뇌는 이런 습관을 수용해 재구축된다. 환경에 적응하는 인간의 놀라운 능력이 병적인 환경에 너무 오래 노출됐을 때는 저주가 되고 만다. 곰이 사는 나라에서 자랐다면 곰을 경계하는 법을 배우는 것이 현명하다. 하지만 그 습관은 고치기가 아주 어렵다.

✦

만족 지연 • 미래에 더 큰 가치를 얻기 위해 현재의 만족을 참아내는 것—옮긴이으로 가장 유명한 실험은 "마시멜로 테스트"라고 불리는 것이다. 실험자는 아이 앞에 마시멜로를 놓고 15분 기다렸다 먹으면 두 개를 얻을 수 있다고 설명한다. 그런 뒤 아이를 혼자 두고 나가서 관찰한다.

스탠퍼드대학 심리학자인 월터 미셸은 1970년대부터 이 일련의 실험을 시작했다. 1990년 미셸은 동료 심리학자인 유이치 쇼다, 필립 피크와 함께 후속 연구 논문을 발표해, 마시멜로를 앞에 두고 참을성을 발휘한 시간이 십대가 된 아이의 지능, 학업 성취도, 스트레스 및 좌절에 대처하는 능력을 알 수 있는 중요한 예측인자라고 주장했다.[7] 이후 연구에서는 심지어 아이의 과제 수행이 30년 후 몸무게와 관련이 있다고 주장했다. "미취학 아동이 1분 더 만족을 지연할수록 성인이 된 후 BMI(체질량지수)가 0.2씩 감소하는 것으로 예측됐다."[8]

연구가 전하고자 하는 메시지는 간단해 보였다. 장기적 이익을 위해 단기적 쾌락을 희생할 줄 아는 아이가 여러 면에서 더 나은 모습을 보인다는 주장이다. 연구 결과는 곧장 '성격'이 가장 중요하다는 낡은 관념을 뒷받침하는 증거로 활용됐다. 현재의 자기 훈련과 복종은 내일의 성공과 건강, 경제적 번영으로 보상받는다는 식이다. 마시멜로 실험에서 좋은 모습을 보인 아이들은 최고의 자리에 올랐다는 인상을 남겼다. 연구 결과가 매우 명쾌한 나머지 많은 사람이 저자들의 경고를 완벽히 잊었다. 90명도 안 되는 작은 표본(전부 스탠퍼드대학에 위치한 유치원 출신)으로 인해 지연한 시간과 훗날 아이들의 성과 간의 "실제 연관성이 크게 과장됐을 수 있다"는 것이다.

2018년 뉴욕대학의 심리학자 타일러 와츠는 그레그 던컨, 하오난 콴과 함께 훨씬 큰 규모에 더욱 다양한 표본으로 기존의 연구 결과를 복제하고자 했다.[9] 이들의 연구에서는 기존의 연구진이 경고했듯 효과 크기가 원래의 연구보다 작았고, 가정의 소득과 사회적 배경과 같은 요인을 통제하자 상관관계 대다수가 완전히 사라졌다.

마시멜로 테스트는 자기 통제력이나 성격을 보는 실험이 아니라 아이가 세상을 대하는 신념을 확인하는 것으로 밝혀졌다. 약속한 바가 늘 지켜지는 환경이 아닌, 식비가 매주 달라지고 부모가 장시간 일하며 돈이 부족한 가정에서 자란 아이는 현재 테이블 위에 있는 간식이 내일은 사라질지도 모른다고 생각한다. 아이의 경험상 연구자와 같이 낯선 성인이 마시멜로를 두 개 주겠다는 약속을 했을 때 얼마나 믿을 수 있을까? 지금 보장된 마시멜로 하나를 먹는 편이 두 번째 마시멜로를 얻기 위한 도박보다 완벽하게 합리적인 선택일 것이다. 이 선택은 미래에 자신이 올바르게 행동할 능력에 대한 불신이 아니라 미래 보상에 대한 불신을 반영한다. 월터 미셸 또한 아이가 낯선 사람의 약속을 의심한다면 이 실험은 더는 자기 통제력에 대한 실험이 아니라 신뢰에 대한 실험이 된다는 점을 알았다.[10]

뿐만 아니라 빈곤하거나 부모가 없거나, 또는 양육자에게 배신을 당한 환경에서 자란 아이들은 낯선 책임자의 확언보다 자신의 직감을 믿을 이유가 충분하다. 지금껏 등장한 실험들을 보면 회의적인 시선을 갖는 것이 현명하다. 연구자들은 **지긋지긋할 정도로 항상** 속임수를 쓴다. 심리학자인 니컬러스 월시가 (빈정거리듯 농담조로) 내게 이렇게 경고했다. "심리학자를 믿지 마세요."

경쟁심이 강한 중산층 부모들을 목표로 삼아 마시멜로 실험을 요약해 전달하는 테드 토크나 기사들 또는 베스트셀러 도서들이 하나같이 한심해빠진 소리를 해대는 덕분에, 우리는 사회적으로 혜택을 받지 못한 사람들이 경험하는 고난과 저소득 직업, 당뇨 및 수감 위험 증가는 그들의 잘못이라고 비난하는 한편 특권을 누리는 이들의 부유함과 사회적 지위는 필시 성격에 기인한다고 칭찬하게 되었다. 구조적인 불평등, 만성적으로 자금이 부족한 지원 서비스와 제도적 인종차별은 고려 대상에서 모두 제외됐다. 러너의 "공정한 세상" 가설이 또 한 번 작용하는 것이다. 마시멜로 두 개를 얻기 위해 도박을 하기보다 현재의 마시멜로 하나를 선택하는 것은 모니터 속 풍선을 두어 번만 펌핑하고 보상금을 받는 행위와 맥락이 비슷하다. 이 아이들은 욕심이 많은 게 아니다. 불안한 거였다.

✦

세상이 예측 불가능하거나 위험하다고 배우며 자랐다면, 당신은 스스로 쓸모없거나 신뢰할 수 없다고 믿는 사람들과 똑같이 행동할 것이다. 아마도 새로운 무언가를 시도하기를 꺼린다. 쉽게 포기한다. 불확실한 상황에서 위협을 감지한다. 하지만 당신과 자기 효능감이 낮은 사람이 해결해야 할 핵심 신념은 다르다. (물론 두 생각 모두를 함께 믿는 일도 분명 가능하다. 나도 그랬다. 두 가지 생각은 결국 하나의 확신으로 귀결된다. 내 환경이 제시하는 어려움을 내가 잘 처리할 능력이 없다는 것이다.) 우리는 슈퍼컴퓨터 조슈아처럼 게임을 계속하며 영원히 불행한 미래만을 마주한다. 어떤 선택이든 파멸로 끝난다. 이 게임에서 이길 유일한 방법은 게임을 하지 않는 것뿐이라는 결론을 내린다.

"정신의학의 잘못된 점 하나는" 너새니얼은 내게 이렇게 말했다. "그리고 약물이 제 능력보다 효과가 떨어지는 이유 중 하나이자 지금껏 생물학적 또는 유전적 근거를 찾지 못한 원인 중 하나는, 범불안장애 또는 주요우울장애라는 이름표가 붙은 사람들을 한데 모아도 이질집단이 형성된다는 것입니다. 질문 몇 개로는 파악하기 어려운 아형들이 있습니다."

DSM에서는 다수의 리스트 내에 몇 가지 증상이 있으면 범불안장애(GAD) 또는 주요우울장애로 진단받는다. 즉 같은 질환이어도 다양한 유형이 존재할 수 있고, 범불안장애의 경우 두 사람이 같은 진단을 받지만 증상은 일치하지 않는 상황도 있다. "우리는 명확하게 정의되지 않은 질환들을 이해하려고 합니다. 불안의 유형들이 서로 대단히 다르다는 뜻이 아니고, GAD에는 여러 가지 아형이 있기도 하지만 무엇보다 범불안장애와 우울증이 중복되는 지점이 많다는 뜻이죠. 한 환자가 두 곳에서 다르게 진단을 받을 수도 있습니다. 동반질병 비율이 90퍼센트에 달한다는 이야기를 들은 적이 있습니다."

불안과 우울의 경계가 흐리기 때문만은 아니다. 한 연구에서는 평생 동안 한 가지 정신건강 장애 기준을 충족한 사람들 가운데 66퍼센트는 두 번째 기준에도 부합하고, 53퍼센트는 세 번째에도 속하며, 41퍼센트는 네 번째 장애의 기준을 충족한다고 밝혔다.[11] 인습 타파 주의적인 정신과 의사 토머스 사즈의 말처럼 정신질환은 만들어진 병이라는 이야기를 하는 게 아니다. 다만 질환의 정의가 계속 개선되는 중이라는 말이다.

✧

학습과 적응이 가능한 AI를 만들 때 어려운 점을 설명하는 너새니얼의 말을 들으며 한 가지 깨달음이 나를 강타했다. "문제는" 그는 이렇게 말했다. "학습을 하면서 동시에 합리적으로 행동할 수 있는 로봇을 설계해야 한다는 것이죠. 로봇은 행동을 하는 도중에도 데이터를 모으거든요." 물론 우리에게도 해당되는 이야기다. 언제든 우리가 어떤 일을 할 때는 사실 두 가지를 하는 셈이다. 어떠한 행위를 하면서 또 남모르게 그 행위의 결과 데이터를 모은다. 이전의 선택에 따른 결과를 바탕으로 우리는 세상을 예측한다.

"차 때문에 죽게 될 거라고 믿는다면 외출을 하지 않는 선택이 합리적입니다." 너새니얼이 말했다. "부분적인 불신 하나를 조건으로 이야기 전체가 합리적이 됩니다. 순차적인 의사결정 문제의 수학이 지닌 멋이 바로 이 지점에서 드러나죠. 모든 것이 연계되어 있습니다. 부분적인 변화들이 굉장한 영향을 미치는 겁니다."

너새니얼의 모델에서 불안하거나 비관적인 스타일의 단점은 두 가지다. 먼저 나중에 좋은 선택을 내릴 자신이 없기 때문에(또는 이 세상이 너무도 끔찍한 곳이라 우리의 노력이 아무런 힘도 발휘하지 못할 거라고 생각하기 때문에) 장기적 보상을 얻기 위해 노력하려 들지 않는다. 두

번째는 **아주 엄청난 지점인데** 복잡한 행동이라는 길게 이어진 연결
고리에 더는 일부가 되려 하지 않기 때문에, 어떠한 행동을 하면 어
떤 일이 벌어진다는 데이터를 수집하지 못한다. 우리의 데이터세트
는 점점 더 한정적이 된다. 선택을 하지 않고 추측을 시험하지도 않
기에 어떠한 결과가 벌어질 개연성을 설명하는 정보가 갱신되지 않
는다. 현실에 대한 우리의 모델은 자신의 루틴 내에만 국한되고, 부
정적인 면이 강조된 캐리커쳐로 굳어진다.

차에 치일 것이 두려워 실내에만 머문다면, 밖으로 나가도 차에
치이지 않는, 기존의 신념과 어긋나는 경험을 하지 못한다. 당신이
경험하는 것은 실내에서 안전하게 지내는 시간이다. 점차 세계에 대
한 모델이 편파적인 행동으로 왜곡된다. 익숙한 인지편향, 가용성 휴
리스틱이 발생한다. 실내에 머물며 끔찍한 일이 벌어지지 않았던 수
많은 경험을 떠올린다. 외출을 해서 즐거운 경험을 했던 일은 극히
드물기에 선뜻 떠오르지 않는다.

어떠한 행동을 하는 것이 데이터를 수집하는 방법인 만큼, 행동
을 하지 않으면 당신의 모델 또한 갱신되지 않는다. 데이터세트가 편
향된다. 뜨거운 가스레인지에 손을 올려야 할지 말지를 결정하는 문
제라면 이런 접근이 적절하다. 매일같이 손을 대보며 여전히 아픈지
실험할 필요가 없다. 하지만 좀 더 복잡한 위험 또는 보상 극대화에
관한 문제라면 처참한 결과를 불러온다. 여기서 말하는 순차적 평가
모델이 사실이라면, 사소한 불신 몇 가지나 여기저기서 발생한 작은
왜곡이 세상을 향한 당신의 인식을 순식간에 망쳐놓을 수 있음이 쉽
게 확인된다. 우리는 현실과 꾸준히 대화를 나눈다.

이 모든 이야기가 내게는 무척이나 흥미진진하게 다가왔다. 너새
니얼처럼 나 역시 진지한 얼굴로 "순차적 의사결정 문제의 수학"이

"멋지다"고 말할 수 있는 너드다. 나는 프로그래밍 전문용어라는 오븐 장갑을 끼고 내 괴로움에 손을 뻗는 것을 훨씬 편안하게 여기는 쪽이다. 두 갈래로 나뉜 의사결정나무에 등장하는 대수학과 도표들은 90년대 초반, 고무 키패드를 장착한 내 8비트 가정용 컴퓨터에 기본 명령어를 입력하던 내 모습을 떠올리게 한다. 불안과 공황은 이런 모델들로 파악할 수 있는 무언가가 된 것처럼 느껴진다. 수치 값을 넣고, 도표로 만들고, 예측할 수 있는 무언가 말이다.

하지만 이론은 해결책이 아니다. 갈매기가 정확히 언제 그리고 어떻게 침실로 침입해 이불 온 사방에 배설물을 묻히는지를 설명하는 세 시간짜리 파워포인트 프레젠테이션을 만드는 거야 좋지만, 프레젠테이션이 갈매기를 막을 계획을 세우는 데 도움을 주지 않는다면 별로 쓸모가 없다. 너새니얼에게 지금 나누는 이런 이야기가 내가 불안을 이겨내는 데 어떤 도움을 줄 수 있는지 묻자 그는 당황했다.

"당신이 피하고 싶은 대상에 시험 삼아 좀 더 가까이 다가가볼 수 있을 것 같군요. 당신이, 그러니까 당신의 두뇌가 무언가를 배운다면 좋고요." 그가 잠시 말을 멈췄다. "하지만 그걸로는 충분하지 않죠. 제가 길을 건널 수 있다는 사실을 알게 된다 해도 제 생각의 결과가 저의 세계 곳곳을 오염시켰을 테니, 세상의 모든 것을 새롭게 배우며 살아가야 하겠죠. 이런 긴 순차적 의사결정 문제를 해결할 때 두뇌는 해당 문제의 답을 모든 곳에 저장하거든요. 때문에 잘못된 믿음을 바로잡았다 해도 그 생각의 결과들은 여전히 거기 있습니다."

다시 말해, 두려워했던 상황이 예상보다 잘 흘러간다고 해서 단숨에 불안이 지워지진 않는다는 것이다. 이런 일이 벌어지는 일부 이유는 너새니얼의 가설처럼 신경생물학적 본성 때문일지도 모른다. 앞서 편도체와 해마의 공포 조건화에서 확인했듯이 두뇌의 일부 영역이 어떠한 예상을 저장한다. 하지만 좀 더 고차원적인 곳에서 탄생하는 "하향식" 사고도 있다. 회사에서 프레젠테이션을 했고 무난하게 잘 진행되었다. 끔찍한 굴욕을 당하지 않았다. 그렇다면 이것이 상당한 긍정적 보상 예측 오류가 되는가? 이러한 도파민성 반응의 핵심 목표가 학습을 유도한다면, 우리가 현실과 나누는 대화들로 불안이 자연스럽게 치료되어야 하는 거 아닐까?

"스스로 잘못된 점을 발견하고 고쳐나갈 수 있는 문제라고 생각해요." 너새니얼이 말했다. "우울과 불안을 알아갈수록 자꾸만 드는 의문점은 이겁니다. 이 질환들이 어떠한 잘못된 믿음이나 비관적인 생각 때문이라고 여긴다면, 경험으로 그런 사고방식을 지워버리고 나아질 수 있지 않을까요?" 그러면 된다.

카밀라 노드가 공동 저자로 참여한 어느 연구에서는 우리가 경험에서 배우는 정도가 환경에 따라 달라진다고 한다. 안정적인 환경에서는 과거의 경험에 의존하려 하지만 불안한 환경에서는 신념을 빠르게 갱신한다. 연구 저자들은 호르몬이자 신경전달물질인 노르아드레날린의 조절 역할을 언급했다. 학습 과제를 마치는 동안 참가자들의 동공 크기와 혈압을 측정한 연구진은 베타 차단제인 프로프라놀롤로 노르아드레날린을 차단할 때 동공 크기에서 나타나는 예측 오류의 영향이 감소되었고, 특히나 불안을 느끼는 사람들에게서 이런 현상이 관찰되었다고 정리했다. 이들은 안정적인 환경에서는 노르아드레날린이 적게 분비되어 세상을 향한 자신의 신념을 좀 더 천천히 업데이트하는 것 같다고 추측했다. 불안하고 자극적인 환경에서는 노르아드레날린이 많이 생성되는 편이 새로운 법칙과 연관성을 더욱 빠르게 학습하는 데 도움이 된다.[12] 다른 연구에서는 노르아드레날린이 기억에 중요한 역할을 하는 것으로 밝혀졌다. 편도체에서 분비되는 노르아드레날린의 양으로 쥐가 꼬리를 꼬집히는 것과 같은 불쾌한 자극을 피하는 법을 얼마나 잘 학습하는지 예측할 수 있었다.[13] 노르아드레날린은 시냅스 가소성을 향상해 학습을 증진하는 것으로 보였다. 실험 결과, 뇌 속에서 세로토닌과 더불어 노르아드레날린의 잔존량을 높이는 벤라팍신과 같은 SNRI 계열 약물이 범불안장애의 증상을 완화하는 데 도움이 되는 것으로 드러났다.[14]

너새니얼의 궁금증에는 '혐오 가지치기'로 답할 수 있다. 불안할 때 우리는 잘못될 것 같은 상황을 피하려 하고, 이러한 회피로 기존의 믿음이 잘못되었음을 학습할 만한 새로운 경험 자체가 형성되지 않는다. 카밀라의 연구에서 찾은 또 하나의 답변은 삶이 일상적이고 예측 가능하며 안전하게 느껴질 때, 즉 "안정적인 환경"에 놓일 때 우리는 신경생물학적으로 기존의 신념을 업데이트 할 준비가 덜 된다는 것이다. 즉, 새로운 연결이 잘 형성되지 않는다. 프로프라놀롤을 섭취하면 당장에는 불안이 완화될 수 있지만 만약 사람들 앞에서 스피치를 하기 전에 복용한다면 이런 공개적인 발표가 그리 나쁘지 않다는 사실을 경험으로 배울 능력 또한 낮아질 수 있다.

어렴풋이 진실에 다가가는 느낌이었다. 내가 갈구해온 안전함이 결국 내 발목을 잡았는지도 모른다. "안전지대에서 나와라"라는 말이 항상 고리타분하고 진부한 소리처럼 들렸지만 이제는 진짜 과학적인 조언처럼 들렸다. 하지만 안전지대에서 나온다는 게 어떤 뜻일까? 내가 너무 몸을 사리면서 살았던가? 더 많은 위험을 감수해야 했을까? 카밀라가 했던 말이 내게 답을 주었다. 덕분에 나는 고대 버섯신들을 만나고, 얼음장 같은 물에 들어가고, 청소함에 갇힌 사람들을 만나는 여정에 올랐다.

XIII
극한의 노출치료

우리는 어떻게 두려움을 영속하는가?

"리사." 아내는 노트북에서 눈을 떼고 나를 올려다봤다. 나는 문간에서 머리카락을 잡아당기고 있었다. "미안한데" 아내에게 말했다. "내가 공황이 올 것 같아서 그런데, 나 좀 안심시켜줄 수 있을까 해서."

"다 괜찮을 거야."

나는 머리를 한 움큼 그러쥐고 심호흡을 했다. "정말 공황에 빠질 것 같아." 가슴이 조여들었다. "가서 명상해." 아내는 이렇게 말했다. 짜증이 나 보였다. 글쓰기 작업 때문에 스트레스를 받았던 내가 앞서 아내에게 까칠하게 굴었던 터라 아내가 아직도 화가 난 상태인지 걱정스러웠다. "안심이 될 만한 이야기 좀 해주면 안 될까? 너무 걱정이 되고 불안해."

"나 지금 뭣 좀 하는 중이야." 세상에. 아내는 분명 짜증이 났다.

"제발" 제자리에서 서성거렸다. "도움이 좀 필요해서 그래." 두 손을 초조하게 맞잡았다. "내가 도저히… 기분이 이상해. 어지럽고. 머리가 핑핑 돌아." 이 이야기를 하니 정말 머리가 어지럽기 시작했다.

말들이 내 입 밖으로 튀어나가는 것 같았다. 내가 내 자신을 통제한다는 느낌이 없었다.

"가서 명상해봐."

"그러니까… 몸이 좀 안 좋은 것 같아. 도움이 필요해. 나 정말 심각해서 그래. 잠깐만 내가 진정할 수 있게 좀 도와줘."

"도와줄 수가 없어." 아내가 말했다. "내가 하는 말은 당신 상태를 더 심각하게 만들 뿐이야."

"제발! 당신 지금 짜증난 거 알아. 그래서 상, 상태가 더 안 좋, 좋아지는 거야." 말 더듬는 증상이 시작되었다. 정말 불안에 떨고 있었다. "그냥 좋은 말을 좀 해줘. 따뜻한 말."

"다 괜찮을 거야."

"짜증난 말투야."

아내가 한숨을 내쉬었다. "짜증이 **난 거** 맞아. 그냥 좀 가서 진정 좀 하라고. 난 도와줄 수가 없어."

"제발!" 머리를 감싸 쥐었다. 문간에 서서 몸이 굳어버린 것 같았다. "나는 그냥… 나는 그냥…" 계속해서 짧은 단어만 반복하며 제멋대로 지껄이기 시작했다. 더는 내가 무슨 말을 하는지도 알 수가 없었다. 내가 상황을 악화한다는 사실을 잘 알았다. 이런 상황에서 아내에게 날 좀 달래달라고 사정해봤자 아무런 도움이 안 된다는 것도 알았지만 평정을 잃었다. 숨이 쉬어지질 않았다. 나는 목을 움켜잡았다. 아내의 말이 들리지 않았다.

물론 여기서 건강한 행동이란 내가 아내의 요청대로 해주는 거라는 점은 알고 있었다. 그만 자리에서 벗어나 서로에게 시간을 주는 것 말이다. 조용한 방으로 가서 마음을 진정시키고, 정상적인 호흡을 되찾고, 머릿속에서 이리저리 튕겨져 나오는 생각에 반응하는 대신

XIII 극한의 노출치료

269

그저 들어주는 것 말이다. 다른 사람에게 연민을 발휘해달라 사정할 게 아니라 내 **스스로에게** 연민을 발휘하는 것.

하지만 내 안의 무언가가 간절히도 안심을 바랐다. 엄마가 아이에게 하듯 나를 따뜻하게 감싸고 달래준다면, 나를 꼭 안으며 "괜찮아. 당신 때문에 짜증이 날 일은 절대 없을 거야. 사랑해. 걱정할 것 하나 없어. 쉬, 쉬"라고 말해준다면 내 머리와 마음속에서 시끄럽게 울부짖는 경적을 멈출 수 있을 텐데. 숨을 쉴 수 있을 텐데. 안전함을 느낄 수 있을 텐데.

✧

이런 실험을 상상해보라. 참가자들 앞에 놓인 모니터에 파랑, 노랑, 초록의 순으로 네모난 도형이 등장한다. 파란색 네모가 등장할 때마다 10초 후에 참가자들에게 전기 충격이 전해진다. 얼마 후면 파란색 네모를 보는 것만으로도 참가자들은 가슴이 철렁하는 불안을 느낀다. 심박이 높아지고 피부에서는 땀이 배어난다.

이제 이 참가자들을 두 집단으로 나눈다. 한 집단에게는 파란색 네모를 반복적으로 제시하지만 이번에는 전기 충격이 뒤따르지 않는다. 두 번째 집단에게는 파란색 네모가 등장할 때마다 버튼을 누르면 전기 충격이 오지 않을 거라고 설명한다. 어떤 일이 벌어질까? 실험 막바지에 이르자 버튼을 누르는 두 번째 집단은 파란색 네모를 볼 때마다 여전히 '찌릿'하는 불안을 느낀다. 자신이 전기 충격을 멈춰야 한다고 믿는 이들은 파란색 네모 등장과 불행 사이의 연관성이 각인되었다.

여기서 한 가지 반전이 등장한다. 버튼은 아무런 역할도 하지 않는다. 사실 참가자들이 가만히 있어도 전기 충격은 전해지지 않았다. 한편 버튼이 주어지지 않았고 어떤 반응을 보일 수 없이 불안을 마주해야만 했던 첫 번째 집단은 파란색 네모의 등장에 더는 불안을 느끼지 않았다. 이 이야기는 2000년대 말 뉴사우스웨일즈대학의 심리학자 피터 로비본드가 진행한 실험을 요약한 것으로,[1] 불안을 이겨내는 행동 또는 안전 행동safety behaviour의 가장 교묘한 교란 요인을 보여주는 실험이다.

안전 행동은 불안의 신체적 증상을 통제하기 위해, 또는 머릿속에 떠오르는 위험이 발생하지 못하도록 막기 위해 우리가 하는 행동을 의미한다. 안심하려고 친구에게 문자를 보내거나, 어떠한 장소에서 탈출하고 싶다는 생각이 들 것을 우려해 출구 가까이에 자리하거나, 베타 차단제나 벤조다이아제핀을 복용하는 것처럼 언뜻 이성적이거나 적어도 논리적으로 보이는 행동부터, 행운의 부적을 갖고 다니거나 자신에게 벌어질 '나쁜' 일을 막고자 비행기 계단을 오를 때면 숨을 참는 식의 대단히 미신적인 행동까지 그 범위가 다양하다.

문제는 안전 행동이 그 순간의 불안을 완화하더라도 장기적으로는 불안을 더욱 지속하거나 심지어 강화한다는 것이다. 폐소공포증 때문에 MRI를 거부하는 사람들을 대상으로 진행한 연구가 있다. 참가자들은 문이 닫히는 푹신한 검은색 상자(관이나 다름없었다) 안에 누워 있는 노출치료를 받았다. 상자 안에 들어가기 전 참가자들에게 약을 한 알 주며 아도목신이라는 신약이라고 설명했다.

노출치료 후 한 집단은 아도목신의 부작용인 "불안, 떨림, 동요, 호흡 불안, 발한"을 설명하는 영상을 시청했고, 약물 때문에 노출치료가 더욱 힘들었을 거라고 믿게 됐다. 두 번째 집단은 해당 약물의 부작용이 "진정, 이완, 졸음"이라서 노출치료가 '훨씬 수월하게' 진행되었을 거라고 설명을 들었다. 세 번째 집단에게는 연구진이 사실대로 밝혔다. 그들이 섭취한 것은 가상의 약물 아도목신이 아니라 위약(비타민C 250밀리그램)이었다고 말이다.

세 집단 모두 노출치료 직후에는 폐소공포증이 눈에 띄게 완화됐다. 하지만 일주일 후 진정제를 섭취한 덕분에 치료가 쉬웠다고 믿은 참가자들은 다른 두 집단에 비해 "공포가 되살아난 비율이 현저하게 높은" 모습을 보였다. 실로 아무런 치료도 받지 않은 통제 집단과 별반 차이가 없었다.[2]

불안을 느끼는 사람들 다수가 불안의 신체적·정서적 경험을 자신이 위험에 처했다는 증거로 생각한다.[3] 안전 행동에 의지해 불안이 살짝 감소하면 자신이 위협을 가까이 오지 못하게 물리친 **것 같은** 기분에 빠진다. 어떠한 처벌이나 피해가 다가오리라 예상했고, 조치를 취하자 예상했던 피해가 발생하지 않았다. 자신의 예측이 잘못되었음을 학습하고 그에 따라 세계를 향한 모델을 업데이트하는 대신, 자신이 바짝 경계한 덕분에 위험을 피할 수 있었다고 의식적으로 그리고 무의식적으로 결론을 내리는 것이다.

"이 이후에, 따라서 이 때문에post hoc ergo propter hoc"라는 라틴어에서 파생된 용어인 "인과 오류post hoc fallacy"로 알려진 현상이다. 당신은 특별한 노이즈 캔슬링 이어폰을 끼고 버스에 올라, 이동하는 내내 불안을 달래주는 확언을 듣는다. 공황발작이 찾아오지 않았다. 따라서 이어폰과 확언이 공황발작을 막아줬다고 생각한다. 문헌에서는 "안전의 오귀인misattribution of safety"이라는 용어로 등장한다. 세계에 대한 스키마나 자신의 회복력에 대한 믿음을 업데이트하지 않고 어떠한 행동이 우리를 안전하게 만든다고 믿는 것이다.

피터 로비본드의 뒤를 이은 후속 연구는 안전 행동이 불안을 유지하는 것 이상으로 새로운 불안을 만들어낼 수 있다고 주장했다. 위트레흐트대학의 연구자들은 참가자들에게 모니터상에 특정 색의 도형이 나타나고 몇 초 후에 전기 충격이 전해질 것이며 버튼을 누르면 충격을 막을 수 있다고 설명했다. 그런 뒤 참가자들에게 다른 색깔 도형이 등장할 때도 버튼을 눌러야 한다고 말했다. 몇 차례 반복한 후 참가자들은 두 번째 도형이 등장할 때도 불안을 느끼기 시작했다. 두 번째 도형이 등장한 후 전기 충격이 가해진 적이 **단 한 번도** 없었음에도 말이다. 참가자들은 버튼을 눌러서 충격을 막았다고 (잘못) 믿었고, 학습된 공포를 다른 맥락에도 적용해 일반화했다.[4]

진화적 관점에서 이러한 공포 일반화는 유용한 기제다. 세계에 대한 모델을 형성하고 예측하게 만들기 때문이다. 우리는 부정적인 경험을 최대한 이용하도록 설계됐다. 학습하는 데 겪을 수밖에 없는 피해를 최소화하도록 말이다. 우리는 아주 불쾌한 경험을 할 때마다 새로운 규칙을 세운다. 그렇게 세상은 점점 더 불확실해진다.

어떠한 맥락에서는 안전 행동이 우리의 기대가 불일치할 때 전해지는 불편함을 피하게 해주는 이차적인 목적을 충족하기도 한다. 1950년대 심리학자 레온 페스팅거는 우리의 신념에 반하는 정보가 주어질 때 경험하는 심리적 불편함을 두고 "인지부조화"라는 이론을 제안했다.[5] 우리는 신념과 대립하는 정보로 빚어지는 갈등을 해결하고 싶어 하고, 자신의 신념과 불일치하는 증거를 일회성이나 요행, 일탈, 이 세상의 법칙에 벗어나는 비전형적인 일이라고 치부하는 가장 손쉬운 방법을 택한다. 위험하다는 우리의 예측이 틀렸음을 인정하는 것은 곧 우리가 지닌 세상의 모델에 오류가 있다는 뜻이고, 이는 다시 불확실성이 증가한 현실을 수용해야 한다는 의미다. 이상하게 들리겠지만 우리는 미래를 볼 수 있다는 위안 어린 환상을 포기하기보다 우리가 예측하는 불행이 옳다고 믿는 쪽을 택한다.

불안이 불확실성을 견디는 인내력의 부족에서 기인한다는 점을 이해하면, 생각을 전환하는 것이 왜 이토록 어려운지도 이해할 수 있다. 우리가 확실성에 매달릴수록 어떠한 변화를 불러오는 무해한 의심을 선뜻 받아들이려고 하지 않는다.

⊹

일곱 살 때인가, 여덟 살 때인가, 내가 어떤 일을 하지 않으면 지옥에 가게 될 거라는 속삭임이 머리에 울렸다. 소곤거리는 내 목소리였지만 어쩐지 머릿속에서 굉장히 크게 울렸다. "…하지 않으면 지옥에 떨어질 거야"라고 말하는 목소리는 숨을 참고 할아버지 집 진입로 끝에 있는 돌기둥을 만지고 와야 한다거나, 한 번에 계단을 두 칸씩 오르되 절대 미끄러져서는 안 된다고 종용했다. 스스로 떠올리는 생각이라는 사실은 알고 있었다. 무서웠고, 이런 생각을 하고 싶지 않았다. 지옥에서 영원의 시간을 보낸다는 무모한 생각은 나를 쉴 새 없이 괴롭혔다. 내가 할 수 있는 방어란 복종뿐이었다. 방바닥 몰딩에 이마를 대지 않으면 지옥에 떨어질 거야. 안 한다고 정말 지옥에 가게 될지는 알 수 없었지만 그런 도박을 감히 할 수가 있을까?

얼마 전까지만 해도 강박장애(OCD)는 불안장애로 분류되었다. DSM-5가 따로 범주를 만들었지만 OCD와 범불안장애, 공황장애는 함께 묶일 때가 많다. 평생에 이 중 하나를 경험했다면 일반적으로 다른 하나도 경험한다.[6] 유아기 때 발병한 강박장애는 특정한 물건을 만지거나 특정한 방향으로 이동하는 등 어떠한 의식을 행하라는 내면의 목소리가 동반될 때가 많고, 아이들은 성인보다 종교나 죽

음을 둘러싼 강박이 있을 확률이 높다.[7]

　OCD 범주가 말하는 모든 특징에 내가 완벽히 해당했냐면, 또 그건 아니었다. 예상컨대 불안을 느끼는 아이들 대다수가 비교적 그 증상의 강도가 약한 축에 속하고, 겉으로 드러나지 않는 준임상적인 수준의 증상을 경험할 것이다. 이런 내 문제를 누구에게도 털어놓은 적 없었다. 종교적 공포는 커가면서 사라졌고 의식들은 내 삶의 일부로 녹아들어 거의 눈치 채지도 못하게 되었다.

　사람들은 OCD를 마치 까다로움이나 대칭을 선호하는 성향쯤에 비유해 일상적으로 많이들 언급한다. 아, 나는 집에 손님이 오면 냅킨을 반드시 백조 모양으로 접어야 하거든. 나 약간 OCD야. OCD 환자들과 임상의들은 OCD가 개인의 기이한 버릇으로 농담처럼 과소평가되는 데에 (당연하게도) 불만을 표한다. 하지만 이러한 반발 속에서 중요한 진실이 사라졌다. 진단 범주로 인해 사람들은 정신질환을 켰다 껐다 할 수 있는 스위치 같다고 오해하게 되었다.

　내가 했던(여전히 하는) 의식들은 일부러 하는 엉뚱한 생각이나 우스운 버릇이 전혀 아니다. 내게는 대단히 중요한 문제였고, 왜 이런 행동을 하는지도 의식하지 못하는 명백한 '규칙'이었다. 누군가 때문에 또는 어떤 일이 생겨 이런 행동을 하지 못하게 되면 정확히 이유를 설명할 수는 없지만 굉장한 고통을 느꼈다. 그런 순간이 찾아올 때면 문득 자각이 되었다. 이건 미친 짓이야. 그 행동들은 기호 이상이었다. **욕구**처럼 느껴졌다.

　OCD, PTSD, GAD, 사회불안장애, 심지어 공황장애도 스펙트럼 장애로 이해하는 편이 옳다. 이런 질환들은 "이런 증상이 없으면 그 질환이 아닌 거야", 심지어 "넌 이거 아니면 저거야"라는 식의 이분법적인 사안보다는 DJ 믹서에 나란히 자리해 위아래로 움직이는

XIII 극한의 노출치료

275

슬라이더에 가깝다. 뿐만 아니라 증상이 어떤 날에는 고조되다가 다른 날에는 잠잠해질 수도 있다. 다양한 조합 속에서 증상들이 심화되는 식이다. 우리가 고정된 특징으로 여기는 것들이 사실은 일시적인 상태일 수도 있다. 인간의 의식은 진단명이 말하는 것보다 훨씬 다채롭고, 훨씬 개인적이며 훨씬 **찬란한** 기이함을 뽐낸다.

말소리가 들리는 것처럼 명백하게 정신질환과 연관되어 보이는 증상도 사실 꽤 흔하다. 그 수치에는 각각 차이가 있지만 여러 자료를 보면 살면서 환청을 경험한 사람들이 5~15퍼센트 가량 된다. 한 조사에 따르면 응답자의 7.3퍼센트가 목소리를 들은 적 있지만 전문가의 도움을 받은 사람의 비율은 16퍼센트에 불과하다.[8]

돌아가신 할아버지는 목숨을 잃을 수도 있는 인후암 수술을 받기 전에 내면의 목소리를 들었다(아이러니하게도 이 수술로 할아버지는 목소리를 잃었다). 그 목소리는 룻이 시어머니 나오미에게 안심의 말을 전하는 성경 구절을 읊었다. "당신이 가시는 곳에 나도 가겠나이다." 그 순간 할아버지에게 굉장한 평온함이 찾아왔고 당시의 경험이 할아버지의 남은 평생 동안 위로가 되어줬다. 목소리를 듣는 현상은 본질적으로 병적인 증상이 아니다.

불안을 잠재우려고 어떤 의식을 하며 위안을 얻는 것 또한 병적인 행동이 아니다. 적응적인 행동일 때도 있다. 중요한 시험을 앞두고 스트레스를 받는 사람이 시험장에 들어가기 전 아로마 오일 한 방울로 신경을 안정시켜도 이상할 건 없다. 아로마 오일이 치즈 토스트만큼 입증된 불안 완화제인지 아닌지는 중요하지 않다. 심지어 비활성의 설탕임을 공개하고 제공하는 위약인 오픈 라벨 플라세보open-label placebo조차도 시험 때문에 느끼는 불안을 완화하고 자기관리 기술을 향상하는 효과가 크다.[9] 시작 전에 약간의 터무니없는 위안제가 마음을 안정시키고 기량을 잘 발휘하도록 돕는 것이다.

몇몇 심리학자는 안전 행동이 (현명하게 이용할 때) 노출치료 초기 단계에서 환자가 두려움을 마주하도록 마음의 준비를 시켜주는 이로운 역할을 할 수 있다고 주장한다.[10] 하지만 두려움과 마주하기를 매번 지연한다면 대출을 받는 행위나 다름없다. 빚이 쌓여간다. 머지않아 빚을 갚아야 할 것이다.

✧

"두려움에 스스로를 노출한다는 개념에서 제가 오랫동안 이해하지 못했던 것이 있습니다." 돈 휴브너 박사는 내게 이렇게 말했다. 아동 불안장애를 전문으로 하는 그는 작가이자 부모 코치로 활동한다. 당시 나는 내 어린 시절을, 두려움에 대처하려고 처음 노력했던 때를 자주 떠올렸다. 불안이 어떻게 시작되고 아이의 마음속에 어떤 식으로 뿌리를 내리는지 묻고자 그를 찾았다.

과거 그는 노출과 탈감각화desensitisation가 두려움을 느끼는 대상에 적응해가는 과정이라고 생각했다. 따라서 개를 무서워한다면 개와 가까이 지내는 경험을 반복해야 한다고 믿었다. 실수를 두려워한다면 자꾸 실수를 저지르는 경험이 필요하다. "하지만 이런 도전에서 마주하는 것이 한 가지 더 있어요. 자신의 두려움뿐 아니라 불편함에도 스스로를 노출하는 거죠."

불안은 결국 내게 피해를 주는 무언가를 피하고 싶은 감정이고, 불편함은 초기 경고 시스템이다. 불안의 관점에서는 불편함을 견디기 어려울수록, 불편함을 빨리 느낄수록 잠재적인 위험에 더욱 민감하게 반응해야 한다는 의미다. 이 불편함이란 초기 경고 시스템이 빨리 울릴수록 좋다. 불편함을 완화하는 행동으로 불안을 이겨내려는 시도는 불안이 만들어놓은 게임에 휘말리는 일이다. 돈은 성공적인 불안 치료법이란 견디는 법을 배우는 것이라고 설명했다.

신체 감각들, 연관된 생각들은 물론, 자신이 불안하다는 사실을 다른 사람들이 눈치 채는 상황을 포함해 불안의 증상을 두려워하는 정도를 "불안 민감성anxiety sensitivity"이라고 한다. 수많은 연구에서 "두려움에 대한 두려움"이 잔혹한 피드백 루프를 형성한다는 것이 드러났다. 다양한 불안장애에서 불안 민감성은 증상의 심각도와 밀접한 연관을 보여준다.[11] "예전에는 강박장애를 '의심병'이라고 불렀어요." 돈이 말했다. "사실 강박장애란 의심이나 불확실성을 견디지 못하는 성향에 관한 것이거든요. 확실한 무언가를 원할수록 더 얽매이게 되죠." 불안을 견디는 법을 배우면 불안은 낮아진다. "하지만 그 효과는 아주 잠깐입니다."

돈은 하교 후 부모님이 데리러 오지 않을까 봐 걱정하는, 분리불안을 경험하는 아이를 예시로 들려줬다. 아이는 자꾸 확인받고 싶어 하지만 부모가 안심시켜줄수록 불안은 더욱 공고해진다. "불안은 의심을 먹고 자랍니다. 이 상황에서 아이가 정말 걱정하는 것은 부모가 늦게 올 가능성이죠. 제 생각에 당신에게 필요한 건 그 불확실성에 노출되는 겁니다. 부모가 늦을 가능성이요. 나쁜 일이 벌어질 가능성. 진짜 나쁜 일에 노출되는 게 아니라요."

언젠가 리사와 나는 차를 몰고 초대받은 결혼식에 가고 있었다. 우리가 시간 내에 도착하지 못할 게 분명해지기 전까지만 해도 둘 다 굉장히 스트레스를 받았다. 막상 늦을 게 확실해지고 나니 마음이 편안해졌다. 사실 지각 자체는 그리 불쾌한 일이 아니었다. **어쩌면** 늦을 수도 있다는 불확실성이 우리를 불안하게 만들었다.

돈은 부모들이 아이의 걱정을 잠재워주고 장기적으로는 잘 성장하게 하고 싶은 마음에 의도치 않게 안전 행동을 구축하는 데 일조한다고 말했다. "뭐든 다 선의에서 시작하죠. 포유류로서 우리 안에 내재된 성향 중 하나로 아이들은 고통에 빠지면 고통을 신호로 보냅니다. 부모인 우리는 그에 반응하도록 설계됐고요." 예일대학 심리학자 엘리 리보위츠는 부모를 치료하는 데만 집중하는 아동 불안 치료 프로그램을 만들었다. 아이는 심리치료자의 사무실에 발도 들이지 않고, 모든 과정이 부모를 대상으로만 진행되지만, 이 방식이 아이를 직접 치료하는 것만큼 효과적이라는 사실이 연구로 밝혀졌다.[12]

내가 어렸을 때 부모님은 항상 나를 안심시키고 보호하기에 바빴다. 여전히 그렇다. 내가 좌절하거나 괴로워할 때면 내 고통을 덜어주려 했다. 너무나 따뜻한 부모를 두어서 불행했다고 불평한다면 정말 배은망덕한 짓 아닌가! 하지만 돈의 말을 듣고 부모님과 내가, 양쪽 모두가 좀 더 거리를 두는 습관을 들였다면 어땠을까 하는 생각이 들었다. 가끔씩 부모는 아이를 위험에서 보호한다고 생각하지만 사실은 두려움을 경험할 기회를 앗아갈 때가 있다고 그는 설명했다.

돈이 첫 아들 엘리가 나무나 플라스틱류의 작고 날카로운 조각, 머리 자르기, 벌을 불안해하기 시작할 때 직접 경험한 바였다. 처음에 그는 아들이 불편해하는 장소를 피하도록 도왔다. 하지만 아이의 불안이 점차 악화되어 나무를 만지는 것을 두려워하고 심지어 밖에 나가려들지도 않았다. 결국 돈과 남편은 개입, 즉 뇌물 공세를 시작했다. 밖에 나가서 벌에 쏘이면 30달러짜리 레고를 사주겠다고 아이에게 말했다. 아이는 5분 만에 벌에 쏘여 왔다. 돈은 다시 그때로 돌아가면 다른 방법을 쓰겠다고 말했지만, 결과적으로 아들 엘리는 날카로운 물건에 대한 두려움을 완전히 이겨내 펜싱을 할 수 있을 정도가 됐다.

우리의 두려움은 사실 실제로 두려워하는 대상의 위험성에 비해 과장되었다는 소리가 너무 진부하게 들리겠지만, 강력한 진리를 담은 말이다. 불안할 때의 신체적 경험과 그 순간 우리 자신에게 전달하는 메시지에 지나치게 매몰된 나머지 개, 거미, 타인의 거부 등 우리가 두려워하는 대상의 실체를 제대로 보지도 못할 때가 많다. 우리가 두려움을 견디지 못할 때면 **두려움 그 자체**가 파블로프 조건반사를 형성한다. 어떠한 자극이 등장할 때마다 끔찍한 전기 충격이 전해진다고 믿는 것처럼 말이다. 돈은 아이들이 불안을 느끼지 않도록 보호받아야 하는 게 아니라 불안을 처리하는 방법을 배워야 한다고 말했다. "불편한 감정이지만 절대로 위험한 감정은 아니에요. 두려움을 느끼는 것과 위험에 처하는 것은 다릅니다."

그는 아이들이 "내가 이런 이런 도전을 했는데 하나도 안 무서웠어"라고 말할 때면 가끔 속으로 '젠장'이란 생각이 든다고 털어놨다. "아이들이 두려움을 느끼길 바랐는데, 그럴 만큼 대단한 도전이 아니었으니까요." 핵심은 두려움을 느끼지 않는 것이 아니라 두려움과의 관계를 바꾸는 데 있다. "불안에 얽매일수록 더욱 깊이 휘말립니다." 돈은 이렇게 말했다. "이러한 불안의 프로세스를 이해하는 것이 중요해요. 불안과의 관계를 바꿔야 자유로워질 수 있습니다."

✧

누구도 쉽다고는 하지 않았다. 위협 회로는 수백만 년의 진화에도 살아남았다. 생명체의 목숨을 유지하는 힘이었으니까. 불쾌한 공포는 적응 기제이고, 불안이 지닌 혐오스러움은 생명체를 행동하게 만드는 동기다. 공포와 함께하는 것은, 반응하지 않고 온전히 느끼는 것은 살아 있는 모든 생명체를 지배하는 기본적인 충동에 위배된다. 스스로를 보호해야 한다는, 안전해야 한다는 충동 말이다.

내게 안심이 되는 말을 듣고 싶은 욕구를 끊어내려 노력할 당시, 불안을 견디는 인내력을 기른다는 느낌이 들지 않았다. 이혼당할 것 같았다. 버림받는 기분이었다. 내 삶이 무너져 내리는 것만 같았다.

머리는 이렇게 말했다. 진정해. 좀 기다리라고, 네 감정을 편안하게 받아들일 기회야. 마음은 이렇게 말했다. 세상에나. 팀, 지금 **당장** 바로잡아야 해! 그럼 머리가 또 이랬다. 잠깐, 네 마음의 소리가 맞으면 어쩌지? 그러니까 내 말은, 아내가 짜증이 난 것도 맞고 네가 손이 좀 많이 가는 사람인 것도 맞잖아. 아내가 당연히 너한테 지치지 않았겠어? 어쩌면 지금이 아주 중요한 순간일지도 몰라. 누가 알겠어. 조지프 르두가 누차 말했듯이 감정이 떠드는 헛소리를 사실처럼 믿으려고 온갖 미사여구를 붙여 합리화하기란 너무도 쉬운 일이다.

안전 행동에 대해 배워갈수록 거대한 무언가를 향해 다가가는 느낌이었다. 케임브리지대학의 카밀라 노드가 한 말로 내 흥미는 곧 강박으로 변했다. 그는 심리학에서 가장 성공적인 이야기가 바로 공황 치료라고 했다. 십대 때 그는 공황발작을 경험했다. 그 증상을 아직도 경험했다면 그는 전문가를 찾아 노출치료를 받았을 거라고 말했다. "폐소공포증 환자에게 하루 동안 개입치료를 하는 프로그램을 개발한 옥스퍼드 연구자를 알아요. 끔찍한 치료법이에요. 벽장에 갇혀 못 나오거든요. 그래도 효과는 있어요." 그 연구자와 대화를 나눠야 했다. 카밀라가 이름을 알려줬다. 옥스퍼드대학의 안드레아 라이네케 박사. 일주일 후 그는 내 초청에 응했다.

"지난 몇 년간 저는 불안장애 환자의 두뇌가 어떻게 다른지를 파악하는 데 매달렸어요." 안드레아가 말했다. 약한 독일 억양이 묻어나는 그는 내 질문이 좋다고 칭찬해주는, 따뜻하고 자주 웃는 사람이었다. 좁은 공간에 사람을 가두는 끔찍한 짓을 할 사람처럼 보이지 않았다. 일찍이 신경과학을 공부하며 그는 불안 때문에 두려움에 연관된 자극에 편향되고 이로써 우리가 세상을 경험하는 방식이 달라진다는 사실을 깨달았다. 이를 테면 거미공포증이 있는 사람이 하필 "방안에 들어온 거미를 불행히도 직접 발견하게 되지만 사실 이는 우연이 아니다"라는 식이다.

심리학자들은 불안한 사람들에게 두려움을 느끼는 대상과 관련한 글자와 사진을 제시하고 반응 시간을 측정해 이들의 무의식적인 편향을 실험했다.[13] 예컨대 "표정 점 탐사 과제faces dot-probe task"에서는 서로 다른 감정을 드러내는(한 사람은 중립적인, 다른 한 사람은 두려움에 질린) 표정을 나란히 보여주고 잠시 후 이미지가 있던 자리에 점이 등장한다. 참가자들은 점이 화면 왼쪽에 등장했는지 오른쪽에 등장했는지 키보드로 답을 입력한다. 두려움을 표현하는 얼굴 사진이 있던 쪽에 등장한 점에 꾸준히 빠르게 반응한다면 참가자의 시선이 이미 그 쪽을 향했다는 의미였다.[14] 심리학자들은 이를 두려움과 관련한 자극에 주의력이 편향된 증거로 해석한다. 이런 사람들은 그것이 거미 또는 근처에서 벌어지는 논쟁처럼 외부적이든, 심박 증가 또는 걱정스러운 생각처럼 내부적이든 위협에 바짝 경계한다.

공황장애와 극심한 공포증을 앓는 환자를 대상으로 한 안드레아의 연구에서는 fMRI 스캔상 한 곳에서 활동성의 변화가 감지됐다.

"당신이 이미 여러 차례 마주쳤을 두뇌의 한 영역이죠. 바로 편도체예요." 나는 웃음을 터뜨렸다. 아, 여기서 또 만나네, 옛 친구.

안드레아와 그의 팀은 공황장애 환자들과 공황장애를 한 번도 경험한 적 없는 임상과 무관한 자원봉사자들로 두 집단을 분류한 뒤, 공황 및 공황장애 환자들이 경험하는 끔찍한 예측과 간접적으로 관련된 이미지들을 제시했다. "가령 도중에 심장마비가 와서 사고를 낼까 봐 운전을 두려워하는 사람들에게는 차가 으스러진 사진을 보여줬죠. 유혈이 낭자하거나 그런 건 전혀 없어요." 다른 사진들은 집중 치료를 받는 환자들이나 장례식의 이미지였다. 참가자들은 사진이 얼마나 공포스러웠는지 10점 만점으로 평가를 내렸다. 안드레아의 팀은 두 집단의 점수에 차이가 없음을 발견했다. 하지만 편도체 활성화를 비교하자 건강한 자원자들에 비해 공황장애 환자들의 편도체가 "극도로 흥분한" 것을 발견했다. "편도체가 대단히 위험한 상황이라고, 아주 잘못 돌아간다고, 뭔가를 해야 한다고 말하고 있었죠."

안드레아는 극심한 불안을 느끼는 사람들의 행동을 아마도 편도체가 이끌 거라고 생각한다. "하지만 이런 환자들에게서 자주 보이는 특징은 편도체를 점점 더 민감하게 만드는 행동을 한다는 겁니다." 심장마비가 올까 봐, 특히나 만원 버스처럼 탈출이 어려운 곳에서 심장마비를 경험할까 봐 두려워하는 사람이 있다고 생각해보자. 버스에 오르면 이들은 심장이 괜찮은지 심박을 계속 확인할 것이다. 하지만 불안을 느끼는 이상 심박이 약간 오를 수밖에 없다. 그럼 이들은 이런 생각을 한다. 세상에, 심장마비가 시작되는 건가?

"'뭘 좀 어떻게 해봐'라고 편도체가 신호를 보내죠." 그래서 이들은 도착지까지 15분이나 남았음에도 다음 정거장에서 내릴지도 모른다. 그게 어렵다면 안전 행동을 할 수도 있다. "누군가에게 전화를 걸거나, 약을 먹거나, 창문을 열거나, 외투를 벗거나, 물을 한 모금 마시는 식이죠. 그 순간에는 이런 행동들이 전부 도움이 됩니다. 그리고 안타깝게도 의사들이 이런 안전 행동을 권하기도 하고요. 봉투에 대고 숨을 쉬어라, 약을 먹어라 같은 거요. 하지만 두뇌는 학습하죠. '이런 행동을 하지 않으면 반드시 심장마비가 올 거야' 하고요."

그 순간만큼은 안전 행동이 위안을 가져온다. 위협 회로의 관점에서 우리의 불안은 굉장히 타당한 현상이다. 위협을 감지했으니 그에 따른 조치를 취하고 운 좋게 위험에서 탈출하는 것이다. 성공적인 행동처럼 느껴지지만, 이 일련의 과정을 가능케하는 경로가 강화된다. "따라서 더 일찍부터 촉발되기 시작해요." 이것이 바로 헤브의 가정이다. "함께 발화하는 것은 연결되어 있다."

"불안을 치료하는 데 중요한 것은" 안드레아가 설명했다. "그런 행동을 하지 않아도 아무 일도 벌어지지 않는다는 사실을 학습할 기회를 주는 겁니다. 하지만 우리는 그런 기회를 경험하려 하지 않죠. 두뇌가 그렇게 하라고 지시하지 않아요."

그녀는 옥스퍼드에 와서 한 약리학 그룹에 참여했다. 다 같이 모여 SSRI 계열 약물이 우울증을 어떻게 치료하고 두뇌에 어떤 영향을 미치는지 연구했다. 안드레아는 인지행동 심리학자라는 배경이 있었다. 그의 동료들은 인지행동치료(CBT)에 회의적이었다. "제 역할은 인지행동치료가 약물보다 훨씬 오래 걸린다고 보여주는 거였던 듯해요. 이런 치료는 두뇌에 지극히 작은 변화만, 그것도 한참을 지나 불러올 수 있고, 15~20회 정도의 세션이 진행된 후에야 어떠한 결과물이라도 볼 수 있다는 사실을 보여주는 역할이었죠."

한 연구에 참여한 그는 광장공포증을 앓는 환자들에게 딱 한 차례의 CBT를 진행한 뒤 이 치료가 두뇌나 인지 처리에 아무런 효과도 없음을 보여주고자 했다. 하지만 모든 이가 놀라게도, 겨우 24시간 만에 두뇌가 위협 정보를 처리하는 방식이 달라졌다. "치료를 받은 집단 중에는 건강한 자원자와 아주 유사한 수준의 처리 패턴을 보이는 사람들도 있었어요." 안드레아의 연구 결과는 심리치료가 순전히 "하향식"으로(좀 더 자동적인 반응에 앞서 의식적인 사고 처리 과정을 변화시키는 방식으로) 진행된다는 기존의 가정에 반했다. 어떠한 치료는 기존의 인식과 달리 약물과 비슷한 효과를 발휘했다.[15] 그는 이렇게 짐작한다. "CBT를 한 세션 진행한 후 편도체의 과민함이 정상화됐고, 참가자들이 만원 버스에 오르는 등의 상황을 경험하며 아무 일도 벌어지지 않자 안전 행동을 안 해도 문제없다는 자신감이 점차 쌓여가며, 결국 시간이 흐르면 불안도 낮아지는 겁니다."

CBT는 가장 마지막에, 참가자가 인지하지 못하도록 어떠한 테크닉을 이용해 편도체를 "배제"한 후에 행해야 한다는 조지프 르두의 생각과 대립했다. 조지프는 CBT부터 행하는 방식은 좋게 말해 최적의 치료 방식이 아니라고 생각했다. 의식적·무의식적 사고 처리는 같은 회로를 이용하기에 서로 경쟁하고, 그 결과 치료의 효과가 떨어지는 현상이 벌어질지도 모른다고 믿었다.

하지만 안드레아와 그의 동료 연구원들에게 빠른 치료와 효과적인 치료는 같은 의미일지 모른다. 치료는 비용이 들고 접근성이 낮으며, 많은 환자가 완치 전에 그만둔다. 대단히 고생스러운 노출치료라면 더욱 그렇다. 만약 치료가 여섯 세션이 아니라 한 세션 만에 끝난다면 환자들은 두 달씩 기다리지 않고도 2주면 치료를 시작할 수 있다. 치료에 참여하는 것 외에는 달리 선택권이 없는 쥐를 대상으로 할 때야 공포를 최적으로 소거할 방법을 공들여 설계하는 일이 타당해 보인다. 하지만 인간은 시간도 돈도, 희망도 제한적이다.

안드레아가 말하는 CBT는 내가 경험한 것과, 그러니까 진료실에 앉아 "불안 사이클" 질문지 사본을 두고 대화를 나눈 것과 다르다. "장단점을 적어가며 리스트를 만들고 있을 수만은 없어요. 편도체의 변화로 이어지기 위해서는 대단히 신체적인 경험을 해야 합니다." 안전 행동이 무엇인지 찾아보고 이것이 왜 나쁜지 배워간다 해도 결국 두뇌는 경험에 반응한다. 정전기 방전의 물리학적인 지식을 읽는 것과 번개를 맞는 것의 차이다. "굉장히 극단적으로 들리겠지만, 극단적이어야 효과가 있어요." 불안한 사람에게 죽지 않을 거라고 단순히 **말**해주는 것으로는 충분치 않다. 직접 그 상황에 들어가 모든 안전 행동을 버리고 자신이 죽지 않는다는 사실을 **경험**해봐야 한다. 편도체에게 경험 외에는 전부 떠도는 풍문일 뿐이다.

안드레아의 환자 대부분은 광장공포증을 겪었고, 그는 이 질환이 기본적으로 폐소공포증의 일종이라고 설명했다. "자신이 통제력을 포기해야 하는 상황에 놓이는 것을 싫어해요. 무슨 일이 벌어지면 다른 사람에게 도움을 요청해야 하는 상황을요. 이 환자들은 스스로 벗어날 수 있어야 해요." 안드레아는 환자들을 작은 청소도구함에 들어가게 한다. 그곳에서 얼마나 있어야 할지는 알려주지 않는다. 몇 분이 될 수도 있고, 몇 시간이 될 수도 있다. 그런 뒤 그는 불을 끄고 문을 잠근다.

치료 시작 전에 환자들에게 어떤 안전 행동에도 의지하지 말라고 경고한다. 손가락을 꼬는 것도, 묵주신공을 읊조리는 것도, 심지어 '돌아올 거야. 좋은 분이잖아. 한 1분 정도만 기다리면 될 거야.' 같은 말을 하며 자신을 안심시키는 것도 전부 말이다. 핵심은 자신의 두려움에, 생각과 신체적 감각을 있는 그 자체로 최대한 노출하는 것이다. 통제를 완전히 놓아버리고, 기꺼이 불확실함을 마주하는 것이다.

환자들은 모르지만 노출 시간은 15분 정도로 비교적 짧다. 안드레아가 15분으로 결정한 이유는 투쟁, 도피 또는 경직 반응을 시작부터 끝까지, 처음 반응이 시작되고서 정점을 찍고 호르몬 수치가 정상화되어 차츰 잦아들기까지 경험하기에 충분한 시간이기 때문이다. "불안을 조절해보려 노력하지 않으면, 포기해버리면, 불안의 파도가 덮치게 둔다면 15분 후에는 몸이 더는 감당하지 못하고 힘이 쭉 빠지면서 기운이 하나도 없을 거예요." 청소함 안에 들어가 있다고 죽지는 않는다는 사실을 아는 것만으로는 부족하다. 편도체가 경험으로 이 사실을 몸소 **학습**해야 더는 시상하부에 호르몬 연쇄반응을 일으키라는 신호를 보내지 않는다.

좀 더 느리게 진행되는 노출치료에서는 환자들이 불안이 유발되는 상황을 목록으로 적은 뒤 차례대로 하나씩 해결해 나간다. 따라서 만약 싱어송라이터 로이 오빈슨을 두려워한다면 그의 1965년 LP 앨범 〈Orbisongs〉 커버를 마주하는 것부터 시작한다. 다음 세션에서는 그가 항상 쓰는 선글라스와 친밀해진다. 그다음에는 〈Oh, Pretty Woman〉의 첫 60초를 듣는 식으로, 다음 단계의 공포에 진입하기 전에 천천히 자신의 반응을 정상화하는 법을 배운다.

안드레아의 연구에서 환자들이 자신의 증상을 상당히 빠른 시간 안에(몇 개월이 아니라 몇 분 만에) 경감할 수 있다는 사실이 드러났다. 한 연구에서는 공황장애 환자들을 치료하는 데 극도의 공포를 유발하는 상황을 마주하는 "프로토콜 주도protocol-driven CBT"를 네 차례 진행했고, 참가자들은 71퍼센트의 회복률을 보였다(물론 저자들은 이 효과가 얼마나 지속될지는 알 수 없다고 덧붙였다).[16] 안드레아와 그의 동료들은 세션을 마친 후 공황 환자의 편도체 활성도가 "건강한 통제군과 비슷한 수준"임을 확인했다. 다만 이들은 앞이마엽 겉질(사람들에게 자기 통제력을 관장하는 기관으로 자주 소개되는 부위)의 활성도가 감소했다는 것 또한 발견했다. 지나치게 단순화한 설명이긴 하지만 앞서 경두개 직류전기자극(tDCS) 이야기에서 확인했듯이 앞이마엽 겉질의 특정 영역은 계획, 의사결정, 감정 조절, 충동에 따라 행동하지 않는 성향에 관련한다고 알려졌다.

다시 정리해보겠다. 노출치료 후 안드레아와 동료들은 앞이마엽 겉질의 활성도가 **감소**한 것을 발견했다. 기존에는 불안이 앞이마엽 겉질의 조절력이 저하된 결과라고 가정했다. 두려움이라는 원시적 충동에 브레이크를 밟을 수 없었다. "저차원적인" 본능적 반응보다 "고차원적인" 의식적 사고를 우선하는 데 실패했다. CBT가 정서 조절력을 강화하고 이로 인해 앞이마엽 겉질의 활성도 또한 향상될 거라고 기대했지만, 그런 일은 벌어지지 않았다.

앞이마엽 겉질 활성도 저하에는 몇 가지 설명이 가능하다. 이후 후속 논문에서 연구자들이 제안했듯,[17] 앞이마엽 겉질 내 공포 억제와 관련한 특정 부위들(내가 tDCS 기기로 전류를 보냈던 배안쪽 앞이마엽 겉질과 좌측 등가쪽 앞이마엽 겉질)이 "억제 전략의 필요성 저하"로 덜 활성화됐을 수 있다. 아드레날린과 코르티솔이 밀려들 거라 예측되지 않을 때는 이를 진압할 자기 통제력 또한 필요가 없다. 두 번째 가능성은 캐나다 칼턴대학의 지연연구그룹Procrastination Research Group 책임자이자 심리학자인 팀 피칠 박사가 내게 들려준 이야기와 관련이 있다. 그는 20년 넘게 "의지적 행동의 실패", 즉 우리가 미루기라고 부르는 문제를 연구해왔다. 그는 이런 행동이 불안과 밀접하게 연관된다고 봤다. (최근 독일의 한 연구로, 일을 미루는 버릇이 있는 사람들은 그러지 않는 사람보다 평균적으로 편도체의 크기가 크고 앞이마엽 겉질과의 연결이 다르다는 점이 드러났다.)[18]

우리는 미루기를 자기 조절력 결핍에서 파생된 문제로 생각할 때가 많다. 하지만 실제로 미루는 습관이 있는 사람들은 자신의 감정을 조절하기 위해 지속적으로 조치를 취한다. 그래서 미루는 것이다. 정서 조절의 한 전략이다. 우리는 공포 같은 불편한 감정에서 벗어나려고 회피를 택한다. 노트북에서 멀어져 비스킷을 집어 든다. 소셜미디어를 확인한다. 우리는 사실 정서 상태에 대단히 민감하고 이를 조절하기 위해 끊임없이 무언가를 한다. 미루기는 조절이 **잘 안 되기에** 벌어지는 일이 아니라 조절이 **잘못되기에** 벌어지는 것이다.

이와 유사하게 앞이마엽 겉질의 높은 활성도가 반드시 효율적인 정서 조절을 뜻하진 않는다. 미루는 사람들에게 앞이마엽 겉질의 높은 활성도가 대단히 **비효율적**이고 잘못된 정서 조절로 이어진 것처럼 말이다. 가령 걱정은 해결책을 찾아 안정을 얻으려는 앞이마엽의 조절하에 이뤄진 부적응적 노력일 수 있다. 노력이 항상 결과로 이어지는 건 아니다. 우리가 나쁜 전략을 고집할 때는 더욱 그렇다.

안드레아의 초고속 불안 치료에는 아직 언급하지 않은 요소가 한 가지 더 있다. 그는 청소함에 들어가는 환자들에게 약을 제공했다. D-사이클로세린이란 약물로 보통 항생제로 쓰인다. "이 약만으로는 딱히 어떤 효과가 없어요." 안드레아가 말했다. "심지어 좋은 항생제도 아니죠." D-사이클로세린은 원래 효과 좋은 약물에 알레르기가 있는 결핵 환자를 치료하는 데 쓰인다. "청소함에서 노출치료를 할 때 환자들은 새로운 무언가를 배우죠. 따라서 편도체와 앞이마엽 겉질, 그리고 자극 정보를 전달하는 아래쪽 영역에 새로운 연결이 형성돼요. 저희는 이 약이 그 일련의 일들을 잘 행하도록 두뇌를 준비시켜줄 수 있다고 생각해요."

D-사이클로세린이 일시적으로 두뇌가 새로운 내용을 학습하는

능력, 즉 신경가소성을 향상할 거라는 생각이었다. 연구자들은 이 약물이 NMD(N-메틸-D-아스파테이트)라는 글루탐산 수용체와 결합해 기억력과 학습력을 향상하는 것으로 짐작한다. 글루탐산은 억제성 신경전달물질의 반대 역할을 하는 흥분성 신경전달물질로 가바를 진정시킨다. 글루탐산과 가바는 신경전달의 90퍼센트 이상을 책임진다. 글루탐산과 가바 간의 부조화가 신경생물학에서 보는 불안장애의 핵심 요소지만, 심각한 유해 부작용 없이 이 문제를 해결할 약물을 찾기가 어려운 것으로 드러났다. 이 두 물질이 두뇌에 얼마나 많은 역할을 하는지 생각해보면 그리 놀랄 일도 아니다.[19] 골자는 이것이다. D-사이클로세린은 청소함에 들어간 사람이 가르침을 좀 더 깊이 새기도록 도와준다.

이쯤 되면 당신도 한 가지 발생 가능한 문제를 떠올렸을 것이다. "만약 D-사이클로세린을 복용한 채로 안전 행동을 하면 어떻게 되나요?" 안드레아는 내가 이 문제를 떠올렸다는 데 크게 놀랐다. "연구진이 10년 만에 떠올린 질문이었어요." 광장공포증이 있는 사람에게 정신 약물을 주고 좁은 청소함에 가두는 일이 위험할 수도 있다고 떠올리는 데 10년이나 걸렸다는 말을 믿을 수는 없었지만 어쨌거나 칭찬은 듣기 좋았다.

"D-사이클로세린의 가장 크고 중요한 문제죠. 노출치료가 잘 되지 않으면 약물이 그 경험을 학습하는 능력 또한 향상할 테니까요." "공포 재응고화fear reconsolidation"라고 불리는 현상이다. 이러한 "죽이거나 치료하거나" 식의 효과를 주제로 한 2014년 논문의 제목은 이렇다. 「불안장애 치료제로서의 D-사이클로세린: 좋은 노출은 더욱 좋게 나쁜 노출은 더욱 나쁘게 만든다D-cycloserine for Treating Anxiety Disorders: Making Good Exposures Better and Bad Exposures Worse」.[20]

연구자들 가운데 일관성 없는 결과들을 지적하며 D-사이클로세린이 학습 또는 공포 소거를 증진한다는 점을 납득하지 않는 이들도 있다.[21] 안드레아는 이런 비판은 좋은 경험과 나쁜 경험에 따라 결과가 달라지는 현상 때문이라고 생각한다. "청소함에서 좋은 경험을 하고 나아진 사람들이 있고, 그리 좋은 경험을 하지 못하고 증상이 악화된 사람들도 있어요." 평균으로 보면 D-사이클로세린은 효과가 그리 좋아보이진 않지만 실제로 증상이 훨씬 나아진 사람들이 존재한다. 다만 위약보다 위험이 크다는 문제도 있다.

D-사이클로세린은 치료적 창therapeutic window • 약물의 치료 범위와 효과 지속 시간—옮긴이이 좁다. 약물의 효과는 복용 후 네 시간에서 여섯 시간 사이에 혈액에서 최고치에 도달하고, 중요한 학습 과정은 공포 노출 **후** 한 시간에서 두 시간 사이, 두뇌가 새로운 경험에 반응해 새롭게 연결망을 형성할 때 벌어진다. 타이밍이 핵심이다. 약을 너무 일찍 복용하면 극도의 공포를 마주한 경험만 강화된다. 너무 늦게 복용하면 중요한 공포 소거 시기를 놓치고 만다.

"D-사이클로세린에 대단히 열정을 갖고 임했었지만, 이후로는 사용을 점차 줄이고 있어요." 안드레아가 말했다. "요즘은 청소함에서의 경험이 효과적으로 진행됐을 때 학습만을 강화하는 약물을 찾는 중입니다." 설치류를 대상으로 한 여러 연구에서 혈압 치료제인 로잘탄이 상황이 잘못됐을 때 공포를 재공고화하는 위험 없이 공포 소거만 강화할 수도 있다는 결과가 나왔다고 그는 덧붙였다.

나는 경두개 직류전기자극을 고려한 적이 있는지 물었다. "당신이 연구를 했다면 아주 훌륭한 연구자가 되었을 거예요." 내게 이렇게 말했다. "현재 저희가 고려 중인 게 바로 tDCS거든요."

"저희는 사람들이 저마다 굉장히 다르다고 생각해요. 어떤 사람에게는 D-사이클로세린이 큰 효과를 발휘하고, 또 어떤 사람에게는 그게 로잘탄이 될 수 있고, 또 다른 사람에게는 tDCS일 거예요. 두뇌의 기본 시작점이 어떤지에 따라 크게 달라지죠." 그는 fMRI로 관찰 가능한 두뇌의 특정한 "세팅"에 따라 CBT, 약물, tDCS 중 무엇에 가장 잘 반응할지 예측할 수 있다고 믿는다. 루이화와 카밀라처럼 안드레아 또한 불안장애의 범주로 인해 여러 하위 그룹에서 조금씩 달라지는 요구들이 드러나지 못한다고 봤다.

안드레아에게 내 불안에 대해, 걱정과 회피, 극심한 공황발작에 대해 물었다. 내게 짜증이 난 아내를 보며 극심한 걱정에 빠졌고 주방에 있을 때 가끔씩 아내가 뒤에서 나타나면 굉장한 두려움에 숨이 막히며 그 자리에 얼어붙는다고 이야기했다. 그는 자신이라면 짜증이 난 상대를 보며 느끼는 걱정이 어디서 왔는지 파악하려 노력할 것이라고 말했다. 도대체 뭐가 그리 끔찍한가? "그리고 주방에서 꼼짝 못했다는 건요. 당신의 이야기를 듣고 나니 예전에 언젠가 그곳에서 진짜 위협을 느꼈던 것 같다는 인상을 받았어요. 저라면 그 자리로 돌아가 편도체가 새로운 학습을 하도록 할 거예요." 그는 내게 PTSD가 있다는 의미는 아니라고 설명했다. 하지만 내가 안전하지 않다고 학습한 장소에 가면 어떤 트라우마가 유발되는 것 같다고 말했다.

"공격을 당하는 경험은 정신적 외상을 초래하죠." 그의 말을 듣자니 좀 이상한 기분이 들었다. 나는 공격이란 말은 꺼낸 적도 없었다.

✧

안드레아와 조지프 르두와의 대화를 마친 뒤 심리학자들이 구체적인 단일 자극 공포증을 치료하는 데는 뛰어난 진보를 이뤘다는, 좌절감 비슷한 것이 찾아왔다. 치료법은 잔혹했지만(진짜 공포를 마주하는 고통스러운 경험이라니) 대다수의 정신장애와 비교했을 때 회복률은 놀라울 정도였다. 치료 시간도 짧고, 대체로 효과도 있었다. 두뇌 활동의 변화가 사고의 변화로 이어지고, 이것이 일상 속 행동의 변화로 이어지며 두려워하던 상황이 실제로는 안전하다는 가르침이 강화된다. 하지만 당신이 두려워하는 대상이 거미가 아니라면? 외부 세상 전체가 거미라면? 친밀감이 거미라면? 내일 그리고 그 이후로도 매일이 계속 거미라면? 당신이 걱정하는 대상이 형태를 바꿔 눈앞에 나타난다면, 당신이 스스로 들어갈 작은 벽장은 무엇이 되겠는가?

XIV
마약

LSD, 마법 버섯, MDMA,
환각 치료의 성장

또 한 번의 공황발작 이후 어둠이 내려앉은 거실 바닥에 누운 나는 인정해야 했다. 증상이 나아지지 않는다. 오히려 악화되고 있었다. 약을 중단한 뒤 열심히 운동하고, 체중을 줄이고, 뇌에 전기 자극을 주고, 편도체와 의사결정나무, 노출치료에 대해 배워도 불안은 번번이 녹아웃 펀치를 날려 나를 쓰러뜨렸다. 더 많이 배울수록 내가 찾는 치료법이 없을 거란 확신만 강해졌다. 결국 "비상시에 당기세요"라고 적힌 코드를 손으로 확 잡아당겨 빼낸 기분이었다.

진단이 곧 치료라는 브로디와 워터스의 말이 맞았다면 뭐 하러 온갖 의심들로 나를 괴롭혔던 걸까? 어쩌면 나는 지저분한 진실 따위를 알고 싶었던 게 아닐지도 모른다. 어쩌면 믿을 만한 전문가가 "이렇게 하세요"라고 말해주길 바랐는지도 모른다. 어쩌면 내가 원했던 것은 그저 확실성이었을 지도.

계속 연구 자료를 읽다가는 미쳐버릴 것 같았다. 소셜미디어도 끊은 내가 여가 시간에 하는 일이라고는 자료를 읽는 것뿐이었다. 하나를 읽을 때마다 몇날 며칠이 걸렸다. '복셀'이 뭔지, '비순서형 척도'는 또 뭔지, 확장기 혈압과 수축기 혈압의 차이는 뭔지 찾느라 자꾸 멈춰야 했다. 내 온라인 광고는 전부 신경과학 저널 구독과 심리치료자 훈련 코스로 도배됐다. 최후의 결전이 필요했다. 최후의 심판이. 소소한 넛지가 아니라 높이 쌓인 다이너마이트가 필요했다. 일반적이 전략이 통하지 않을 때 찾는 그런 것 말이다.

설트랄린을 끊은 지 두 달이었다. 이제 때가 되었다.

진행 단계의 대장암에 걸렸다고 생각해보자. 의사들은 증상을 치료하기 위해 무엇이든 하지만 당신의 정신건강은 그리 좋지 않은 상태다. 당신은 당연하게도 고통에 빠졌다. 공황발작으로 한밤중에 깬다. 온종일 걱정한다. 괴로움과 절망에 사로잡혀 안절부절못한다. 우리가 불안을 이야기하면 다들 조언이라고 하는 말은 결국 "힘내. 그런 일은 안 일어날 거야"이다. 하지만 불안장애 환자들 다수에게 그 일은 이미 **벌어진 것이다.** 그리고 지금 이 순간에도 **벌어지고 있다.**

불안을 "지나친" 걱정 정도로 보는 시각은 옳지 않다. 마치 그 걱정이 진짜가 아니라는 듯 말이다. 아이를 잃은 슬픔에 젖은 사람도 있다. 자립심을, 기억을, 말하는 능력을 점점 잃어가는 나이든 부모를 돌보는 사람도 있다. 남은 삶을 몇 주로, 며칠로 세며 지내는 사람들도 있다. 이것만큼 진짜인 것은 없다. 이런 상황에서 찾아오는 심각한 불안은 고통 위에 고통이 더해지는 것과 같다. 얼마 남지 않은 며칠의 삶을 지옥으로 바꿔놓는다. 나는, 그리고 불안을 연구하는 수많은 연구자는 마땅히 그럴 만한 일을 겪어 불안을 느낀다 해도 그 고통을 덜어줄 방법을 찾고자 한다.

다른 곳과는 사뭇 다른 느낌의 병실에 들어섰다고 생각해보자. 벽은 천으로 된 색색의 인도 만다라로 가득 차 있다. 화병에는 쨍한 핑크빛의 국화가 꽂혀 있다. 푹 자고 일어나 가볍게 아침식사를 한 후 심리치료자가 오늘 하루 치료 계획을 이야기해준다. 오전 10시가 되자 마법 버섯에서 추출한 활성 환각 성분인 실로시빈이 다량 투여된다. 치료자는 안대를 권하며 잔잔하고 부드러운 음악이 나오는 이어폰을 건넨다. 의료진은 늘 곁에서 함께하며 매시간 당신의 상태를 확인하고, 원하면 물이나 주스를 제공한다. 당신은 누워 긴장을 푼다. 음악이 강렬해지면서 길게 이어진 빛들이 당신 앞에 나타난다. 여섯 시간 동안 당신은 그 빛을 따라간다.[1]

✧

환각 치료는 새로운 개념이 아니다. 사실 이는 수련과 '치료'를 합친 것으로 심리학보다 앞서 등장했다고 주장하는 이들이 많다. 인류 역사에 걸쳐 다양한 문화권에서 종교적 의례의 일환으로 의식 변화 물질을 마시고 삼키고 흡입했다. 이러한 의례 대부분은 통찰력을 일깨우거나, 목표 의식 또는 공동체 의식을 다지거나, 개인의 성장을 유도한다는 분명한 목표하에 진행되었다.

하지만 1943년 스위스의 화학자 알베르트 호프만이 우연치 않게 (리세르그산 다이에틸아마이드lysergic acid diethylamide, 즉 LSD의 향정신성 성분을 발견하는 과정에서) 5년 전 합성한 새로운 약물을 복용한 사건을 계기로 비로소 환각 치료 연구가 본격적으로 시작됐다. 첫 우연한 여정에서 며칠 후, 호프만은 더욱 통제된 실험으로 최소 유효량이라고 판단한 용량을 복용했다. 그는 약물의 효과를 지나치게 과소평가 했고(실제 LSD의 역치 용량은 그가 복용한 양의 10분의 1보다 적다) 그 결과, 그림 같은 풍경의 바젤을 자전거로 가로지르며 퇴근하는 그의 머릿속에는 화려한 환각 및 불안의 고통과 더불어 옆집 이웃이 마녀라는 생각으로 가득 찼다. 이후 호프만은 LSD의 강력한 향정신성 효과를 깨닫고 정신과 의사들을 위한 훌륭한 도구가 될 거라 상상했다.

1950년대와 60년대는 환각 물질을 치료에 활용하려는 움직임이 거세졌다. 알코올중독자들과 수감자들을 치료하며 말기 환자들에게 위안을 주고 기존의 심리치료를 강화하는 데 사용됐다. 결국 기분전환 약물로 LSD의 인기가 커지자 반발이 일어났고, 1968년 미국에서는 소지하는 것조차 불법으로 간주했으며 관련 규제가 늘어나면서 수많은 연구가 중단되었다.

연대기만 대략 봐도 환각 치료의 인기 하락 뒤에는 전적으로 정치적인 의도가 있었다는 결론을 쉽게 얻는다. 하지만 호프만의 악명 높은 자전거 퇴근길 사건만 봐도 해당 약물의 효과 다수는 본질적으로 치료 기능이 없다. 아, 우울하시다고요, 마담? 물음표로만 만들어진 초차원적 악어와 섹스를 하면 도움이 되지 않을까요? 또한 고품질 연구를 설계하는 데에 환각 물질은 몇몇 중요한 문제가 있었다.

의학 분야에서 가장 적합한 증거의 표준은 이중맹검 위약-대조 무작위 실험이다. 환자들을 무작위로 두 집단으로 분류한다. 한 집단에게는 실험 대상인 약물을 제공한다. 다른 집단에게는 위약, 다시 말해 설탕이나 비타민C 등을 제공한다. 환자들은 물론 **치료를 진행하는 의사들도** 자신이 맡은 환자에게 어떤 약물이 제공되는지 모른다. 이것이 바로 '이중맹검'이다. 이러면 앞서 봤듯이 자신이 환상적인 신약을 복용(또는 제공)한다고 믿을 때 행동과 정서가 다양한 방식으로 변화하는 현상과 각종 기대 효과를 통제할 수 있다.

20세기에 들어 임상시험의 기준이 점차 높아졌다. 아무 개입이 없을 때보다 어떤 약이 더 나은 효과를 발휘한다는 점을 보이는 것만으로는 충분하지 않아졌다. 누군가에게 치료제를 준 것처럼 속였을 때보다 더 나은 효과를 발휘한다는 점을 보여줘야 했다.

이러한 실험 모델을 LSD와 실로시빈, MDMA・메틸렌다이옥시 메스암페타민, 엑스터시로 알려진 합성 화합물질—옮긴이의 연구에 적용할 때 한 가지 문제점이 발생한다는 사실을 곧장 알아챌 수 있다. 연구진이 주는 대로 성실하게 물 한 잔을 마시거나 주사를 맞고 한 시간이 지나자 심리치료자의 몸이 반으로 나뉘더니 거대한 우주의 자궁으로 변해 아직 태어나지 못한 수많은 우주들 속에서 빙빙 소용돌이친다면 자신이 통제 집단이 아님을 타당하게 유추할 수 있다. 심리학에서는 간지럽게도 "은폐를 꿰뚫는다"라고 표현한다. 다시 말해 환각 연구는 치료 효과가 좀 더 미묘한(가령 하루 한 번씩 한 알을 먹으면 혈압을 낮춘다는 식의) 연구보다 어쩔 수 없이 품질이 낮을 수밖에, 즉 증거의 무게가 덜할 수밖에 없다.

마음챙김 훈련과 다양한 심리치료, 심지어 항우울제 연구에도 비슷한 문제를 제기할 수 있다. 명상에 빠진다는 것을 자신도 **알기** 마련이니까. 피실험자는 자신이 지금 다른 사람이 아닌 치료자와 대화를 나눈다는 사실도 알며. 어떤 유형의 개입이 어느 정도의 효과를 발휘할 거라고 예상할 것이다. 어떤 연구자들은 항우울제 대부분에 강력한 부작용이 있고 실험 속 활성 약물군과 위약군 모두에게 이런 부작용이 고지된다는 사실로 미루어, 항우울제의 '이중맹검' 실험은 아마도 진정한 이중맹검으로 보기 어렵다고 말한다.[2]

환각 치료 분야에서 가장 저명한 초기 연구로는 온화한 성품의 정신과 의사 앨버트 컬랜드의 연구가 꼽힌다. 조현병 환자들로 시작했지만, 현대의 수많은 환각 실험의 기준을 마련한 것은 1960년대 말 알코올중독 환자들 100명 이상을 대상으로 한 연구다. 그는 밴쿠버의 헐리우드병원에서 쓰는 모델을 이용했는데, "신비체험을 조성"하려고 환자의 기대와 환경, 즉 환자의 "세트set"·심적 태도—옮긴이와 "세팅setting"·신체적 및 사회적 환경—옮긴이을 신중하게 조작한 모델이었다.

컬랜드의 프로그램에 참가한 환자들은 2주간 집중 심리치료를 받은 후 "한 차례, 대단히 높은 용량의" LSD를 처방받았고, 이는 미국에서 가장 오래된 정신병원인 볼티모어의 스프링그로브 주립병원 안에 자리한 "허름한 집"에서 진행됐다. 환자들은 음향 시스템이 갖춰진 "편안한 거실"로 이동해 안대를 썼다. 10~12시간 동안의 여정에서 심리치료자와 간호사 한 명이 곁을 지켰다.[3] 치료의 핵심은 환자들에게 "고용량의 애정 어린 보살핌"을 제공하는 것이었다.[4]

✧

컬랜드가 알코올중독 환자들에서 말기 환자들 치료로 전환한 데는 비극적인 계기가 있었다. 1966년 컬랜드의 연구팀이었던 43세의 여성이 전이성 암 진단을 받았다. LSD 치료가 알코올중독 환자들에게 어떤 도움을 주었는지 직접 목격했던 그는 해당 치료를 요구했다.

1985년에 출간된 컬랜드의 논문에는 수술이 불가한 암 환자 네 명에게 치료와 더불어 LSD 100~600마이크로그램(알베르트 호프만이 자전거 환각 체험을 하기 전에 복용한 250마이크로그램의 절반에서 두 배 이상의 용량)을 주입한 사례가 등장한다. 컬랜드는 2, 3주간의 "준비 기간" 동안 환자의 삶에서 해소되지 않은 문제들을 주제로 심리치료자

14장

299

와 이야기하는 시간을 마련했고 "삶을 가능한 한 의미 있게 만드는" 데 초점을 두어 대화가 진행되게 했다. 컬랜드는 환자가 뿌리 깊은 문제들을 해결하려고 치중하기보다는 "지금 현재"에 집중하도록 유도하며 "평범한 일상에서 만족감을 얻는 것"을 목표로 했다.

약물 세션에서는 환자가 "느껴지는 모든 것을 그대로 느끼고, 충만하게 경험하며, 해당 경험을 마음껏 표현"하도록 독려했다. 환자들은 헤드폰을 쓰고 특별히 엄선된 플레이리스트를 들었다. 초기 불안을 덜어주기 위해, 마음을 편안하게 하는 비발디로 시작해 환각 체험이 고조됨에 따라 브람스 〈교향곡 3번〉과 같이 "긴 제시부에 이어 밀도 높은 클라이맥스가 등장하는" 음악으로 이어졌다. 아래는 이중 유방절제술 후 간으로 암이 전이된 컬랜드의 말기암 동료가 남긴 기록이다. 그는 심각한 불안과 깊은 절망에 시달렸다.

> 경계도, 한계도 없는 세계에 홀로 있었다. 대기도 없었다. 색도, 형상도 없지만 빛은 있었던 것 같다. 갑자기 내가 시간의 한순간에 자리한다는 것을, 나 이전에 존재한 이들이 만든 시간 속에서 나 또한 다른 이들의 창조자가 되었다는 것을 깨달았다. 내 순간이었고, 내게 주어진 역할을 마쳤다. 나는 태어남으로써 부모에게 존재 의미를 부여했고… 그날 밤… 다들 내가 달라진 걸 눈치챘다. 내가 빛이 나고 평온해 보인다고들 했다. 나도 그렇게 느꼈다. 뭐가 달라졌을까? 나는 지금 살아 있고, 존재한다. 있는 그대로 받아들일 수 있다.[5]

이후로 며칠간은 기적적인 변화를 경험하지 못했다고 털어놓았다. "여전히 한 번씩 짜증이 나고 소리를 지른다. 나는 그대로지만 좀 더 평화로워졌다. 가족도 내가 평온해진 것 같다고 느꼈고 우리는 전보다 가까워졌다." 그는 이 세션을 마치고 5주 후 사망했다.

컬랜드의 모든 환자가 이런 효과를 본 것은 아니다. "56세, 백인, 신교도, 유부녀"로 기록된 한 환자는 LSD 약효가 퍼지자 "참을 수 없는 설사 폭풍"이 닥쳐 괴로워했다. 온종일 침대를 더럽힐 수밖에 없었고, 이런 현상은 당연하게도 "LSD 체험에 진입할 능력을 방해했다." 환각 치료를 홍보하기 좋은 광고 글은 아니지만 치료가 이렇게 잘못될 수도 있음을 알려주는 경고로 이 내용을 논문에 실었다는 것에서 컬랜드의 정직함이 보인다.

마침내 컬랜드는 환자의 "약 3분의 1"이 LSD 치료에 굉장히 좋은 반응을 보여 죽음에 대한 공포를 이겨냈고, 다른 3분의 1은 죽음에 대한 공포는 여전했지만 "체험이 도움이 되었고 감동도 받았다"고 밝혔으며, 나머지 3분의 1에게는 별다른 반응이 없었다. 스테판 브루거가 말한 3의 법칙과 더불어 항우울제에도 이와 비슷한 비율로 반응이 갈라졌다는 사실이 떠올랐다.

LSD와 실로시빈, MDMA는 모두 세로토닌 작용제로 5-하이드록시트립타민(세로토닌)의 분비를 자극한다. 이와 대조적으로 설트랄린과 같은 SSRI 계열의 약물은 세로토닌이 분비된 후 축삭돌기 말단에서 재흡수되는 것을 막아 그 수치를 올린다. 환각성 약물을 일반적인 항우울제와 함께 복용할 수 없는 이유가 여기에 있다. SSRI와 SNRI 계열은 시냅스에 부유하는 세로토닌이 재흡수되지 않도록 한다. 대부분의 환각 약물은 세로토닌의 분비를 증가시킨다. 이 둘을 함께 그것도 다량으로 복용한다면 과도한 농도의 세로토닌으로 인해 세로토닌 증후군이 생길 수 있다. 증상은 고혈압, 빈맥, 떨림, 설사가 있고 드물게 사망에 이르기도 한다.

삶의 끝에 선 사람들의 고통을 낮추고 즐거움을 증진한다는 환각 치료의 미션은 "정신질환으로 인한 세계경제 부담"을 다룬 WHO 보고서들이 얼마나 많은 것을 놓치는지 깨닫게 해준다. 말기암 환자가 불면증에 시달리며 보내는 마지막 몇 주는 "근로손실일수"가 아니다. 죽어가는 여성에게 가족과 함께할 5주의 시간을 허락해서 경제적 이득을 보는 사람은 거의 없다. 그럼에도 이런 시간은 값을 매길 수 없는 선물이다. 환각 치료가 이런 선물을 선사할 수 있는지는 별개의 문제다. 표면적으로는 결과가 놀랍기만 하다.

진행성 암 환자 29명을 대상으로 한 뉴욕대학의 연구에서는 실로시빈 1회 투여로 "불안과 우울이 즉각적이고 지속적으로 대단히 개선"되는 모습을 보였고, "사기 저하와 절망감"이 줄었으며, 영적 웰빙이 향상되고 삶의 질이 높아졌다고 보고했다.[6] 환자들의 몸무게 1킬로그램당 0.3밀리그램의 실로시빈을 투여했으니 82킬로그램이 나가는 사람에게는 약 25밀리그램이 제공된 셈이다. 실로시빈의 유효량은 약 6밀리그램 정도가 적정하고, 대부분의 문헌에서는 20~30밀리그램을 "고용량"이라고 한다.

또 다른 연구에서는 존스홉킨스대학의 암환자 51명이 유사한 환경("거실 같은 환경", 보호자 두 명, 헤드폰, 안대)에서 고용량의 실로시빈을 복용한 후 불안과 우울이 "상당히 큰 수준으로" 감소했고, "삶의 질, 삶의 의미, 죽음 수용, 낙관성"이 높아졌는데, 이 효과는 6개월 후에도 여전히 지속했다.[7] 환자 본인의 소감과 임상의의 평가 둘 다에 따르면 83퍼센트가 불안을 전보다 덜 느꼈다. 환자들은 0에서 5점으로 "경탄", "무한함" 등을 경험한 정도를 표시하는 "신비체험 질문지 mystical experience questionnaire"(MEQ30)에 답했다(0은 "전혀 없다", 5는 "살면서 그 어느 때보다 강렬했다"). "자신의 체험을 떠올려보니, 체험 당시 궁극적인 현실을 마주했다는 확신이 든다"라는 서술에 어느 정도 동

의하는지를 묻는 질문도 있었다.[8]

존스홉킨스대학의 연구는 스스로 "무작위 이중맹검 시험"이라는 타이틀을 붙였다. 너그럽게 봐도 과장이다. 이 연구는 "교차" 설계를 이용한 것으로, 참가자들이 고용량의 실로시빈과 저용량의 실로시빈 두 세션 모두에 참여하는 방식을 택했다. 세션에 참여한 환자들에게는 용량을 알려주지 않았고, 캡슐을 환자들에게 나눠주는 연구자들 또한 해당 정보가 없었다. 이들에게 주어진 정보는 약물의 용량이 "아주 낮음에서 아주 높음 사이"라는 점과 두 세션 모두 용량이 같거나 다르다는 점이었다. 따라서 일반적으로 말하는 이중맹검 시험이 아니었다. 위약 집단이 없었다. 참가자들은 실로시빈을 복용한다는 사실을 알았고 실제로 복용했다. 유일한 변인은 '조금' 복용하느냐 '엄청난 양'을 복용하느냐일 뿐이었다.

저자들은 실로시빈이 "대단히 식별 가능한 효과"를 보여 참가자와 보호자 모두 "은폐를 꿰뚫을" 수 있다는 점은 인정했다. 각 여정이 끝난 후 주요 보호자로 곁을 지킨 스태프에게 질문지를 주어 약물 용량의 강도가 10점 만점에 몇 정도인 것 같은지를 물었다. 몇몇 오류도 있었지만(고용량 세션의 13퍼센트 이상이 4점 이하로 평가되었고, 저용량 세션의 12퍼센트 이상이 4점 이상으로 평가받았다) 대체로 스태프의 추측은 놀라울 만큼 정확했다. 특히나 직접 신비체험 여정을 떠난 것이 아니라 안대와 헤드폰을 쓰고 침대에 고요하게 누운 타인을 보고 추측했다는 사실을 떠올리면 대단히 놀라운 수준이었다. 저자들은 이렇게 정리했다. "맹검 조건이 모니터 요원의 사전 기대치를 보호하는 역할을 했다." 바닷가에서 잠이 들었다가 눈을 떠서는 책을 올려놓은 부분만 피부가 직사각형 모양으로 하얗게 남고 나머지는 온통 햇볕에 그을린 모습을 확인하고 "책 조건이 자외선을 보호하는 역할을 했습니다"라고 말하는 것과 비슷하다.

실험에 참여한 환자들이 경험한 실로시빈 3밀리그램과 30밀리그램의 차이가 무탈한 일반 독자들에게는 확 와닿지 않겠지만, 저녁식사 때 와인 한 잔을 마시는 것과 무릎까지 오는 장화가 가득 찰 정도의 테킬라를 마시는 것 정도의 차이라고 보면 된다. 3밀리그램을 복용하면 웃음이 좀 많아진다. 30밀리그램이면 벽이 녹아내리기 시작한다. 저자들이 "대단히 식별 가능한 효과"라는 학술적 완곡어법으로 숨기려 한 날카로운 진실이 바로 이것이다. 비슷한 시험에 참여했던 연구자들은 환자들이 자신이 통제 용량을 복용한다는 사실을 보통 알아챈다고 내게 말했다. 환자들이 깊은 실망감을 경험할 때가 많아 모니터 요원이 신경 써야 할 일도 많았다. 매일 심각한 불안과 우울, 후회와 죄책감에 고통받는 이들은 심오한 영적 체험을 할 준비가 되어 있었다. 이때 모니터 요원의 역할은 실망감으로 감정이 가라앉은 환자들이 잘 추스르도록 돕는 것이다.

존스홉킨스 연구 결과 중 널리 소개된 한 가지는 많은 참가자가 환각 치료의 영향을 높게 평가했다는 점이다. 참가자의 3분의 2가 삶에서 가장 의미 있는 경험 다섯 개 중 하나였다고 평가했고, 비슷한 비율이 정신적으로 가장 큰 깨달음을 얻은 경험 다섯 개 중 하나였다고 평가했다. 다른 무엇보다 치료적 개입이 참가자들의 "의미 있는 일" 순위표에서 몇 위를 차지했는지가 과연 의미 있는 지표인지 모르겠다. 이 치료에서 다뤄야 할 쟁점은 분명 아니다.

이 시험이 무엇인지 설명할 때도 그랬듯 "무한성", "궁극적인 현실" 같은 MEQ30의 언어는 참가자들에게 이런 유형의 반응을 유도하기 마련이다. 또한 "노력 정당화effort justification"라는 효과가 있다. 참가자들은 조금 힘든 연구에 참여한 뒤 자신의 시간을 낭비했다고 생각하고 싶지 않을 것이다. 특히나 다른 환자들이 무슨 젤리 같은 치품천사들이 어쩌고 하면서 호들갑을 떠는 모습을 보면 더욱 그렇다. 레온 페스팅거는 이런 유쾌하지 않은 감정을 해결하는 가장 쉬운 방법은 실제로 느낀 것보다 그 과제를 즐겁게 수행했다고 또는 결과를 가치 있게 여긴다고 과장해 생각하는 것이라는 이론을 제시했다.[9]

관련 현상으로 "착한 피험자 효과Good-Subject Effect"가 있다.[10] 이러한 시험에 참여할 때 환자들은 첫 번째 환각 실험으로 "치료 동맹therapeutic alliance"을 형성하기에 앞서, 모니터 요원들과 여덟 시간을 함께하며 신뢰 관계를 구축한다•치료 동맹은 환자와 심리치료자의 관계성, 양측이 목표를 달성하기 위해 힘쓰는 일련의 과정을 뜻한다—옮긴이.[11] 취약하고, 불안하며, 안심을 간절히 구하는 참가자 대부분은 연구자들이 어떤 말을 듣고 싶은지를 파악하고 원하는 바를 전해주려는 동기가 무척 커진다. 잘못된 말을 해서 실험을 '망치고' 싶지 않은 것이다. 자신이 무척이나 신뢰하는 사람들을 실망시키고 싶어 하지 않는다.

존스홉킨스 연구는 표본 집단이 큰, 엄격한 환각 연구 중 하나로 꼽히지만 여전히 방법론적 문제를 여럿 지닌다. 다른 연구들은 실로 시빈 기반 개입이 불안을 "상당히 큰 수준으로" 감소시켰다는 것을 보여주었지만, 작은 표본 크기, 의심스러운 눈가림 방법, 편향 위험에 노출되었다.[12] 연구자들을 비난하는 말이 아니다. 환각 치료는 제대로 연구하기가 굉장히 어렵다. 치료법이 엄격한 기준을 통과한 뒤 넓은 범위의 환자들을 대규모로 시험하고, 다른 연구팀이 당신의 연구 결과를 복제하고, 선별 기준을 완화하기까지 많은 비용과 시간이 들고, 한때는 놀라움을 준 효과 크기가 줄어들거나, 일관성을 보이지 않거나, 갑자기 사라져버리는 일도 있다. 카밀라 노드와 그의 동료들이 tDCS 연구 때 겪었던 것처럼 말이다.

환각 치료는 이제 다른 경로를 향한다. 1943년 호프만이 LSD를 발견했을 때 정신과 의사 로이 G. 그린커와 존 P. 스피걸은 정신적 외상을 입은 미공군에게 바비튜르산염 소듐 싸이오펜탈을 투여하고 있었다. 과도한 두뇌 기능을 진정시키는 소듐 싸이오펜탈은 과거 "자백제"로 쓰이기도 했다. 이 약물은 군인을 "꿈의 상태"로 유도해 충격적인 경험을 떠올리게 도와줬고 이 과정에서 트라우마의 끈이 느슨해지길 기대할 수 있었다. 그린커와 스피걸은 이 치료법을 두고 메시아 같은 어조로 이렇게 주장했다. "혼미한 사람은 정신이 맑아지고, 말을 잃은 사람은 말을 하게 될 것이며, 듣지 못하는 사람은 귀가 열리고, 마비된 자는 몸을 움직이고, 공포에 사로잡힌 정신병 환자는 체계적인 인간으로 변화할 겁니다."[13]

네덜란드의 정신과 의사 얀 바스티안스는 자신의 경험을 말하지 못하는 홀로코스트 생존자들을 도와주는 과정에서 소듐 싸이오펜탈을 사용했다. 그린커와 스피걸처럼 그는 환자의 기억을 되살리는 "마취 분석"이라는 과정을 시작하기 전에 이 약물을 주입해 반쯤 의식을 혼미한 상태로 만들었다. 이후 LSD와 실로시빈을 사용했다. 바스티안스의 방법이 얼마나 효과적이었는지는 명확하지 않다. 그는 평생 논란에 시달렸고, 그 자신도 소듐 싸이오펜탈이 주입된 환자가 스스로 무슨 말을 했는지 기억하지 못할 때가 잦았다고 인정했다.

PTSD 생존자들에게 실로시빈과 MDMA를 이용해 시험적 치료를 했던 한 연구자와 이름 비공개를 전제로 대화를 나눴다. 이 연구자는 MDMA가 소듐 싸이오펜탈과 달리 사람들이 습관적으로 회피하는 아주 충격적인 기억을 열고 탐험하는 데 도움을 주는 것 같다고 내게 말했다. 트라우마는 꼼짝 할 수 없는 느낌, 과거에 갇히고 묶인 듯한 느낌을 동반한다. MDMA 기반 치료는 다시 그 기억으로 돌아가 갇힌 기억들을, 두려운 기억과 감정을 해소하고, 이 기억과 감정을 지금 눈앞에 펼쳐진 위협으로 경험하는 것이 아니라 낮아진 정서적 강도로 재처리하는 것을 목표로 한다.

환각제를 정식으로 연구하는 전문가와 더불어, 수십 년간 불법적으로 연구하거나 환각 물질이 허용되는 국가에서 전통을 이어가는 비임상 전문가들 또한 물론 있다. 가장 유명한(아마도 가장 악명 높은) 환각 수련은 아야와스카 의식이다. 참가자들은 페루 원주민 전통대로 으깬 나무껍질과 잎을 우린 쌉쓸한 물을 마신다. 여기에는 N,N-다이메틸트립타민 dimethyltryptamine 또는 DMT라는 향정신성 화합물질이 들어 있다. 아야와스카를 마시면 정서 변화와 현란한 환각을 장시간 경험하는데, 그 전에 구토와 설사를 한다. 이러한 '정화'는 정서적 독소가 몸에서 나오는 모습을 지극히 노골적으로 보여주며 정서적 카타르시스의 중요한 일부로 여겨진다.

아야와스카 의식에 대한 소문이 퍼지며 이 지역은 유명 여행지가 되었고, 과거 종교적 의식을 책임지는 원로들이 보존하던 성례는 점점 더 상업화되어 서양 백인 중산층 배낭족들의 수요를 충족하고 있다. 너무 괴팍하게(더 심하게는 위선을 떠는 것처럼) 보이고 싶지는 않지만, 이 약물의 치료 효과를 입증하는 신뢰할 만한 연구가 부족하다는 것 외에도(효과가 있다면 아마도 세로토닌성 효과 때문일 공산이 크다),[14] 아야와스카 의식이란 요가를 하는 알파메일이 눈을 동그랗게 뜬 채로 시나몬 챌린지 • 계핏가루 한 스푼을 물 없이 1분 안에 먹는 챌린지—옮긴이 대신하는 문화적 도용의 산물이라는 평판에 정나미가 떨어졌다.

PTSD 치유를 위해 연구자들이 연구하는 환각 치료는 네덜란드 같은 국가에서는 개인이 받을 수 있다. 다만 네덜란드에서는 2008년부터 마법 버섯이 법으로 금지되었는데, 실로시빈 트러플(기후가 나쁜 곳에서 자라며 손으로 뭉친 것 같은 단단한 형태에 "스클로샤sclerotia"라고 불리는 마법 버섯)은 금지 품목에서 면제되어 네덜란드의 환각 수련에서 선택한 성체로 빠르게 자리잡았다.

잔뜩 취한 낯선 이들에게 둘러싸인 채 내 몸을 현실이란 기슭에 고정하던 밧줄을 풀고 바다로 나아간다는 것이 나를 그리 흥분시키지 않았다. 그럼에도 자꾸만 그 체험을 한 사람들의 이야기를 마주했다. 좀 더 깊은 차원의 현실에, 평온을 가져다주는 내밀한 진실에 이른 듯하다는 사람들의 이야기를 말이다. 대학 입학 전 여행을 다니는 애들 사이에 유명해지기 전에 아야와스카를 체험했던 친구와 이야기를 나눴다. 그는 깊숙이 자리한 페루의 정글에서 인근 지역 시장 및 경찰서장과 함께 체험했고, 자신이 사랑으로만 가득 찬 세계에 아주 작은 점이 된 듯한 경험을 했다고 설명했다. 그 경험이 자신을 바꿔놓았다고 했다.

나는 영적인 경험, 일체감, 연결감 같은 것을 느껴본 적이 없었다. 그런 것들을 원한다고 인정해서는 안 된다. 떠벌리기도 잘하고 속기도 잘하는 한심한 인간처럼 보일까 두려우니까. 하지만 글을 쓰는 사람으로서 어떻게 '멋진 이야깃거리'라는 유혹을 거부하겠는가?

✿

"트러플 테라피"를 전문으로 하는 수련회를 공동 운영하는 한 남성에게 연락했다. 그의 이름은 치 암스테르담이다. 정말 환각 치료를 받는다면 내 안전을 맡기게 될 사람이 누군지 보고 싶었다. 민머리에

잘생긴 치는 활짝 웃는 미소와 점잖은 태도를 갖춘 사람이었다. 안드레아 라이네케가 그랬듯, 그는 불안을 지적으로 이해하는 것으로는 충분하지 않다고 말했다. "직접 경험해봐야 해요." 찬물 샤워처럼 간단한 것부터 환각 체험까지 말이다. "사람들이 기적처럼 변하고, 변신하는 모습을 목격했어요." 그는 이렇게 말했다. "말로는 설명이 안 됩니다. 직접 해보셔야 해요."

나는 그에게 어쩌다 트러플 수련회를 운영하게 되었는지 물었다. 그는 웃어보였다. "트러플은… 성장하는 법을 알아요. 사람들의 삶을 변화시키는 법도, 사람들이 마음을 열고 대화를 나누게 만드는 법도 압니다. 네, 그게 정말 트러플, 실로시빈, 버섯의 힘이에요. 체험한 사람들의 입에 자꾸 오르내리는 데는 다 이유가 있죠." 당연하게도 그는 실로시빈 치료가 발휘하는 치유의 힘을 진심으로 믿었다. "다른 것들과 다릅니다. 불안과 우울을 낮추는 효과가 있어요. 불안이 그냥 … 완전히 사라져버려요. 적어도 짧은 시간 동안만큼은 불안한 생각이 없어집니다." 이내 그는 마음속에 깊이 자리한 불안은 전환되기까지 시간이 좀 더 걸릴 수도 있다고 경고했다. "뭔가를 수련하는 것과 같습니다. 마법의 탄환 같은 건 없죠."

불안 치료를 주제로 나와 대화를 나눈 사람 대다수가 "마법의 탄환은 없어요" 또는 "은색 탄환은 없어요" 같은 말을 했다. 의학에서 "마법의 탄환magic bullet"은 노벨상을 수상한 의사인 파울 에를리히가 1900년에 신체에는 해를 가하지 않고 특정 미생물만 골라 파괴하는 가상의 요원을 설명하며 만든 용어다. 설화에 따르면 늑대인간을 죽일 수 있는 도구는 은색 탄환밖에 없다. 두 이야기 모두 탄환이 문제를 빠르고 기적처럼 효과 좋게 파괴한다는 의미가 담겨 있다.

사람들이 은색 탄환을 언급하면 나는 방어적이 될 때가 있다. 내가 지름길, 쉬운 해결책을 찾아다닌다고 그들이 의심하는 것만 같아서 말이다. 내가 방어적인 태도를 보이는 주된 이유는 그게 사실이기 때문이다. 나는 치료제를 지금 당장 원했다. 지푸라기라도 잡고 싶은 심정이었으니까.

치에게 사람들이 치료용으로 실로시빈을 복용하면 어떻게 될 것 같은지 물었다. "과학자들은… 실로시빈이 디폴트 모드 네트워크를 끈다고 표현하죠." 디폴트 모드 네트워크default mode network, 또는 DMN은 생각이 정처 없이 떠다니며 몽상에 빠질 때처럼 멍한 의식 상태와 관련된 몇몇 두뇌 영역의 연결망이다. 많은 연구자가 DMN을 특정한 대상에 집중하지 않을 때와 같은 대기 상태의 두뇌로 개념화했다. 하지만 우리가 자기 자신을 생각하거나 "자기 참조"를 동반하는 과제를 수행할 때도 DMN이 활성화된다는 사실이 밝혀지며, 몇몇 연구자는 네트워크가 "자기" 또는 "에고ego"와 연관이 있다고 추측한다.

한 연구는 실로시빈 효과로 인해 DMN 영역, 즉 후측 대상겉질(두뇌 중심부를 감싸는 "띠"의 뒷부분)의 혈류가 20퍼센트까지 감소한다고 밝혔다. 저자들은 DMN이 보통 때에는 "인지 통합과 제약"의 동인이라고 추측했다.[15] 이 논리라면 일시적으로 DMN이 "하향 조절"될 때 기존의 사고방식에서 벗어날 수 있다. 다른 연구들에서 불안장애 환자들과[16] 불안과 우울을 가진 동반이환 환자들의[17] DMN 활동성이 다르다고 확인되었다. DMN의 역할 중 하나는 "문제를 해결하고 미래 계획을 세우기 위해 정보 및 과거의 일을 검색하고 조작"하는 것으로 짐작된다. 따라서 불안장애 환자들이 멍한 상태에 있을 때는 즐거운 일을 몽상하기보다는 미래의 위협을 상상하거나 과거 위험 또는 불행했던 상황을 되새기도록 설정되었을 수도 있다.

DMN 영역을 억제하는 것은 실로시빈만이 아니다. 오래 수련한 명상가들의 DMN 핵심 교점들(배안쪽 앞이마엽 겉질과 후측 대상겉질)의 활성도 저하와 "몽상에 빠지는 정도의 저하가 일치"한다는 사실이 여러 연구로 드러났다.[18] 이 결과의 의미가 명확히 밝혀지지 않았지만, 조지프 르두가 말했듯 만약 불안의 핵심이 자아 개념이라면 이런 기능장애 현상에 DMN이 어떤 식으로든 작용한다고 볼 수 있다.

"우리의 일반적으로 과거와 미래를 떠올리죠." 치는 내게 이렇게 말했다. "그래서 항상 미래를 불안해하고요. 자신이 충분하지 않다거나, 무엇을 하든 부족하다거나, 고통스러울 거라고 생각합니다. 트러플은 우리가 현재 순간에 머물고 몸을 느끼도록 도와줍니다. 두려움 같은 깊은 감정들을 사라지게 해줘요. 많이들 울어요. 다들 그게 필요하거든요." (당신에게 연민을 발휘하는 타인과 함께할 때와 같이) 드물게 마음에서 차오르는 울음이 터지는 순간이 있는데, 그 눈물에는 정화와 치유의 힘이 있다. 우리 어머니가 "좋은 울음"이라고 하는 것이다.

치에게 보통 수련회가 어떤 식으로 진행되는지 물었다. 심리학자들이 말하는 강렬한 "요구특성demand characteristics" 같은 것이 있을 거라 상상했다. "좋은" 참가자는 이렇게 행동하고 느껴야 한다는 은근하고 어쩌면 노골적인 규칙들 말이다. 다른 이들과 여정을 함께할 때 생겨나는 과열된 분위기에는 카리스마파 신자들이 방언 기도를 하는 것처럼 "집단 히스테리"라고 하는 정서적 전염이 일어날 여지가 충분하다. 어쩌면 내가 너무 냉소적으로 생각하는지도 모른다.

그는 첫째 날 밤에는 다 함께 식사를 한 뒤 동그랗게 모여 앉아 자신의 생각과 감정을 나눈다고 설명했다. "결국 감정을 표현하고, 두려움을 드러내고, 다른 사람들 앞에서 나의 취약한 모습을 보이면서 서로 신뢰감을 쌓는 자리입니다." 다음 날에는 여정에 앞서 긴장된 마음을 누그러뜨리기 위해 소량의 실로시빈을 복용한다. "그냥 감기 걸렸을 때랑 비슷하죠. 이렇게 생각하잖아요. '오, 나 안 죽나 봐. 괜찮을 것 같은데'라고요." 다 같이 자연을 산책할 때도 있다. 명상과 인 요가를 하고 사람들끼리 모여 친해지는 시간을 갖는다.

마지막으로 모든 사람이 의식 장소로 모인다. 매트와 안대가 마련되어 있다. "조력자 한 명이 있는데 한 사람씩 그에게 가서 자신 몫의 트러플을 선택해요." 치가 설명했다. "어떤 끌림이 느껴지는 트러플을 고르는 거죠. 조력자의 안내를 받아 얼마나 복용할지를 결정하고요. 그런 뒤 저희가 음악을 틀면 사람들은 자리에 눕습니다."

대부분의 사람들은 다섯 시간에서 일곱 시간 가량 여정을 지속한다. 관계자들은 그 시간동안 무엇을 하는지 물었다. "사람들에게 휴지를 전해주고, 손도 잡아주고요. 화장실에 데려다주고, 새 물병을 가져다주고요. 사실 돌봄에 가깝죠…." 그가 미소를 지었다. "우리가 필요한 사람들의 곁을 지키고 그들이 안전함을 느끼고 안전하게 지내도록 도우려 최선을 다합니다."

이런 수련회를 운영하기까지 치도 대단한 여정을 거친 듯했다. "네, 그럼요." 그가 말했다. "굉장한 계시였어요. 버섯의 주술적인 부름 같은 것이었죠. 버섯은 우리가 준비된 것만 제시하죠. 약간의 도전이요. 저희는 믿음이 있고, 잘 헤쳐나가고 있어요."

그가 말을 이었다. "하지만 사실… 지금도 매일 울고 싶을 때가 많아요. 체험을 할 때마다 아직도 눈물을 흘리고요. 대단한 축복이죠. 계속 나아간다는 것이, 내 삶을 버섯에 바친다는 것이 조금도 쉽지 않아요. 마침내 스승을 찾았는데, 그 스승이 버섯 모양인 거예요. 스승에게 항복하는 것과 같죠. 버섯의 뜻과 비전에 완전히 굴복하는 거요. 인간의 지성 너머에 다양한 방식으로 존재하는 종이 있으니까요.

이 의식을 마칠 때마다 버섯이 사람들의 인생을 바꿔놓은 이야기를 들으면 아직도 경외감과 충격에 사로잡혀요. 저희는 그저 이 과정의 일부가 될 수 있다는 데 큰 행복을 느끼고 있어요.”

"인간의 지성 너머"라는 말에 귀가 쫑긋해졌다. 트러플의 "부름을 받았다"는 이야기나 버섯에 "뜻"이 있다는 말은… 비유일까? "지적인 존재죠." 치의 얼굴이 진지해졌다. "하나의 세계예요. 균의 세계. 그들은 성장하는 방법을 찾고, 그들의 균사체 네트워크는 콘크리트도 뚫고 나갑니다. 인간은 콘크리트 블록 같은 존재고요. 그들은 우리를 정화하고 치유해요. 그들은 저 같은 사람이 세상에 널리 알리도록, 그래서 다른 사람들도 시도할 수 있도록 이끌어요. 저희는 그 세계를 성장시키려고 돈을 들이고 있어요. 많은 사람과 나누기 위해서죠. 은유가 전혀 아닙니다. 현실이에요. 여정을 한 사람들은 제 말이 무슨 뜻인지 이해할 겁니다.” 뭐라 말해야 할지 알 수 없었다.

"저는 버섯 세계를 대표해요." 그는 이렇게 말했다. "제 옷도 전부 버섯이죠." 그는 자리에서 일어나 버섯 후드티를 보여줬다. "여기 타투도 있어요. 십자가 위에 새겨진 버섯의 비전이죠.” 그가 소매를 올리자 30센티미터 가량의 무지개 색 십자가 형태에 언뜻 보기에는 못이 박힌 것 같은 하트 모양의 외눈 버섯이 있었다. "버섯의 비전을 실현하기 위해 목숨을 걸겠다는 의지예요." 나는 고개를 끄덕였다. 그러니까 치는 버섯이 지각과 고도의 지능이 있는 종이며 반쯤은 무해한 정신 지배로 인간을 이용해 번식하며, 우리는 버섯에게 복종하고 이들을 위해 목숨을 불사할 각오가 되어야 한다는 소리였다.

내 자신이 편견이 없고 다른 이들의 신념을 존중하는 사람이라고 믿고 싶다. 하지만 치가 운영하는 수련회에 참가하는 것이 나 자신을 우주의 곰팡이 지배자들의 물관이 되겠노라 바치는 짓이 될까 봐 불안했고, 이 아주 작은 낱알 같은 불확실성은 내게 매우 기분 나쁜 여정을 선사하기에 충분할 것 같았다. 자신의 진심을 선뜻 내보이고 냉소적이지 않은 치의 태도는 본받을 만하지만 나는 버섯 세계에 충성 서약을 할 준비가 되지 않았다. 내가 원하는 건 그저 두려움을 덜 느끼는 것뿐이었다.

꽃

다른 환각 체험 제공자들과도 시작부터 실패하는 경험을 몇 차례 더 겪었다. 한번은 충동적으로 암스테르담 인근에 알려지지 않은 위치에서 열리는 아야와스카 체험을 신청했다. 몇 차례 이메일을 주고받으며 들은 이야기는 사흘간 밀랍을 녹인 듯한 지독한 음료를 마시고 영적으로 변화하는 시간을 가진다는 것과, 옷장에는 흰색 리넨 정장 재킷만 있는 듯한 굉장히 매력적인 금발 여성이 이 모든 과정을 지도한다는 거였다. 그 수련에 참여하기 직전에 위치와 함께 "에너지의 균형을 맞추기 위해" 반드시 하얀색 옷을 입고 오라는 요청이 담긴 안내문을 이메일로 받았다.

나는 화려한 옷장이 없을뿐더러, 사흘간 다량의 구토와 DMT 설사를 버틸 정도로 흰 의상을 여러 벌 갖춘 사람과는 거리가 멀었다. "정화" 과정을 거칠 확률이 높음을 생각하면 하얀색은 그리 좋은 선택이 아닌 듯했다. "에너지"가 중요한 것은 알면서 설사 무서운 줄은 모르는 이들은 도대체 뭐 하는 사람들일까? 그 순간, 참가는 말도 안 되는 생각이라는 깊은, 계시나 다름없는 직감이 나를 휘감았다.

예약을 취소했다. 해당 수련회가 끝나는 날 아침, 그 구루라는 여성이 영상으로 이 순간부터 아야와스카 의식을 완전히 그만두고 지금까지 잡힌 모든 예약은 취소하겠다고 공지했다. 그 주말에 어떤 일이 있었는지 나로서는 전혀 알 수가 없었고, 그는 "환상적이고 의미 있는 여정"이었다는 모호한 말로 마지막을 언급했을 뿐이지만, 내가 마법의 탄환을 운 좋게도 피했다는 느낌은 확실했다.

이렇게 신중하게 굴었던 것은 낯선 이들에게 시달리게 될지도 모른다는 생각 때문이기도 했다. 정말 짜증나게 구는 인간이 있으면 어떡하지? 스마트폰으로 바시티 버니언의 포크 음악을 들으면서 너무 크게 훌쩍이거나 늑대처럼 울부짖으면? 짜증이 날 것이고, 그럼 난 또 비난만 늘어놓는 괴팍한 쓰레기가 된 데 죄책감을 느낄 것이다. 정말 짜증나게 구는 인간이 바로 **내가** 될 수도 있었다.

나는 원데이 개인 체험을 제공하는 두 여성 어맨다와 니코리치아에게 연락을 취했다. "에너지"나 버섯 그리스도를 향한 간청 같은 이야기를 들을 마음의 준비를 했지만, 만나보니 두 사람은 내가 대화를 나눈 그 누구보다도 친절하고 현실적이었다. 캘리포니아에 있는 두 사람은 스카이프로 이야기를 나누는 내내 자주 웃었고, 베테랑 팟캐스트 진행자처럼 서로 편안하고도 친근하게 대화를 주고받았으며, 자신의 과거사와 개인적인 어려움도 솔직하게 공유하고, 대화 치료나 예술로는 닿을 수 없는 영역에 환각 물질로 이르게 된 이야기도 들려주었다.

"저는 이 과정을 다른 나를 만나는 것에 비유해요." 니코리치아가 말했다. "가장 진정한 자아요. 이 친구는 이렇게 말하죠. '미안한데, 지금 여기서 너 뭐 하고 있어? 왜 슬픈 거야?' 이 사람을 알게 된 후 점점 더 가까워지고 닮아가고 있어요." 이들은 환각 체험이 변화의 힘을 발휘하려면 의도적으로 접근해야 한다고 설명했다. 두 사람이 제공하는 공간은 발코니와 개인 욕조가 갖춰졌고 선별해서 고른 음악이 종일 흘러나왔다. 두 사람과의 대화가 금세 굉장히 편해졌다. 솔직하고 똑똑했으며 지혜로웠고 유머 감각이 있었다.

하지만 30분 후쯤 마침내 비용 이야기가 나왔고, 상당히 높은 금액이었다. 내 한 달 수입보다도 큰 액수였다. 두 사람은 상황에 따라 가격을 조정한다고 설명했지만, 한번 생각해보길 바란다. 불안에 빠진 사람은 단호하게 자신의 의견을 말하지 못한다. 너무 비싸다는 내색을 하고 싶지 않았다. 두 사람이 내게 실망하는 모습을 보고 싶지 않았다. 또한 내가 돈을 지불할 만한 고객처럼 보여서 두 사람이 지금껏 내게 친절하게 굴었다는 사실을 굳이 확인하고 싶지 않았다. 가격을 협상하면 내가 자신들의 일을 존중하지 않는다고 생각할 것 같았다. 성공한다 해도 그 불안을 안고 세션을 진행하면 끔찍한 여정이 될 것 같았다. 서로 깊은 고민까지 털어놓고 이야기를 나누던 중이었다. 쉽게 상처를 받을 만큼 취약한 상태였다. 문제를 직접 언급하며 내 두려움이 진짜인지 확인하기보다는 그냥 "그럼요"라고 말했다. 고민하고 생각하는 시간이 길어질수록 '비용처럼 단순한 문제에도 내 생각을 솔직히 표현하지 못한다면 그곳에 가서 어떻게 진정한 변화를 체험할까?' 하는 생각이 들었다. 회복된 것처럼 '연기'해야 한다는 부담감을 느끼지 않을까? 돈을 그렇게나 많이 냈으니 더더욱?

내가 대화를 나눈 불안 환자들 중에는 카운슬링을 받다가 결국 자신에게 필요한 것을 채우기보다는 심리치료자를 만족시키려고 애쓰는 사람이 많았다. 누군가에게 마음을 열어 보이면 아주 취약한 위치에 놓인다. '좋은' 고객이 되고 싶다는 마음이 들기 시작한다. 나아지는 모습을 보여주고 싶고, 어쩌면 자기비하적인 농담으로 치료자를 웃기고 싶고, 어떤 깨달음이나 과거 힘들었던 순간을 언급하며 자신이 '대단한 변화'를 이루기 직전의 상태임을 알려주려 한다.

심리치료자는 당신의 행동을 증거로 삼아 치료가 잘 되는지를 판단한다. 그러다 보면 두 사람이 '폴리 아 되folie à deux'•두 사람의 광기란 뜻으로 감응성 정신병을 지칭한다—옮긴이에 빠져 상대를 만족시키기 위해 정해진 역할에 따라 연기를 할 수도 있다. 고객은 치료자에게 실력 있는 전문가가 된 듯한 기분을 느끼게 해주고 치료자는 고객이 나아진다는 생각이 들도록 해준다. 상대에게서 반감을 산다 해도 진짜 문제를 파고들어 해결하겠다는 모습은 찾아볼 수 없다. "치료 동맹"의 중요성을 많이들 이야기하지만 치료를 받는 환자의 입장에서 보자면 결국 진정성보다 관계성을 우선시하는 경우가 많은 것 같아 우려스럽다. 치료자가 "요즘 어떠셨어요?" 물으면 당신은 시선을 떨구고는 "네…, 좀 나아졌어요"라고 답한다. 상대를 실망시키고 싶지 않기 때문이다. 아니면 두 사람이 함께 치료해나갈 새로운 문제나 깨달음을 지어내 답하기도 한다.

한 환각제 연구자는 내게 이런 말을 했다. 환자들이 체험 중에 어린아이 때로, 심지어 아기 때로 퇴행하기도 한다고 말이다. 환자들은 유아기 때 방치당했던 태곳적 순간을 떠올린다. 가령 부모를 찾으며 울음을 터뜨렸지만 응답을 받지 못했던 때 말이다. 발달에 중요한 시기의 트라우마를 다시 경험하며 환자는 마침내 그 아픔에서 벗어나 수용을 향해 나아가기 시작한다.

이야기를 듣고 좀 불편해졌다. 환각제의 영향으로 이러한 비전을 봤다고 하지만 그것이 실제 기억인지 어떻게 확신할까? 내 질문에 연구자는 잠시 생각한 후 그것이 중요하다고는 생각지 않았다고 답했다. 핵심은 '환자가 진짜처럼 느꼈는가?'이다. '진실'은 상징적인 개념일지도 모른다. 치유의 촉매제 역할을 한다면 역사적 정확성은 중요하지 않다. 이런 생각은 동정적 실용주의에서 비롯되었을 터다. 하지만 심리치료자가 고용량 환각 약물의 효과로 타인의 영향을 받기 굉장히 쉬운 상태에 놓인 취약한 환자에게서 아동학대라는 거짓 기억을 유도할 가능성을 스스로 생각지 않는다면 위험한 선례가 남을 수도 있다.

임페리얼칼리지런던에서 치료 저항성 우울증 환자들을 대상으로 실로시빈 시험을 진행할 당시 앤디라는 한 환자는 어린 시절 잠이 든 자신을 누군가가 베개로 질식시키려 했던 장면을 생생한 환영으로 마주했다. 이후 그는 당연하게도 마음이 복잡해졌다. 그의 기억 속에는 어린 시절이 아주 행복하게 남아 있었다. 그 환영이 진짜 기억이었을까? 그가 자는 동안 아버지가 그를 죽이려 했던 걸까? 이 시험을 영상으로 담은 다큐멘터리에서 앤디가 체험을 마친 후 "통합" 과정을 진행한 심리치료자는 그 환영이 진짜 기억이었는지 "그의 머리가 만들어낸" 것인지 밝히는 일은 중요하지 않다는 태도를 보였다. (하지만 앤디에게는 **상당히** 중요한 문제였다. 오랜 시간 정황 증거를 따져보던 앤디는 마침내 그 일이 실제로 벌어지지 않았다는 결론을 내렸다. 자신이 그런 환영을 본 "근거"를 치료자가 제시하자 그는 마음이 편안해졌다. 치료자는 그가 어린 시절 "숨이 막혔던" 경험이 있고 그것이 은유적으로 나타난 것 같다고 설명했다.)

정신적 고통에 대한 설명을 듣는 일은, 설사 그 설명이 틀렸더라도 치료의 힘을 발휘할 수 있다. 하지만 환각 체험을 하기 전에 환자와 심리치료자 모두 기억의 비신뢰성을 이해하는 것이 중요하다(심지어 필수적이다). 그런 환영은 **어쩌면** 자전적 사실을 담을 수도 있지만 심리극의 한 형태일 수도 있다. 학대 생존자들은 이런 말을 자주 듣는다. "네가 지어낸 거야", "네 상상이야", "너 지금 정상이 아니야." 특히 생존자들의 아주 어린 시절 기억은 깊은 곳에 억눌려 있거나,

끔찍한 일들이 너무 일상적으로 벌어지는 나머지 여러 기억이 한데 섞이기도 한다. 생존자들은 멸시와 협박·가스라이팅을 당하다 결국 자신이 직접 경험했음에도 그 기억을 의심하는 지경에 놓인다.

1980년대 후반과 1990년대 초반 악명 높은 "억압된 기억 요법 repressed memory therapy"으로 인한 소송이 줄을 이었다. 이 치료에서는 심리치료자가 진정제를 투여한 후 환자에게 유도 질문과 최면, 심지어 심문을 하며 충격적인 학대의 기억을 "파헤쳤다." 불안과 불면증을 호소하는 성인들은 이런 증상이 억압된 트라우마 탓이라는 확신을 얻기 위해서 이 치료를 받으러 찾아왔다. 치료자는 환자의 어린 시절 기억에서 희미한 부분을 찾은 뒤 환자를 그 나이로 "퇴행"시켜 역할놀이로 여러 질문을 반복하면서 근친상간과 아동 살해를 포함한 사탄 의식을 자세히 기술하도록 유도했다.

억압된 기억 치료를 받은 몇몇 사람이 UFO에 납치되었다는 이야기를 한 걸로 봐서는 기억에 어느 정도 "의인성"이 있다고 보는 편이 합리적이다. 다시 말해 이런 기억이 치료 과정에서 만들어진 해로운 인공물이라는 의미다. 가족 수천 명이 소위 "억눌린" 기억으로 인해 아동학대 혐의를 받았다. 지나치게 열정 넘치는 치료자들은 나약한 사람들에게 트라우마를 주입하기도 했다. 이 사람들은 이후 날조된 기억으로 가족이 해체되는 일을 겪었고, (워싱턴주 복구기억 법적 청구권 데이터에 따르면) "해당 치료를 받으며 자살하려는 생각이 일곱 배 가까이 상승했으며 정신과 입원은 다섯 배 이상 증가했다."[19] 더욱 끔찍하게도 이 스캔들은 정말 학대를 당한 경험의 진정성을 훼손하는 데 이용되기도 했다.

물론 극단적인 사례들이다. 하지만 이 일은 치료가 치유만큼이나 해를 가할 수 있다는 사실을 되새기게 해준다. "치료 동맹" 같은 용어로 교묘하게 가려졌지만 여기에는 힘의 불균형이 존재한다. 한쪽이 다른 한쪽에게 비용을 받는 관계다. 돈과 민감한 개인정보가 한쪽으로 흘러가는 역학이다. 불쾌하고 착취적인 자본주의하에 살지 않더라도 한쪽이 다른 한쪽에게, 전문가에게 도움을 요청하는 상황에서는 어쩔 수 없이 지위의 격차가 생긴다. 심리치료자가 정식 자격을 갖춘 정신과 의사이거나 앞서 나온 환각 실험 같은 연구에 참여한다면 정신약리학적 치료의 접근을 좌우할 위치에 놓인다.

어떤 악의가 도사릴 수 있다는 말은 아니지만 실제로 존재하는 역학이 그렇다. 이것이 사실이 아니라고 모른 척한다고 해서 마법처럼 환자와 치료자의 위치가 동등해지진 않는다. 다만 이 역학이 치료 과정에 미치는 영향과 편견이 가려질 뿐이다(그리고 조 프리먼이 에세이 「구조 없음이라는 횡포」에서 지적한 것처럼 프로세스에 문제가 생길 때 책임소재를 가리기가 더욱 어려워진다.)[20] 두 사람은 친구 관계가 아니다. 거래에 의한 관계다.

아마도, 결국 어맨다와 니코리치아가 운영하는 체험에 참여하는 일이 불편하게 느껴졌던 이유도 이것인 듯하다. 누구나 생계를 유지하기 위해 돈을 벌어야 한다. 그건 충분히 이해한다. 하지만 이런 체험에는 어떤 규제가 존재하지 않는다. 외국으로 가서 나의 안전과 웰빙을 누군가에게, 결과물이 어떻든 이 일로 돈을 버는 사람들의 손에 맡겨야 한다는 것이 뭐랄까… 좀 위험하달까? 서로 거래에 의한 관계라고 선을 그을 만한 사안이 아닐 수도 있다. 다만, 가령 누군가를 고용해 물받이 홈통을 고치거나 할 때는 이런 생각을 하지 않았다. 하지만 홈통을 수리할 때는 내가 안대를 쓸 일도, 정신이 혼미해질 일도, 눈물을 보일 일도 없다. 그래서 용기를 냈다. 일정을 연기해야 될 것 같다고 대충 둘러대고는 다시는 연락하지 않았다. 기분이 형편없었다. 내 비겁함에, 만성적인 우유부단함에, 내게 친절하게 대해준 사람들에게 거짓말밖에 할 줄 모르는 자신에게 화가 치밀었다.

나는 안드레아 라이네케가 내게 한 말을, 사람들에게 불안해하지 말라고 말하는 것만으로는 충분하지 않다는 이야기를 떠올렸다. 그는 청소함에 갇혀 자신의 두려움을 마주했던 환자들에게 D-사이클로세린을 주입해 학습 기억을 향상하고자 했다. 한 연구에 따르면 실로시빈이 신경가소성에 이와 유사한, 어쩌면 더욱 강한 효과를 보일 수 있다. 피실험자들과 그들의 두뇌는 경험에서 배워야 한다. 실로시빈과 같은 세로토닌성 환각제가 대뇌겉질 뉴런의 가지돌기 가시의 밀도를 높여 앞이마엽 겉질의 신경가소성을 증진시켰다는 연구도 있고,[21] 1회 복용으로도 기분이 호전됐으며 일주일 후 공포에 빠진 표정을 마주했을 때 편도체의 반응이 감소했다는 연구도 있다.[22]

라이네케의 연구에서 청소함으로 들어간 환자들은 철저히 혼자였다. 이후 연구자는 불을 끄고 문을 잠갔다. 안전 행동도 할 수 없었다. 신경가소성이 향상되면 좋은 노출은 더욱 좋게 만들고 나쁜 노출은 더욱 나쁘게 만들었다. 이도저도 아닌 노출은 죽음을 뜻했다.

완벽하고 빈틈없는 체험을 찾으려 하는 것 자체가 어쩌면 안전 행동일 수도 있다. "혹시나 잘못될 상황을 대비해" 곁을 지켜줄 스태프를 원하는 것은, 어디를 가든 프로프라놀롤을 항상 소지하는 것이나 출입문 근처에 빈자리가 없으면 버스를 타지 않는 것과 유사한 심리인지도 모른다. 돈 휴브너가 말했듯 내 트리거가 내 자신의 생각과 불확실성이라면 이것들이야 말로 내가 마주해야 하는 대상일 터였다. 결국 나 혼자 해야 하는 일일지도 모르겠다.

일과 육아를 병행하는 아빠로서 소리가 울릴 정도로 깊고도 끝없이 펼쳐진 내 신경증의 세계에 홀로 약의 힘을 빌려 온종일 파고들 시간을 내기가 쉽지 않다. 눈치를 챈 아내에게 아니라고 우길 때는 더욱 그렇다. 리사에게 환각 체험을 알아보고 있다는 이야기를 했다. 그리 반기는 기색이 아니었다. 위험한 것은 아닐지, 어쩌면 다녀와서 내 상태가 악화되지는 않을지 걱정했다. 아내의 우려는 지나치지 않았다. DSM-5 리스트 가운데 "환각제 지속성 지각장애"라는 질환이 있는데, 약물로 유도한 환각이 "몇 주, 몇 달, 몇 년"까지 지속되는 증상을 보인다. 유병률은 환각제를 경험한 사람의 4.2퍼센트, 즉 25명 중 1명꼴로 추산된다. LSD와 실로시빈 또한 정신착란 증세를 유발하기 때문에 관련 연구를 진행할 때는 보통 참가자들을 대상으로 정신병력을 조사한다.

리사는 어떤 극적인 효과를 발휘하는 치료법 하나에 희망을 거는 것은 그리 건강하지 않다는 뻔한 소리를 했다. 아내는 내가 바랐던 대로 기적적으로 불안이 사라지지 않는다면 도리어 내가 무너질까 봐 걱정했다. 하지만 도박 중독에 빠진 듯 나는 모든 것을 걸고 크게 이기는 환상을 품었다. 새로운 사람이 되어 집으로 돌아와 내 가족들에게 애정과 안정을 아낌없이 쏟아붓는 것이다. 오늘 행복해 보여, 당신. 리사가 내게 이렇게 말하면 나는 이런 기분이 태어나 처음이라는 듯이 응, 정말 그래라고 답하는 것이다. 나란 사람은 그대로지만 훨씬 평화로운 상태로.

아내에게는 말하지 않기로 했다. 민망했던 것 같다. 아내는 반대할 이유가 충분했다. 나는 반박할 만한 좋은 사유가 없었다. 하지만 내게 다른 선택지가 남지 않았다. 외도를 하는 것과 비슷했다. 스케줄이 비는 날을 찾았다. 얌전히 기다렸다. 거짓말을 했다.

✧

　다양한 이유로, 내가 선택한 장소는 정확하게 밝히지 않을 생각이다. 암스테르담에서 한 시간 안 되는 거리에 위치한 집이었고, 1층에 있는 방에는 천창 아래 소파 겸용 침대가 놓였으며 와이파이가 제공되었고 도보 거리에 숲이 있었다. 하는 게 맞는지 전날 밤까지도 고민했다. 아무에게도 알리지 않았다. 벼랑 끝에 혼자 서 있는 듯한 외로움을 느꼈다. 벼랑이라고 해도 1미터 높이에 아래 물웅덩이가 있는 정도겠지만. 당연히 실망스러운 결말을 맞이할 가능성도 있었다. 내 트러플은 약효가 없을지도. 내게는 안대가 있었다. 헤드폰과 음악도 있었다. 나아지겠다는 의지도 있었다. 무엇보다 엄청난 양의 트러플이 있었다.

　고용량의 실로시빈이 "위 불편감"을 야기할 수 있으니 아침을 너무 무겁게 먹지 말라고 조언해준 사람들이 있었다. 세로토닌이 위장관의 장크롬친화성 세포를 자극해 "연동성 수축", 즉 벌레가 꿈틀거리는 것 같은 위 운동을 일으킨다. 다른 한편으로 실로시빈 트러플은 굉장히 맛이 없어서 그것을 가릴 무언가를 섭취해야 한다. 9시쯤, 이곳에서 제공한 가장 강력한 환각 트러플 15그램을 넣어 땅콩버터 샌드위치로 아침식사를 하기로 했다.

　앨버트 컬랜드의 연구에서는 참가자들에게 정확한 용량의 LSD가 투여되었고 실로시빈 시험에서는 보통 캡슐로 약물이 제공되던 것처럼 통제된 조건하에 진행되는 정식 연구와 달리, 나는 어림짐작해야 했다. 트러플은 마법 버섯보다 그램당으로 보자면 좀 더 약한 편이었지만 실제 실로시빈 함유량은 품종과 신선도에 따라 천차만별이다. 나는 식습관을 바꾸고 러닝을 하면서 19킬로그램 정도 체중을 감량한 상태였다. 내가 본 연구 데이터에 따르면,[23] 알려진 만큼 효과가 강력하고 비교적 신선한 트러플이라면 나는 약 25밀리그램의 실로시빈이 함유된 트러플 15그램을 섭취해야 했다(정확히 존스홉킨스 연구에서 말한 '고용량' 수치다).

나는 혼란스러운 머리로 눈앞의 땅콩버터 샌드위치를 몇 분간 가만히 바라만 봤다. 우여곡절 끝에 여기까지 온 수고를 생각하면 지금 꽁무니를 빼는 것은 상상조차 할 수 없었다. 그럼에도 마지막 한 발이 떨어지지 않았다. 최악의 상황이 벌어져봤자 뭐겠어? 이렇게 생각했다. 공황발작? 나는 미친 사람처럼 키득대기 시작했다. 샌드위치를 정신없이 먹어치웠다.

보통 그렇게들 하는 것 같아서 부러 "거실 같은 환경"으로 꾸며놓은 내 방으로 들어왔다. 베개를 베고 모직 러그 위에 누워 초조해지기 시작하는 마음을 가라앉히려 심호흡을 시작했다. 안대와 헤드폰을 착용한 뒤 최면을 거는 듯 잔잔하게 울리는 드럼 연주를 재생했다. 어떤 일이 벌어질지 예상이 되질 않았다. 환각을 보게 될지, 정신을 놓게 될지, 참담한 실패로 끝나게 될지. 무슨 일이 벌어지든 받아들이라는 조언을 들었다. 체험의 일부로 온전히 수용하라고. 마음을 열고 받아들이라고 말이다. 감사해하고, 더 많이 구하라고. 트러플을 섭취하고 난 뒤에는 체험을 중도에 그만둘 수 없다. 완전히 포기하고 항복하는 것 외에는 할 수 있는 게 없다. 체험 중에 우리가 할 수 있는 최악의 일은 저항이었다.

심호흡을 하는 중에 감은 두 눈에서 정전기처럼 번쩍이는 빛이 느져졌다. 긴장은 됐지만 그래도 대체로 괜찮았다. 심호흡에 정신을 집중할 수 있었고, 이런저런 생각에 휘말려 편집증적인 시나리오를 머릿속에 그리는 것 또한 막을 수 있었다. 가령 이런 것들. 누가 창문을 깨고 갑자기 들이닥치면 어쩌지? 집에 도둑이 오면 어쩌지? 곁을 지키는 보호자가 따로 없었다. 혼자서 약에 취한 상태였다. 시각적 잡음 사이로 번쩍이는 구릿빛 섬광이 나타나 고리와 구체의 격자무늬로 퍼져 나갔다. 형상은 정교한 모자이크 만다라로 반짝였고 이내 대칭적인 만다라들이 타일을 붙인 것처럼 이어지며 터널이 되었다. 터널 끝에는 새하얀 빛의 고리가 있었다. 빛이 점점 더 밝아지더니 어느새 나는 그 빛 속에 떠 있었다. 오, 뭔가가 벌어지고 있어.

✧

anxiety(불안)와 anger(분노)는 '좁은'이란 의미의 고대 영어 enge, '숨이 막히다' 또는 '목을 조이다'라는 뜻의 라틴어 angere에서 유래했다. anxiety, angst(불안), anguish(괴로움)는 가방 입구를 끈으로 당겨 꽉 조이는 느낌, 차단하고 구속하는 느낌을 준다. 이와 반대로 inspire(영감을 주다)는 '호흡하다', '입김을 불어넣다', '공기/숨/**영기**를 넣다'라는 의미의 라틴어 inspirare에서 왔다. 영감은 결국 숨을 들이마시고, 생명을 주고, 생명을 받아들이는 행위다. 무언가를 향해 열린 상태. 받아내는 것.

어원으로 보면 영감을 얻는 것과 불안한 것이 공존하기 어렵다. 깊은 숨을 들이마실 때, 생명을 주는 영기를 들이마실 때, 자기 자신을 열고 삶의 충만함을 온전히 받아들일 때 어떻게 차단되는 듯한 기분, 질식할 것만 같은 좁고 답답한 느낌을 경험하겠는가? 불안과 영감이라는 너무나 상반되는 두 상태는 결국 영감이 커질 때 불안은 낮아진다는 의미일 것이다.

다만 드물기는 하지만, 불안과 영감이 공존하는 순간이 있다. 그랜드캐니언의 끝자락에 섰을 때 느끼는 기분, 또는 해저에서 까마득히 펼쳐진 짙은 파란빛의 바다를 올려다보는 기분, 또는 사랑하는 이가 죽음을 앞둔 순간 그 손을 꼭 쥘 때의 기분일 것이다. 수키의 눈을 처음으로 내려다봤을 때, 생명을 봤을 때 내가 느꼈던 기분이다. 공포와 놀라움이 함께하는 순간이 있다. 두려우면서도 경탄에 휩싸일 수 있다. 회사 야유회를 가서 집라인을 타는 그리 특별하지 않은 순간마저도 약간의 으악과 우와를 함께 경험할 수 있다. 우리가 경외감이라고 표현하는 상태다. 몇몇 철학자가 "숭고함을 마주하는 경험"이라고 말하는 상태이리라.

활짝 펼쳐진 프랙털 빛의 쇼 아래 누운 나는 수확을 마치고 잘려나간 옥수수 그루 너머로 찌르레기들이 찌르르거릴 때, 해질녘 암적색과 누르스름한 금빛의 하늘 아래서 짙은 뭉게구름을 올려다볼 때의 오묘하고도 저릿한 기분을 느끼기 시작했다. 이내 솟아올랐다.

꿈은 세상에서 가장 부패되기 쉬운 개념이다. 뇌에서 입까지의 여정을 살아남는 꿈은 거의 없다. 제 아무리 남의 말을 잘 들어주는 너그러운 사람일지라도, 개가 씹다 토해낸 휴가 사진 조각들같이 이상한 꿈 이야기들을 조각조각 풀어내는 당신에게는 그저 고개를 끄덕이고 미소를 짓는 것 외에 더 할 수 있는 게 없다.

자신이 본 비전을 부끄러워해야 한다는 소리가 아니다. 나도 얼마 전에 꾼 인상적인 꿈을 이야기하는 친구들과 대단히 친밀하고도 깊으며 치유적인 대화를 나누기도 하지만, 꿈 이야기는 대체로 공감하고 이해하기 어려웠다. 환각 체험은 꿈과는 완전히 다른 유형이지만 서사적 취약성이 비슷하다. 하인리히 클뤼버는 메스칼린의 영향으로 본 비전을 수학적으로 상세하게 설명하며 불가능한 물체

impossible objects • 2차원 그림으로는 보이지만 3차원 공간에 실제로는 존재할 수 없는 착시 —옮긴이의 차원에 대해 이야기했다. 원숭이와 함께 약물을 복용한 사람치고는 그 결과물이란 것이 놀라울 정도로 지루했다.

따라서 나는 이후 여섯 시간 동안 경험했던 일을 상세하게 늘어놓지 않을 생각이다. 지극히 개인적인 순간들을 설명하는 이야기 또한 배제했다. 내가 그 **누구에게도** 털어놓지 않은 일들과 연관이 있는 이야기다. 사실 세부 사항은 이 책과 무관하다. 다만, 어떤 이야기는 하지 않겠다는 정도는 밝히고 싶다.

✧

시작하자마자 나는 천사를 만나 텔레파시로 소통했다. 이렇게 말하니 굉장히 한심한 소리같이 들리지만 당시에는 극도의 행복을 느꼈다. 결국 내 몸은 수직으로 된 또 하나의 터널을 향해 위로 끌려 올라갔다. 그곳을 떠나고 싶지 않았지만 사람들이 내게 한 말을 떠올렸다. 저항하지 말라고. 따르라고. 수용하라고. 떠나는 나를 향해 천사들이 작별 인사를 했다. 나중에는 해파리가 되어 잠시 동안 선명한 색채의 바다 생명체들 사이를 떠다녔다. 그 후에는 여성의 몸으로 된 어마어마한 크기의 조각상이 되어 와불의 자세로 말도 안 되게 높은 산꼭대기에 누웠다. 그 아래로 온 세상이 펼쳐졌고 구름 너머로 대

류과 대평원, 사람들이 보였다. 이후에도 계속 나는 해체되고 분열됐다. 감사합니다, 그래요, 더요라고 생각하려 애썼다. 마침내 나는 폭발해 작은 입자들이 되었다.

한 번씩 내가 웃거나 우는 것이 느껴졌다. 사실 둘 다일 때가 많았다. 웃으면서 눈물이 뺨을 타고 흘러내렸다. 때때로 위경련이나 다리 저림 증상 때문에 내 몸으로 돌아오기도 했다. 가끔씩 의식이 돌아오면 안대를 벗고 음악을 바꿨다. 그러면 평범했던 방의 내부는 잠깐이었고 이내 모든 것이 소기름처럼 변하기 시작했다. 역한 냄새와 질감이 온 사방에서 흘러나왔다. 그러다 어느 순간 천장에서 물이 쏟아져 내려 방 안을 가득 채웠고 열대어 냄새가 풍겼다. 내가 탄 배는 빙하에 부딪혀 무한한 크레바스(균열) 끝자락에서 간신히 버텼다. 죽음을 직감적으로 알 수 있었다. 구름 속에서 그들의 얼굴이 보였다. 내 주변에서 그들의 존재가 느껴졌다. 그들은 항상 우리를 지켜보고 있었다. 지금껏 그들의 존재를 의심했던 내가 어리석게 느껴졌다.

요의가 느껴졌고 자리에서 일어나 비틀대며 주방을 지나 화장실까지 움직일 수 있었다. 거울을 흘끗 봤다. 잿빛에 퀭한 몰골에다 통째로 썩어가는 좀비가 보였다. 유치한 환상임이 분명했다. 나는 눈을 굴리고는 코웃음을 쳤다. 아니 진심으로, 이게 최선이야?

(체험이 지속된 지 여섯 시간쯤 후인) 오후 세 시경이 되자 마침내 집 밖으로 나올 수 있을 것 같았다. 헤드폰을 쓴 채로 숲을 걸었다. 거리 감각이 이상하게 작동했다. 작은 꽃들이 굉장히 크고 멀리 있는 것처럼 보였고, 나무는 내 눈보다 고작 몇 센티미터 높이에 엄지 손가락만 한 크기로 서 있었다. 한 번씩 이상하고 왜곡된 것들이 시야에 들어왔지만 세상이 더는 강렬한 색색의 들끓는 밀랍처럼 보이지 않았다. 해가 좋은 날이었다. 통나무에 앉아 풀밭을 바라봤다. 가슴께에

서 이상한 감정이 휘몰아쳤다. 깊고도 고단한 슬픔이었다. 마냥 행복함을 느껴야 하는 거 아닌가? 다시 태어나야 하는 거 아니었어?

돌이켜 생각해보면 세로토닌 분비를 자극하는 약물을 한 움큼 삼킨 뒤 엄청난 우울감을 경험하는 것이 대단히 놀라운 일도 아니다. 하지만 그때는 이 내용을 읽었던 기억도 떠오르지 않았고, 이런 심정을 이야기하면 그 사실을 알려줄 심리치료자도 곁에 없었다. 사실 내가 들은 대부분의 이야기는 전혀 달랐다. 끝나고 난 후 행복과 안전, 새로워진 영감이 가득한 "여운"이 지속된다고들 했다. 며칠간 아이디어가 쏟아져 나올 테니 메모장을 준비하라는 조언도 들었다.

하지만 나는 굉장한 슬픔만 느꼈다. 이렇게까지 되고 말았다는 슬픔. 오랜 세월 두려움을 피해 다녔고, 옳은 감정을 느끼지 못하는 자신을 증오했다는 슬픔. 아내에게 거짓말했다는 슬픔. 내 딸과 놀 시간에 이곳에서 엄청난 환각제 숙취를 떨치려 걷고 있다는 슬픔.

지난 몇 달간, 나는 불안 말고는 아무것도 생각하지 않았다. 불안이란 무엇일까? 어디서 시작될까? 어떻게 해야 불안을 꼼짝 못하게 사로잡아 완전히 없애버리고 다시는 경험하지 않을까? 불안을 이기기 위해 운동했다. 불안을 이기기 위해 먹었다. 불안을 이기기 위해 명상을 했다. 불안을 이기기 위해 일기를 썼다. 짬이 나면 불안을 더욱 깊이 이해하기 위해 핸드폰으로 연구 자료를 읽었다. 내 삶 전체가 불안의 기념비였다. 엉망진창이었다.

✦

수키를 재우고 리사에게 고백했다.
감정을 주체하지 못하고 흐느꼈다.

XIV 마음

329

약물 체험 때 경험한 지각장애를 일시적으로 다시 경험하는 플래시백이라는 작은 위험성을 제외하면, 올바른 환경에서 복용할 때 실로시빈은 비교적 안전한 약물이다. 중독성이 없고, 내가 아는 한 과다 복용으로 인한 사망 사고도 일어난 적이 없다. 하지만 내가 한 방식은, 그러니까 계획을 세우고, 가까운 사람들에게 거짓말을 하고, 그것이 내 모든 문제를 해결해줄 거라 믿고, 강박적으로 약물을 삼키기 전 마지막으로 망설이기까지 대단히 어두운 구석이 있었다. 내 머릿속에서는 자살 시도와 비슷해 보였다.

지난 몇 달간 내 자신이 쓸모없고, 한심하고, 망가진 인간이란 생각을 여러 번 했다. 내 삶은 살 가치가 없다고. 아내와 딸을 그 무엇보다 사랑하고 가족과 멋진 친구들도 말할 것 없이 사랑했지만, 내 자신이 사회와 지구, 환경에 이롭기보다는 짐스러운 존재처럼 느껴졌다. 내가 할 수 있는 일은 전부 다 했고, 불안에 관해서는 세계에서 가장 정통하다는 전문가들과도 대화를 나눴지만, 다시 이렇게 전보다 더욱 상태가 악화되었다.

이 모든 일을 시작하기 전에도 상황은 비슷했다. 내가 무엇을 찾게 될지, 어떻게 달라질지 몰랐다. 그래도 희망이 있었다. 유명한 슈뢰딩거의 사고실험에서 상자를 열어보기 전까지 그 고양이는 살아 있기도 하고 죽어 있기도 하다. 양자중첩 상태에서는 이 두 상태가 공존할 수 있다. 슈뢰딩거의 실험은 파동함수의 붕괴가 둘 중 하나의 가능성으로 귀결되는 현상을 관측하는 행위에 관한 설명이다. 고양이는 방사성 동위원소로 죽음에 이르렀을까, 아니면 상자 안에 앉아 발을 핥고 있을까? 확인하기 전에는 둘 다 정답이다. 슬쩍 열어보지 않겠다는 다짐을 지키는 동안에는 고양이가 살아 있다.

이전까지만 해도 내가 단순히 무기력하다거나 뭘 잘 몰라서 이런 상태일 가능성이 있었다. 그러니까 내 행복이 상자 안에서 날 기다렸을 가능성이 있었다. 그 상자가 내 위로였다. 내가 생각보다 더욱 그랬던 것 같다. 코트 주머니 속 안 먹고 남겨둔 초콜릿 바였다. 우화 속, 절대로 무언가를 봐서는 안 된다는 경고를 들은 주인공들을 생각해보라. 오르페우스, 롯의 아내, 판도라. 때로 진실이란 지독히도 형편없는 것이라 그 진실을 바꿀 수 없는 한 차라리 무지의 행복 속에서 사는 게 낫다. 리사는 내가 갑자기 약을 중단했을 때와 상태가 비슷한 것 같다고 알려주었다. 그러고 보니, 내 자신을 성경과 신화 속 비극적인 인물들과 비교하는 것이 약기운이 떨어졌을 때의 증상과 좀 비슷해 보였다.

지난 몇 년간 우리는 정말 슬픈 경험들을 이겨내고 여기까지 왔지만 (순도 높은 기쁨을 전해주는) 부모가 되는 경험을 하며 슬퍼할 시간을 갖지 못했다고 아내에게 말했다. 당신은 내 가장 친한 친구이며, 나는 두려움 속에서 마음을 닫고 당신과 연결되려 노력하길 그만두었다고 털어놨다. 친밀감이 두려웠다. 아내에게 당신이 그립다고 말했다. 환각제에 내 모든 희망을 걸어선 안 된다는 당신의 말이 맞을 거라 생각하면서도 어쨌거나 해버렸다고, 너무, 정말 너무 지쳐서 어쩔 수 없었다고 설명했다. 리사는 따뜻하고도 인내심 있게 내 이야기를 들어주었다. 우리는 서로를 안고 울었다. 좋은 울음이었다.

XV
냉수욕

불안한 몸에 찬물 끼얹기

19세기, 당신은 정신이상자가 되었다. 범불안장애나 공황장애란 진단을 받지는 않았다. 그때는 존재하지 않았던 병명이니까. 하지만 **예민**하고, **신경쇠약**과 **우울**, 어쩌면 **히스테리** 증상을 보여 정신병원으로 옮겨졌다. 의사가 병원 내 정원으로 당신을 안내한다. 얼마 후 당신은 연못 옆에 있다. 연못을 가로지르는 멋진 나무다리가 보인다. 노인 한 명이 연못 건너편, 커다란 물레방아 옆에 서 있다. 의사가 나무 중앙에 자리한 당나라 양식의 탑을 보러 가자고 말한다. 평온한 환경이 불안한 마음을 진정시켜줄지도 모를 일이다.

그러지 뭐, 이렇게 생각한 당신은 다리를 건넌다. 늦가을의 아름다움이 빛나는 하루다. 말꼬리 구름이 은빛 하늘을 유유히 가로지른다. 탑을 바라보며 어쩌면 병원을 둘러싼 흉흉한 이야기들은 전부 과장일지 모른다고 생각한다. 그때 덜컹거리는 소리가 들린다. 발밑에서 작은 문이 열린다. 당신은 차가운 물속으로 빠지고 만다. '뱅 드 쉬흐프리즈bain de surprise'·깜짝스러운 목욕—옮긴이를 막 경험한 것이다.

버섯 여행 이후로 몇 주간, 마음이 침잠하고 동요했다. 신경이 대단히 불안한 상태라 더듬지 않고는 한 마디도 할 수 없었다. 한 자리에서 서성거리고, 양손을 비벼댔으며, 머리카락을 잡아당겼다. 몇 차례의 공황발작이 내 두뇌에서 신경적인 변화가 전혀 일어나지 않았음을 확인시켜줬다(실로시빈에 긍정적이었던 몇몇 사람은 내 기분이 저하되는 상황이 좋은 징후이며 "유독한 감정"이 빠져 나오는 거라고 말했다).

연구 자료를 많이 찾아 읽었고 허무주의 같은 것이 싹텄다. 꽤 강건하다고 볼 수 있는 연구 결과 한 건마다 이를 비판하는 굉장히 똑똑한 논문 열 건이 있었다. 해당 연구가 고려하지 못한 가외변인으로 어떠한 놀라운 결과의 타당도에 문제가 있다는 오류를 지적하거나, 연구 설계를 비판하거나, 효과를 복제해내지 못하거나, 결과는 믿을 만하지만 연구진이 이 결과에서 도출한 결론은 신뢰성이 떨어진다는 식이었다. "추후 연구가 필요하다"라는 문구는 상투적인 표현이자 여러 학술지에서 금기시한 업계 내부 농담이 되었다.

이것이 좋은 과학의 모습이다. 평화의 대가가 영원한 경계 상태라면, 과학의 대가는 영원한 회의주의다. 당대 최상의 정보를 바탕으로 한 최상의 추측들이 모여 무리를 이룬 것이 현재의 지식이다. 수학자 조지 박스의 말처럼 "모든 모델은 틀렸다." 과학은 이론과 실제의 끊임없는 반복이다.[1] 무언가를 설명하는 프레임워크를 정립하고, 실제로 실험해보고, 다시 이론으로 돌아가 개선하고, 다시 실험하는 과정이 계속된다. 시간이 지날수록 개선의 범위가, 이론과 실제의 거리가 점차 줄어들기를 바랄 뿐이다.

앞으로 나아가는 것만은 확실하다. 모든 질병이 세균 감염 때문이라는 세균 원인설이, 오염된 공기로 병이 퍼진다는 포말 전염설보다 나은 모델이다. 수술 중 감염으로 사망하는 사람은 줄어들었다. 나는 100년 전 심리치료자 또는 신경외과 의사보다 현재의 의료진에게 진료를 받고 싶다. 사람들을 대체의학으로 향하게 만드는 그 피로감을 잘 이해한다. 머지않아 당신도 '손해 볼 건 없잖아?'라며 **뱅 드 쉬흐프리즈**에 눈을 돌리는 자신을 발견하게 될 것이다.

정신의학의 역사를 보면 냉수욕은 부유한 사람들이 집에서 하는 민간요법이자 치료가 불가능한 정신이상자에게 가해지는 끔찍한 처벌이었다. 정신병원 환자들은 광기라는 내면의 불꽃을 꺼야 한다는 미명하에 몸이 묶인 채 물속에 거꾸로 들어가 거의 익사할 정도로 있어야 했다(실제로 익사한 사례도 꽤 있었다). 병원 직원들은 높은 곳에서 환자의 몸으로 차가운 물을 대량 쏟아붓거나, 뱅 드 쉬흐프리즈와 유사하게 자신이 담당한 환자들을 진정시키겠다는 목적으로 갑작스럽고도 강압적으로 아주 차가운 물속에 밀어 넣었다.[2] 20세기까지도 정신병원 환자들은 강제로 냉수 샤워를 하거나, 묶인 채로 샤워실 호스에서 나오는 차가운 물줄기를 온몸으로 맞거나, 젖은 수건을 미라처럼 둘둘 감은 채 차가운 물이 채워진 욕조 안에 누워야 했다. 냉수욕이 동요와 불안에 효과적인 치료법이라 믿는 의사들이 있었다. 군대에서는 물에 빠뜨리기, 잠수시키기, 천을 뒤집어 쓴 얼굴에 물 붓기와 같은 고문을 역설적이게도 '수 치료'라고 불렀다.

한편 높은 계층과 중간 계층 사람들은 주치의에게서 "물맞이를 하라"는 조언을 들었다. 고산지대에 형성된 호수와 해변 휴양지에 가서 찬물에 몸을 담그며 몸과 마음을 정화하라는 제안을 받았다. 냉수욕의 이점을 밝히는 다양한 설명이 등장했다. 1715년 리치필드의 의사인 존 플로이어는 저서 『사이크로루시아: 냉수욕의 역사

Psychrolousia: Or, the History of Cold Bathing』에서 "냉수욕은 영혼에 큰 작용을 하고, 영혼이 소멸하지 않도록 지켜주며, 강하고 활기차게 만들어준다"라고 적었다. 플로이어는 냉수욕이 고대 로마제국 때부터 널리알려진 전통이라고 주장했다. 그는 이 전통이 사라진 것은 세례를 미신이라 여긴 청교도들 때문이라고 설명했다. 청교도는 커다란 세례반에 몸을 완전히 담그는 방식이 아니라 살짝 "뿌리는" 것으로 만족했다. 플로이드는 "차가운 물이 신경계를 수축하고 강화한다"고 말하며 정기적인 냉수욕으로 169살까지 산 요크셔의 한 남성을 사례로언급했다. 북유럽 국가에서는 오래전부터 (뜨거운 사우나를 동반하는) 얼음물 수영이 일상적인 문화였다. 한편 영국과 미국에서는 얼마 전까지도 문화적 아웃라이어라는 자신의 정체성에 흠뻑 취한 가학적인 괴짜들의 영역으로 훨씬 국한되어 있었다.

어쩌다가 현대의 슈퍼히어로가 된 한 남성이 등장하지 않았더라면 영국과 미국에서 냉수욕의 입지는 그대로였을 것이다.

1995년 빔 호프의 아내가 스스로 목숨을 끊었다. 그는 예상조차하지 못한 일이었다. "아내와 15년을 살면서 아이를 넷이나 두었습니다. 아내는 굉장히 활력이 넘치고 또 굉장히 예민한 사람이었어요. 아내의 마음이 약해졌던 이유가… 모르겠습니다. 사회일 수도 있고, 스트레스일 수도 있고요…. 정신을 놓아버렸어요. 성격도 완전히달라졌어요…. 8층에서 뛰어 내렸습니다."[3] 그는 "절망과 무력함 속에서" 홀로 네 아이를 키워야 했다. 그러던 어느 날 공원을 걷던 그의눈에 살짝 얼어붙은 연못이 들어왔다. 그는 당장이라도 얼음장 같은 물속으로 뛰어들고 싶다는 충동이 강하게 일었고, 결국 그 충동을 따라 몸을 담그자마자 그동안 쉬지 않고 자신을 괴롭히던 생각들(심리학자들은 "반추"라고 한다)이 사라지고 집중력과 평안이 자리했다. 이것이 빔 호프가 고통과 슬픔 속에 살던 홀아비에서 '아이스맨'이 되기까지의 이야기다.

그를 여러 과학 연구로 입증된 선지자라고 부르는 이들도 있다. 또 어떤 이들은 검증되지 않은 건강 효과를 과장하고 나약한 사람들을 (간접적으로) 부추겨 사망을 초래할 수 있는 행동을 시도하게 만드는 위험한 돌팔이라고 생각한다. 그는 광신적인 추종자들과 수많은 유명인사를 팬으로 거느리고 26개의 세계 기록을 세웠다. 누구나 배우면 해낼 수 있다는 그의 주장은 그의 놀라운 인내력을 더욱 돋보이게 만들었다. "냉혹한 자연은 무자비하지만 의롭다." 그는 이렇게 말했다. "자연은 내 면역계, 신경계, 심혈관계, 내 사고를 넘어선 정신체계에 영향을 미치는 방법을 가르쳐주었다."

수다스러운 라스푸틴 같은 인상의 거친 회색 수염과 반백의 부스스한 머리를 하고 19세기 고래잡이 어선의 선장 같은 존재감을 내뿜는 빔은 냉수욕에 지금껏 없었던 야생의 매력을 더했다. 적어도 영국에서는 아리도록 추운 연못이나 바다에서 수영하는 이벤트란, 중세 유럽의 모습이나 타종을 재현하는 행사와 비슷한 느낌에 대체로 보온병을 꼭 쥔 활발하고도 기이한 괴짜들이 모이는 자리다.

빔의 주장에는 나름의 근거가 있다. 웨인주립대학 연구자들은 그의 체온 조절 능력을 연구하기 위해, 물을 주입할 수 있는 특별 제작 수트를 입힌 뒤 차가운 물(섭씨 15~17도)과 중간 온도의 물(31~34도)을 번갈아 수트에 흘려보내며 fMRI와 PET 스캐너로 그의 두뇌 및 생리 활동을 기록했다.[4] 이를 통제군 그리고 빔 본인의 사전 기록과 비교한 연구진은 그가 메서드를 사용하지 않은 때에도 수온 변화에서 피부 온도를 유지하는 능력이 있음을 발견했다. 저자들은 연구를 이렇게 결론지었다. "WHM·빔 호프 메서드, 수욕·호흡·명상을 아우르는 빔의 테크닉—옮긴이을 수행하면 체내 자율 시스템의 핵심을 통제할 능력을 기를 수 있고, 이 메서드가 다양한 임상적 증후군을 개선하는 개입 방법이 될 수 있음을 설득력 있게 보여준다."

빔 본인을 포함해 많은 사람이 이 메서드에 자가면역장애를 치료하고 약물 없이도 다양한 질병을 물리칠 잠재력이 충분하다고 강력하게 주장했다. 한편 내 관심은 오로지 정신적인 측면을 향했다. 2014년 한 연구에서는 열흘간 WHM을 훈련한 자원자들이 내독소가 주입된 후 교감신경계를 의식적으로 통제하며 실제로 면역계에 어느 정도 통제력을 행사하는 모습을 보여줬다. 호흡법은 자원봉사자들이 더 많은 아드레날린을 분비하도록 돕는 듯했고, 이들은 내독소 주사 후 통제군에 비해 훨씬 빠르게 코르티솔 수치가 정상화됐다.[5] 이전만 해도 자동적이던 프로세스를 통제하는 방법을, 의식적으로 스트레스 호르몬의 분비를 통제하는 것을, 심지어 면역 반응을 조절해 질병을 물리치는 것을 훈련할 수 있다고 상상해보라.

더 깊이 알아본 후 내 열정은 살짝 누그러졌다. 기존 연구의 저자 중 한 명인 마테이스 콕스가 공동 저자로 참여한 후속 연구에서는 자원자들이 통제군보다 나은 결과를 보인 데는 일부 WHM을 향한 열의와 효과에 대한 믿음이 작용했다고 설명했다. 치료 결과를 더욱 낙관적으로 보면 혈중 아드레날린 농도가 높아지고, 연구자들에게 감기와 같은 증상을 보고하는 경향은 낮아진다.[6] 아드레날린 농도가 높은 이유는 아마도 더 많이 흥분했기 때문이고, 보고된 증상이 적은 데는 자원자들이 스스로 좋은 컨디션을 기대했기 때문이다.

그럼에도 호흡법과 냉수욕이 내 불안과 공황에 완벽한 치료법이 될 수도 있지 않을까? 비전문가인 내게는 내 고장난 시스템의 핵심을, 내 자율신경계의 핵심을 새롭게 트레이닝해줄 방법처럼 다가왔다. 질식과 추위는 아마도 우리의 가장 원초적인 두려움일 것이다. 인류보다 일찍이 생겨난 위협들, 지구의 거의 모든 종이 감지하고 피하도록 진화한 위협들 말이다. 얼음장 같은 호수에 뛰어들자 온몸으로 차가운 열기가 가득 차오르는 상상을 했다. 그 고요함을. 그 황홀한 부활을. 어쩌면 이것이야말로 내가 지금껏 찾아 헤맨 방법일지도 몰랐다. 생존이라는 내 몸의 아주 오래된 시스템에서 도망치는 대신 활짝 받아들이는 것 말이다. 그렇게 자연으로 돌아간다. 집으로 돌아가는 것이다.

오래전 (맨체스터 출신의 민머리에 몸집이 크고 무신경한) 전과자 출신 요리사와 모닥불에 둘러 앉아 노래를 부르며 시간을 보낼 때, 그는 한 경찰서 행사에서 자신이 속한 밴드와 함께 비틀스의 〈Piggies〉를 연주곡으로 결정했던 이야기를 들려줬다. "잘못된 선택임은 알았지만" 그가 말했다. "진짜 **너무** 잘못된 선택이었어."

냉수 샤워를 처음 시도한 순간 그의 목소리가 되살아났다. 나는 비명을 질렀다. 살해를 당하는 사람처럼 악을 썼다. 다행스럽게도 집에는 아무도 없었다. 그런 비명에도 구급대가 출동하지 않았다는 것이 거리에도 사람이 없었다는 증거였다. 20초를 버틴 뒤 몸을 덜덜 떨며 분노와 배신감에 휩싸여 샤워실을 뛰쳐나왔다. 약속되었던 황홀한 행복감은 도대체 어디로 사라진 걸까?

내 첫 냉수 샤워가 얼마나 끔찍했는지는 아무리 과장해서 말해도 지나치지 않다. 집 안의 다른 곳에서 누군가 온수를 켜는 순간 잠시나마 본의 아니게 찬물로 샤워한 경험은 누구나 있을 거라는 사실을 잠깐 망각했다. 이렇게 일시적으로 찬물이 나오는 순간은 심오한 영적인 경험과 거리가 멀다. 찬물 얼마쯤이 잠깐 몸에 튀는 지극히 일상적인 경험과 내 과장된 반응의 간극이 마음을 괴롭혔다. 전혀 그럴 필요가 없는데도 과잉 반응을 보이고 비명을 지르던 때가 얼마나 많았던가.

하지만 일에 대한 두려움이나 아내가 날 싫어할지도 모른다는 두려움, 종말에 대한 두려움과 달리 이건 누가 봐도 그냥 찬물 샤워였다. 이것이 나를 죽이지 않으리라는 사실을 나도 확실히 **알 수 있었다.** 어쩌면 내가 정말 몸서리치게 싫었던 대상은 추위가 아니었을지도 모른다. 비명을 지른 건 냉수가 내가 겁쟁이임을 상기시켰기 때문인지도 모른다.

며칠 후 다시 도전했다. 욕실 매트에서 2분간 서성이며 피할 수 없는 일을 조금이라도 미루었다. 결국 샤워실 안으로 들어갔다. 차가운 물이 내 두피를 때렸다. 바늘이 찌르는 것 같았다. 뒤로 돌자 견갑골에 떨어지는 차가운 물줄기에 숨을 쉴 수가 없었다. 상상했던 것보다 **훨씬** 더 최악이었다. 실제로 통증이 느껴졌다. 물이 손에 닿자 손가락 마디마디가 아팠다. 그럼에도 60까지 세며 내 몸 어느 부위도 용케 피하지 못하도록 온몸을 돌리고 비틀어댔다.

샤워 후 피부에서는 빛이 났고 온몸은 에너지로 가득했다. 웃음을 멈출 수가 없었다. 유튜브에서 활동하는 몇몇 한심한 종자들은 냉수 샤워가 몸에 상처를 내는 반흔 형성 의식이나 북극 툰드라를 걷다가 북극곰과 싸우는 의식처럼 무슨 진짜 남성이 되기 위한 통과의례인 듯이 떠든다. 사실은 그냥 좀 우스꽝스러웠다. 자꾸 웃음이 나왔다. 내 몸이 최대치로 한껏 긴장했다가 갑자기 이완된 것 같았다.

찬물 샤워를 하며 내 불안이 시작부터 끝까지 진행되는 과정을 여실히 볼 수 있었다. 예상이 커지고, 회피하고, 지연에 따른 고통을 느끼고, 결국 문제를 마주하고, 내가 두려워했던 것보다 더 끔찍하다는 생각과 이 정도면 살아남기 충분하다는 생각이 공존한다. 다 끝난 뒤에는 그 여파가, 안도감이, 묘한 성취감이 찾아온다. 안드레아의 청소함 노출치료처럼 냉수 샤워는 (그 자체로는) 아무런 의미가 없다. 내가 굳이 할 필요가 없었다. 내가 '실패'해도 무언가 나쁜 일이 생기지 않았다.

코미디언 마크 마론은 어린 시절 괴롭힘을 당했던 사람들이 스탠드업 코미디계로 온다고 말했다. 자신을 보고 사람들이 웃는 **이유**를 통제할 수 있기 때문이다. 냉수 샤워 또한 내가 불안한 이유를 통제할 수 있게 해준다는 사실을 금세 깨달았다. 내 불안의 아주 구체적인 원인 한 가지를 완벽히 지배할 수 있게 해주었다. 냉수 샤워는 위험 부담이 제로인 터무니없는 상황에서 불안을 마주하는 연습을 할 기회를 마련해주었다.

냉수 샤워를 매일 하기는 어렵지만 불안과의 전쟁이 잘 풀리지 않는 날이면 다시 끔찍한 얼음물에 도전할 의지가 타올랐다. 얼마 지나지 않아 시작부터 찬물을 틀어놓고 3분을 버틸 수 있게 됐다. 나는 찬물을 미리 틀고 사이코패스처럼 눈 하나 깜짝하지 않은 채 곧장 들어가는 실험을 했다. 효과가 꽤 좋았다. 내가 망설이며 아무리 시간을 끌어도 물은 조금도 따뜻해지지 않았다. 내가 미룰수록 가장 재미없는 단계, 자꾸 예상만 하게 되는 단계에 오래 머물 뿐이었다.

일주일도 되지 않아 몸이 적응하기 시작했다. 물이 내 몸을 때려

340

도 처음처럼 움찔하거나 본의 아니게 숨을 헉 들이마시는 일은 없었다. 시간도 절약됐다. 찬물로 샤워하면 빨리 씻을 의지가 충만해진다. 기적의 치료제는 아니었다. 불안한 날이면 냉수 샤워가 도움이 되리라는 것을 알면서도(처음 1분은 끔찍했지만 냉수 샤워를 하고서 기분이 나빠지는 일은 없었다) 시작할 용기조차 낼 수가 없었다. 어쩌면 이것이 내가 찾던 노출치료일지도 몰랐다. 더 강한 치료를 원했다. 더 차가운 물도 견딜 수 있을까?

✦

마취과 의사인 마크 하퍼에게 추위는 원래 적이나 다름없었다. 수술 중 환자의 체온이 떨어지면 보통은 좋은 신호가 아니었다. 하지만 그는 차가운 바다에서 수영하고서 기분이 상쾌해졌다. "본질적으로 차가운 물에 들어가는 것은 스트레스 반응을 촉발합니다." 그는 내게 이렇게 말했다. "처음 할 때는 굉장히 큰 스트레스 반응이 나오죠. 하면 할수록 스트레스 반응이 약화됩니다. 완전히 사라지지는 않지만 상당히 낮아지죠."

마크는 찬물이 생리적으로 어떤 영향을 미치는지, 찬물에 적응하면 염증이 어떻게 낮아지는지 깊이 공부하기 시작했다. 염증이 우울증과 관련이 있다는 새로운 연구 결과를 접한 그는 냉수 적응과 냉수 수영으로 우울증을 치료할 수 있지 않을까 하는 생각이 들었다. 그가 탐구하는 이론은 교차적응cross-adaptation이다. 냉수에 입수할 때는 일상 속 심리적 스트레스 요인이 작용했을 때와 똑같은 투쟁, 도피 또는 경직 반응(여기서는 "저온쇼크 반응cold-shock response")이 촉발된다. 몸은 젠장, 위험에 처했군이라고 생각하며 우리가 생명에 위험이 닥칠 수 있는 환경에서 벗어나도록 에너지를 발생시킨다.

반복적인 노출로 몸은 적응하기 시작한다. 저온쇼크 반응이 낮아지고 (이론에 따르면) 전반적인 스트레스에 대한 생리적 반응도 낮아진다. "스트레스에 적응했기 때문에 스트레스가 줄어들죠." 독성학에서 호르메시스hormesis라고 부르는 현상이다. "다량이면 해로운 화학 작용제나 환경적 요인에 낮은 수준으로 노출될 때 세포와 유기체에 유익한 영향이 유발되는 현상"이다.[7] 독소나 스트레스 요인 등 나쁜 무언가에 낮은 수준으로 잠깐 동안 통제된 노출을 한다면 그에 대항하여 싸울 연습을 할 수 있다. 이것이 바로 백신의 원리다. 독이 되는 이유는 용량에 있다.

냉수 수영은 (이론에 따르면) "적응적 스트레스 반응"이라고 알려진 구체적인 호르메시스 반응을 유도한다. 갑작스러운 피부 냉각은 저온쇼크 반응을 일으킨다. 몸 중심부의 열을 보존하기 위해 혈관부터 피부 표면까지 수축되고 숨이 턱 막히는 반사 반응이 나타나고, 심박이 오르며 과호흡이 유발된다. 훈련을 받지 않고 습관이 들지 않은 사람은 죽음에 이를 수도 있는 신체적 증상이다. 아주 차가운 물에 빠진 사람들은 순식간에 극심한 공포에 빠지고 정신이 혼미해지며, 숨이 막히는 반사 반응으로 대부분 물을 흡입한다. 한편 반복적인 노출은 저온쇼크 반응의 강도를 점차 낮춘다. 마크는 일주일 동안 섭씨 10~14도의 물에 3분씩 6회 정도만 노출하면 충분하다고 말한다. 영국에서는 4월과 5월 사이 또는 10월에서 12월 사이의 바다 수온이 10~14도다. "혈압과 심박으로 측정되는 스트레스 반응의 60퍼센트는 달라집니다." 마크는 이렇게 설명했다. "거기서 또 50퍼센트는 14개월 후에도 변함없이 그대로고요."[8]

2018년에 발표된, 마크가 공저자로 참여한 사례연구에는 17살 때부터 주요우울장애를 앓아온 24살의 여성이 주 1회 냉수 수영을 하는 프로그램에 참여한 사례가 등장한다. 여성의 우울증은 SSRI 계열의 시탈로프람과 플루옥세틴에 증상이 거의 완화되지 않았지만, 이연구에 따르면 냉수 수영으로 "1회씩 진행될 때마다 기분이 곧장 호전됐고 우울증 증상이 점차 저하되는 모습을 꾸준히 보여줬다."[9]

사례연구만으로는 설득력 있는 증거가 될 수 없고, 개념을 입증하는 정도에 그쳐 후속 연구를 해볼 만한 영역이라는 단서를 제공할 뿐이다. 2018년 또 다른 연구에서는 저온쇼크 반응의 증상이 불안에 영향받는다는 사실을 밝혔다. 구체적으로는 불안을 많이 느낄수록 아주 차가운 물에 들어갔을 때 더욱 빠르고 깊게 심호흡하고 심박도 더 높아졌다. 이런 현상은 마크가 반복 노출로 가능하다고 말하는 적응을 지연하거나 심지어 가로막을 수 있다.[10]

마크가 그랬듯 나 또한 냉수로 기분이 나아지는 경험을 했었다. 냉수 수영은 시도할 만한 가치가 있어 보였다. 겨울에 가까워가는 가을이었다. 마크는 영국의 여름 수온처럼 20도 미만의 온도에서 적응훈련을 해도 되지만 "최적의 온도"는 10~14도라고 말했다. 마크가 제안했던 대로 야외에서 매일 3분간 6일 연속으로 냉수 입수를 하려면 서둘러야 했다. 구글 지도를 보며 우리 집에서 도보로 20분 떨어진 웬섬강에 적당한 장소를 찾았다. 반드시 하겠다는 의지를 다지려고 비닐봉투에 수건을 챙겼다. 실험은 월요일에 시작할 예정이었다.

✧

짧은 경고부터 하자면, 난 혼자 수영했다. 이상적인 방법은 아니었다. 그렇다. 주변에 사람들이 훤히 보이는 공원이었다. 강둑에서 몇 미터 떨어지지 않은 곳에 있었다. 대부분의 사람은 야외에서 수영할 때 다른 이의 도움이 필요한 상황을 거의 경험하지 않는다. 하지만 혹시나 잘못될 수도 있는 드문 상황에 대비해 다른 누군가와 함께 수영하는 것이 중요한 안전망 역할을 한다.

물에 빠지는 일은 누구나 아는 가장 큰 위험이고, 영국 내 사고사의 주된 원인이다(다만 매년 익사 사고의 피해자 가운데 44퍼센트는 물에 들어갈 생각이 전혀 없었다).[11] 하지만 다른 위험도 있다. 일과성 전체기억상실은 매년 약 2만 명 중에 한 명꼴로 걸리며 특히나 40대 이상에게 위험한 질병이다. 한 시간에서 여덟 시간 동안 심각한 혼란을 경험하고 새로운 기억을 형성하는 능력을 일시적으로 상실한다. 일과성 전체기억상실은 극심한 신체 스트레스가 원인일 때가 많은데, 냉수 입수도 이에 해당한다. 신경에 지속적인 영향을 끼치지 않고 얼마 후 사라지는 증상이지만 대단히 큰 정신적 외상을 초래할 수 있다.[12] 정말 혹시라도 이런 충격을 받고 나면 (집에서 냉수 입욕을 할 때조차) 당신을 돌봐줄 누군가가 곁에 있기를 바라게 된다.

나는 혼자 갔다. 친구들 대부분이 출근하기도 했고, 일단 내가 그만큼 절박했기 때문이다. 어쩌면 당신도 나처럼 절박할 수 있지만 그렇다 해도 절대로 **멍청한 선택을 하지 않길 바란다.** 야외 냉수 수영을 하고 싶다면 안전하고 합법적인 곳에서 하고, 친구를 꼭 동반하라. 기온은 10도였다. 공원으로 향하는 길에 젖은 잎사귀들이 운동화 아래서 질벅거렸다. 더플코트를 입고 장갑과 털모자를 쓴 채 도베르만을 산책시키는 남성을 지나쳤다. 내 바지 속에는 밝은 오렌지색의 수영복뿐이었다.

을씨년스럽고 우중충한 전형적인 영국의 늦가을이었다. 무슨 짓을 상상하든 웬만하면 다 괜찮을 법한 날씨였지만 수영을 하기에는 이상했다. 물가를 향해 경사진 길을 따라 내려갔다. 나무딸기 덤불 사이에 강물까지 작은 경사로가 나 있었다. 그곳에 잠시 서서 강을 바라보며 내가 미친 건 아닐까 생각했다. 수영을 할 만한 장소처럼 보이지도 않았고, 수영을 할 만한 날씨도 아니었다. 대형 화물차들이 인근 다리를 건너는 소음이 들렸다. 축축한 풀밭에는 담배꽁초가 여기저기 보였다. 추위보다는 정신이 이상한 사람처럼 보일 게 더 걱정이었다. 청바지 지퍼를 만지작거렸다. 꼭 쇼핑몰에 있는 분수에 옷을 벗고 올라가는 심정이었다.

혼자 수영하는 모습이 이상하지 않을 거라고 내가 잘못 생각했을까? 아니면 여기까지 와서 물러나는 것이 오히려 정말 잘못된 생각 아닐까? 내 판단에 신뢰가 거의 없었다. 나는 그동안의 무수한 냉수 샤워를, 질질 끄는 것이 상황을 더 악화했던 순간들을 떠올렸다. 지금 포기하면 자신에 대한 실망감이 얼마나 클지 생각했다. 손톱 주변 거스러미처럼, 술집의 작은 칠판에 틀리게 적힌 인용문처럼 나를 내내 괴롭힐 터였다. 자리에 앉아 신발을 벗기 시작했다. 양말 한쪽을 벗었을 때 어떤 일이 벌어지든 나는 마음의 준비가 됐다는 확신이 들었다.

진흙이 발가락에 붙어 질척거렸다. 봉투 위에 옷을 차곡차곡 접어 올려놓고는 물과 이어지는 경사로 아래쪽으로 걸어 들어갔다. 물이 무릎 아래까지 차올랐다. 엄청 차가웠다. 맞은편 강둑에 자리한 카누 클럽은 겨울 동안 휴업 상태였다. 고개를 돌려 공원 쪽을 바라보며, 자유의 몸이 된 이단아를 휘둥그레진 눈으로 쳐다보는 놀란 관중이 있기를 반쯤 기대했다. 아까 오는 길에 지나쳤던 남자는 50미터쯤 떨어진 곳에서 도베르만이 용변을 보는 사이 내게 등을 보인 채 담배를 직접 말아서 태우고 있었다.

나는 다시 강을 마주했다. 이 순간을 기다려왔다. 내 걱정과 불안에서 벗어나 자연과 하나되는 영광스러운 순간을. 당연히 엄청 추울 것이다. 지금 당장 해야 했다. 여기 가만히 앉아 침울한 얼굴로 강물을 바라보면 사람들은 내가 어디 정신이 나가기라도 한 줄 알 것이다. 뭐, 사실 그랬지만, 누군가에게 들키고 싶지는 않았다. 심장이 물속에 잠기기 전까지는 괜찮다. 심장이 물속에 잠길 때부터 타이머가 시작되듯 입수의 충격이 시작된다. 손과 발이 떨어져 나갈 것 같은 통증이 전해졌다. 카운팅을 시작했다. 원, 미시시피, 투, 미시시피.

마크는 내 호흡이 원래의 속도와 크기로 정상화될 때까지 버텨야 한다고 말했다. 찬물에 입수하면 주요 장기 주변부의 열을 보존하기 위해 피부 표면에 가까운 모세혈관들이 수축하며 혈류가 감소한다. 결과적으로는 심장에 손상이 가는 것보다야 손가락 하나를 잃는 게 낫다. 하지만 어느 선을 넘으면(냉수 입욕에 관한 자료들 대부분이 대략 15분 정도라고 말했다) 추위가 몸의 중심부로 전해진다. 그 지점이 되면 저체온증에 빠지기 시작하고 생존율은 곤두박질친다. 그런 위험 지대 근처에는 가고 싶은 마음이 없었고, 물에서 나와도 계속 열손실이 발생한다는 사실을 알았기에 최대 3분이라는 시간을 반드시 지키기로 단단히 마음먹었다.

강둑에서 멀어지자 물살이 생각보다 거셌다. 강 하류로 휩쓸려가기 시작한 탓에 제 위치를 지키기 위해서는 수영을 해서 거슬러 올라와야 했다. 1분이 지나자 피부에 감각이 없어졌고 손가락과 발가락에서는 문에 찧은 것 같은 통증이 느껴졌다. 효과를 제대로 경험하기 위해 머리를 물속으로 넣었다가 올라오자 아이스크림을 먹었을 때처럼 찌릿한 두통이 전해졌다. 물살을 거슬러 평영을 하며 호흡 속도를 낮추는 데 집중했다. 마지막 30초는 물에 잠긴 경사로 구조물을 잡고 수영 강습을 받을 때처럼 발차기를 했다.

물 밖으로 나오자 몸이 덜덜 떨렸다. 비틀대며 봉투를 놓아둔 곳으로 가서 굳은 손가락으로 더듬거리며 수건을 집었다. 새빨개진 피부에 닿은 수건이 철수세미처럼 느껴졌다. 머리를 말리고 옷을 걸치려고 최선을 다해 움직였다. 팔다리로 감각이 돌아왔고, 그와 동시에 고통이 느껴졌다. 다리가 부러진 것 같은 기분이었다. 흠뻑 젖은 수영복은 봉투에 넣고서 절뚝이며 공원을 가로질러 차를 주차해놓은 곳으로 향했다.

마크는 열을 내부에서 외부로 발생시키며 몸을 데워야 한다고 조언했다. 러닝 같은 걸 하면서 말이다. 차 안에서 나는 현명하지 못한 행동임을 알면서도 히터를 최대로 틀었다. 얼굴과 손을 지지는 히터 바람이 고통스러울 만큼 뜨거웠다. 냉수 수영 후 빠르게, 특히 외부에서 내부로 몸을 데우면 위험한 이유는 모세혈관들이 확장되며 차가운 혈류가 몸의 중심부를 향하기 때문이다. 당연하게도 30초 후 나는 심장과 복부가 서늘해지는 감각을 느꼈다. 비유가 아니라 차가운 혈액이 내 주요 장기들로 꿈틀거리며 나아가는 것이 실제로 느껴졌다. 나는 몸을 떠는 동시에 땀을 흘렸다. 발가락과 손가락이 욱신거렸다. 속이 메스꺼워졌다.

힘든 시작이었고, 앞으로 5일이 남았다. 6일간의 실험을 결심하며 놓쳤던 것은 바로 한 주의 일기예보를 확인하는 것이었다. 알고 보니 앞으로 훨씬 더 추워질 예정이었다. 내일 9도로 떨어진 기온은 다음 날에는 8도, 그다음 날에는 6도, 또 4도로 계속 낮아졌다.

화요일이 되자 오늘 내가 겪어야 할 고통이 그려졌다. 강둑에서 망설였다. 내가 뭘 두려워하는 걸까? 이러지 마, 팀. 최적에 약간 못 미치는 온도의 물에 잠깐 들어갔다 나오는 거잖아. 파스샹달로 돌격하는 게 아니잖아. 얼어붙은 호수에 난 구멍에서 수영하는, 아내의 핀란드인 가족들이 떠올랐다. 냉수 샤워 때 느꼈던 우스꽝스러운 기분이 다시 한 번 찾아왔다.

인간은 자신의 짐작보다 훨씬 더 많은 것을 견딜 수 있다. 불안은 우리의 안전을 지켜주는 대단히 보수적인 욕구다. 죽음이나 부상이 닥칠지도 모른다는 조기 경고 신호로 불편함을 선사한다. 바지 지퍼를 올릴 때야 유용한 휴리스틱이다. 하지만 이 욕구를 너무 엄격하게 따른다면 삶의 즐거움을 많이 놓칠 것이다. 핀란드의 동화 속 위대한 학자이자 탐험가인 무민파파의 말처럼 말이다. "모험을 하고 싶다면 좀 불편해질 각오가 되어야지."[13] 물속으로 들어갔다. 1분쯤은 힘들었지만 곧 괜찮아졌다.

수요일에는 결연하게 내 뜻을 펼치고 전사가 되겠다는 뜨거운 각오를 다지며 주먹을 꽉 쥔 채 당당하게 걸음을 옮겼다. 나름의 깨달음을 얻었다. 용기를 발휘할 때였다. 내가 수영하는 자리에 백조 두 마리가 보였다. 날 발견한 백조들은 빵을 기대하는 눈치로 내 쪽으로 다가오기 시작했다. 지금 물에 들어가면 내 머리는 쪼이기 딱 좋은 위치에 자리하게 된다. 나무딸기 덤불 뒤에 숨어 10분을 기다렸다. 결국 백조들은 자리를 비켜났다. 이후 이어진 수영은 공포로 뒤덮였다. 백조들이 다시 올 것만 같았다. 사람 팔을 부러뜨리기로 악명이 높은 날갯짓 소리가 당장이라도 들릴 것만 같았다.

실험이 아니었다면 포기했을 터였다. 6일이라고, 마크는 말했다. 그게 프로토콜이다. 하루를 빠지면 처음부터 다시 시작해야 했다. 매일 아침마다 두려움 속에 눈을 떴다. 매일, 이제와 그만두면 기분이 얼마나 거지 같을지 떠올렸다. 매일, 날은 더욱 추워져만 갔다.

마지막 날인 토요일에는 땅에 서리가 내려앉아 있었다. 영하 2도였다. 집을 나서며 이상할 정도로 들떴다. 입김이 나왔다. 공원에 도착하자 사선으로 난 카누 클럽의 흰 지붕으로 노란 햇살이 쏟아져 내렸다. 운동화 아래서 풀이 바스락거렸다. 햇살이 비치는 나무딸기 덤불 주위로 뿌연 연무가 피어올랐다. 강가로 내려가 수영복만 남기고 모두 벗었다.

러닝 클럽이 공원을 지나는 경로로 10킬로미터 경주를 펼쳤고, 내가 강으로 들어갈 때 장갑과 털모자를 쓴 열댓 명의 사람들이 마침 지나가던 중이었다. "세상에나!" 한 여성의 목소리가 들렸다. 결국 무리 중간쯤에 있던 여자가 자유로워진 급진주의자에게 관심을 보였다. 중산층의 훌륭한 에티켓을 보여주시네요, 마담. 마땅한 화답을… 받지 못하는 일이 생겨서는 안 될 텐데.

물속으로 들어가자 호흡하기가 어려웠다. 꾸준하게 깊이 숨을 쉬며 수영을 해나갔다. 햇빛이 무수한 은빛 조각을 흩뿌리며 강물을 전율케 했다. 나무딸기 덤불 쪽에서 물안개가 피어올랐다. 모든 것이 빛났다. 물살을 거슬러 수영하며 머릿속으로 카운팅을 했다. 원, 미시시피, 투, 미시시피.

지난 10년간 중산층 작가들 사이에서 "자연 수영"을 자연과의 신비로운 교감쯤으로, 무언가 특별하고 고매한 대상으로 보는 분위기가 다시 생겨났다. '오, 나 좀 봐. 이렇게 바다, 강 한가운데 있는 나를. 난 대학도 나온 사람이라고!' 조심하지 않으면, 비단 자신만 안다고 할지라도 일종의 퍼포먼스로 전락하고 만다. 자연 수영이 어떤 **의미**인지, 이것이 우리를 어떤 사람으로 만들어주는지, 나중에 인스타그램에 어떤 소감을 올릴지 머릿속으로 떠올리지 않고서는 수영하지 못하는 지경에 이른다. 사실 영국에서 야외 수영은 섹스와 비슷하다. 항상 좋은 것은 아니지만, 그 행위 자체보다는 섹스를 하는 사람이라는 평판을 얻는 게 더욱 중요하다.

　추위가 적어도 내게는 남의 시선을 의식하고 걱정하느라 머릿속에서 쉴 새 없이 떠드는 목소리를 잠재워주었다. 내 자신이 나를 겨우 몇 분 정도만 받아줄 수 있는 자연에 잠시 머무는 손님이라는 사실을 잘 알았다. 나는 답장을 쓰지 못한 메일을 두고 고민하거나 나를 싫어하는 것 같은 사람을 떠올리며 초조해하지 않았다. 오늘 아침 기분이 어떤지 스스로에게 묻지 않았다. 공황발작이 닥치려는 것은 아닌지 여러 징후를 민감하게 확인하려 들지 않았다.

　나는 수영을 하고, 숫자를 세고 있었으며, 모든 것이 아름다웠다. 물에서 나와 수건으로 몸을 닦은 뒤 운동화를 신고 약 6.5킬로미터 정도 강을 따라 달렸다. 마크와 데이브가 찬성했을 방법대로 열을 발생시켜 몸을 데우려 했다. 발에 감각이 돌아오며 따끔따끔한 통증이 전해졌다. 땅 곳곳에 물기가 얼어 미끄러졌다. 그래도 계속 달렸다. 아침 햇살을 받으며 강을 따라 달리다 보니 마침내 고통이 사라지고 몸은 따뜻해졌으며 피부와 복부에서 얼얼한 느낌이 전해졌다. 나는 평온함을 느꼈다.

✦

　지금으로서는 냉수 입수가 불안과 공황에 효과적인 치료법인지 증명할 데이터가 그다지 많지 않다. 아마도 이 사실을 밝히기 위해 대규모의 제대로 된 연구가 진행되도록 후원해줄 사람이 없기 때문일 것이다. 우리는 연구자들이 조사할 여러 치료법의 증거 기반을 만들 뿐이다. 하지만 시트콤을 틀어놓고 마요네즈를 채운 욕조에서 목욕을 하면서도 증거 기반을 만드는 중이라고 말할 수 있다. 어쩌면 대규모의 제대로 된 연구로 냉수 입수가 플라세보와 비교해 별다른 효과는 없다는 점이 밝혀질 수도 있다.

실제로 개별 효과가 입증되었다고 해도 대규모로 확장했을 때 냉수 입수의 조건이 문제가 될 것 같았다. 저온 노출은 고통스럽고 단기적으로는 불안을 **야기**하며 실행하기도 번거롭다. 더욱 중요한 점은 관리 감독을 하는 사람이 없이 행할 때는 목숨을 잃을 수도 있다. 하지만 전문적으로 관리를 받을 수 있는 세션이 마련된다면, 냉수 입수의 단점이 항불안제의 부작용이나 심리치료에 드는 시간과 비용보다 더 크다고 볼 수 있을까?

마크의 교차적응 이론이 생리학적으로는 타당하지만 어떤 일이 **벌어질 수 있다**고 해서 그 일이 **벌어진다**는 의미는 아니다. 그가 옳게 관찰한 대로 자연에서 운동을 하는 것만으로도 나름의 효과를 볼 수 있다. 이런 개입 효과를 보여주는 데이터는 이미 충분하다. 그렇다면 여기에 굳이 극한의 추위를 견디는 요소까지 더할 필요가 있을까? 그렇게 하면 정말로 효과가 훨씬 커지는 걸까?

어떤 사람들에게는 난관을 **극복**해내는 데 필요한 요소가 있을지 모른다. 심리학자 앨버트 밴듀라가 "자기 효능감"이라고 말하는 것이다.[14] 차가운 물로 샤워를 하다가 마침내 6일 동안 연속으로 찬물에 입수를 하는 것은 내 자아상에 반하는 일이었다. 스스로를 두고 나는 성취해내는 결과가 그리 많지 않고, 안전지대에 머무르길 좋아하며, 불안해질 때면 도망치는 게으르고 걱정 많은 사람이라고 생각할 때가 많았다. 6일 내내 나는 불안과 불편, 실제 신체적 통증을 느꼈고…, 그럼에도 어쨌든 그 일을 해냈다. 뿐만 아니라 내가 어떤 경험을 하게 될지 알면서도 계속했다. 내심 놀랐다. 토요일의 마지막 수영은 그해 가장 즐겁고도 기억에 남는 순간이 되었다.

보통 때의 나라면 하지 않을 무언가를 하고, 보통 때의 나와는 다르게 굴며 내 자신과 세상에 대한 예측 일부가 틀렸음을 깨달았다. 내 정신적 스키마의 타당성에 의문이 생겨났다. 나는 더욱 불확실한 인간이 되었다. 저온 노출이 내 면역계에 도움이 되었는지 모르겠다. 마지막 수영을 한 토요일 밤에 잠자리에 들었다가 새벽 2시에 복통으로 깨서는 해가 뜰 때까지 심각한 설사를 계속했다. 불명예스러운 결말만 빼고는 즐거운 경험이었다. 내게 큰 의미가 있었다.

다만 토요일 아침 차가운 강에서 나올 당시 확신할 수 없었던 생각은 이 훈련이 지속될 것인가였다. 내가 좀 더 준비할 수 있을지, 좀 더 회복력을 갖출 수 있을지 말이다. 물론 미래는 알 수 없다. 이후 벌어진 일을 생각해보면 수영을 계속하지 않아서 다행이었다.

XVI
호흡 그리고 공황발작의 과학

어느 날 갑자기 숨이 막혀왔다

공황발작 증상을 적은 글을 읽는 것은 아이스크림 사진을 핥는 것과 비슷하다. DSM-5에서 공황장애 여부를 묻는 첫 질문에서는 공황발작을 "극심한 공포와 두려움이 갑작스럽게 발생하여 수분 내로 최고조에 이른다"라고 설명한다. 이론적으로는 정확한 말이지만, 중심부를 걷어차인 상황을 "갑자기 고환으로 극심한 외부적 압력이 가해진 상태"라고 묘사하는 것 같다. 나조차도 공황발작 증상들이 얼마나 끔찍한지, 다시 경험하기 전에는 까맣게 잊고 지냈다.

DSM-5에서는 가슴 두근거림, 떨림, 숨이 막히는 듯한 느낌, 정신이 이상해지는 두려움과 죽음에 대한 두려움 등을 포함해 13개 증상 중 4개 이상에 해당해야 공황장애라고 한다. 조합론에 대입해보면 공황발작으로 인정받을 수 있는 진단적 플레이버는 7814가지가 나온다. 뿐만 아니라 DSM-5에는 문화적으로 고유한 증상들, 가령 캄보디아 사람들이 말하는 "강한 바람에의 노출khyâl cap"로 인한 이명과 목 뻐근함, 라틴계 사람들이 말하는 "통제할 수 없는 비명과 울음

ataque de nervios"도 항목에 등장한다. 기준에 몇몇 공황발작 증상이 제외되어 좀 이상하게 느껴졌지만(내가 분명 경험한 증상들이 없었다), 요는 이렇다. 어떤 이들은 곧 다가올 공황발작의 징후로 목 뻐근함을 경험하고 너무 두려워진 나머지 이것이 공황발작을 일으키는 요인으로 다시 작용하지만, 해당 문화적 맥락에 속하지 않은 사람들에게는 그러지 않는다.

우리가 '공황발작'을 말할 때 모두 같은 개념을 지칭하는 것은 아니다. 어떤 이들은 대단히 정적이고 고요한 상태를 말한다. 어떤 이들은 가장 가까운 출구로 정신없이 달려나가는 상황을 말한다. 또 어떤 사람들은 정신을 놓고, 비명을 지르고, 울부짖는 증상을 떠올린다. 명확한 한 가지 유형의 공황발작이란 없다. 이 장을 시작하기 앞서 공황발작이 어떤 느낌인지를 아는 것이 중요하다. 우선 내가 좀 전에 겪은 공황발작에 대해 이야기를 들려주면 어떻겠는가?

늦은 시간이었다. 나는 식탁에 앉아 있었다. 아내가 주방으로 들어와 내일 수키가 베이비시터 집으로 갈 때 가져갈 점심 도시락에 자신이 좀 전에 만든 콜리플라워 치즈를 넣었는지 물었다. 이성적으로는 다음의 세 가지 행위를 할 필요가 없다는 사실을 알았다.

a) 살기 위해 몸싸움을 벌인다.
b) 신속하게 도망친다.
c) 포식자의 눈에 띄지 않도록 완벽한 부동의 자세를 유지한다.

354

내가 할 일은 편안하고 열린 대화였다. 그러니까 보통 사람처럼 말이다. 하지만 내 머리와 몸은 서로 다른 계획을 세웠다.

가슴이 조여드는 느낌이 찾아왔다. 콜리플라워 치즈로 도시락을 싸지 않았고(내가 어제 만든 파스타 요리에 넣었다), 이것이 '잘못'이라는 불길한 예감이 들었다. 리사는 내가 현명한 선택을 하지 않았다고 생각할 것이고, 그래서 도시락 메뉴를 바꾸거나 아니면 못마땅한 말을 할 것이라는 예감이. 이게 바로 인지행동 심리치료자들이 말하는 자동적 사고다.[1] 자동적 사고는 어떠한 자극에 대한 습관적 반응이자 굉장히 익숙한 해석적 선택interpretative choices으로 대단히 순식간에 벌어져 현실과 동일하게 느껴진다.

내 반응이 비이성적임을 인지했던 나는 이상할 만큼 방어적으로 구는 대신 취약함과 후회라는 감정에 굳건하게 맞서 도시락에 넣지 않았다고, 콜리플라워 치즈로 도시락을 싸도 되는지 몰랐다고 대답했다. 아내는 웃으며 그렇게 해달라고 아까 말했다고 답했다. 나도 웃는 얼굴로 못 들었나 보다고 답하며 도시락 메뉴로 콜리플라워 치즈가 정말 좋을 것 같고, 혹시 바꾸고 싶으면 도시락은 냉장고에 있다고 알려주었다.

아내가 냉장고를 열어 만화 그림이 그려진 수키의 도시락을 꺼내는 모습을 보는데 온갖 감정이 밀려들었다. (일주일 중 며칠은 내가 하는 일임에도) 다음 날 먹을 수키 식사를 준비할 때마다 리사가 나중에 도시락을 확인하고는 뭔가 잘못되었다거나 자신이라면 다른 메뉴를 택했을 거라고 말할까 봐 두려운 날이 많았다. 리사가 냉장고 앞에만 서면 평가와 비난의 장면이 상상되며 심장이 빨리 뛰고 시야가 흐려져 내가 해야 할 일에 집중하기가 어려웠다. 그래서 메뉴를 선택하는 데 자신이 없었다. 또 그래서 불안이 증가했다. 이는 또 증상을 심화했다. 그러면 또 생각하기가 어려웠다. 이렇게 계속 이어지며 악화됐다. 냉장고에서 가장 먼저 손에 잡히는 음식을 아무거나 집어 들고 그냥 이 시련을 빨리 끝내버리려고 할 때도 있었다.

도시락을 열어 확인한 리사는 내가 방울토마토를 4등분 하지 않고 2등분 했는데 이러면 질식할 위험이 있다고 말했다. 아내는 내가 준비한 파스타를 덜어내고 콜리플라워 치즈를 넣었다. 마음이 무너졌다. 또 실패하고 말았다. 무슨 일이든 제대로 해내는 법이 없다. 나는 항상 평가당했고, 불공평하다는 생각이 들었다. 부모로서 존중도, 인정도 받지 못했다. 늘 한쪽으로 휙 밀쳐지는 기분이었다.

내가 하는 말이 불안정하고 과장되고 자기중심적이며 불합리하고 옹졸하고 불공평해 보인다면, 같이 살기가 끔찍한 인간의 생각처럼 들린다면, 그건 가끔씩 실제로 내가 그런 인간이기 때문이다. 기능장애에 빠진 시기에 정신이 건강하지 못한 사람의 머릿속을 들여다보는 경험은 그다지 멋지지 않다. 그래서 "멋지고 이성적인 사고 증후군"이 아니라 "정신질환"이라고 불리는 것이다. 사람들은 선의로 불안장애 환자들에게 이렇게 말한다. 네 자신에게 너무 가혹하게 굴지 마. 이는 우리가 끔찍한 괴물이거나 수동적인 피해자라는 흑백 논리의 사고로 이어질 수 있다. 가끔 우리에게 남은 유일한 선택지는 자기 비난이나 자기 연민밖에 없는 것처럼 느껴진다.

불안이나 우울을 겪는다고 해서 쓰레기같이 굴어도 되는 면책 특권이 주어지진 않는다. 하지만 그래도 괜찮다. 인간은 누구나 실수하기 마련이니까. 정말 한심한 인간처럼 굴 때도 있지만, 그렇다고 우리가 괴물이나 망가진 인간이나 실패자라는 뜻은 아니다. 자신을 용서할 기회를 스스로에게 주어도 되지만, 자신의 행동에(그리고 자신이 통제할 수 있는 부분에) 책임을 지고 변화의 가능성을 수용하는 모습도 동반되어야 한다. 그때 그 순간에 내 생각과 행동은 정신질환의 결과이자 과정이었다. 하지만 역시 내 자신이기도 했다. 내 선택으로 발현된 습관들. 특정 반응들은 너무나 빠르고도 **쉽게** 나타나 내게는 거의 선택권이 없었다는 생각이 들 정도다. 우리는 언제나 선택을 할 수 있다. 그 사실에 감사해야 한다.

다시 주방의 상황으로 돌아가면, 나는 내 감정을 솔직하게 표현하기로 선택했다. 리사에게 내가 무엇 하나 제대로 하지 못한다는 사실에 얼마나 끔찍하고 처참한 기분을 느끼는지, 수키의 도시락 메뉴 선택을 두고 당신이 하는 분석과 비판이 나를 항상 얼마나 두렵게 하는지 설명했다. 아내는 단순한 안전 규칙도 제대로 듣지 못하는 내게 지쳤다고 말했다. 반으로 잘린 방울토마토가 수키 목에 걸릴 수도 있다고 말이다. 와, 훌륭하네. 이제 아내는 내가 딸의 생사도 신경쓰지 않는다고 말하고 있었다. 내가 나름 노력해서 싼 도시락을 보면서 본인이 더 잘할 수 있다는 것뿐 아니라 내가 무슨 아동 살해범이라도 된다는 듯이 말했다.

나는 눈물을 쏟기 시작했다. 리사는 무시하려 했다. 나는 잘할 줄 아는 것도 없고, 잘해보려고 해도 항상 당신이 나를 비판하려 드니 시도하기조차 겁이 난다고 울며 말했다. 이 말을 하는 순간에도 상황을 관찰하던 목소리가 머릿속에서 떠들어댔다는 점을 밝히는 게 좋겠다. 팀, 이런 식으로는 두 사람 중 누구도 행복해질 수 없어. 팀, 지금 그 말은 엄밀히 말해 사실이 아니야. 나는 이 생각들을 무시했다. **상처** 입었으니까. 내게는 인정하고, 돌보고, 치유해야 할 상처가 있었다. 시리얼 그릇을 식탁에서 떨어뜨린 아이처럼 나는 나 좀 봐, 나 좀 봐 하고 있었다.

이렇게 슬픈 공황 로데오 속에서 벌인 부부싸움이 처음은 아니었던 터라 아내는 나를 모르는 척하려고 했다. 아내에게 불만을 털어놓으며 현명하게도 나는 제대로 하는 일이 하나도 없고 아내에게는 늘 부족하다는 이야기를 반복했다. 아내는 아무리 말해도 매번 무시만 당하는 것이 지긋지긋하고 더는 이 일로 스트레스받고 싶지 않다고 말했다. 그 즈음, 내 생각으로 촉발된 생리적 변화가 더욱 거세졌다. 심박이 높아졌다. 호흡이 빨라졌다. 시야가 좁아지기 시작했다. 내가 상황을 통제하지 못했고, 빨리 대처하지 않으면 더 악화될 거라는 생각이 들었다.

내 자신이 무가치하다는 생각에 심장으로 날카로운 통증이 전해졌다. 이렇게 한심하고 쓸모없으며 이기적으로 행동한 내게, 감정을 통제하지 못하고 싸움을 시작한 내게 벌을 내리고자, 끝없이 소용돌이치는 생각들과 자기혐오에서 벗어나고자 내 머리를 몇 번이나 때리고 싶었다. 나는 주방에서 나오려 했다. 배의 갑판처럼 공간이 기울어져 보였다. 불빛은 너무 밝고 모든 것이 너무도 비현실적으로 느껴졌다. 기절할 것만 같았던 나는 (사실 공황발작 중에 의식을 잃은 적은 단 한 번도 없었다) 심호흡을 몇 차례 했다. 목 근육이 긴장됐다. 기도가 막히는 것만 같았다.

비명을 지르며 리사에게 도움을 청했다. 숨을 쉴 수 없다고, 생각을 제대로 할 수 없다고 말했다. 정신이 이상해지고 있었다. 아내는 주방에서 나가 진정해보라고 했다. 나는 빈 콘센트를 응시했다. 미칠 것 같이 환한 불빛 아래서 콘센트가 흔들려 보이기 시작했다. 나는 목을 감쌌다. 숨을 쉴 수 없다고, 꼼짝도 할 수 없다고 소리쳤다. 그 자리에 얼어붙은 채로 움직일 수가 없었다. 내가 지금 무슨 말을 하든 상황을 악화하기만 한다는 사실을 알았다. 아내는 내가 공황발작이 와서 그렇지 괜찮아질 거라고 말했다.

하지만 아내가 (당연하게도) 여전히 내게 짜증이 나 있다는 게 느껴졌다. 나는 괜찮을 수 없었다. 아내는 화가 났고, (지극히 사소한 문제 때문에) 내가 모든 것을 망쳐버렸으며, 나는 또 한 번 실패했고, 증세가 나아지나 싶었는데 공황이 다시 돌아왔고, 공황에서 더는 절대로 벗어날 수 없으며 이제 아내는 나를 증오했다. 누가 아내를 비난할 수 있겠는가? 이제 아내는 다신 나와 함께하고 싶지 않을 터였다. 아내는 내가 실패작이고 내 불안장애는 사라지지 않을 것이라 생각하며 이미 나를 떠날 계획을 모두 세웠을 터였다. 아내에게 미안하다고, 나를 좀 도와줄 수 있겠냐고, 내 공황발작이 당신의 저녁시간을 망쳐서 미안하다고 말했다.

돌이켜 생각해보면 그 말은 아내에게서 내가 본인의 저녁시간을 망치지 않았고 아무런 문제도 없다는 소리를 듣기 위해 내 반의식적인 정신상태가 짜낸 화려한 술책이었다. 내 안의 일부는 현 상황을 과장해서 전달하면 내가 원하는 대로 아내는 그렇지 않다고 정정해줄 거라는 계산을 했다. 그런 식의 마음이 편해지는 이야기를 좀 듣는다면 안심하게 되고 내 증상도 약간은 진정될 것 같았다. 나를 안심시켜줄 말이 간절했다. 내 유일한 희망처럼 느껴졌다. 아내는 이렇게 말했다. "내 저녁을 망친 건 당신의 공황이 아니야." 그 차이를 이해하는 데 시간이 좀 걸렸다. 사무라이가 자신의 몸을 내려다본 후에야 상대의 검이 자기 몸에 꽂혔다는 사실을 이해하는 것과 비슷했다.

아드레날린 가득한 공포가 순식간에 내 몸을 잠식했다. 우리는 단순히 말다툼을 한 게 아니라 내가 **저녁을 망쳐버린** 것이다. 나는 또 실패했고 모든 걸 엉망으로 만들었으며, 나를 무력화하고 마비시키는 공포와 불안이 다시금 시작됐다. 불안이 내 삶의 모든 순간을 통제했고, 어디로 가야하고 가지 말아야 할지 정했으며, 제대로 생각할 수 없게 만들었고, 내가 잠시의 자유라도 느낄라치면 끈을 바짝 당기며 목이 졸려 컥 비명을 지르는 나를 뒤로 끌어당겼다. 40살이 되어가는 이 쓸모없고 한심하고 망가진 미성숙한 남자는 콜리플라워 치즈와 비교해 통곡물 파스타의 장점이 무엇인지 아내와 안전하고 교양 넘치는 대화를 할 수조차 없어 이성을 잃고 만다. 지금 이 문제도 제대로 감당하지 못하면 앞으로 남은 삶을 어떻게 감당할까? 내게 어떤 희망이 남았을까?

문헌에서는 이를 "반추 홍수ruminative flooding"라고 한다. 부정적인 생각들의 사이클이 굉장히 빠르고 강도 높게 변하며 우리가 혼란과 통제 불능의 감정을 느끼기 시작하는 지점을 뜻한다. 우울의 절망적이고 반복적인 생각들을 야채 탈수기에 넣어 가속화하는 것과 비슷하다. 인생은 끔찍하고 더는 살아낼 수가 없을 것같이 느껴지고, 불안이 이 어두운 생각들을 위협으로 바꾼다. 이 위협은 **지금 당장** 답이 필요하다. 우울은 비상사태로 번진다. 반추 홍수는 "광란의 절망감"(삶이 나아질 것 같지 않고 벗어날 수 없다는 **절박함**)과 더해져 자살 시도로 몰아넣는다.[2] 나는 바닥에 쓰러져 비명을 지르기 시작했다.

악을 쓰며 몸을 뒤틀던 나는 소리를 죽이려 수건을 입에 쑤셔 넣었다. 어떤 이유에서인지 나는 자꾸 "제발 때리지 마, 제발 때리지 마"라는 말을 반복했다. 리사가 그런 적은 한 번도 없었지만 차가운 타일 바닥에 손으로 머리를 감싸 쥐고는 웅크린 채, 두들겨 맞을 것을 두려워하고 있었다. 이상한 소리처럼 들리겠지만 당시에는 충동과도 다름없이 빌었다. 정확히 아내를 지칭하지도 않았다. 언제라도 주먹질과 발길질이 날아들 거라는 강력한 믿음이 있었다. 내가 받아야 할 벌이 곧 닥칠 거라는 믿음이었다. 숨을 쉴 수 없었음에도 정신을 잃지는 않았다. 근육은 잔뜩 긴장되었고, 팔은 접혔으며, 손은 갈고리 모양으로 굳었다. 바닥 타일이 셀 셰이딩 • 3D 그래픽으로 2D 만화 같은 느낌을 주는 기술—옮긴이 만화의 장면처럼 이상하게 보였다. 내가 TV 프로그램 속 등장인물이 된 것 같았다.

마침내 가장 가까이 있는 방까지 기어가 몸을 덜덜 떨며 카펫 위에 눕고는 수건으로 얼굴을 덮은 채 소리를 지르다가 숨을 고르기를 반복했다. 나는 실패했다는 것을, 공황과 불안이 또 한 번 나를 능가했다는 것을, 내가 세상에서 가장 사랑하는 단 한 사람에게 극심한 스트레스를 주었다는 것을, 그와 멀어졌다는 것을, 이 실수의 결과들(수치스럽고 치욕적인 기억)은 며칠, 몇 주, 심지어 몇 달 동안 지속되리라는 것을 떠올렸다. 10분 정도가 지나자 몸을 일으킬 수 있었고, 서재로 가서 지금 당신이 읽는 이 글의 초안을 작성했다.

✦

이런 이야기를 하는 것이 내게 도움이 되지 않는다는 사실은 알고 있다. 멋진 인도주의적 활동으로 수여된 상을 너무 쑥스러워 차마 받지 못했던, 약간의 자기비하적인 사연을 들려주는 편이 더 나았을 것이다. 하지만 공황발작이 "체내에서in vivo" 어떻게 전개되는지를 이해하는 것이 중요하다. 한 가지 말해두자면 나는 이 끔찍한 놈들을 수백 번 겪었다. 15년 가까이 하루에도 서너 번씩 찾아올 때가 많았으니 어쩌면 수천 번이 될지도. 나는 그 공포 속에서 살아왔다. 질식할 것 같은 감각 속에서. 브레인 포그brian fog • 머리에 안개가 낀 듯 생각과 표현이 분명하지 못한 상태—옮긴이와 홍수처럼 밀려드는 생각들 속에서. 공기 기아 상태에서. 정서적 후유증 속에서. 따라서 내 마음을 잠재우고 호흡을 통제할 능력을 되찾을 방법이 있다는 소리가 들리면? 관심이 갈 수밖에 없다.

야외 냉수 수영처럼 빔 호프의 호흡법도 도전해보기로 했다. 냉수와 호흡법의 효과를 입증하는 연구들도 보였고, 시도하는 데 비용도 들지 않았다. 물론 약간은 유사과학에 가깝긴 했지만 아무런 효과가 없대도 내가 잃는 것은 그저 몇 분의 시간뿐이었다.

호프의 호흡 테크닉은 티벳의 '툼모tummo'를 기반으로 한다. 툼모는 전통 요가 호흡법으로 내면의 열기를 시각화하며 거칠게 호흡하는 테크닉이다. 이 의식과 관련해 멋진 이야기가 많이 전해지는데, 그중 하나는 승려들이 살을 에는 듯한 히말라야 추위 속에서 젖은 담요를 몸에 두른 채 자리에 앉아 담요가 마를 정도의 열을 몸에서 방출한다는 이야기다. 숙련된 명상가들도 (목격자들의 말에 따르면) 명상한 세션 동안 여러 장의 담요를 말릴 수 있고, 호흡할 때 담요를 덮은 몸에서 김이 올라온다.

툼모는 오랫동안 연구 대상이었다. 2013년 심리학자 마리아 코제브니코프와 동료들이 진행한 연구에서는 티벳 동쪽의 외딴 수도원 몇 곳의 명상가들을 대상으로 신체 외부 온도를 관찰하고 뇌파를 검사했다.[3] 연구자들은 또한 툼모 수행을 교육받는 서양인 참가자들도 모니터했다. 코제브니코프는 신체 중심부 온도를 높이고 유지하는 툼모의 능력은 두 가지에 기인한다고 정리했다. 호흡법의 신체적 수행으로 발생시킨 열과, 명상가가 내면의 열기를 시각화하는 과정에서 일어나는 작용이다. 두뇌의 알파파 증가와 연관이 있는 시각화는 중심부 온도의 상승이 지속되는 시간을 연장시켜 중심부 온도가 전반적으로 더욱 높아지게 만들었다.

흥미롭긴 하지만 신비로운 이야기는 아니었다. 계단을 올라가거나 배변 시 힘을 쓸 때도 열을 더욱 발생시킬 수 있다. 추운 날 러닝을 하다 보면 얼마 지나지 않아 땀이 난다. 심지어 (코제브니코프가 "신경인지적 요소"라고 말한) 시각화 측면도 놀랍긴 하지만, 사실 불안장애자들에게는 대단히 익숙한 개념이다. 생각은 몸의 생리적 반응을 자극할 수 있다.

일터에서 프레젠테이션을 해야 하는 상황을 생각해보자. 프로젝터의 불빛이 당신의 눈을 비춘다. 모두가 무표정한 얼굴로 당신을 바라본다. 다음 슬라이드 내용이 떠오르지가 않는다. 다들 짜증이 나고 지루해하는 것 같다. 이제 이 장면을 가능한 한 생생하게 떠올려보자. 프로젝터 불빛 속에서 부유하는 먼지들, 입천장에서 느껴지는 바짝 말라버린 혀, 못마땅한 표정들, 이제 당신의 교감신경계가 아드레날린, 노르아드레날린, 코르티솔의 분비를 자극한다. 맥박이 빨라지고, 피부 전도도가 상승하며, 더 많은 항체가 혈류 속으로 들어온다. 생각은 생리활동에 항상 영향을 미친다. 이상하거나 특이한 현상도 아니고 특별한 '방법'을 배워야 할 수 있는 것도 아니다.

툼모 호흡법에서는 통제된 과호흡을 한다. 30회에서 40회의 심호흡 후, 폐를 일부만 비우고 60초에서 4분가량 숨을 참아 호흡**저하**를 유도한다. 숨을 쉬고 싶은 충동이 들 때 숨을 들이마시고 10초에서 15초가량 숨을 멈춘다. 빔과 그의 지지자들은 이 호흡법으로 "생리활동을 변화"시키고 신경계에 "들어가" 의식적으로 통제할 수 있다고 주장한다. 빔은 호흡법이 "혈액과 모든 세포에 산소를 공급"해주어 평소보다 훨씬 길게 숨을 참도록 해준다고 말했다.

이는 잘못된 설명이다. 진실은 꽤 복잡하고 전문적인 영역이라 내가 제대로 이해하기까지 며칠이나 조사를 해야 했다(공황장애 분야에서 세계적으로 손꼽히는 전문가 한 명과 대화도 나눴다). 하지만 과호흡의 생리학을 배워가고, 이것이 얼마나 반직관적인지를 이해하는 과정에서 공황장애에 관한 대단히 중요한 사실을 접하게 됐다. 공황발작이 왜 이렇게 끔찍한지, 공황발작을 피하려고 내가 했던 수많은 일이 왜 효과가 없었는지, 빔 호프 같은 비과학자가 본인의 테크닉을 오해하기가 왜 그렇게 쉬웠는지 말이다.

✦

숨을 들이마신다. 숨을 참는다. 숨을 들이쉴 때 폐로 산소가 들어온다. 산소는 헤모글로빈과 결합하는데, 헤모글로빈은 혈액으로 산소를 세포까지 운반하는 단백질이다. 이제 숨을 내쉰다. 숨을 내쉴 때 이산화탄소가 배출된다. 이산화탄소는 각 세포에 동력을 공급하는 작은 엔진, 미토콘드리아의 배기가스와 비슷하다.

월터 캐넌이 밝혔듯이, 동물은 위협에 처했다고 느낄 때 신체가 도망을 치거나 목숨 걸고 싸울 준비를 한다. 이 두 가지 행동 모두 에너지를 요한다. 따라서 본능적으로 숨을 더 많이 쉰다. 근육이 더 강하게 움직이도록 혈액으로 더 많은 산소를 보내는데 (심박이 상승한 덕분에 혈류의 흐름이 빨라진다), 이로 인해 더 많이 발생하는 이산화탄소는 혈액을 타고 이동해 배출된다. 이렇게 균형(항상성)이 유지된다. 하지만 중요한 점은 예상한 한바탕의 신체적 행동이 벌어질 **때만** 그렇다는 것이다. 물이 마른 강바닥을 뛰어넘거나 땅늑대와 몸싸움을 벌이지 않는다면, 산소 공급이 수요를 크게 웃돌게 된다. 즉, 항상성에 지장이 생긴다. 이제부터 이상한 일이 벌어지기 시작한다.

공황발작이 시작될 때부터 끝날 때까지 말 그대로 수백 번은 넘게 내가 경험했던 것처럼 과호흡을 하면 호흡의 빈도와 양이 상승한다. 더 많은 산소를 호흡하지만 이상하게도 더 많은 산소가 세포에 도달하지는 않는다. 평소처럼 호흡할 때 혈중 산소 농도는 보통 98퍼센트 정도다. 이 중 대부분이 헤모글로빈에 결합하고 소량은 혈액 속에 용해된다. 헤모글로빈 분자들이 각각 산소 분자를 최대 4개 운반한다. 여기에 더 많은 산소를 '실을' 수는 없다.

우리는 숨을 내쉴 때마다 이산화탄소를 배출한다. 과호흡 상황에서는 더 자주 숨을 뱉고, 평소보다 더 많은 이산화탄소를 제거한다. 물론 힘을 많이 쓰는 고강도 활동을 할 때 세포는 더 많은 이산화탄소를 **만들어내기** 때문에 비율이 비슷하게 유지된다. 하지만 그냥 서 있거나 앉아 있다면 과호흡으로 더 많은 이산화탄소를 배출하는 것이 순식간에 불균형을 초래한다. 혈중 이산화탄소 농도가 떨어지며 저이산화탄소혈증이라는 상태에 접어든다. 산성인 이산화탄소가 부족하면 몸은 더욱 알칼리성이 되고 혈중 pH가 올라간다.

헤모글로빈과 같은 수송체들은 이산화탄소의 존재와 혈중 산성도 증가를, 혈액으로 산소를 더욱 보내야 한다는 신호로 이해한다. 그래서 주변 조직들이 산소를 흡수할 수 있도록 말이다. 보통 때라면 혈중 이산화탄소 농도는 대사작용의 폐기물로 자연스럽게 증가한다. 높은 수준의 산성 이산화탄소는 각 세포 속 미토콘드리아 엔진들이 일을 열심히 했다는 뜻으로, 국부적으로 혈중 pH가 감소하는 현상은 헤모글로빈에게 산소라는 화물을 놓고 오길 좋은 장소가 어디인지 알려주는 유용한 지표로 작용한다. 반대의 상황도 마찬가지다. 헤모글로빈이 이산화탄소가 낮은 곳을 그냥 지나가면 이는 수요가 상대적으로 낮다는 의미다(엔진들이 배기가스를 쏟아내지 않은 것이다). 그럼 헤모글로빈은 산소 분자 4개를 꽉 쥐고 필요한 다른 곳으로 보내기 위해 저장해놓는다.

과호흡으로 이산화탄소를 배출하는 동안 혈액은 더욱 알칼리성이 된다. 그 결과 산소는 헤모글로빈과 더욱 단단하게 결합한다. 혈액에서는 "산소-헤모글로빈 해리곡선의 좌측 이동"으로 알려진 상황이 벌어진다. 산소를 향한 헤모글로빈의 결합성이 커져서 세포가 흡수할 산소를 적게 남기는 것이다.

칼슘 이온에도 비슷한 현상이 벌어진다. 이산화탄소 농도가 떨어지면 수송체는 칼슘 이온과 더욱 세게 결합하며 혈액에 단백질을 운반하고, 이로 인해 팔다리에 칼슘이 부족해져 손발가락이 저릿하고 무감각해진다(보통 공황장애 환자들이 심장마비의 징후로 여기는 감각이다). 내가 공황발작을 겪을 때 손가락이 갈고리처럼 굳었다고 한 말을 기억하는가? 전문용어로 "테타니tetany"라고 하는 이 증상은 국부적인 칼슘 부족으로 인한 비자발적 근육 수축이다.

높아진 혈액 알칼리성은 또 다른 반응을 촉발하는데, 바로 폐의 기도를 좁히는 기관지 수축이다. 신체가 항상성을 회복하려는 과정이지만, 공황발작을 경험할 때는 질식할 것 같은 감각을 유발한다. 해당 증상이 일어난 원인이 따로 있지 않다면 자연스러운 반응은 더욱 빠르고 깊게 숨을 쉬는 것인데, 이때 이산화탄소 배출량이 많아지며 숨 막힘, 저릿함, 무감각 증상이 더욱 심화된다.

최악이게도 혈중 pH 상승은 뇌의 혈관이 좁아지는 뇌혈관 수축을 유발한다. 가장 중요하고도 정교한 기관인 두뇌는 혈액 산성도 변화에 특히나 민감하고, 항상성을 회복하기 위해 신속하게 반응한다. 이산화탄소 농도가 낮아지면 뇌로 가는 혈류의 속도도 저하되고, 급속 과호흡 때는 그 속도가 50퍼센트까지 떨어진다. 따라서 뇌로 가는 혈류가 절반으로 줄어들 뿐 아니라(이산화탄소가 부족할 때 산소가 헤모글로빈에 더욱 강하게 결합하기 때문에) 뇌에 **도달**하는 혈액 속에 산소도 적어진다. 다시 말해 과호흡을 하면 "세포에 산소를 공급"하는 것이 아니라 뇌에서 산소를 빠르게 앗아가 "뇌 저산소증"이라는 상태에 진입한다. 따라서 놀랄 정도로 빠르게 어지러움·혼란·비현실감이 시작되고, 심하면 현기증, 심지어 발작까지 할 수 있다. 뇌를 굶주림에 빠뜨린 상황이라 이성적으로 생각하기가 어렵다.

(의도적인 호흡법으로 유발되었다고 생각하지 못하고) 별다른 이유가 없는데 심장이 두근거리고, 숨이 차고, 무감각해지고, 사지가 저릿하고, 현기증이 나고, 혼란함을 느끼는 신체적 증상이 나타나면 심장마비, 뇌출혈, 정신이상으로 오해하기 쉽다. 이렇게 한 겹 추가된 오해(죽게 될 거야, 정신이 이상해지고 있어)가 두려움과 스트레스를 불러오고, 이것이 HPA 축을 자극해 호흡이 더욱 빠르고 깊어진다.

WHM 테크닉에서는 과호흡 후 길게 호흡을 정지하는 구간이 있다. 사람들은 많이들 산소 부족이 호흡반사를 촉발할 거라 생각한다. 사실 숨을 쉬고 싶다는 충동이 쌓여가는 현상은 이산화탄소 때문이다. 이산화탄소가 늘어나면 혈액 산성도도 높아진다. 의식적으로 숨을 들이마시지 않으면 뇌 속 화학 수용체들이 혈중 pH가 떨어지는 상태를 감지하고 호흡을 자극한다. 보통은 세포가 가용한 산소를 모두 소진했고 산소가 더욱 필요하다는 사실을 알리는 유용한 시스템이다. 하지만 모든 경험 법칙이 그렇듯 좋은 시스템에도 예외가 있다. 과호흡 후 숨을 참으면 혈중 산소 농도가 떨어지기 시작함에도 이산화탄소 농도가 낮아, 산성도에 민감한 화학 수용체들에게 경보가 울릴 정도로 혈중 pH가 떨어지지 않는다. 그 결과 혈중 산소 농도가 (우리가 정신을 잃을 정도로) 비정상적으로 낮아지지만 숨을 쉬고 싶다는 충동을 느끼지 않는다. 빔의 주장처럼 "세포에 산소를 충전"했기 때문이 아니라 호흡의 충동을 촉발하는 폐기물이 없어졌기 때문이다. 결국 의식을 잃으면 호흡반사가 다시 돌아온다.

말도 안 되는 과학과 이상한 부작용, 뻔한 위험에도 불구하고 정신이 멀쩡한 사람 가운데 이런 시련에 스스로를 몰아넣고 싶은 사람이 있을까? 물론 내가 정상적인 사람을 대변할 수는 없지만, 나와 대화를 나눈 여러 심리학·신경과학·생리학 분야의 연구자들은 이런 호흡법이 노출치료나 "챌린지"가 될 수 있을지 의문을 표했다. 나는 공황발작의 전조 증상(빠른 호흡과 브레인 포그)을 민감하게 감지하는 법을 배웠다. 그래야 증상이 나타나는 것 같으면 곧장 다른 곳으로 주의를 환기하는 방법이라도 쓸 수 있었다. 이런 호흡법을 훈련하는 것이 어쩌면 내가 빠른 호흡과 공황발작의 공포 사이에 형성된 부정적인 연관성을 탈학습하는 데 도움이 될지도 모른다고 추측하는 연구자들도 있었다. 혈중 이산화탄소의 저하, 어지러움, 좁아지는 기도는 전부 몸의 증상이다. 혼란함과 비현실감은 비교적 친절한 축에 속한다. 만약 내가 새로운 연관성을 만든다면, 자발적으로 이런 감각들에 계속 노출된다면, 더는 두려워하지 않고, 공황장애가 닥칠 거라는 자기 충족적 예언과 공포의 소용돌이 또한 마침내 끊어낼 수 있을지도 모른다.

WHM 호흡법이 아직 널리 연구되지 않았고, 수많은 호흡법은 아무런 과학적 증거가 없는 뉴에이지적 믿음만 가득한 수준이지만, 숨 참기의 생리학만큼은 흥미로운 연구가 많이 진행됐다. 그 가운데 별다른 장비 없이 심해를 수영하며 10분까지 숨을 참는 법을 스스로 훈련한 숙련된 프리다이버들을 대상으로 한 연구도 있다. 어떤 연구자는 이들의 몸이 훈련을 거치며 적응이 되어 두뇌로 가는 산소의 흐름을 더욱 효과적으로 유지한다는 사실을 발견했다.[4] 이들은 부교감신경계가 심박을 낮추고, 혈관이 수축되며 혈압이 높아지고, 뇌의 혈류가 상승하는 일련의 과정이 유연하게 진행됐다. 프리다이버들은 다이빙이 아주 쉬운 단계로 시작하여 이후 "분투하는" 단계를 지나 마지막으로 아주 불편한 "투쟁" 단계로 이어진다고 설명했다. 숨을 참을 때 공기 기아가 증가하며 대단한 정서 조절력을 발휘해야 하는데, 이때 앞이마엽 겉질에서 강력한 "하향식" 스트레스 반응 통제가 발달할 수 있다.[5] 이것이 일시적이고 유사과학적인 헛소리일까? 아니면 진짜 무언가가 있을까? 혹시 둘 다일까?

✧

호흡법을 시작하기에 앞서, 클립형 맥박·산소 측정기를 검지에 끼우고 혈중 산소 농도를 확인했다. 빨간색 숫자로 꾸준히 97~98퍼센트가 나왔다. 숨을 참고 측정해보니 겨우 95퍼센트로 떨어졌을 뿐이지만 당장이라도 숨을 쉬어야 한다고 알리는 통증이 폐에서 전해졌다. 나는 침대에 누워 본격적으로 시작했다. 가로막(횡격막)으로 숨을 들이마시며 가슴을 최대한 확장한 뒤 숨을 내쉬어야 한다. 순식간에 굉장히 힘들고 불쾌한 느낌이 찾아온다. 바로 이 자리에 누워 숨을 꺽꺽 대며 내 삶이 끝났다고 자책하던 끔찍한 기억들이 밀려왔다. 머리가 빙빙 돌았다. 손가락 끝이 저릿해졌다.

호흡을 30회 반복한 후, 천천히 내쉬고는(끝까지 뱉지는 않았다) 숨을 참았다. 천장을 응시했다. 관자놀이에서 맥박이 느껴졌다. 검지를 들어 맥박 측정기를 확인했다. 처음 1분간은 혈중 산소가 98퍼센트를 유지하다 조금씩 떨어졌다. 94, 90, 87. (90초쯤 후) 70퍼센트에 이르자 구역반사를 할 때처럼 폐가 꽉 조였다. 길고도 깊은 심호흡을 한 뒤 다시 숨을 참았다. 다시 그 질문을 떠올렸다. 두뇌에서 산소를 빼앗고 때때로 발작도 일으킬 수 있는 호흡법을 도대체 왜 훈련할까? 약을 하는 이유와 비슷하다. 기분이 젠장 맞게 **좋아지니까.**

내가 거의 10년 째 맥주를 입에 대지도 않았음을 감안해주길 바란다. 내 쾌락의 기준이 문틈 바람막이만큼이나 낮아졌는지 몰라도 심호흡 뒤 몇 초간 밀려오는 평온을, 그 후에는 이상한 명료함과 희열을 경험했다. 온몸이 찌릿했다. 시야가 또렷해지는 것 같았다. 긴장과 걱정이 사라져갔다. 웃음가스로 알려진 이산화질소를 마실 때와 가장 비슷한 느낌이었다. 병원에서 이산화질소-산소 혼합가스를 마셔봤거나 축제 때 이산화질소 풍선을 마신 적이 있다면, 나른해지면서 편안한 느낌이 온몸에 퍼지고, 시간이 느리게 흐르며, 도플러 효과를 입힌 듯 높낮이가 달라지는 소리가 울리던 경험을, 그리고 다시 세상으로 돌아올 때의 여운까지 기억할 것이다. 그만큼 강렬하진 않았지만 기분은 정말 좋았다. 이 호흡법을 한 차례 할 때마다 마지막 숨을 참으며 찾아오는 편안함과, 황홀함에 가까운 감정이 커졌다.

WHM의 비밀은(이토록 유명해진 이유는 추측건대) 실제 그 행위를 하지 않고도 자위질식•스스로 질식을 유발해 성적 쾌락을 극대화하는 행위―옮긴이과 비슷한 효과를 경험할 수 있다는 것이다. 쾌감이 항상 그렇게 강렬하지는 않았다. 날이 지날수록 내 몸이 적응해가는 것 같았다. 아찔함은 덜 느껴졌고 숨은 더 오래 참을 수 있었다. 이 호흡을 하고 난 뒤에 항상 기분이 한결 나아졌다. 더 평온해졌다. 두어 차례 기절하기도 했다. 한번은 정신이 들어보니 아마도 발작이 끝날 쯤에 몸이 덜덜 떨리는 단계에서 눈을 뜬 것 같았다. 지금쯤이면 대부분의 사람이 이런 결론을 내릴 것이다. "대단히 한심하고 위험한 짓이군." 이렇게 생각한다고 당신을 원망할 수는 없다.

몇 년 전 가족 모임 자리에서 여덟 살 아이가 스스로 숨을 참아 정신을 잃는 모습을 봤다. 아이는 뒤로 쓰러지며 쪽모이 세공을 한 바닥에 머리를 부딪히고는 발작하듯 몸을 떨었다. 나중에야 다 괜찮아졌지만 당시에는 상당히 **공포스러웠다.** 여덟 살 아이라고 이해는 하면서도 그런 행동이 정말 한심한 짓이라는 데는 이견이 없을 것이다. 하지만 유명인사 몇 명이 지지를 보내고 스틸 드럼 소리가 배경음악으로 흘러나오면 갑자기 이 한심한 짓은 라이프스타일이 된다.

이런 호흡법을 수련하는 행위가 추후 건강에 어떠한 영향을 미칠지는 아직 모른다. 이것이 위험한지도 알려진 바 없다. 위험할 수도 있다는 걱정이 터무니없지는 않다. 그렇다. 가끔씩 호흡 때문에 손가락이 찌릿하거나 경련이 오기도 했다. 한 번씩 잠깐 동안 의식을 잃었다. 하지만 내게 도움도 주었다. 내 불안과 무력한 생각들을 멈추게 했다. 플라세보였다 할지라도 내가 **무언가**를 마침내 하고 있다는 기분이 들게 해주었다.

✦

일주일 후 아이오와대학의 정신의학·신경과학·분자생물학·생물물리학 교수인 존 웨미 박사와 대화를 나누었다. 그의 전문 분야는 공황장애다. 정답을 아는 사람이 있다면, 그건 바로 존일 것이다. 나는 그에게 공황을 설명해달라고 부탁했다. "위험과 관련된 것은 무엇이든 위협을 의미합니다." 그는 이렇게 말했다. "발생 가능성, 위험성, 심각성에 따라 위협의 범위는 상당히 넓어지죠. 따라서 이 모든 위협에 따른 잠재적인 반응의 스펙트럼이 있습니다." 질병처럼 내부적인 위협이 있다. 어떤 위협은 포식자처럼 외부적이다. "두뇌가 어떻게든 판단해야 합니다. 저 위협의 심각성은 어느 정도인가? 위협의 심각성에 일치하는 적절한 방어 반응은 무엇인가? 상상하실 수 있겠지만, 대단히 복잡한 과정이죠."

존에게 우리가 "불안"이라고 하는 것은 반응의 스펙트럼에서 아래쪽에 속한다. 위협은 금방 닥치지 않을 수도, 확실하지 않을 수도 있다. 스트레스 호르몬으로 우리는 바짝 경계하는 상태에 진입하고, 하향식 인지 프로세스가 주의력을 위험으로 편향시킨다. 공황은 스펙트럼의 최극단에 자리한다. "포식자의 눈에 띈 상황이라면 포기하고 잡아먹히거나, 목숨을 걸고 싸워 포식자가 마침내 포기하고 이럴 만한 가치는 없다고 판단하기를 바라거나 둘 중 하나죠." 그 위협이 바로 여기 있다. 지금 이 순간, 가슴을 열어 당신의 심장을 뜯어먹고 있다. 공황은 생존을 향한 필사적인 최후의 시도다.

위협 수준이 낮거나 불확실한 상황에서 우리는 의식적으로 해당 위험을 곰곰이 따져본다. 존이 언급한 "인지적 전면 사색cognitive frontal contemplation"과 비슷한 개념으로 우리의 반응이 적절한지 스스로에게 묻는 것이다. 하지만 의식 과정은 속도가 느리다. "살고 죽는 문제일 때는 이 과정이 대단히 빨리 이뤄져야 합니다."

나는 그에게 실험실에서 공황발작을 유도하는 방법 중 하나에 대해 물었다. 바로 편도체가 없어 두려움을 모르던 환자 S.M.에게 첫 공황발작을 유도하기 위해 행해졌던 CO_2 챌린지였다. 마스크를 쓰고 이산화탄소 35퍼센트와 산소 21퍼센트를 혼합한 가스를 마시는 방법이다. 이 챌린지는 공황발작에 빠지기 쉬운 사람들에게 해당 반응을 유발하지만, 보통 사람들에게도 불쾌하게 느껴진다. 존은 직접 자기 자신에게 "정말 많이" 해봤다고 말했다. 그의 실험실에 학생 한 명이 시도해보겠다고 나섰던 이야기를 들려줬다. "그 학생은 몇 분간 공황발작을 경험했습니다. 과호흡을 했어요. 그 학생도 저희도 예상하지 못했는데 공황발작이 한 5분 정도 지속됐습니다. 이산화탄소를 한 번 들이마신 걸로요. 좀 무서웠어요. 다들 큰일 났다고 생각했죠. 저희가 정말 나쁜 짓을 했으니까요." 그가 겸연쩍게 웃었다. 존 본인의 경험에 따르면 굉장한 공기 기아 상태가 촉발된다고 설명했다. "공기를 충분히 마실 수 없다는 그런 느낌이요." 2000년에 출간된 한 연구는 공황장애 환자의 건강한 직계가족들이 통제군에 비해 CO_2 챌린지에 더욱 반응하는 모습을 보여, 공황장애에 대한 취약성에 유전적 요인이 있을지도 모른다는 점을 시사했다.[6]

내가 가장 이해되지 않았던 한 가지는(존에게 가장 물어보고 싶었던 문제였다) '왜 이산화탄소인가?' 하는 점이었다. 나는 과호흡으로 인해 이산화탄소가 부족해질 때 공황발작이 촉발된다고 생각했다. 더 많은 산소를 마시면서도 뇌 속 산소가 줄어드는 현상도 충분히 직관과는 어긋났지만, 이제는 공황발작이 과다한 이산화탄소로 유발된다고? 그렇다면 진정하기 위해 종이가방에 입을 대고 숨 쉬게 하는 오래된 민간요법은 뭐라는 말인가? 폐기물 이산화탄소를 다시 마시며 그 농도를 높이는 원리가 아닌가? 도대체 뭐가 어떻게 되는 걸까?

CO_2 챌린지와 마찬가지로 존이 직접 fMRI 스캐너 안에서 의도적으로 과호흡을 하며 두뇌의 pH를 조절한 적이 있는데, 두 상황이 상당히 다른 느낌이라고 설명했다. 과호흡에서는 어지러움, 분리감, 현실감 상실을 느낀다. CO_2 챌린지 때의 기분은 숨이 막히고 질식할 것같이 끔찍하다. 존은 공황장애 환자들에게 휴대용 기기를 부착해 호흡을 관찰했던 연구를 언급했다. 연구 책임자인 심리학자 알리시아 뫼레는 환자의 "호기말" 이산화탄소 농도(호흡의 마지막에 배출되는 이산화탄소의 양)와 공황발작 동안의 호흡 패턴을 측정했다. 발작이 시작되려 할 때 이들의 호흡 패턴이 비정상적으로 변했다. 1회 호흡량이 떨어졌다(좀 더 얕은 숨을 쉬었다). 한숨을 더욱 많이 쉬었다(무의

식적으로 이산화탄소를 배출하려는 행동으로 보인다).[7]

정신과 의사 도널드 F. 클라인은 공황발작을 두고 "질식 오경보"라는 이론을 정립해,[8] 호흡기 병력이 있는 환자들에게 공황발작이 생길 확률이 더욱 크다고 설명했다. 뇌줄기의 화학 수용체가 이산화탄소와 pH 농도를 관찰하며 호흡 욕구를 자극하고, 위급 상황에서는 투쟁, 도피 또는 경직 반응을 일으켜 공기를 더욱 빨리 들이마시도록 한다. 대단히 짧은 시간 동안이어도 뇌세포에 산소가 부족하면 돌이킬 수 없는 손상이 가해지기에, 투쟁, 도피 또는 경직 반응이 빠르고 강렬하게 일어나야 한다. 공황장애 환자들은 이 화학적 경보 시스템이 지나치게 민감할 것이라고 클라인은 생각했다. 뫼레 또한 같은 의견으로, 그는 공황 환자들이 습관적으로 과호흡을 해 비정상적일 정도로 이산화탄소 농도가 낮아진다고 믿었다. 이러한 만성적인 저이산화탄소혈증은 소량의 이산화탄소에도 너무 민감하게 반응하도록 만들어, 화학 수용체는 이산화탄소가 약간만 상승해도 질식 경보를 울리는 것이다.[9]

최근 조사에서는 분당 6회에서 10회 호흡(코로 숨을 들이마시고 가로막을 배 쪽으로 밀어내는 방식으로 들숨과 날숨에 6초에서 10초가 걸리는 호흡)이 "자동적으로 최적화된 호흡"이라고 제안했다.[10] 폐는 '허파꽈리'라고 불리는 작은 공기주머니에서 산소와 이산화탄소를 교환한다. 우리가 빠르게 호흡하면 적은 공기가 들어와 적은 수의 공기주머니에 이르며 폐가 활동을 하지 않는 "무효 공간"이 늘어나고 호흡의 효율이 떨어진다. 증가한 1회 호흡량으로 천천히 호흡할 때 더 많은 허파꽈리에 더 많은 산소가 채워지며 이 무효 공간을 줄일 수 있다. 폐 전체를 사용할 때 호흡이 더욱 쉬워지고 오래 지속할 수 있다.

마음이 안정됐을 때 부교감 활성이 아세틸콜린의 분비를 자극해 심박을 낮추고 노르아드레날린의 분비를 억제한다. 심박이 느려지면 산소를 덜 소비하게 되고 이것은 혈액의 산증을(산성도를) 낮춘다. 즉, 공황발자이 일어날 확률이 낮아진다. 뿐만 아니라 《고혈압 저널 Journal of Hypertension》에 실린 한 연구는 느리게 호흡하면 숨을 들이마시고 싶게 하는 화학 반사 반응의 이산화탄소 민감성이 낮아진다는 것을 발견했다.[11] 화학 수용체들이 더 넓은 범위의 pH 농도를 견디며 투쟁, 도피 또는 경직 반응을 섣불리 일으키지 않는다는 뜻이다.

"이 이론에 반박하는 사람도 있겠지만" 존이 말했다. "제게는 굉장히 매력적입니다. 몇 가지 문제에 답을 주죠." 그는 이렇게 짐작한다. 공황발작이 오기 전에 호흡이 조금 비정상적으로 변한다. 이산화탄소 농도가 상승한다(많은 공황장애 환자가 발작으로 잠에서 깨는 이유도 이것일 수 있다). 이 환자들은 뇌의 pH 변화에 좀 더 민감한 편일 수 있고, 이산화탄소의 증가로 산성도가 조금만 높아져도 강렬한 공포와 두려움이 유발될 수 있다. 물에 잠기는 듯한 기분을 느끼고, 자신이 죽어가거나 질식한다는, 또는 뇌졸중이나 심장마비가 왔다는 의식적인 생각이 들 수도 있다. 그러면 우리는 숨을 더욱 빠르고 깊게 쉰다. 하지만 우리는 실제로 물에 빠지지 **않았고**, 이런 과호흡이 처음엔 이산화탄소를 낮추려는 적응적인 조치였을지라도 저이산화탄소혈증과 관련된 모든 문제는 여전히 유발된다. 어지러움, 혼란, 기도 수축이다. 하지만 존에게 이 현상들은 공황발작의 "여파"다. 이산화탄소의 상승이 트리거다. "계속 이어지는 경험 속에서 이산화탄소 농도만 달라진다고 짐작하고 있어요. 이산화탄소가 높으면 공황발작이 오고, 낮으면 또 다른 문제들이 생기는 겁니다."

어떤 연구자들은 세로토닌 뉴런들이 이산화탄소 화학 수용체처럼 작용한다는 사실을 발견했다. SSRI 계열 약물이 공황장애 환자들에게 도움을 주기도 하는 효과가 이 때문일 수도 있다.[12] 존은 연구 과정에서 편도체가 화학 센서로 기능하며 pH의 변화를 감지하고 두려움을 유발한다는 증거를 발견했다.[13] "현재 인간을 대상으로 편도체에 전기 자극을 한 논문이 두어 건 있습니다." 존은 어린 뇌전증 환자 두 명의 두개 내에 전극을 부착해, 즉 두개에 구멍을 뚫은 후 그 안에 전극을 삽입해 발작을 추적 관찰했던 연구에 참여했다. "두 아이들은 본인이 숨을 쉬지 않는다는 사실도 몰랐습니다. 이산화탄소 농도가 상승했지만 멀쩡했어요."

전기로 편도체를 자극하면 해당 부위에 발작 때와 유사한 효과를 줄 수 있다. 최근 발표된 한 논문에 존과 그의 동료들은 이렇게 적었다. "놀랍게도 소아 환자들은 자신들이 숨을 쉬고 있지 않다는 사실을 인지하지 못했고 자극 유도 무호흡 기간 동안이나 후에 숨 가쁨이나 공기 기아, 호흡 욕구를 호소하지 않았으며, 눈에 보이는 호흡기 질환의 징후도 없었다."[14]

"어떤 사람들에게는 편도체 내 특정 부위를 자극해 공황발작을 억제할 수 있다는 상상도 합니다." 존이 말했다. 많은 뇌전증 환자가, 특히나 어린 아이들이 자다가 갑작스레 예상치 못하게 사망한다.[15] (여전히 어느 정도는 추측에 근거하나) 한 가지 설명은 뇌전증이 편도체가 보여야 할 반응을 보이지 못하도록 가로막는다는 것이다. "뇌전증이 호흡하고자 하는 동기를 억누르고 '저기! 나 지금 숨을 안 쉬고 있어'라고 외치는 경보도 울리지 못하게 만들어 사망하는 것으로 보입니다."

어떤 점에서 이 뇌전증 환자들은 공황장애 환자들과 완벽히 대치되는 상태다. 공황장애 환자는 이산화탄소 증가에 대단히 민감한 한편, 뇌전증을 앓는 사람은 이를 전혀 의식하지 못하는 것이다. 내가 경험하는 일보다 더욱 끔찍한 상황이 벌어질 수도 있다니 정신이 번쩍 들었다. 편도체의 이 특정 영역에 일시적인 전기 자극을 보내 공황발작을 멈출 수 있다 하더라도 편도체가 얼마나 깊은 곳에 자리하는지를 생각해보면, tDCS 같은 방식으로는 해당 영역에 닿을 수도 없다. 존과 그의 동료들이 해당 영역에 도달했던 이유는 두 아이의 발작을 이미 모니터하고 있었기 때문이다.

"정말 흥미로운 것은요." 존이 말했다. "편도체가 없는 환자들 있지 않습니까. 이들은 불안장애가 없어요. 공황발작도 경험하지 않고요." 그에게 유명한 환자 S.M.이 극단적이고도 장기적인 공황발작을 경험했다는 이야기를 들은 적 있다고 말했다. "네, 저희도 처음 관찰했을 때는 상당히 놀랐습니다. 이산화탄소에 대한 편도체의 민감도를 아는 상황이었으니까요." 그때까지만 해도 나는 전에 읽었던 S.M.의 CO2 챌린지에 관한 논문과 존을 연결 짓지 못했다. 그 순간 논문에 그의 이름이 있었다는 사실을, 그의 이름이 신경학자 대니얼 트러넬과 신경심리학자 저스틴 파인스타인과 나란히 있었다는 것을 깨달았다.[16] 환자 S.M.에게 첫 공황발작을 일으킨 사람과 대화 중이었다니. 그는 세 사람 모두 편도체가 중추적인 역할을 한다는 사실을 알았다고 말했다. "어쩌면 편도체가 공황발작을 어느 정도 **억제**하는 것 같다는 생각이 들기 시작했죠."

잠깐, 뭐라고? 갑자기 편도체가 사람들을 **덜** 두렵게 만든다고 말하는 것인가? "동물이 경직 상태면 투쟁을 할 수 없습니다. 투쟁 중이면 경직 상태가 될 수 없고요. 선택해야만 합니다. 두 가지 일을 동시에 할 수는 없습니다." 투쟁, 도피 또는 경직 반응을 이야기하며 많은 이가 언급하지 않은 내용이었다. 무엇을 할지 어떻게 선택하지? 존은 아직은 짐작만 하는 정도라고 강조했지만 그가 보기에는 편도체가 해당 의사결정 회로에서 핵심적인 역할을 하는 것 같다고 밝혔다. "편도체가 그 결정에 영향을 미치는 듯합니다." 더욱 의식적이고 인지적인 선택에 관여하는 다른 영역들이 있지만 속도가 느리다. 조지프 르두가 말한 "빠르고 불완전한" 위협 회로 모델 속 편도체의 겉질 경로와 겉질하 경로처럼 말이다. "그러면" 내가 입을 열었다. "편도체가 없으면 그런 결정을 내릴 방법도 없고, 기본으로 설정되는 반응이 공황이라는 말씀인 거죠?"

"더욱 극단적인 반응으로 치중하는 것 같습니다. 생존의 관점에서 보면 타당하죠. 아무것도 안 하거나 극단적인 무언가를 하거나, 이런 상황이면 더욱 보호에 용이한 기본 설정값은 극단적인 반응이 될 테니까요." 반사 반응을 조절하는 시스템이 제대로 작동하지 않을 때면 아무래도 기본 설정값(공황)이 촉발될 확률이 높다. 편도체는 시상에서 직접 신호를 받을 뿐 아니라 앞이마엽 겉질과의 "대화"도 지속하는 일을 한다.[17] 앞이마엽 겉질은 의사결정, 판단, 자기 지각, 피드백 분석에 관여한다.[18] 편도체는 공포에 대한 생리적 반응을 촉발할 뿐 아니라 이 반응을 조절하기도 한다. 공황장애를 없애기 위해 편도체를 제거하는 행위는 물이 새는 수도꼭지를 고치려고 도끼로 수도꼭지를 찍는 것과 같다.

존은 편도체가 없는 환자들이 CO_2 챌린지에 보인 반응을 설명했다. "평생 가장 두렵고 끔찍한 경험이었다고 고백했습니다. 하지만 '다시 한 번 해보고 싶나요?' 물으면 '좋아요'라고 답하죠." 그 순간만큼은 공황발작이 두려웠지만 잠깐이면 지나감을 경험한 것이다. 공포가 오래 지속되지 않는다. "이런 트라우마 기억을 학습하는 데 편도체의 중요성을 말하는 논문은 셀 수 없이 많습니다. 제 생각에도 그게 사실인 것 같고요. 이 환자들은 그런 시스템이 없는 거죠." 나는 트라우마를 경험하지 못하는 증상은 여러 면에서 적응적으로 작용할 것 같다고 말했다(진심으로 그런 생각이 들었다).

존은 동의하지 않는 눈치였다. "논문으로 발표되지 않은 것들에 대해선 이야기를 할 수가 없습니다." 이렇게 말했지만 이내 S.M.은 "살면서 여러 차례 매우 부적응적인 상황에 처했다"라고 덧붙였다. 심리학자들은 어떠한 순간에 두려움을 느끼는 능력과 그런 위험한 상황을 학습하는 능력이 둘 다 부재한 것이 원인이라고 추측했다. "매우 부적응적"이란 표현이 임상적이고 차갑게 들리겠지만 그의 목소리는 그 반대였다. 그는 진심으로 걱정스러운 듯 말했다.

대화가 막바지에 다다르자 나는 그에게 가장 중요한 질문을 했다. 공황발작은 어떻게 이겨냅니까? 내가 대화를 나눈 수많은 연구자가 그랬듯 존 또한 공황발작 환자들은 여러 하위 집단으로 구성되었을 거라고 추측했다. 앞서 확인했듯 증상의 범위는 상당히 넓다. 어떤 환자들은 편도체가 반응을 정상적으로 통제하지 못해 공황발작을 경험하기도 한다. "하지만 공황발작과 그것이 의미하는 바를 이해하지 못하는 불확실성에 그저 겁을 먹은 사람들도 있을 겁니다." 공황발작은 그 자체만으로도 정신적 충격을 주지만, 특히나 그것이 뇌졸중이나 정신이상 증상이라고 오해할 때는 더더욱 충격이 심해진다. 불안한 사람들 중 어떤 이들은 공황발작이 시작되는 과정에서 만성적으로 과호흡 또는 저호흡을 하기도 한다. "경직을 심하게 하는 사람들도 있겠죠. 두려움에 몸을 움직이지 못할 정도로 얼어붙어요. 이들은 공황발작을 경험하는 것이 아니라 두려움에 경직되는 겁니다." 이때 두뇌 속 다른 메커니즘이 관여할지도 모른다.

알리시아 뫼레는 저이산화탄소혈증이 공황 민감성에 어떠한 영향을 주는지, 교육받은 공황장애 환자들을 대상으로 한 가지 개입 방법을 시험했다. 교육 후 환자들은 하루에 두 차례 4주간, 17분짜리 호흡법을 수련하면서 휴대용 호기말 이산화탄소 분압 측정기로 이산화탄소 농도를 관찰하며 호흡 속도를 점차 늦추는 법을 배웠다. 그가 "자극감응 훈련 치료"라고 하는 치료법이었다. 이는 참가자들 자신이 가장 두려워하는 증상들을 경험하는 훈련으로, 이 참가자들에게는 공황발작이 막 시작될 때 이산화탄소가 상승하는 증상이 바로 그것이었다. 연구는 4주간의 훈련 막바지에 이르자 해당 개입이 "공황이 온다는 인식을 상당히 낮추는 데" 성공했다는 결론을 얻었다.[19] 이 연구에는 통제군도, (환자들이 하루에 2회씩 이완 시각화를 하는 식의) 위약 조건도 없었기에 많은 결론을 도출할 수는 없지만, 공황장애 환자들에게 심호흡을 하라던 기존의 조언이 오히려 이산화탄소 민감도를 높여 환자들의 공황발작 위험을 악화할 수도 있다는 사실을 생각해보면 결과가 흥미롭다.

존은 개인마다 최상의 효과를 내는 개입이 다르다고 봤다. 과거에는 이산화탄소 노출 치료가 유명했다. 빔 호프의 호흡법은 우연찮게도 고산소증과 저산소증이 번갈아 나타나고 특히 마지막에 희열이 찾아오는 것까지 과호흡 노출치료와 매우 흡사해 존이 "대단히 흥미롭게" 여겼다. 그는 이 희열감이 "내인성 오피오이드" 분비의 영향을 받는지 궁금해졌다. 2018년 빔 호프의 fMRI와 PET 스캔을 연구해 논문을 발표한 저자들은 과호흡이 교감신경계의 스트레스 반응을 유발해 내인성 오피오이드라는, 체내에서 자연적으로 생성되는 통증 억제제가 "희열감, 불안 완화, 행복감"을 전해준다는 가설을 세웠다.[20] 저자들은 현재까지도 이것이 이론일 뿐이라고 거듭 강조한다.

공황장애는 순식간에 벌어진다. 적어도 그렇게 보인다. 하지만 공황장애가 벌어지기까지의 기반이 쌓이는 과정은 몇 주가 될 수 있음을 나는 경험했다. 자꾸 거칠어지는 호흡을 말이다. 두뇌라는 탄광 속 카나리아는 정교한 민감함을 발휘할 때까지 훈련을 거듭하다 아주 약간의 기미라도 이산화탄소가 감지되면 기절하고 만다. 클라인의 질식 경보 이론은 흥미롭지만 이 모든 상황을 설명해주지는 않는다. 실제로 구체적이고 명백한 트리거로 공황발작이 시작되는 사람도 있다. 또 어떤 이들은 높은 성능의 투쟁, 도피 또는 경직 반응과 과호흡, 혼란을 경험하다 질식, 숨 가쁨, 비현실적인 이인증이라는 비뚤어진 황홀경을 맛본다. 또 어떤 사람들은 전기 충격을 당한 토끼처럼 경직되기도 한다. '공황발작'이라는 이름표가 붙은 통 안에 한데 뒤섞인 다양한 경험들은 원인도 다양하고 각기 효과를 보이는 해결책 또한 다양할 것이다.

공황발작의 플레이버는 7000가지가 넘지만 몇 가지 공통점이 있다. 두뇌가 작동을 멈춰 현명한 결정을 내리기 어렵다. 하나같이 잘못된 본능(탈출하고, 몸을 움츠리고, 거칠게 호흡하는 반응)에 휩싸인다. 벗어나고자 취하는 모든 행동은 오히려 당신을 더욱 깊은 곳으로 가라앉게 만들고 상황을 악화한다. 우리가 굴을 파고 들어가 지하에 사는 작은 생명체였던 시절, 잠을 자다가 굴이 무너져 내려앉기도 했던 그 시절부터 전해져 내려온 유산인 두뇌의 몇몇 원시적인 영역이 비명을 질러댄다. 비상, 비상, 숨 쉴 공기를 구하지 못하면 죽는다! 하지만 호흡할수록 질식하는 기분을 더욱 느낀다.

우리는 내부 pH를 끊임없이 확인하고 적응하며 세포질에서의 농도를 7.2~7.8이라는 최적의 수치로 유지하려 하는 대장균 박테리아와 그리 다르지 않다. 다른 점이라면 우리의 변명이 좀 더 자세하고 그럴듯하다는 것이다. 우리는 미래에 대한 비전이 있다. 산소를 뇌로 전달하기 위해 우리가 하는 행동들이 사회적 수치심으로 이어질 때가 있고, 이는 우리의 식량이나 보금자리를 위태롭게 할 수 있다. 쌓여가는 교양에 따라 새로운 막이 겹겹이 씌워진 다중 시스템들은 기이하고 편집증적인 수학자 동맹, 마약 탐지견들, 흥분에 들뜬 예지자들을 지켜보고, 감시하고, 경고를 보낸다.

✧

자, 다함께 겁쟁이의 기도문을 암송하자. "신이시여, 위협을 예측하는 예지력과, 경계 태세를 게을리 하지 않는 강인함과, 상황은 **언제나** 더 악화될 수 있다는 점을 깨닫는 지혜를 주시옵소서."

XVII
최면 요법과 플라세보

적절한 치료일까,
돌팔이의 수작일까?

1917년 어느 겨울 저녁, 루이스 일랜드 박사는 셸쇼크shell-shock을 앓는 젊은 이등병을 런던 국립병원의 "전기충격실"로 데려가 커튼을 닫고 문을 잠갔다. 빛이라고는 커다란 배터리에 연결된 전구에서 나오는 불빛이 다였다. 일랜드 박사는 전극 하나는 남성의 척추 아래쪽에, 다른 하나는 목 뒤편에 붙였다. 박사는 사무적인 말투로 이등병에게 완전히 치료가 될 때까지는 이 방을 나갈 수 없다고 전했다.[1] 그런 뒤 전류 스위치를 켰다.

스물네 살의 병사는 1차 세계대전에 참전한 병사들 사이에 증가하는 "신경증적" 증상을 앓았다. 전쟁 시작부터 싸워온 병사는 가장 유명한 교전으로 "마른강의 기적"이라고 알려진 '몽스 후퇴 전투'에 참전했고(독일의 진격이 파리를 고작 몇 마일 앞두고 중단되었다), 이로부터 불과 며칠 후, 폰툰 보트를 타고 갖은 고생을 하며 엔강을 건넜으며 이후 1차와 2차 '이프르 전투'에도 참전했다. 이 전쟁의 사상자는 가장 보수적으로 추정해서 총 62만 명 이상으로 본다. 기관총과 대포로 몇 분 만에 몇 개의 연대가 사라졌고, 썩어가는 시체가 산더미처럼 쌓이면 나중에 온 연대가 임시로 모래주머니처럼 사용하기도 했다. 2차 이프르 전투에서는 독일군이 '소독약 작전'으로 첫 화학전을 펼쳐 950리터 이상의 초록빛과 노란빛의 염소가스를 살포했고, 가스는 체내 수분과 반응해 연합군을 호흡곤란에 빠뜨렸다. 몇 시간, 며칠 동안 쉬지 않고 이어지는 포격은 대단히 침착한 병사들의 정신마저도 무너뜨렸다.

독일의 중위 에른스트 윙거는 심각한 포격의 심리적 영향을 이렇게 설명했다. "기둥에 몸이 꽁꽁 묶인 당신을 향해 한 남성이 무거운 망치를 휘두르며 협박하는 상황을 떠올려보길 바란다. 이제 남성은 망치를 자신의 머리 뒤로 젖혀 당장이라도 내려칠 자세를 취하고, 다가오는 망치가 당신의 머리뼈를 내려찍으려는 찰나, 망치는 기둥에 박히고 나무 파편들이 튄다…."[2]

1916년 7월, 그리스의 살로니카에 주둔했던 이등병은 말을 돌보다가 "혹서로 인해" 쓰러지고 말았다. 그는 다섯 시간 동안 의식을 잃었다. 깨어난 후에는 "온몸을 떨었고" 말을 할 수가 없었다. 일랜드 박사와의 치료에 앞서 이 병사는 의자에 묶여 1회 20분간 전기충격을 당했다. 의료진이 담뱃불을 그의 혓바닥에 대고 비벼 껐다. 이등병의 목 뒤에는 열판이 부착됐다. 후에 박사는 이 중 어떤 방법도 그의 목소리를 되돌리는 데 성공하지 못했다고 안타까워했다.

전기충격실에서 전구들이 번쩍였다. 전류가 인두에 이르자 그 충격이 너무도 강한 나머지 병사가 몸을 뒤로 확 젖혔고 그 바람에 배터리에서 전선들이 빠졌다. 그 상황을 본 일랜드 박사는 인내심을 잃었다. "제가 기대했던 영웅처럼 행동해야 하지 않겠습니까." 참지 못하고 소리를 질렀다. "그렇게 많은 전투에 참전했던 병사라면 자제력을 발휘할 줄 알아야죠." 일랜드는 이후 4시간 동안 병사에게 반복적으로 전기충격을 가하고 입모양으로만 "아, 바, 카"를 하며 걸어보게 했다. 마침내 지친 병사는 물을 달라고 속삭였다. 박사는 거절했다. "이런 증상을 치료하다보면" 그는 병사에게 말했다. "두 종류의 환자를 만납니다. 낫고 싶은 환자와 낫고 싶지 않은 환자. 당신은 안 그런 척했지만 전 당신이 후자에 속한다는 사실을 알아봤습니다. 저는 그쪽이 앓는 병을 잘 알고, 당신이 어디에 속하는지는 별 관심이 없습니다. 당신은 지금 당장 말하는 능력을 회복해야 합니다."

일랜드 박사는 분명한 신체적 원인 없이 나타나는 무언증, 히스테리, 시각 상실, 사지 마비와 같은 신경질환은 "거부증" 때문이라고 믿었다. 최면암시, 속임수, 그리고 필요하면 처벌로 다스려야 하는 잠재의식적인 악한 마음, 내면의 저항이라고 생각했다. 그는 환자와 악수를 하는 등 공감의 표현이 환자의 증상을 강화해 치료가 어려워진다고 생각했다. 자신이 주도한 다양한 치료법을 적어 남긴 그의 기록을 보면 의료 행위보다는 퇴마에 가깝다. 그는 환자와 대화하지 않았고, 신경증적 질환과 대화하는 사람처럼 보였다. 사제는 그리스도의 권한을 구했지만 일랜드는 거부할 수 없는 현대 의학의 힘을 외쳤다. 때때로 그는 환자들을 "사기꾼", "꾀병"이라고 몰아세우며 치료가 성공하기 전에 떠난다면 군 당국에 고발하겠다고 협박했다. 또한 환자들이 나을 때까지 5분마다 전류를 높이겠다고 공표했다.

현대의 기준으로 일랜드가 잔혹해 보인다면, 당시 의사들은 "셸쇼크"라는 증세를 이해하는 데 상당한 어려움을 겪었다는 점을 유념하길 바란다. 가장 큰 문제는 광범위한 증상이었다. 시각 상실, 청력 상실, 축 늘어진 팔과 다리, 감정 상실, 통제할 수 없을 정도로 몸을 떨거나, 걸으면서 몸이 조금씩 떨리는 증상, 외줄타기를 하듯 발을 질질 끌며 걷기까지 다양했다. 의사들은 나름의 설명을 댔다. 포격으로 인한 독가스 흡입, 폭발의 영향으로 인한 뇌진탕, 겁쟁이들의 빈번한 속임수. 전쟁이 지속되며 이러한 분위기도 결국 달라졌다.

1916년 해럴드 윌트셔 박사는 《랜싯》에 폭발의 물리적 영향에 노출되어 셸쇼크를 보이는 병사들 52명 가운데 5퍼센트만이 "뇌진탕으로 인한 신경증"에 속한다고 보고했다.[3] 그는 심리적 원인을 제안하며 "지속된 심리적 혹사로 인한 점진적인 심리적 탈진", "급작스러운 심리적 충격", "참담한 광경"으로 범주를 나누었다. 19세의 이등병은 포탄의 파편으로 몸이 터져 사망한 병사 20명의 신체를 수습하는 일을 도왔다. 피해자들을 정리한 후 그는 친구들을 알아보지 못했고 비명을 지르기 시작했다. 그는 그 사건의 기억은 잃은 채 폭발 소리만 떠올렸다. 이틀 후 기차에서 눈을 뜬 그는 "포탄이 날아올 때의 휘파람 소리와 조금이라도 비슷한 소리가 들리면 현기증이 나면서 무언가를 기다리는 듯한, 무언가가 다가오는 것 같은, 끔찍한 일이 벌어질 것만 같은 기분이 들었다"라고 보고했다.

일랜드는 질병의 기원이 신체가 아니라 정신의 문제라고는 생각했던 듯하다. 그는 19세기 말 프랑스에서 라이벌 관계에 있던 최면학파 두 곳의 영향을 받았다. 신경학자인 장 마르탱 샤르코의 파리학파는 최면에 쉽게 빠지는 성향이 신경증의 징후라고 믿었다. 여기서 말하는 신경증은 무언증부터 청력 상실, 경련, 극심한 불안까지 모든 증상을 포괄한 진단이었다. 반대로 의사인 앙브루아즈 오귀스트 리에보의 낭시학파는 최면은 피암시성suggestibility이 고양된 상태일 뿐이고 건강한 피험자에게 유용하다고 믿었다.

1차 세계대전의 전운이 감돌던 시기, 폴란드의 신경학자 조세프 바빈스키는 악명 높은 트레트멍 브뤼스케traitement brusqué를 치료법으로 활용했다. 환자들이 알몸으로 묶인 채 "고통스러운 감응Faradic 전기 치료"를 받는 동안, 차력사를 연상시키는 콧수염이 인상적인 바빈스키는 그들의 질병이 사실 허구라고 큰 소리로 "암시"를 걸었다.[4] 그는 불안한 사람들 다수가 자신에게 어떠한 질환이 있다 생각하며 증상을 연기한다고 믿었다. 그는 환자들에게 그들의 다리나 팔, 혀가 정상적으로 기능한다는 것만 보여주면 치료가 될 거라 생각했다.

프랑스 심리학자 피에르 자네는 트라우마를 입으면 신경증에 걸린 사람의 정신은 "의식적인" 부분과 "잠재의식적인" 부분으로 분열된다는 이론을 세웠다. 그는 이 과정을 "해리"라고 칭하고, 환자가 신경증이 유발된 충격적인 사건을 기억 못하는 이유가 이 때문이라고 설명했다. 자네에게는 이유가 밝혀지지 않은 신체적 증상이란 분열된 잠재의식의 결과물이었고, 그를 따르는 많은 정신 치료사는 효과적인 치료법이란 이 잠재의식적 정신에 직접 닿아야 한다고 믿었다.

일랜드의 수많은 과오에도 나는 그가 신념을 바탕으로 환자들에게 최선을 다하려고 했다는 인상을 받았다. 일랜드는 말을 하지 못하던 이등병 환자가 말을 할 수 있게 된 후 이렇게 외쳤다고 기록했다. "선생님, 선생님, 저는 챔피언입니다." 일랜드는 이렇게 답했다. "당신은 영웅입니다." 일랜드는 (그리고 그와 동시대를 살았던 수많은 이는) 신경증에 걸린 정신을 속임수를 쓰거나 혼을 내서 순응하게 만들어야 하는 반항적인 남동생처럼 접근했다. 많은 신경장애 질환이 잘못된 신념을 자발적으로 수용한 데 따른 자기최면이나 "자기암시"의 결과라 믿었기에, 환자들에게 충분한 투지와 권한을 심어준다면 상반된 암시로 치료가 될 거라 여겼다.

결국 의지의 문제였다. 유명 작가인 애니 페이슨 콜이 비슷한 시기에 저술한 『신경증과 전쟁Nerves and the War』에 불안한 군인은 "다루기 힘든 말을 길들이듯 자신의 근육과 신경을 엄격하게 대하며 진정시키고 저항이 낮아지도록 강력하게 이끌어야 한다"라고 적었듯이 말이다.

✧

1994년 3월 10일, 크리스토퍼 게이츠는 최면술사 폴 매케나의 유명한 무대를 보기 위해 하이위컴에 위치한 스완 극장으로 향했다. 무대가 시작되자 기분이 대단히 이상해졌다. 음악은 "으스스했고" 조명은 깜박거리는 것 같았다. 최면술사가 관객을 향해 직접 최면을 당해보고 싶으면 "지금" 무대로 올라오라고 말하자, 크리스토퍼는 갑자기 그 말에 복종해야 한다는 생각이 들었다. 이후 두 시간 동안 다양한 공연에 참여하며 그는 정서적 고통을 느꼈다고 주장했다. 그는 무대 중간중간 여러 시점에서 당신은 발레리노 믹 재거라고, 당신은 퀴즈쇼 〈블라인드 데이트〉의 참가자라고 이야기를 들었다고 했다. 앞서 매케나는 관객들에게 자신이 투명해졌다는 이야기를 했다. 그런 뒤 무대를 가로지르며 비질을 했다. 크리스토퍼의 눈에는 빗자루가 혼자서 움직이는 것처럼 보였고, 그 장면이 대단히 "불편"했다고 전했다. 중간에 휴식 시간 동안, 크리스토퍼는 어떤 질문을 받든 무조건 "네"라고 답해야 한다는 이야기를 들었다. 누가 그에게 동성애자인지 묻자, (사실이 아님에도) 그렇다고 대답을 "할 수밖에" 없었고 "괴로운" 경험이었다고 나중에 전했다.

그날 밤, 크리스토퍼는 잠을 잘 수 없었다. 가구에 광택을 내는 일을 하는 그는 다음 날 아침, 회의에 불려가 정리해고 대상이라는 이야기를 들었지만 자꾸 웃음이 터지고 눈물이 났다. 이후 며칠간 정신

상태가 악화됐다. 그는 자신이 죽을까 봐 잠을 잘 수가 없었다. 그는 예수 또는 모세의 것인 듯한 웅얼거리는 목소리를 들었다. 집 안의 계단이 천국으로 이어졌다고 믿었다. 자신의 눈빛으로 차들을 멈추게 할 수 있을 거라는 생각도 들었다. 마침내 아머샴 종합병원의 정신의학 병동에 입원해 조현병 진단을 받았다.

이후 벌어진 소송에서 크리스토퍼 게이츠는 최면 때문에 조현병에 걸렸다고 주장하며 폴 매케나에게 피해 보상금으로 20만 유로를 청구했다. 당시 매케나는 누구나 겪을 법한 문제에 최면술 해결책을 제시하는 자기계발서와 카세트테이프를 다수 출시했다. 그는 계속해서 『나도 행복해질 수 있어I Can Make You Happy』, 『나도 잠꾸러기가 될 수 있어』, 『최면으로 행하는 위밴드 수술: 수술하지 않고도 살을 빼는 새로운 방법Hypnotic Gastric Band: The New Surgery-Free Weight-Loss System』, 『7일 만에 인생을 바꾸는 방법Change Your Life In 7 Days』처럼 제목과 내용이 비슷한 책을 여럿 출간했고, 다수가 베스트셀러에 올랐다. 법정에서 "최면의 힘을 과대 포장"하는 그의 주장에 대해 반대신문이 이어진 후 판사는 매케나가 책에 실은 내용 일부는 "과대광고"이고, 그가 "최면의 힘에 대한 주장의 상당 부분을 철회했거나 단서를 달았다"라고 판단했다.

피고인 측은 최면이 대체로 플라세보 효과인 만큼, 매케나의 책임이 있을 수 없다는 점을 입증하는 데 온 힘을 다했다. 이들은 특별한 "트랜스 상태trance state"・황홀경에 빠지는 듯한 초월적 의식 상태—옮긴이라는 개념을 부정하고 "최면"은 일상적인 사회적 압력으로 봐야 한다고 주장하는 증인들을 데려왔다. 리버풀대학의 최면 연구자인 그레이엄 왜그스태프 박사는 이렇게 말했다. "퀴즈 프로그램 등 수많은 상황과 마찬가지로 무대 최면은 시키는 대로 해야 한다는 의무감을 전달하는 강력한 사회적 상황으로 작용할 수 있습니다(이로 인해 개인이 수용하는 범위가 넓어지고요). 심리학자들이 말하는 '요구특성'이 높은 수준으로 형성된 상황입니다." 무대 위에서 당황스러운 일을 요청받으면 "사람들은 사회적으로 그 의무를 다해야 할 것 같은 책임감을 느끼는 한편 이 이후에는 어떤 요구를 받을지 우려가 생기고 현 상황에 처한 데 짜증을 느낍니다. 최면을 당한 사람들이 때때로 '당황스러운', '통제할 수 없는', '짜증스러운', 감정을 느꼈다고 밝히는 것도 이 때문입니다. 사회적 또는 상황적 부담의 영향력을 과소평가했던 사람들은 시키는 대로 따르는 스스로에게 놀라움을 표하고 이것이 '최면' 효과 때문이라고 생각하는 것입니다."[5]

최면술사는 환각에 의한 시각상실을 유도할 수 없고(피고인단이 이 사실을 입증하는 여러 연구 자료를 제시했다) 상대가 원치 않는 일을 하도록 만들 수도 없기에 "최면에 걸린" 모든 사람은 사실 (재미라는) 사회적 맥락 때문에 또는 당황스러운 마음에 일종의 연극을 한다는 말이었다. 이들은 후에 자신에게 달리 선택권이 없었다고 스스로를 합리화할 수도 있다고 말이다. 최종적으로 판사가 크리스토퍼 게이츠의 조현병을 최면이 야기했을 "가능성이 매우 희박"하다고 판결하며 폴 매케나는 혐의를 벗었다.

현대 심리학에서 최면 치료는 정당한 치료법과 대체의학의 중간지대에 머문다. 분명 '트랜스'라는 특별한 변성의식 상태를 입증하는 증거는 거의 없다. **피암시성**, 즉 유독 수용적인 사람들이 은밀하거나 명백한 명령이나 지시, 언어적 유도에 반응해 자신의 행동 또는 정서를 전환하는 경향이 있는지는 아직 결론이 나지 않았다. 사실 대단히 광범위한 개념이다. 길을 걷던 내게 차 한 대가 다가오더니 누군가가 창문 밖으로 "넌 등신이야!" 소리를 지르면, 이후 얼마간은 내 스스로가 좀 더 등신이 된 듯한 기분이 들 것이다. 이런 것도 최면암시로 볼 수 있을까?

심리학자 어빙 커시는 암시를 상대가 "비의지적으로", 즉 저절로 특정 반응을 보이는 의사소통 방식이라고 정의했다. 그는 "'손을 올리세요'는 지시지만 '당신의 손은 점점 가벼워지고 이제 위로 올라가기 시작합니다'는 암시"라고 설명했다. 두 개념을 명확히 구분하는 차이점으로 보이나 그는 곧장 자신의 발언을 취소하고 암시 또는 지시는 맥락에 따라 달라진다고 정정했다. 가령 "Sleep(잠 드세요)!"은 "밤 11시까지 깨어 있는 아이에게는 분명한 명령이지만, 최면 무대에 자원해서 오른 사람에게는 암시가 된다"는 것이다.[6]

커시는 "Sleep"이 명령보다 암시에 가까운 이유는 팔을 들어 올리는 행위와 달리 우리는 대체로 잠을 자는 행위를 **선택**할 수 없기 때문이라고 설명했다. 만약 최면술사가 "Sleep"이라는 단어를 말했을 때 최면에 빠진 사람이 실제로 잠이 든다면 커시가 암시와 지시를 나누는 기준이 타당하지만, 당연하게도 최면에 걸린 사람은 이런 반응을 보이지 않는다. "Sleep"은 곧장 잠재의식 상태에 접어들라는 명령이 아니라 머리를 기대고, 눈을 감고, 최면술사의 지시를 듣는 일련의 행위를 하라는 명령이다.

커시는 암시가 반드시 언어적일 필요도 없다고 설명했다. 암시는 "알약의 크기, 모양, 색" 또는 같은 공간 내 타인이 행동하는 방식으로도 전달된다. 그렇다면 암시는 "기대 수정expectancy modifications", 즉 현 상황에서 우리가 무엇을 기대할지 결정하는 데 도움을 주는 단서인 셈이다. 우리의 행동과 기분은 이러한 기대들에 따라 달라진다. 앞서 등장한 플라세보 효과에 대한 연구가 떠오른다면 그것은 우연이 아니다. 커시는 최면을 사람들에게 같은 결과를 경험하게 하는 "기만적이지 않은 플라세보"의 한 형태로 여겼다. 가령 수술 중 통증이 덜했다는 반응처럼 말이다.

아마도 불안장애 치료 분야에 최면 및 암시의 효과를 입증하는 임상 증거가 상당할 거라고 생각할 것이다. 언뜻 보면 불안은 기대에, 특히나 부정적인 기대에 의지해 생존하는 만큼, 불안이 기대 수정을 상당히 잘 받아들일 거라고 생각하기 쉽다. 하지만 불안장애 치료에 최면이 플라세보 개입보다 더 나은 효과를 보인다는 증거는 거의 없다.[7] 여기에 두 가지 주의할 점이 있다. 하나는 증거의 부재가 부재의 증거는 아니라는 점이다. 대규모 무작위 대조 실험은 비용이 높아 우리는 자금을 투자받는 개입 방법의 데이터만 얻을 수 있다.

둘째는, 플라세보의 효과도 꽤 좋다는 점이다. 앞서 봤듯이 불안으로 플라세보 치료를 받는 사람들은 치료 대기 명단에 꼼짝없이 갇힌 사람들보다 훨씬 좋은 결과를 경험한다. '진짜' 치료법으로 불안을 덜 느끼는 것과 플라세보의 효과로 불안을 덜 느낀다고 **믿는** 것에 기능적 차이가 정말 존재할까? 사람들에게 CBT처럼 입증된 개입과 **더불어** 최면을 함께 진행한다면? 효과가 배가될 수 있을까?

어빙 커시는 분명 그렇게 생각했다. 그는 CBT와 최면이 동반된 체중감량 연구 18건을 메타분석한 논문을 발표했다. 그를 포함한 공동 저자들은 이렇게 결론 내렸다. "최면이 더해지자 치료의 결과가 상당히 좋아졌고, 인지행동 최면치료를 받은 사람들은 비최면치료를 받은 집단의 약 70퍼센트보다 훨씬 개선된 모습을 보였다."[8]

한편, 이런 연구는 임상적 불안이 아니라 비만에 관한 것이다. 더욱 우려스럽게도 이듬해 같은 학술지에 실린 한 연구는 "기존의 메타분석에서 몇몇 표기 및 계산 오류"를 발견했다. 이 연구 저자들은 커시가 발견한 "놀라울 정도로 큰" 효과 크기를, 특히나 이전 연구들과는 상반된 효과 크기를 의심해왔다. 이 저자들이 커시의 분석에서 오류를 바로잡자 최면이 CBT에 추가되었을 때의 효과는 작아졌다. 또한 설계가 "미심쩍은" 연구 하나를 제외하자 효과는 통계적으로 무의미해졌다.[9] 최면치료는 정당성과 명백한 돌팔이 수법 사이의 경계에 존재하는 듯하다. 최면이 특정 상황에서 더욱 입증된 치료의 보조로 효과가 **있을 수 있다**는 생각은 타당하고, 내가 대화를 나눈 대다수의 심리학자도 비교적 수월하게 받아들였다. 하지만 이것이 효과가 **있다**는 주장은 다른 이야기이고 입증할 연구도 없다.

하지만 생각해보자. 학술지 《의료 가설Medical Hypotheses》 한 부를 돌돌 말아 내 뺨을 때리며 나를 팔랑 귀의 최면성애자라고 불러도 좋지만, 가장 탄탄하게 입증됐다는 치료들도 내게 아무런 효과가 없었기에 이런 생각이 들 수밖에 없다. 그러니까, 불안 환자들 가운데 덜 일반적인 치료에 가장 좋은 반응을 보이는 하위 집단도 있지 않을까? 최면 분야의 문헌들 중 유독 "암시에 걸리기 대단히 쉬운" 사람들의 이야기가 나왔다. 만약 내가 그런 사람이라면?

엄마는 오래전부터 최면치료를 받아보라는 말씀을 자주 하셨다. 나는 도망만 다녔다. 최면치료가 과학적으로 그리 입증되지 않아서 그랬다고 생각했지만, 이제와 보니 그 치료에 저항했던 이유가 엄마가 제안했기 때문은 아니었나 하는 생각이 들었다. 지금껏 엄마가 허락하지 않을 법한 일들을 열심히도 했다. 약 갑자기 중단하기, 차가운 강물에 뛰어들기, 마법 버섯 고용량으로 섭취하기. 어쩌면 이제부터는 엄마 말을 들어야 하는 게 아닐까? 최면이 진짜인지 가짜인지

XVII 최면 요법부들 라세프

는 상관이 없다면? 설탕 위약처럼 어쨌거나 효과는 있다면?

어느 날 아침, 공황발작 후 몇 시간이 지나 나는 인터넷 브라우저를 켜서 최면치료를 검색했다. 그레이엄이란 이름의 남성을 발견했고 마음이 바뀌기 전에 곧장 전화를 걸었다. 상대가 전화를 받았고, 나는 정신없이 내 이야기를 쏟아냈다. 오랫동안 불안했고, 공황발작이 있고, 효과 본 게 하나도 없고, 상황이 심각해진 나머지 불안에 관련한 책을 쓰고 있다고. 이야기를 하다 보니 이상하게 자신이 자랑스럽게 느껴지는 지점이 있었다. 마음이 불편해지기도 했다. 내가 부담을 주는 건가? 그에게 전화를 거는 대부분의 사람은 그가 하는 일이, 그가 모든 커리어를 바쳐 쌓아온 분야가 사이비과학이 만든 쓰레기라고 생각할 터이기에 그가 부담을 느낄 일은 없었을 것이다. 그레이엄은 친절하고 따뜻하며 이해심이 많은 사람 같았다. 나는 그에게 내가 얼마나 가망이 없는 케이스인지 강조했다. 그래야 최면치료에 효과가 없어도 둘 다 핑계를 댈 수 있을 테니. "저는 기적을 바라는 건 아닙니다." 그에게 말했다. "그냥 좀 덜 불안하게 살고 싶어요."

"좀 더 욕심을 내고 싶지는 않으세요?" 그가 물었다. "같이 노력해서 꼭 치료해보면 어떻겠습니까?" 뭐라고 대답해야 할지 몰라 말을 더듬었다. 속으로 이런 생각을 했다. 불가능하다니까요. 곧 닥칠 실패에서 우리 둘 다를 지켜내고 싶었지만 패배주의자처럼 보일까 봐, "거부증" 환자처럼 보일까 봐 걱정됐다. 때문에 의심은 가득했지만 이렇게 말했다. "그럼 정말 좋겠군요." 치료는 네 번 정도 필요할 거라고 그레이엄이 설명했다. 처음에는 일단 어떻게 진행하는지 살펴보고 괜찮으면 남은 3회는 그 다음 주부터 이어서 시작하면 된다고 했다. 치료를 모두 마친 후에는 공황발작에서 자유로워질 거라고 말했다. 영원히. "좋네요." 나는 이렇게 답했다.

그레이엄의 집에 도착하자 그는 내게 차 한 잔을 내어주고는 뒷마당에 있는 작은 집으로 안내했다. 안에는 안락한 벤치와 고급스러운 쿠션, 아로마테라피 디퓨저, 커다란 가죽 의자가 마련되어 있었다. 벽에 걸린 체리색 전자기타는 햇살을 받아 눈부시게 빛났고, 선반에는 심리치료 책들이 가득했다. 자리에 앉자 그레이엄은 클립보드를 내밀며 가족 이름부터 내가 최면치료를 받는 이유까지 아주 상세한 질문들로 빼곡한 서류를 작성해달라고 요청했다.

"제 성공률은 100퍼센트입니다." 그가 말했다. 무척 부담스러웠다. 장난 좀 쳐볼까 하는 짓궂은 생각이 들었고, 실패해도 괜찮다고, 우리는 그저 최선을 다하면 된다고 말해주지 않는 그에게 원망스러운 마음도 좀 들었다. 그가 어찌 알까. 공황발작이 다시 시작했다고 그에게 전화를 해 불평하는 사람이 얼마나 될까? 불안한 사람들은 기질적으로 싸우는 것을 싫어한다.

불안과 공황발작을 겪은 지 얼마나 되었고, 이런 것들이 트리거인 것 같다고 내 증상을 이야기하기도 했지만, 대화는 주로 의식적인 정신과 무의식적인 정신이 어떻게 작용하고 또 자기 자신에 대한 신념을 우리가 어떻게 형성해가는지를 설명하는 그레이엄의 말을 내가 듣는 것으로 진행됐다. 그는 우리의 신념 다수가 아주 어린 시절에 형성된다고 설명했다. 누군가가 "너는 너무 게을러"라고 하는 말을 들었거나 타인이 우리를 대하는 방식을 보고 자신을 파악해나가는 것이다. 사람들은 항상 날 무시해. 나는 분명 지루한 사람일 거야. 나중에 세상이 새로운 신념을 소개하려 할 때마다 우리는 이를 수용하기 전에 기존의 신념들과 비교한다.

그는 의식적인 정신을 문지기에 비유했다. 세상이 우리에게 전달하려는 암시는 문지기가 통과시켜야 한다. 암시가 문에 접근하자 문지기는 "루이지라는 이름의 남자"를 향해 안쪽을 확인해 봐달라고 한다. 그 남자는 안쪽(우리의 무의식)으로 들어가더니 문서 보관함을 뒤지며 비슷한 게 있는지 찾는다. 암시가 안쪽에 있는 문서와 일치하면 그 남자는 자리로 돌아와 고개를 끄덕여 보이고는 문지기가 암시를 안으로 들여보낸다. 우리가 저장한 문서 중 일치하는 게 없으면 그 남자는 고개를 가로젓고 문지기가 입장을 막는다. 하지만 이런 신념들 중 대부분은 우리가 직접 안쪽 보관함에 넣은 것이 아니고, 문서 보관함에 비교 대상이 그리 많지 않던 어린 시절에 슬그머니 안으로 들어간 것도 아니다. 그레이엄은 최면이란 문지기에게 휴식 시간을 주는 것과 비슷하다고 설명했다. 의식적인 정신이 자리를 비운 새 우리에게 도움이 되는 암시들을 문서 보관함에 끼워놓으면 문지기가 자리에 돌아온 후에도 긍정적인 신념들은 무의식에 저장된 서류들과 일치하는 덕분에 안으로 들어갈 수 있는 것이다.

그는 내게 몇 가지 최면유도를 시도하며 손바닥 한 쪽에 전자석이 있고 다른 한 쪽에도 전자석이 있다고 상상해보라고 했다. 그런 뒤 전자석에 전류가 흐른다고 상상하라고 했다. 나는 양 손바닥을 같이 움직였다. "아주 좋습니다." 그레이엄이 말했다. 이번에는 한 손에는 헬륨 풍선이 묶여 있고 다른 손에는 납으로 된 추가 연결되었다 상상하라고 했다. 나는 한 손은 위로 다른 한 손은 아래로 내렸다. "훌륭합니다." 내게 말했다. 그는 내가 암시에 걸리기 대단히 쉬운 편이라 최면이 쉽게 진행될 것 같다고 말했다. 내가 좀 전에 가벼운 최면 트랜스 상태에 진입했고, 자신은 아직 아무것도 하지 않았다고 설명했다. 내가 잘하고 있다는 칭찬을 듣는 게 좋았다. 내가 폐를 끼치지 않는다니 다행이었다.

한 시간 반쯤의 대화 후, 그는 나를 커다란 가죽 의자로 안내하더니 내 오른쪽 귀 바로 위에 그의 머리가 닿을 정도로 가깝게 앉았다. 커다란 핑크솔트 결정체 모양의 디퓨저에서 희미한 플로럴 아로마 수증기가 뿜어져 나왔다. 그가 숫자를 말할 때마다 "지금 이 편안한 기분이 두 배씩 커진다"는 생각을 하라며 10부터 거꾸로 세기 시작했다. 내가 뭘 잘못하는 건 아닌지 걱정이 들었다. 어떻게 편안함을 기하급수적으로 늘려가는지 알 수가 없었다. 그가 "1"에 이르면 나는 처음 카운팅이 시작되었을 때보다 512배 편안한 상태여야 했다. 그는 내게 불가능한 일을 시키고 있었다.

그가 숫자를 말할 때마다 나는 일부러 몸을 늘어뜨리고 편안해진 척을 했다. 내가 훼방을 놓는 것처럼 보이고 싶지 않았다. 몇몇 사람들은 나아질 생각이 없다는 루이스 일랜드의 말이, "거부증"이란 단어가 계속 맴돌았다. 아마도 평범한 사람들은 기하급수 같은 것을 떠올리며 지나친 생각에 사로잡히지 않을 터였다. 아마도 이들은 편안함을 두 배씩 늘려가고 병이 나을 터였다.

그레이엄은 내게 시각화를 유도해 안전하고 편안한 장소를 머릿속으로 그리게 했고, 이후 내 과거가 담긴 그림들이 가득 찬 거대한 초상화 갤러리로 이끌었다. 내가 이제는 원치 않는 그림들을 전부 떼어내 커다란 용광로에 던져야 했다. 머릿속으로 무언가를 그리기가 너무 어려웠고, 이미지들이 중구난방으로 떠올랐지만, 까다로운 사람처럼 보이고 싶지 않아 그레이엄이 준비가 되었냐거나 원치 않는 그림을 모두 정했냐고 물을 때면 검지를 들어 '그렇다'는 사인을 주었다. 마침내 그는 1에서부터 10까지 숫자를 센 후 내게 일어나라고 말했다. 30분간 의자에 앉아 있느라 정신이 좀 몽롱했지만 그런대로 괜찮았다.

한 주가 지나 찾아온 내게 그는 오늘 세션 이후 중요한 결정을 내려야 하는 일은 피하는 것이 좋다고 조언했다. 감정이 진정되기까지 시간이 좀 걸릴 수도 있다고 설명했다. 30분 정도 나를 옭아매는 과거와 그 과거를 흘려보내는 방법에 관해 이야기를 나눈 후 최면치료를 좀 더 진행하려고 다시 의자에 앉았다. 이번에는 내게 문이 늘어선 복도를 떠올려보라고 했다. 그중 한 곳에는 내 과거의 누군가가 나와 대화를 나누기 위해 기다린다고 말했다. 내게 상처를 준 사람 중에 한 명일 거라고 말했다. 내가 아직 분노를 해소하지 못한 상대 말이다. 그는 그 상대를 정하지 말고서 잠재의식을 들여다보고 신뢰하라고 말했다. 하지만 내 잠재의식이 떠올린 사람인지 어떻게 알까? 아무리 노력해도 자연스레 떠오르는 사람이 없었다.

내가 저항으로 최면치료를 망치는 것 같아서 죄책감이 들었다. 최면치료 따위를 하기에는 내가 너무 고상한 사람이라도 되는 양 말이다. 누굴 떠올리기가 힘들다고 말하는 대신 그냥 내가 분노를 느끼는 것이 합당한 과거의 누군가를 생각해내려 애썼다. 마음에 쌓인 원한이 그다지 많은 편은 아니었지만 억지로 누군가를 떠올려 그 사람이 방에 앉아 있다고 생각했다. 그런 뒤 나는 역할놀이를 하듯 상대에게 당신이 어떤 식으로 내게 상처를 주었는지 털어놓고 상대는 내 말에 답하는 대화를 소리 내어 말해야 했다. 어떻게든 그레이엄의 비위를 맞추려 애쓴다는 생각밖에 들지 않았다. 어쩌면 이전의 고객들은 모든 것을 내려놓고 트랜스 상태에 진입해 과거의 사람들과 연결될 수 있었는지도 모른다. 어쩌면 내가 꽉 막힌 사람이거나 비판적이어서 최면 상태에 진입하지 못하는 것일 수도 있다.

한 사람과의 대화가 끝나고 상상 속 방을 나왔다가 다시 들어가

의자에 앉은 또 다른 누군가와 대화를 나누는 과정을 반복하는 일이 너무 고통스러웠다. 나를 아는 누군가가 이 모습을 본다면? 오래 묵은 분노와 상처를 고백하고 그레이엄의 안내에 따라 쿠션에 주먹질을 하며 분노를 표출하는 모습 말이다. 내가 흉내 내는 상대가 자신을 롤플레잉하는 나를 본다면? 민망함에 자멸해버릴 것 같았다.

지금껏 누구에게도 털어놓은 적 없는 이야기를 했다. 내가 말하는 그 감정들을 실제로 느꼈던 건지, 아니면 단지 그레이엄에게 만족감을 주기 위해서, 내 마음속의 모든 감정이 해소되었음을 보여주기 위해서, 그리하여 의자에 다른 사람을 앉혀 대화를 나누라는 말을 좀 그만하게 하려고 있지도 않은 말들을 지어내는 것인지 헷갈렸다. 결국 그는 내게 그 방을 나와서 복도를 따라 내려가라고 했다. 문 뒤에 자리한 기억들이 점점 더 어린 시절로 거슬러 올라갈 거라고 설명했다. 내가 태어나기 전의 기억들도 있을 수 있다는 뉘앙스의 말도 했다. 갑자기 그는 내게 불안의 첫 기억 안으로 들어가보라고 말했다.

"몇 살인가요?" 그가 물었다. 아무것도 떠오르지 않았다. 내가 무엇을 그려야 하는지, 불안을 느낀 최초의 기억이 무엇인지 전혀 알 수가 없었다. "생각하지 마세요." 그가 빠르게 덧붙였다. "그냥 대답하세요." "어… 어…." 어릴 적 살던 동네에 있는 펍의 테라스에 갔던 때가 떠올랐다. 유치원에 다닐 즘 나이에 인형극 무대 뒤쪽을 어슬렁거렸던 기억이 났다. 모든 것이 흐릿하게 보였다. 그즈음 안경을 맞췄었다. 인형극 부스 안이 어떻게 생겼는지 보려던 찰나에 누군가가 초록색 물총을 내게 쐈다. 그것이 이 기억의 전부였다. 딱히 불안하진 않았었다.

"생각하지 마세요!" 그레이엄이 말했다. "어… 두 살이요." 내가 답했다. "안녕, 꼬마야." 그레이엄이 톤을 반쯤 높여 어르듯 말했다. "지금 어디에 있니?" 부모님 집 거실을 떠오르는 대로 설명하기 시작했다. 나는 바닥에 누워 올려다보고 있다고 답했다. 그 순간, 안락의자에 앉아 있던 내 심장이 쿵쿵 뛰기 시작했다. 내가 트랜스 상태가 아님을 그가 당장이라도 눈치챌 것 같았다. 내가 거짓말을 한다는 사실을 말이다. 두려움을 느끼지만 왜인지 이유는 모르겠다고 말했다. 몇 가지 질문에 모호한 답변만 하는 내게 그레이엄은 그 기억에서 나와 좀 더 이전의 기억으로 들어가보자고 했다. "생각하지 말고요." 이렇게 말한 뒤 그는 다시 목소리를 높였다. "안녕 꼬마야, 안녕. 몇 살이니?"

그에게 태어난 지 며칠밖에 되지 않았다고 답했다. 이 말을 하면서 몸을 떨며 울었다. 엄청난 압박감을 느꼈다. 나를 아기 대하듯 말을 거는 성인 남성에게 가짜 기억을 지어내 말하고 있었다. 정말 최선을 다했지만 엄마가 병원에서 갓 태어난 나 어쩌면 동생을 안은 사진을 바탕으로 거짓말을 지어내고 있다는 생각을 떨칠 수가 없었다. "뭐가 보이니?" 그가 물었다. 그레이엄에게 천장이 보이고 내가 모르는 어떤 사람이 보이지만 엄마는 보이지 않는다고 말했다. 엄마가 어디 있는지 모르겠다고, 무섭다고 말했다. 다행스럽게도 마침내 그는 이제 그 기억에서 나오라고 말하며 최면을 깨우는 과정을 진행했다. 세션 이후 내면에 굉장한 동요가 일었다. 지난주만 해도 한결 가볍고 편안해진 상태로 집에 왔었다. 이번에는… 유린당한 것과 비슷한 기분이었다.

그레이엄이 적대적이거나 기만적인 행위를 전혀 하지 않았음에도 그런 기분을 느끼니 이해가 되지 않았다. 눈을 뜨고는 "저기요, 미안하지만 아무것도 떠오르지 않아요"라고 말하는 대신 지극히 개인적이고도 원초적인 트라우마를 거짓으로 만들어낼 수밖에 없는, 당황스러운 상황으로 그가 나를 몰아간 것만 같았다. 우리가 나눈 대화 어디서도 그는 최면이 효과가 없을 수도 있다는 이야기를 전혀 하지 않았다. 그는 내게 "생각하지 말라"는 말만 했을 뿐, 내가 무언가에 갇히거나 붙잡혀 나아가지 못할 때는 어떻게 해야 하는지 알려주지 않았다. "생각하지 말라"는 독창적이거나 웃겨야 한다는 부담을 갖지 말고 그 순간에 진실하게 반응하라는 의미로 즉흥 연극을 하는 연기자에게는 훌륭한 조언일 테지만, 아주 오래된 본인의 진짜 기억을 떠올려야 하는 사람에게는 그리 효과적이지 않다.

한 연구에서는 6000명이 넘는 응답자에게 최초의 기억은 무엇이고 몇 살 즈음이었는지를 물었다. 40퍼센트에 가까운 응답자가 두 살 이전의 기억이라고 답했다. 한편 저자들은 "압도적인 증거와 이론"에 따르면 "24개월에서 36개월 미만의 자전적 기억은 떠올릴 수 없다"라고 주장했다. 따라서 40퍼센트에 이르는 응답자들이 밝힌 최초의 기억은 허구인 셈이다. 저자들은 기억의 구성적 특징에 기인한 현상이라고 설명하며 우려를 담은 결론을 내렸다. "모든 기억은 어느 정도의 허구가 포함된다."[10]

여러 가지 처리해야 할 일들로 그레이엄과의 세션을 2주 미뤄야 했다. 다시 가야할지 고민이 됐다. 그 기억들이 진짜인지 사실 모르겠다고 자백을 하는 편이 나을까? 그는 내가 어린 시절의 '상실한' 기억을 진짜로 말했다고 믿을 터였다. 내가 거짓말을 한 것이 그의 탓은 아니었다. 그의 면전에 대고 사실을 말하려니 고통스러웠고 걱정이 되었으며, 그가 실망할까 봐 불안했고 애초에 최면치료를 받겠다고 결심한 내 자신을 원망했다.

다음 세션이 진행되던 날 그는 내게 그간 어땠는지 물었다. 그에게 지난 만남 이후 마음이 굉장히 불편했고 며칠간 말할 수 없이 불안했다고 설명했다. 아기 때 기억은 내가 지어낸 이야기였다는 고백을 입안에서 삼켰다. 어쩌면 그것이 진짜 기억이었고, 그 기억을 떠올리는 것이 내 감정을 자극했기 때문에 그렇게 동요했는지도 모른다는 일말의 가능성을 놓지 못했다. 때문에 기억을 떠올린 후 마음이 불안해진 현상을 어떻게 받아들여야 할지 모르겠다고만 말했다. 그레이엄은 감정의 동요는 정상적인 반응이며 크게 염려할 필요가 없다고 설명했다. 그것으로 끝이었다. 나도 그 이상은 말하지 않았고 그도 더는 언급하지 않았다.

마지막 두 세션 동안 그는 공황발작을 설명하며 이런, 세상에 심장마비가 오고 있어라든가 내가 미치광이가 되고 있어 같은 생각들이 투쟁, 도피 또는 경직 반응을 촉발하는 과정을 말했다. 이미 다 아는 이야기였지만 누군가가 편안하고 따뜻한 목소리로 농담을 섞어가며 하는 설명을 듣는 게 좋았다. 최면 세션에서 그는 공황발작과 함께 찾아오는 공포를, 나를 향해 밀려오는 커다란 파도라고 상상하도록 유도했다. 내 몸을 덮치는 그 에너지를 느껴보려 노력했다. 그는 내게 몇 가지 이완 기법을 알려줬고, 오늘 배운 것들을 의미하는 상징물을 내면의 안전한 장소에 보관하는 장면을 머릿속에 그리도록 했다.

대화를 나누던 중 그는 모든 사람이 최면에 잘 반응하는 것은 아니고 한두 명은 최면을 "거부"하거나 냉소적인 태도로 임한다고 전했다. 부정적인 태도로 실패를 기대하는 사람들은 결국 그렇게 된다고 말했다. "성공을 기대해야 합니다." 물론 그는 최면치료의 효과를 극대화하려는 의미로 한 말이었겠지만 나는 더 큰 압박감만 느꼈다. 마치 최면이 실패한다면 그것은 내 탓이라는 말처럼 들렸다. 또한 100퍼센트 성공률이라던 그의 주장과도 상반되는 이야기였다. 어쩌면 포기하지 않은 고객들만을 대상으로 삼았는지도 모른다.

이상한 이야기처럼 들리겠지만, 네 번째 세션을 끝내고 나니 슬퍼졌다. 두 시간 넘게 진행되는 심리치료는 처음이었다. 모든 과정이 여유롭게 진행됐다. 아기 때로 퇴행해야 했던 것 빼고는 그와 함께한 시간은 대단히 즐겁고 편안했다. 머지않아 내게 공황발작이 찾아오고 그레이엄의 완벽한 성공률 기록도 끝이 나리라는 사실을 알았다. 또한 내가 그에게 공황발작이 또 왔다고 알리지 않으리라는 것도 알았다. 내가 불편을 느꼈던 것과는 별개로 그에게 호감이 있었고, 그는 내게 친절했으며, 그런 그를 실망시키고 싶지 않았기 때문이다.

XVIII
종교와 명상

이것은 심리치료가 아닙니다

몇 년 전, 노리치의 율리아나가 머문 수도실이 있는 교회를 방문했다. 노리치의 율리아나는 기독교의 신비주의자이자 영어로 쓰인 초창기 책 중 현존하는 『사랑의 계시』의 저자다. 기독교 역사 여행은 내가 보통 하는 여가 생활과는 거리가 멀고, 내게 문화 탐방이란 다른 언어권에서는 포켓몬 게임의 등장인물 이름을 어떻게 부르는지를 알아보는 것 정도다. 하지만 나보다 지적으로 충만한 친구 한 명이 그 교회에 방문하는 참에 내게 그곳에서 만나자고 제안했다.

세인트 줄리언 교회는 11세기와 12세기에 지어진 건물로 1942년 노리치 공습으로 크게 파괴된 이후 오랜 세월에 걸쳐 몇 번이나 복원을 거쳤다. 복원된 교회에는 노리치의 율리아나가 지낸 은수자의 수도실을 대신해 예배실이 마련됐다. 노리치의 율리아나는 1343년에 태어나 1416년 이후 사망한 것으로 추정되는 인물이다. 그가 장례식과 비슷한 종교 의식을 거친 후 찬송가를 들으며 수도실로 들어가면 문이 봉인됐을 것이다. 그곳에서 남은 생을 지냈을 것이다.

서른 살 때 심각한 질병에 시달린 율리아나는 스스로도 곧 죽게 될 거라 생각했다. 사흘간 병상에 누워 있던 그는 상체에 마비가 오고 숨을 쉬기가 어려워졌다. 율리아나는 마지막 의식을 시행하는 교구 목사의 손에 들린 십자가상을 바라봤다. 후에 그가 적기를 그 순간, 방 전체가 어두워지더니 십자가에서 피가 흐르기 시작했다. "그때 가시 면류관에서 뜨거운 피가 흥건하게 배어 나와 떨어지는 모습이 보였다. 그 어떤 중재자도 두지 않으시고 그분이 내게 직접 보여주시는 장면이라고 온 마음을 다해 진심으로 믿었다."[1] 이후 몇 차례 환영으로 계시를 받은 그는 환영의 의미에 자신의 해석을 담아 기록해나갔다. 노리치의 율리아나가 대단한 작가인 이유는 관능적이기까지 한 생생한 묘사와 기독교적 신앙심에 대한 대단히 낙관적인 해석에 있다. 그가 살아 있을 당시 흑사병이 노리치를 덮치며 도시의 인구 절반가량의 목숨을 앗아갔다. 평범한 삶은 어렵고 불확실했고, 질병이 가득했으며, 절도와 방화, 강도 행위가 대도시들 외곽에 성행했고, 무장한 폭동은 마찬가지의 폭력으로 진압됐다.

노리치의 율리아나는 공포와 고통, 슬픔뿐 아니라 이 모든 것이 끝나는 상황에 관해서도 글을 썼다. 그는 동이 틀 때까지 이상한 말을 지껄이고 조롱하는 악마의 괴롭힘에 맞서 십자가를 바라보며 기도하며 견뎠다. "이 고통은 다른 인간이 느끼는 그 어떤 불안과도 비교될 수 없을 거라고 생각했다." 그는 이렇게 말하며 믿음으로, 말 그대로 영혼의 어두운 밤을 이겨냈다.

그토록 현명한 신께서 이 땅에 죄가 존재하도록 허락한 이유를 구하는 그에게 응답한 예수의 이야기가 가장 유명하다. "죄는 마땅하나 모든 것이 잘될 것이다. 모든 것이 잘될 것이다. 온갖, 모든 것이 잘될 것이다." 지옥으로 떨어질 죄인과 이교도들, 타락한 천사가 이렇듯 많은데 어떻게 모든 것이 잘될 수 있을지 그는 이해하지 못했지만, 예수는 "네게 불가능한 것이 내게도 불가능한 것은 아니다. 매사에 내 약속을 지킬 것이고 모든 것이 잘되게 만들리라"라고 그를 안심시켰다. 짓궂은 삼촌이 다음 만날 때 보여줄 "뜻밖의 일"을 자세히 설명해주지 않고 눈을 찡긋하며 넘기는 것과 비슷한 예수의 모습이 그려진다. 걱정하지 말렴, 네 삼촌 예수가 다 알아서 해주실 거란다. 율리아나는 예수가 보편적 화해•모든 영혼이 결국 구원을 받고 신과 재결합할 것이라는 교리—옮긴이라는 이단적 관점을 지지한다는 방향으로 이탈했던 만큼 예수가 말을 아끼는 모습으로 응답한 것이 아마도 최선이었으리라 생각한다. 나는 노리치의 율리아나의 방을 기념하는 작은 예배실에서 홀로 환한 금빛으로 타오르는 촛불을 바라보며 오래전 그가 쓴 글을 떠올렸다. 모든 것이 잘되리라고 진실로 믿는 기분이 어떤지 생각했다. 내 영혼 깊은 곳에서부터 진심으로 느껴보려 했다. 모든 것이 잘될 것이다. 상상해보라.

면역 정신의학자 루이화 호우 박사의 말이 머리에서 떠나질 않았다. 그는 염증을 낮추는 방법 중 하나가 "종교"라고 했다. 정말 엉뚱한 소리로 들렸다. 하지만 역사적으로 볼 때 정신의학의 가정, 즉 두려움은 두뇌 회로의 기능장애로 인한 결과물이라거나, 두려움이 알약 한 알로 완화된다거나, 회복하기 위해 일주일에 한 시간씩 돈을 내고 자신의 이야기를 경청해줄 사람이 필요하다는 것 또한 제법 엉뚱한 소리처럼 들리기는 마찬가지다. 자애로운 신이 당신을 보살핀다는 말을 믿는 것도, 친절함이 결국에는 언제나 보상받게 된다는 우주의 공정함을 믿는 것도 우리에게는 대단한 위안을 준다. 대다수의 사람은 "자신의 온전한 정신세계를 위해" 세상이 무작위적이고 불공평하다는 사실을 믿지 않는다는 멜빈 러너의 "공정한 세상 가설"도 있다.

영생이나 환생으로 삶이 이어진다는 사실을 믿는다면 우리에게 내재된 거의 모든 공포의 근간인 위협, 죽음에서 자유로워질 수 있지 않을까? 종교가 결국 궁극적인 위안이 되지 않겠는가? 당신은 안전하다. 당신은 사랑받고 있다. 당신은 파괴될 수 없다. 모든 일에는 목적이 있고 의미가 있다. 결국 모든 것이 괜찮아질 것이다. 어느 따뜻하고도 전능한 이가 이 모든 것을 인도한다.

✧

"좋아요." 루스가 말했다. "쉬운 이야기부터 시작해볼게요. 내게 쉬운 일은 아니지만." 그는 아래를 내려다보고는 심호흡을 한 번 했다. "내가 잘 설명할 수 있을지 모르겠네요." 루스는 신학 석사 학위가 있음에도 종교 전문가가 아닌 사람으로서, 불안에 관해서도 전문가가 아닌 사람으로서, 그저 "정신건강 문제가 있는 신앙심 깊은 기독교인"으로서 이야기해도 된다면 대화를 나누겠다고 했다. 나는 불안을 경험하는 한편 신을 믿는 누군가와 대화를 나누고 싶었다. 나와 같은 경험을 지니되 현실을 대하는 방식은 다른 누군가.

우리가 대화를 나누기 6개월 전, 남아프리카에서 자선활동 중이던 루스의 부모님께서 심각한 자동차 사고를 당했다. 루스의 어머니가 목숨을 잃었다. "아빠는 산소 호흡기를 달고 계셨어요. 뼈가 으스러진 상태였고." 루스의 아버지는 어깨뼈와 쇄골, 갈비뼈 열여섯 대가 부러졌다. "물에서 아빠를 구조했을 때 숨을 쉬지 않아서 뇌 상태가 어떻게 될지 장담할 수 없었어요." 다음 날 루스와 남동생이 남아프리카로 향했고, 사흘 후 여동생 두 명도 그곳으로 갔다.

소식을 들은 순간부터 루스는 최소 한 달간 공황발작을 경험했다. "공황과 같이 지냈다고 봐도 될 정도였어요. 더구나 말도 안 되는 일까지 해야 했죠. 아빠한테 엄마가 죽었다고 알려야 했거든요." 동승했던 부모님의 친구 두 분도 사망했고 루스와 형제들은 시신을 본국으로 송환하는 일까지 처리해야 했다. "아빠가 의식을 차리기도 전에 엄마를 화장하자는 결정을 내려야 했어요."

루스는 모태신앙이었지만 항상 자신이 거짓으로 믿는 척하는 것은 아닌지 의심했다. "내가 정말 믿는지 알 방법을 몰랐어요. 상당히 믿기 어려운 이야기에 내 삶을 걸어야 할지 의심하는 기분도 한 번씩 들었던 게 사실이고요." 2000년 전, 하나님의 아들이라 주장하는 한 남성이 십자가에 못 박혔다가 부활했다. 대단히 구체적이지만 최신 의학 지식으로는 불가능한 이야기다. "공황 상태에서, 아드레날린은 솟구치고 잠은 못 자는 상황에서 정말 성숙한 모습을 보여야 했어요. 그 2주 동안은 정말 어른처럼 굴어야 했거든요." 한편 가족의 비극 속에서 루스는 예상치 못한 일을 겪었다. "뭐랄까, 희열 같은 것, 그런 걸 느꼈어요. 내게 믿음이 있음을 깨달았거든요. 하나님이 나와 함께한다는 그 느낌이 상상했던 것보다 훨씬 더 실제적으로 느껴졌어요."

"그 느낌이 당시 내가 겪었던 불안을 해결해주지는 못했어요. 미안하지만… 아직도 그때의 불안에 대해 이야기하기가 힘들어요. 기독교가 불안이나 우울의 해결책이 되지는 못할 것 같아요. 하지만 내게 굉장히 위안이 되는 존재가 나를 안아주고 잡아준다는 느낌은 정말…." 루스는 차오르는 감정에 말을 잇지 못했다. 많은 이가 고난이나 트라우마를 경험하며 평행우주로 내던져진 듯한 기분을 느낀다. 우리가 당연하게 여겼던 것들이 사라진 세계로 갑자기 내던져진다. 한순간에 우리가 믿을 수 있는 대상이 하나도 없는 듯한 기분이 든다. 슬픔에 빠져 공황에 시달리던 남아프리카에서의 2주 동안 루스가 경험한 세상이었다. "그래, 모든 것이 흔들릴 수 있어. 이 사실을 머리로, 주관적으로 이해하고 있었어요. 하지만 그 와중에 결코 흔들리지 않는 무언가를 발견했죠."

그의 창조자가 내린 너무도 제멋대로인 데다 의미 없는 비극이 믿음을 부숴버리는 대신 더욱 단단하게 만들었다는 데에 충격을 받았다. 왜 신은 이런 끔찍한 일이 벌어지도록 내버려둘까? "그 문제는 이렇게 생각해야 할 것 같아요. 우리가 처음 어떤 고통을 목격했을 때를 떠올려야 해요. 거기서 왜 우리는 예외였을까? 도리어 이런 질문을 해야 하죠." 루스는 카불의 한 산부인과 병동에서 총을 든 남자가 엄마와 어린아이들, 태어나지 못한 아기들까지 모두 죽인 사건을 언급했다. "산모들 중 한 명은 7년 동안이나 아이를 가지려고 노력했다가, 태어난 지 네 시간밖에 되지 않은 아들을 잃었어요."

불안으로 고통받는 수많은 사람이 그렇듯 나 또한 왜 하필 나일까? 자주 물었다. 동기부여 연설가인 레스 브라운이 언젠가 날카롭게 반박했다. "왜 당신은 아니여야 합니까? 그럼 누구여야 하나요?" 루스는 자신의 비극에서도 일면 감사한 점을 찾아냈다. 모친의 죽음마저도 말이다. "엄마는 이별을 세상에서 가장 싫어했던 분인데, 누구에게도 작별인사를 하지 않아도 되었어요. 지난한 암과의 싸움 끝에 돌아가시는 분이 많은데 그런 상황이 엄마에게는 고문 같았을 거예요. 엄마는 자신의 아픔뿐 아니라 다른 이들의 아픔도 느끼는 분이었거든요."

심리학자들은 정서적 동요를 일으킨 사건을 다른 방식으로 바라보려는 노력을 두고 "인지적 재해석"이라고 한다. 보통은 부정적인 경험에 해당하는데, 이런 경험에서 가령 배울 점이나 예상치 못한 좋은 결과물을 찾으려 노력하거나, 부정적인 측면들을 처음 느꼈던 것보다 덜 나쁘게 인식하거나 일시적이라고 여기는 등 해당 경험을 재해석하려는 현상이다.[2] 인지적 재해석은 상황을 부인하거나 활짝 띤 미소를 항상 얼굴에 달고 사는 것이 아니라, 더 나쁜 일이 닥치지 않은 데 위안을 얻고 행운의 순간을 기억하고 감사할 일들을 찾으며 명백한 불운을 상쇄해서 스트레스와 고통스러운 감정을 조절하려는 노력에 가깝다. 부정적인 정서를 억누르는 일은 상당히 힘든 데다 묻어놓은 감정들이 더욱 강하게 밀려오는 반동 효과를 일으킬 때가 많은 반면, 인지적 재해석은 부정적인 감정과 긍정적인 감정 모두가 공존하게 만든다.[3] 이론상으로는 그렇다.

이를 두고 지극히 당연하다 못해 뻔한 말이라고 치부하고 싶은 마음이 들 것이다. 인지적 재해석은 긍정적으로 생각하라는 말과 이상할 정도로 닮았다. 이로써 부정적인 감정을 피할 수 있다는 뜻이 아니라, 여러모로 대단히 힘든 수용을 발휘할 때, 부정적인 감정을 밀어내지 않고 기꺼이 경험하고자 할 때 스트레스와 우울이 저하되고 만성질환을 앓는 환자들의 치료 경과도 더욱 좋아질 수 있다.[4]

신을 향한 믿음이 비극을 재평가하는 과정을 좀 더 수월하게 만들 수 있다. 신이 당신을 사랑한다고 믿는다면 부상이나 고통, 죽음이 닥칠 때 인지부조화 같은 것이 생겨나기도 한다. '신은 나를 사랑하고 전능하시다'는 믿음과 '부모님이 불치병에 걸렸다'는 사건 사이의 간극을 좁히는 한 가지 전략은 긍정적인 면을 보려 하거나, 그나마 다행이라고 여길 점을 찾아보거나, 예상치 못한 은총을 경험한 사소한 순간들을 떠올려보는 것이다.

루스는 왜 아빠만 살아남았는지 이해하기가 어려웠다. 아빠에게 기적이 일어날 수 있었다면 왜 엄마에게는 그런 기적이 벌어지지 않은 걸까? "하지만 그 문제가 저를 괴롭히지 않았던 이유는 제가 완벽히 이해할 수 있는 신이라면 숭배할 수 없지 않을까 하는 생각 때문이었어요. 제가 온전히 헤아릴 수 있다면 그건 신이 아니라 나 자신인 셈이니까. 내가 나를 숭배하는 것은 말도 안 되잖아요."

✧

심리학자 켄 파거먼트는 자신이 "종교적 대응 방법"이라고 이름 붙인 개념을 연구했다. 그는 이를 긍정적인 방식과 부정적인 방식으로 나눴다. 종교적 인지 재해석의 긍정적인 방식은 "자비로운 해석"으로 스트레스가 심하거나 고통스러운 사건을 자신에게 잠재적으로 호의적이고 유익한 일로 여기며 신의 가르침을 받을 기회로 보는 것이다. 부정적인 방식 두 가지는 "처벌적 해석"과 "악마적 해석"으로, 그 사건이 신이 내린 벌이라고 여길 이유를 찾거나 악마의 악의적인 행위로 이해하는 것이다.

만성질환을 앓는 노년층 환자들을 대상으로 2년간 연구를 진행한 파거먼트는 스트레스 요인을 신이 내린 벌로 이해하는 태도가 "일상생활에서 독립심 부족, 낮은 인지 기능, 낮은 삶의 질, 더욱 우울한 정서"와 연관이 있음을 발견했다.[5] 선행 연구에서는 그가 "부정적인 종교적 대응 전략"이라고 부르는 대응 기술은 노년층 사망률과 관계가 있었는데, 연구진이 잠재적 교란변수를 모두 통제하자 사망 위험이 22에서 23퍼센트까지 높아졌다.[6] 질병을 악마 탓이라고 생각한 사람들은 그 질병으로 인해 사망할 확률이 더욱 높았다.

루스는 적절한 안내가 없다면 심각한 불안이 종교와 상호작용하며 우리를 음모론적인 생각으로 이끌 수 있다는 데 동의했다. "내 불안이 주변 사람들에게 해를 끼친다는 생각에서 그치지 않고, 불안에 시달리는 자신에게 신이 실망했을 것이고, 때문에 어쩌면 자신의 영생이 위험에 처했다는 생각에 빠질 수 있어요."

파거먼트가 말한 부정적인 대응 전략 중 내가 놀랐던 것은 "직접적인 중재 요청"이었다. 나는 신에게 도움을 구하는 것이 전형적인 종교적 행동이라고 여겼다. 하지만 루스는 기도를 다르게 봤다. "저는 제삼자의 거대한 힘이 있다고 생각하며 기도를 하지 않아요." 그는 이렇게 말했다. "대부분의 일은 나름의 결과를 맞이한다고 보는 쪽이죠. 시스템에 어떤 법칙이 있고, 이는 어떻게도 중재될 수 없는 것 같거든요. 가령 술에 취한 사람이 운전대를 잡는다면 그에 따른 결과가 나타날 거예요. 음주운전자가 아이를 치는 게 아니라 아무것도 없는 벌판으로 차를 몰도록 신의 힘이 작용하는 건 아니라고 생각해요." 루스는 자신을 보호해달라는 기도를 결코 해본 적 없다고 말했다. "내게 기도가 힘이 되는 이유는 나와는 다른, 또 나보다 큰 시각을 지닌 누군가가, 내가 믿고 또 나를 돌보는 누군가가 내 이야기를 들어주고, 내가 더욱 회복력 있고 너그러운 사람이 되도록 도와주며 내게 벌어진 일에서 무언가를 배우도록 이끌어주기 때문에, 그래서 신과 조금 더 가까워지게 해주기 때문이죠." 그러더니 웃음을 터뜨렸다. "세상에, 제가 굉장히 독실한 사람인 것처럼 말하고 있네요. 미안해요. 왜 그런 거 있잖아요. 갑자기 내가 분리돼서 신실한 척하는 나를 내려다보며 '이 수녀는 누구지?' 하는 거요."

종교적 믿음의 또 다른 측면이자 앞서 염증에 관한 연구에서 봤던 한 가지는 종교 커뮤니티의 완충 효과다. 파거먼트는 "영적 도움을 구하는 일"과 "성직자들이나 교회 성도들에게서 도움을 구하는 일"을 두 가지 긍정적인 종교적 대응 방법으로 꼽았다. "교회는 제 의미에 충실하다면 정말 아름다운 곳이에요." 루스가 말했다. "한 가족처럼 대단한 사랑을 나눠주고 돌봄을 제공하죠. 다들 우리 주변으로 모여들어 마음을 써줘요. 그때 우리 가족은 몇 달이나 음식을 제공받았어요. 남아프리카에서 쓴 경비도 모두 충당됐고요. 카드를 150개쯤 손에 든 채 집에 왔어요. 사람들이 계속 와서 무언가를 주고 안아줬어요."

할머니 장례식을 마치고 우리 가족은 주민회관에서 흰색 일회용 접시에 담긴 감자칩과 소시지 빵을 먹으며 굉장히 영국적인 추모의 자리를 가졌다. 교구 목사가 방문해 가족들과 차례대로 대화도 나눴다. 나는 처음 보는 사람이었지만 그는 할머니의 삶과 추억을 내게 들려줬다. 당시 이런 생각을 했었다. 와, 진짜 커뮤니티란 이런 거구나. 그가 사람들과 대화를 나누고 진심을 담아 상대의 이야기를 경청하는 모습을 지켜봤다. 목사의 역할을 다하는 그 모습을. 순간 내 삶에는 저런 유대감이, 저런 존재가 없음을 깨달았다.

루스는 이러한 커뮤니티에 어두운 면도 있다고 인정했다. 공동의 가치를 나누고 서로 수용하는 한편 누군가를 배척하려 드는 세력도, 순응해야 한다는 압박도 있으며, 인간의 불완전성이 더욱 부각되는 일도 벌어진다. "예수님을 믿는다면 결코 불안이나 우울을 겪어서는 안 된다고 생각하는 기독교인도 있어요. 불안이나 우울을 않는 사람은 믿음이나 마음이 나약하다는 증거라거나, 기독교에 먹칠을 한다거나, 깊은 곳에 밝히지 못한 죄가 있고 그걸 찾아내 속죄한다면 치유가 될 거라는 시각들…. 이런 사람들을 만나본 적 있는데 그리 도움도 안 되고 대체로 언짢았어요."

루스는 기독교인으로 사는 것이 불안을 치료해주지는 못했다고 말했다. 고통에서 자유롭게 해주지는 못했다고 말이다. 종교는 여러 면에서 루스에게 힘든 결정을 강요했다. 하지만 그는 가치 있는 일이었다고 생각했다. "(부모님의 사고라는) 끔찍한 경험은 정말 이상한 선물이었어요. 시험에 오르기 전에는 자신의 믿음이 얼마나 강한지를 알 수 없으니까요. 저는 저에게 실제로 믿음이 있다는 사실을 깨달았어요. 자세한 것들은 이해할 수 없지만 지금의 삶 너머의 세계를 믿고 있어요." 그는 웃음을 터뜨렸다. "정말 수녀처럼 말하네요. 저는 합리적인 사람이고, 죽음 후에 실제적인 삶이 있다고 믿어요. 신께서 복원하고 구원하며 완전히 새롭게 창조한 세상, 고통이 없는 세상이요." "엄마를 다시 만날 수 있을 거라 믿어요. 엄마가 지닌 선하고 진실한 면을 그대로 간직한 모습으로요. 엄마의 까다로운 면들이 더는 저를 불편하게 하지 않을 거고요."

나는 너무 좋게만 보이는 것들은 무엇이든 경계하는 편이다. 불안 때문인지도 모른다. 루스의 믿음이 시험대에 오른 이야기를 들으며 난감했다. 그 시험이 그의 삶에서 어떤 부분을 얼마나 힘들게 만들었는지 생각하면 말이다. 물론 일부 위안이 되기도 했지만 전적으로 희망적인 이야기는 아니었다.

더욱 많은 것을 배우고 싶었던 나는 공인 임상심리학자이자 신경심리학자로 신학과 심리학의 융합에 관심이 많은 박사이며 목사인 조애나 콜리커트와 대화를 나눴다. "기독교와 종교는 심리치료가 아니예요." 그는 내게 이렇게 말했다. "종교를 치료로 생각하기가 쉽고, 우리 같은 성직자들 그리고 인간에 관심이 큰 사람들은 여러모로 종교를 치료라고 소개하고 싶어 하죠. 더 많은 사람을 데려올 수 있으니까요."

나는 순진하게도 신을 믿으면 심리치료를 받을 필요가 없어질 거라 생각했다. 의미와 안전함, 궁극적인 은신처를 얻는 셈이니까. 신이 당신을 사랑하고, 예수는 당신의 죄를 위해 목숨을 바쳤으며, 당신은 영생을 천국에서 지내게 될 테니. 이 사실을 받아들인다면 인간의 존재에서 비롯되는 작은 신경증이야 아침 안개처럼 사라져야 하는 것 아닌가? 도대체 어찌된 일일까? "저는 어릴 때부터 믿음을 가졌던 사람으로 종교가 정신건강 문제를 모두 해결해줄 거라고 믿었어요. 이후 임상심리학자가 되고 나서는 정신건강 병원에 기독교인들이 가득한 모습을 목격했지요. 그중에는 교회에서 겪었던 일들로 그곳에 온 사람들도 있었어요." 조애나는 내가 가진 질문이 자신을 꽤 오래 괴롭혀왔다고 말했다. "(기독교는) 사랑과 기쁨, 평화, 무조건적인 수용이라는 아주 단순한 답을 제공해야 하지만, 수많은 사람이 이런 답을 받는 데 굉장한 어려움을 느껴요."

그는 설교를 할 때 이렇게 말한다고 전했다. 신앙은 믿음의 문제가 아니라, 신앙을 선물로서 받아들이고 신뢰하는 것이라고 말이다. 힘든 어린 시절을 보낸 이들, 트라우마와 고통, 학대를 경험한 사람들, 망가진 자아상을 가진 이들은 그런 선물을 받기가 더욱 어렵다. 이들은 세상을 믿지 않는 법을 배웠다. 스스로 사랑받을 가치가 있다고 생각하지 않는다. "하지만 연구를 보면 이런 사람들은 어린 시절의 결핍 때문에 사랑을 접할 때 더욱 깊고 즐겁게 느낀다고 해요."

그러나 기독교의 메시지는 고통을 벗어나 순수한 위안과 안도를 얻는 것이 아니다. 결국에는 사지에 못이 박힌 채 십자가에 매달린 남성이 핵심 이미지다. 조애나는 신약성서에서 고통과 고통에서의 해방을 약속한다는 이중성을 봤다. "역사적으로 사실인지 믿느냐는 부차적인 문제로 차치하고, 복음서 속 이야기들이 흥미로운 점은 심리적인 메시지를 전달한다는 데 있어요. 예수님이 등장하고, 세례를 받은 후 이런 메시지를 들어요. '너는 내가 사랑하는 아들, 내 마음에 드는 아들이다.' 아버지에게서 전해지는 무조건적인 사랑의 메시지, 내가 너를 사랑하고 내가 보기에 흡족한 아들이라는 말은 우리 모두가 간절히 바라는 메시지라고 생각해요."

조애나는 예수가 세례를 받는 장면을, 그가 완벽히 인정받고 수용되며 세상으로 나갈 준비를 마친 순간으로 본다. 예수는 곧장 광야로 나가 악마들과 사투를 벌인다. "두 가지 상황이 공존합니다. 보호를 받고 뚜렷한 자기 가치를 경험한다는 지극한 행복을 누리지만, 어둠과 대결하는 과제가 주어지죠. 기독교 전통에서는 누구나 이 시험을 맞닥뜨린다고 봐요. 따라서 정말 멋진 점은 더없이 행복한 일체감을 경험한다는 것이지만, 고난이라는 후자의 상황도 늘 함께하죠." 조애나는 후자인 어둠이, 즉 피할 수 없는 고통과 유혹, 그릇됨이 기독교를 단순한 치료적 측면으로 바라보기 어렵게 만드는 요소라고 생각했다. 정신건강 문제가 있는 사람들은 대체로 대단히 파괴적인 방식의 종교적 가르침을 내면화하여 부정적인 삶의 경험에 통합한다. "기독교 전통에는 개인의 죄책감과 무가치함, 사후 또는 현생에서의 심판에 대한 두려움, 배제에 대한 두려움을 자극하는 요소가 많아요." 실제로 한 연구에서는 믿음이 흔들릴 때 죄책감을 느끼는 등 부정적인 종교 갈등을 겪는 여성들이 공황장애에 시달릴 가능성이 훨씬 높다는 사실을 발견했다.[7]

조애나는 사람들이 종교를 바탕으로 의미를 만드는 두 가지 방법을 다룬 켄 파거먼트의 연구를 일부 언급했다. "하나는 자신의 세계관과 프레임워크를 보존하는 것인데, 이때 종교가 큰 도움을 줍니다. 다른 하나는 세계관과 프레임워크가 완전히 변형되는 것이에요. 어딘가 해체되고 부서지고, 우리는 전혀 예상치도 못하는 곳을 향해 나아가는 과정이죠. 더 혹독하고 충격적이지만 결국 더욱 충만한 경험이 되기도 합니다."

종교에서 분명 얻기 **어려운** 것은 마음의 안정이다. 종교는 때때로 우리에게 안전함을 주기보다는 우리가 영원하다고 믿었던 온갖 것의 신뢰도를 시험대에 올린다. 덕분에 우리는 편안하게 영화나 한 편 보며 휴식을 취하기보다는 죽음의 필연성을 고민하게 될 수도 있다. "종교가 사람들에게 도움이 되지 않는다는 사실을 시사하는 연구들도 있어요." 조애나는 내게 말했다. "불안과 우울을 측정하는 질문지에서 종교인들이 괴로움을 경험하는 정도가 높게 나오죠. 하지만 이들이 의미를 구하는 여정 중일 때 자주 나타나는 현상일 뿐 몇 달이 지난 후 다시 확인해보면 괴로움을 느끼는 정도가 낮아진 것을 알 수 있고, 무엇보다 이들이 자기 자신은 물론 세상을 향해 새로운 이해를 얻었다는 것을 확인할 수 있어요."

나는 2012년에 술을 끊었다. 알코올중독자는 아니었지만 술과의 관계가 건강하지 못했다. 술을 많이 마셨고, 괴로움을 잠재우려 마셨으며, 술을 마신 후에는 우울해졌다. 술에 취한 상태에서 부끄러운 행동도 많이 저질렀다. 술을 끊자 불안이 심해졌다. 술은 내 부적응적 대처 전략이었지만 그럼에도 대처 전략은 맞았다. 어느 정도 효과가 있었다. 효과가 없었다면 애초에 술을 마시지도 않았을 것이다. 내가 술을 끊기 직전이나 직후에 불안을 측정했다면 술을 끊는 행동이 내 정신건강을 악화했다는 결론을 얻었을 것이다. 하지만 술을 끊겠다는 내 결정을 회복을 향한 긍정적이고도 어쩌면 꼭 필요한 선택이었다고 보는 사람이 많을 거라고 생각한다. 나쁜 직장이나 관계를 끊어내는 것, 당신이 싫어하는 도시를 떠나는 것, 또는 마침내 경제적 문제나 중독 문제를 마주하기로 결심하는 것도 마찬가지다. 거대한 삶의 변화는 파괴적이다. 결국에는 좋아진다 하더라도 한동안은 삶을 더욱 끔찍하게 만들 수 있다.

조애나는 이를 정교하게 균형 잡힌 여정으로 봤다. 『로욜라의 성 이냐시오 영신수』은 16세기 초반 기독교인들이 4주간 주제에 따라 피정하며 일기를 쓰는 수련법을 정리한 책자다. 이 수련을 마친 후 이냐시오는 자신이 배운 것을 "성찰"하여 일상생활에 계속 적용하자고 제안했다. "우리가 자주 어쩌면 매일 하는 일들에 앞서 기도하고 삶에 감사하겠다는 태도를 가질 거예요. 하지만 하루를 지내면서 자신의 영혼을 들여다보면 (이냐시오가 말하는) 위안과 고독을 발견하게 되죠. 하루를 사는 동안 우리를 채우며 우리에게 도움을 주는 것들이죠. 우리에게 즐거움을 주는 개념은 아니에요. 그러다 보면 '안 돼, 이것들이 나를 끌어내리고 약하게 만들어'라는 생각이 찾아오죠. 이런 성찰을 바탕으로 신이 자신을 어디로 인도하려는지 깨달아가는 거예요."

성찰은 전통적인 CBT와 유사하다. 진실에 더욱 가까워지자는 목표하에 자신의 행동을 되짚고 긍정적·부정적 감정을 솔직하게 평가하는 과정이다. 하지만 이냐시오는 제 아무리 훌륭한 의도가 있다 하더라도 자기 자신을 기만하기가 너무나 쉽다는 사실을 알았다. "때문에 이냐시오는 성찰의 과정에서 손을 잡아줄 영적 지도자 또는 영혼의 동반자라는 개념을 제안했어요." 이냐시오는 악령과 천사의 이야기로 풀어냈지만 그 안에 담긴 지혜는 세속적인 문제에도 적용된다. "기만당하기가 쉽죠. 우리에게 가장 소중한 것들은 이상하게도 우리가 가장 쉽게 오해하는 대상이 되기도 해요. 따라서 우리는 신뢰할 만한 가이드가 필요해요. 어떤 곳에서는 성찰을 돕는 지도자 한 명이 있을 수도 있고, 또 어떤 곳에서는 한 집단이 될 수도 있어요. 심리치료와 비슷한 지점이 있죠. 개인 치료자와 집단 치료처럼요."

엄청난 혼란에 빠진 친구들에게서 도리어 가장 큰 위안과 도움을 받는 내 비뚤어진 마음을 조애나에게 고백했다. 친구들이 태연한 태도를 보일 때보다 "앞으로 어떻게 해야 할지 모르겠어"라고 털어놓을 때 말이다. "기독교에서 예수님이 다들 아이가 되어야 한다고 말씀하는 것이죠. 자신만의 세상을 구축한 이후 사라진 어린 시절의 솔직함으로 무언가를 경험하는 순간이에요. 기회의 창이 될 수 있는 그때 중요한 질문은 이것이에요. 그 순간을 기회로 받아들일 것인가, 아니면 창을 널빤지로 막은 뒤 과거 모습으로 돌아갈 것인가?"

그의 말은 심리학자인 리처드 테데스키와 로렌스 캘훈이 창안한 용어 "외상 후 성장posttaumatic growth"과 유사한데, 이는 "대단히 힘든 삶의 위기에 고전하고, 그 결과 긍정적인 변화를 경험"하는 것을 가리킨다.[8] 또한 LSD나 실로시빈이 일으킨 초자연적인 경험이 변화를 불러오는 이유를 설명하는 이론들과도 유사하다. 임페리얼칼리지런던의 환각연구센터 책임자 로빈 카허트 해리스Robin Carhart-Harris 박사가 공동 저자로 참여한 논문에는 급성 스트레스가 "심층학습"을 촉진하는 세로토닌성 "초 가소성 상태hyper-plastic state"를 유발한다는 가설이 등장한다. 저자들은 환각 물질이 자신들이 명명한 "정신 전환상태pivotal mental state", 즉 심리적 변화가 발생하기 쉬운 위기 상태를 불러오는 한 가지 방법이라고 설명했다.[9]

조애나는 현대 정신건강을 둘러싼 담론이 고통의 긍정적인 측면은 포함하려 하지 않는 상황을 우려했다. "고통을 너무 빨리 병이라고 진단할 때가 있어요. 하지만 좋은 고통도 있습니다. 중요한 것은 어떻게 아느냐죠. 언제 좋은 고통이고, 또 언제 나쁜 고통인가? 고통을 온전히 경험하며 내게 어떤 이야기를 전하는지 들어야 할 때는 언제고, 고통을 하나의 경고로 이해하고 마음챙김을 행해야 하는 때는 언제인가?"

그는 성경에 불안과 공황에 관한 이야기가 많이 담겼다고 말했다. "성경에 가장 많이 등장하는 말이 '겁내지 말라' 또는 '두려워하지 말라'예요. 이런 의미의 구절이 성경에 총 365번이라는 의심스러울 정도로 딱 떨어지는 횟수로 등장한다고 말하는 사람이 많아요." "제가 직접 세어본 적은 없어요." 조애나가 말했다. "성경에 많이 등장하는 이유는 아마도 삶이란 두려운 것이기 때문이라 생각해요. 사람들은 두려움을 느끼죠. 딱히 어떠한 병적인 증상은 아니에요. 자신이 두렵다는 사실을 서로에게 더 많이 털어놓아야 한다고 생각해요."

"허구라 생각할 수도 있지만, 예수님의 죽음에 대한 이야기는 우리가 진심으로 두려워하는 것을 모두 담았어요. 엄청난 고통을 겪고 사회적으로 배제당하고 버림받는 거죠. 십자가에 매달려 울부짖는 이야기도 나와요. '어찌하여 저를 버리셨습니까?'" 예수가 경험하는 지대한 순교의 고통은 지극히도 인간적인 두려움이었다. "기독교에서 말하는 공황의 해결책은 사랑이죠. 아마도 이 구절을 알 겁니다. '온전한 사랑이 두려움을 내쫓나니.' 사람들이 혼자서 자주 외는 구절인데, 굉장히 짧고 명료하지만 효과가 있기 때문일 거예요."

루스와 조애나가 자신의 신앙을 브로민화물 진정제나 따뜻한 위안의 수단이 아니라 횃불로 이야기 하는 모습을 보며 대단하다는 생각이 드는 한편 조금 두려워지기도 했다. 맹점은 그 빛을 이용해 어둠 속 더욱 깊은 곳으로 나아가야 한다는 것이다. 조애나에게는 결국 이것으로 귀결된다. "기독교의 이야기는 그 모든 고통을 마주하고 이런 질문을 던지는 거예요. 우리가 그토록 두려워하는 것 너머에 무엇이 있는가? 죽음과 소멸 너머에 무엇이 있는가?"

✧

지금껏 들은 이야기가 지닌 가치와 의미를 이해하지만 나는 신을 믿지 않았다. 영국 국교회 신도들에게는 대단히 중요하지 않을지 몰라도 신을 향한 믿음이 있고 없고의 문제가 내게는 상당히 중요했다. 내가 종교에 가장 가까운 경험을 한 대상은 불교였다. 20년 전쯤 로프 매트가 깔린 바닥에 양반다리를 하고 등에는 쿠션을 받친 뒤 벽을 마주하고 앉아 처음으로 명상을 했었다. 지도자는 한 번씩 자리에서 일어나 자세가 흐트러진 명상 수련자들을 죽비로 내려쳤다. "경계하는 매" 또는 "깨우치는 매"라는 뜻으로 후자는 "격려의 매"라는 의미가 되기도 한다 명상은 생각보다 훨씬 어려웠지만 마친 후 마음이 평온해지고 안정된 느낌이 들었다.

나는 40년 가까이 명상을 수행한 삼보 불교의 법사인 사르바난다를 만나기로 결심했다. 노리치 불교센터를 방문한 내게 녹차를 내준 그와 함께 차를 마신 뒤 위층에 마련된 불당으로 올라가, 명상을 하는 거대한 부처 벽화 앞에 자리했다. 그곳에서도 나는 긴장했다. 사르바난다는 부드러운 글래스고 억양으로 느긋하게 내 질문에 답하며 친절한 모습을 보였지만, 내가 혹시나 그의 신경을 거스르거나 언짢게 할까 봐 불안했다. 나는 사회적 상호작용에서 다른 사람들이 지루하거나 불쾌한 기색을 표하는 신호에 과민하게 반응한다. 또한 너그러움과 평온함을 대표하는 불자의 신경을 거슬리게 하는 사람은 대단히 끔찍한 인간일 수밖에 없다는 생각도 있었다.

나처럼 사르바난다는 이십대 초반에 자신의 불안과 우울을 잠재우고자 불교에 입문했다. "제 모친께서 아주 불안한 사람이었던 것이 제가 불안했던 이유 중 하나였던 것 같습니다. 외조부모도 대단히 불안도가 높은 분들이었어요. 외조부는 1차 세계대전에 참전했습니다." 사르바난다는 외조부가 어머니에게 그리고 어머니는 자신에게 전쟁의 트라우마를 물려줬다고 생각했다. 나는 그가 무엇에 불안함을 느꼈는지 물었다. "주로 죽음의 공포였습니다. 제 자신의 죽음과 타인의 죽음에 대한 두려움이요. 제가 다섯 살 때 교통사고로 삼촌이 돌아가셨는데, 그 일로 삶이란 얼마나 연약한지 깨닫게 되었어요."

전해져 내려오는 이야기에 따르면, 싯다르타 가우타마 왕자는 호화스러운 왕궁을 떠나 병자와 노인과 시체를 처음으로 접했다. 그는 자신이 아무리 부유해도 병과 노화, 죽음이란 운명에서 벗어날 수 없다는 사실을 깨닫고 왕족으로의 삶을 뒤로하고 답을 찾기 위해 떠났다. 오랜 여정과 명상 끝에 그는 마침내 보리나무 아래서 명상을 하던 중 깨달음을 얻고 생과 사의 굴레를 벗어나 붓다, 즉 "깨달은 자"가 되었다. "신화에 따르면 그분을 괴롭혔던 것은 노화와 병, 죽음이었습니다. 육신은 부패하고 생은 죽음을 맞이하는데 삶이 다 무슨 의미가 있겠는가? 이것이 그분이 가졌던 질문이었죠." 불교는 우리의 마음을 편안하게 해주는 이야기를 전해주지 않았다. "기본적으로 모든 것이 유약하다는 생각이 골자입니다. 삶에서 우리가 통제할 수 없는 일들이 있다는 거죠. 하지만 우리의 마음과 정신을 가다듬을 수는 있어요."

붓다가 명상으로 수양해야 한다고 말한 두 가지 개념을 사르바난다는 설명했다. 하나는 "평온" 또는 "고요함"으로 번역되는 사마타samatha이고, 다른 하나인 위파사나vipassana는 "집중" 또는 "통찰"로 번역할 수 있다. 평온해질 때 집중하기가 쉽고, 더욱 집중할 때 마음을 진정하고 이완하기가 쉬워지지만, 사르바난다는 정해진 순서에 따라야 한다고 설명했다. "사마타는 침착함과 긍정적인 감정을 함양하는 것입니다. 위파사나는 그다음에 오는 것이죠. 평온하고 긍정적인 마음이어야 현실을 되돌아보거나 좀 더 깊게 무언가를 이해할 수 있습니다." "기본은 자신의 사고 과정을 인식하는 일입니다. 자신의 생각을 의심하고 '이것이 진실인가?' 되묻는 것이죠. CBT와 유사한 점이 있습니다." 새벽 3시에 일어나 다섯 시간 동안 오전 명상을 하는 달라이 라마는 "분석적 명상"이라는 명상법을 추천하는데, 특정한 생각이나 아이디어를 떠올려 그것이 사실인지를 밝히는 명상이다. 가령 분노가 미치는 영향력을 고찰하거나 "나는 누구인가?" 같은 질문을 한 뒤 떠오르는 다양한 답변을 분석하는 것이다.

사마타는 "자신의 몸, 신체 경험으로 의식을 되돌리는 것입니다. 생각을 밀어내는 것이 아니라 연민을 갖고 그 생각을 품는 것이죠." 생각을 해체하여 분석하거나 의문을 던지는 것이 아니라 그저 의식하고, 생각을 현실이 아니라 **생각**으로, 현실에 대한 하나의 의견으로 인식하는 법을 배우는 것이다. "자신의 몸에 집중하며 생각을 어떤 현상이라고 보는 게 아니라 하늘에 떠 있는 구름처럼 단순히 인식하는 겁니다. 우리는 자꾸 생각에 사로잡혀 자신과 생각을 동일시하고 불안과 두려움의 고리에 얽매이죠."

그가 피정 중에 오랜 시간 명상을 하며 굉장한 두려움을 느꼈다는 이야기를 할 때는 놀라지 않을 수 없었다. 나는 명상 피정이란 스파 휴가와 비슷하다고 생각했었다. "피정을 떠나면 정신을 어지럽히는 모든 것에서 멀어져 자신의 마음과 대면합니다. 때문에 어떤 면에서는 명상 수행이 두려움을 더욱 고조하죠. 자신의 정신적 습관을 훨씬 밀도 있게 인식하니까요." TV, 스마트폰, 일, 사회 활동 모두 우리 자신에게서 도망치게 해주는 것들이다. 고요한 방에 며칠 동안 자신의 생각만 들여다봐야 할 때는 숨을 곳이 없다.

큰 두려움을 경험한 피정 때 그는 한 가지 걱정에 사로잡힌 자신을 발견했다. 이 두려움이 영원히 사라지면 어쩌지? "그게 두려웠습니다. 이상했어요. 두려움이 사라지는 것을 왜 겁낼까? 제가 그 두려움과 제 자신을 동일시했던 겁니다. 이상하지만 두려움이 제게 위안이 되었던 거죠. 아주 오랫동안 그 두려움이 제 자신이었으니까요. 저란 사람의 근간이었습니다." 그의 친구 중 한 명은 증오심과 노여움을 둘러싸고 비슷한 경험을 했다. 그런 감정이 서서히 사라진 후 그 친구는 슬픔에 가까운 기분을 느꼈다. "친구는 자신의 일부가 사라진다는 데 슬픔을 느낀다는 것을 깨달았습니다."

사르바난다는 자신의 두려움이 사라지는 상황을 겁내는 모습이 한편으로는 재밌다는 생각이 들었다. 하지만 중요한 순간이었다. 너무나 오랫동안 두려움에 사로잡힌 나머지 두려움이 곧 그의 일부가 되어버렸다. 두려움이 없다면 그는 도대체 누구란 말인가? "붓다도 두려움을 이야기 했습니다. 두려움을 느꼈죠. 『두려움과 공포에 대한 경The Discourse on Fear and Dread』이라는 경전도 있습니다. 붓다는 숲 속에 외진 사원에서 머물 때 느꼈던 두려움에 대해 말합니다.

바라문이여, 내가 머무는 동안,
짐승이 오거나

공작새가 마른 나뭇가지를 부러뜨리거나

바람이 낙엽과 쓰레기를 흩날렸습니다.

그때 이런 생각이 들었습니다.

"지금 이것이 두려움과 공포가 다가옴이구나."

붓다는 두려움과 공포가 밀려오자 그것들이 사라질 때까지 자신이 처음 취했던 자세를 유지했다고 적었다. "붓다는 두려움과 공포가 지나가게 두었습니다. 무엇을 하던 중이든, 서 있든, 눕거나 걷든 그는 하던 일을 그대로 하며 반응하지 않으려 했습니다." 붓다가 두려움을 정복하기 위해서는 두 가지가 필요했다. 탐욕과 부패, 소문, 야심, 잔인함, 나태함에서 벗어난 도덕적인 삶을 사는 것과, 두려움이 일 때 가만히 머무는 것, 자리를 지키는 것이다.

사르바난다는 내게 요가 같은 신체적 움직임과 명상을 함께 해보라고 조언했다. 그중에도 "메타metta", 즉 자비 명상을 이야기했는데, 이 명상은 지각이 있는 세상 모든 생명체를 향해, 무엇보다 자기 자신을 향해 연민을 발휘하는 것이다. "제가 불안을 떨치는 데 가장 중요하게 작용했던 요인은 나를 사랑하는 법을 배우고 자기 책망과 자기 비판에서 벗어나는 방법을 깨달은 것이었습니다." 자기 처벌은 실패한 자기 조절 전략일 것이다. 우리는 상실로부터 자신을 보호하고 싶어 한다. 자신에게 소리를 지르는 것만큼 효과적인 동기 부여가 있을까? 크게 악을 지를수록 더 잘 들리기 마련이다. 수키가 버스 앞으로 뛰어든다면 나는 목이 터져라 소리를 질러댈 것이다.

대다수의 사람은 온갖 버스들이 온 방향에서 밀려오는 경험을 한다. 관계 버스, 커리어 버스, 부모노릇 버스, 정치 버스. 정신 차려, 이 멍청아, 움직이라고! 우리 자신에게 소리친다. 자신에게 비명을 지르는 것이 달갑지 않겠지만, 피하지 않을 때 벌어질 일이 더욱 끔찍하니까. 하지만 이런 비명 어린 다그침이 우리에게 지우는 장기적인 대가는 감당할 수 없을 정도로 파괴적이다. 그 사실을 머리로는 잘 알지만, **마음**으로는 받아들이지 못한다. 우리 자신에게 여유를 허락하는 것을 두려워한다. 과거 마음을 놓고 있다가 나쁜 일이 벌어졌던 때를 떠올린다. 따뜻한 격려 속에서 잘 헤쳐나가는 법을 배울 기회를 자기 자신에게 단 한 번도 허락하지 않았고, 그렇기에 나는 그럴 수 없을 거라 지레 판단한다.

명상이 우리에게 제공하는 한 가지는 고함을 멈추는 것이 아니라 처음으로 그 안에 담긴 메시지를 제대로 들어볼 기회다. 우리는 머릿속에 울리는 분노에 찬 음성을 따르거나, 술과 소셜미디어, 만성적인 분주함으로 그 고함을 막기에만 바빠 두려움에 빠질 때는 붓다의 가르침대로 행하지 못한다. 반응하지 말고 지금 자세를 유지하며 생각과 감정이 우리를 거쳐가도록 내버려둬야 한다는 가르침 말이다.

내가 처음 명상을 시도했을 때 마음챙김을 바탕으로 한 개입 방법을 많이 조사했다. 여러 연구에서 마음챙김을 기반으로 한 심리치료가 불안 증상을 어느 정도 개선하고,[10] 마음챙김 훈련으로 범불안장애 환자들이 스트레스가 심한 상황에서 불안의 생리적 증상을 완화할 수 있다는 점이 밝혀졌다.[11] 어떤 연구에서는 마음챙김 훈련이 (앞서 봤듯 위협적인 기억을 회상하는 기능과 연관이 있는) 해마의 연결성에 기능적인 변화를 불러와 노출치료에 더욱 적합한 상태로 만든다는 사실을 밝혔다.[12] 마음챙김이 위협 반응을 진정시키는 데 도움을 주어, 사람들은 심한 스트레스나 자극에 좀 더 열린 태도로 스스로를 노출하고 새로운 적응적 연결을 형성하는 법을 배운다.

한편 여러 후속 연구에서는 마음챙김 훈련이 단순히 사람들에게 스트레스 관리법을 교육하는 것과 성과가 크게 다르지 않은데,[13] 마음챙김이 **아무런** 효과가 없다는 뜻이 아니라 현존하는 다른 방법들보다 더욱 효과적이지는 않다는 의미라고 설명했다. 마음챙김을 기반으로 한 개입 방법에 대한 연구 대부분은 설계가 상당히 부실하다. 실험 참가자들은 자신이 명상 중이라는 사실을 **알아서** 기대 효과에 영향을 받기 쉽고, 연구자는 참가자들이 명상 프로그램에 얼마나 잘 몰입하고 지속하는지는 대체로 기록하지 않는다. 다른 이들보다 더 많이 명상을 하는 사람이 있는가, 그리고 이런 경향이 결과에 영향을 미치는가? 명상 프로그램을 지속하지 않는 사람들이 그런 사람들과 비교해 비슷한 수준으로 회복한다면, 명상이 회복의 주된 요인이 아니라고 시사하는 결과일 터다.[14]

명상 연구 다수는 명상이 불안과 스트레스, 우울을 저하하는 효과적인 방법이라는 점을 입증하고 싶은 열성적인 명상가들이 주도한다. 증거 대부분이 여러 가지로 해석 가능한 모호한 것들이다. 물론 비교적 적은 표본의 장기간 수행한 명상가들을 대상으로 뇌파 측정기(EEG)를 연결해 시행한 여러 연구에서 통제군에 비해 명상가들의 감마파 활동이[15] 증가하는 현상이 드러난 것은 사실이다.[16] 이런 이의를 충분히 제기할 수 있다. 그래서 그게 무슨 뜻인데? 논문 저자들도 인정하듯 "EEG의 감마파 활동성의 기능적 역할은 아직 명확히 밝혀진 바가 없다." 그렇다고 이 분야가 연구할 가치가 없다는 뜻은 아니다. 오히려 우리가 모르는 것들이 있다는 의미다. 두뇌 속 전기적 파동의 변화가 명상의 효과와 관련한다고 믿을 특별한 이유는 없고, 인간에게 나타난 시끄럽기로 악명 높은 감마파 • 초조하거나 복잡한 정신 활동을 행할 때 활성화된다—옮긴이를 해석하는 데 조심해야 할 이유는 무척 많다.[17] 숙련된 명상가들을 조사한 수많은 연구가 비교적 격리된 환경에 사는 승려와 수녀들을 대상으로 한다. 이들의 삶은 비단 명상 수행뿐 아니라 여러 면에서 일반인과 근본적으로 다르다.

마음챙김 연구는 진짜 "플라세보" 조건을 포함시켜 설계하기가 어렵다. 즉, 대다수의 연구가 엄격함이 부족하다는 뜻이다. 두뇌 기능과 신경 구조적 변화를 보여주려는 시도는 흥미롭지만, 이런 이야기들을 카밀라 노드에게 언급하자 그는 그리 신뢰하지 않는 모습을 보였다. "그런 연구들을 자주 접했고, 구조적 변화를 연구의 정량적 지표로 삼는다면 흥미롭게 여길 수는 있겠죠. 마음챙김이 신경 구조적 변화를 불러온다면 정말 대단히 멋진 일이기도 하고요." 하지만 그는 그런 변화가 대단히 놀라운 사실은 아니라고 설명했다. "어떤 일이든 반복한다면 뇌 구조에 변화가 생겨요. 마음챙김이 불안에 미치는 영향을 입증하고 싶다면 불안을 측정해야 합니다."

۞

루스와 조애나, 사르바난다와 대화를 나누며 이들이 불안과 공황을 이겨내는 데 믿음이 어떤 도움을 줬는지 알아가는 것이 내게도 도움이 됐다. 물론 믿음이 아무런 도움을 주지 못했다는 이야기도 말이다. 어떤 면에서는 조금 실망스러웠다. 이들에게서 대단한 전환의 순간에 대해, 은총의 순간에 대해, 크게 숨을 내쉬자 모든 두려움과 공포가 영원히 사라지는 순간에 대해 이야기를 듣길 바랐다. 증거와 이성주의를 좇겠다는 내 맹세에도 불구하고 그런 가능성에 여전히 매달렸다. 죽음에 가까운 초월적인 순간, 두려움이 사라지는 그런 순간에 대한 믿음 말이다. 마침내 내가 모든 것을 내려놓는 순간을.

하지만 이들이 말하는 종교는 해방이 아니었다. 도피나 자유도 아니었다. 실체에 다가가는 것이었다. 실체와 함께하는 것이었다. 아주 끔찍한 일이 벌어질 때 우리에게는 선택권이 있다. 저항할 수 있고, 신을 저주할 수 있으며, 자신을 탓할 수도 있다. 아니면, 수용할 수도 있다. 자신의 현실이 된 아름다운 재앙을 받아들일 수도 있다. 그리고 이렇게 묻는 것이다. 어떻게 이 일을 이롭게 활용할까?

XIX
이 불확실한 시대에

불안장애와 세계의 재앙

1974년 2월 필리핀의 루방섬에 해가 질 무렵, 오노다 히로 중위는 잭프루트 열매를 따기 위해 정글에서 몰래 나오고 있었다. 사흘간 한 장소에 숨어 지내던 그는 식량이 모두 동이 난 상태였다. 강 두 개가 만나는 지점, 바나나 농장에서 멀지 않은 곳에 잭프루트 나무들이 모여 있었다. 먹을 것을 구하기 좋은 위치였지만 경찰에게도 발각되기 쉬웠다. 오노다 중위는 게릴라전 훈련을 받은 군인이었다. 그는 야외에서 취침을 했고, 야자수 섬유질로 이를 닦았으며 총이 녹슬지 않도록 야자유로 닦았다. 그는 논으로 몰래 기어 들어가 티나지 않게 벼에서 껍질이 벗겨지지 않은 쌀을 아주 조금씩만 훔쳤다. 그날 섬사람들이 자신을 찾았을지도 모른다는 생각에 그는 해가 질 때까지 기다렸다가 재킷과 모자를 나뭇잎과 잔가지들로 위장한 후 잭프루트 나무들을 향해 언덕 아래로 조심히 내려갔다.

강가에 다가간 그의 눈에 나뭇가지들 사이에서 크고 하얀 무언가가 걸린 모습이 보였다. 흠칫 놀랐다가 이내 모기장임을 알아챘다.

그는 분노했다. 그가 취해야 할 식량 아래서 누군가가 캠핑을 하던 것이다. 모기장이 2인용이란 사실을 깨달은 그는 캠핑장을 급습하기로 결심했다. 둘 중 하나는 곧장 쓰러뜨리고 나머지 하나는 육탄전으로 해치울 수 있었다. 그는 총을 장전한 뒤 노리쇠 끝에 달린 고리를 왼쪽으로 돌려 안전장치를 해제했다. 그가 가까이 다가가자 강가에 불을 피우는 남성이 보였다. 오노다가 소리를 질렀다. 보통 섬사람들은 그의 외침에 도망갔지만 놀랍게도 젊은 남성이 인사를 건네며 대답했다. "일본인이에요. 저는 일본사람입니다." 더욱 놀라운 것은 잠시 후 이어진 질문이었다. "오노다 상입니까?"

오노다는 의심을 거둘 수 없었다. 이 긴 머리의 사내에게서 어딘가 수상쩍은 분위기가 느껴졌다. 아마도 적군이 보낸 사람일 터였다. 오래전 미군은 섬 전역에 전쟁이 끝났다는 전단을 뿌렸다. 미국은 일본 지지자들의 기세를 꺾기 위해 가짜 신문을 인쇄하고 진짜 일본 라디오 방송 테이프를 편집해 방송했다. 심지어 오노다 가족의 근황이라는 이야기가 더해진 사진을 배포했지만 누가 봐도 조작된 사진들이었다. 캡션에는 "오노다 상의 가족"이라고 적혀 있었지만 사진 속에는 그와 무관한 얼굴이 보였고, 일본 예절과 친숙한 사람이라면 누구든 그의 이름 뒤에 '상'을 붙일 이유가 없다는 것쯤은 아는 사실이었다. 하지만 이 젊은 남성은 무장하지 않은 듯 보였다. 함정이라면 제법 영리하게 짜여진 것이었다.

"네." 굳이 거짓말을 할 이유가 없음을 깨달은 오노다가 답했다. "제가 오노다입니다." "정말로, 오노다 중위라고요?" 상대는 눈을 크게 뜬 채 몸을 떨었다. 티셔츠에 진청색 바지, 고무 샌들과 두꺼운 모직 양말을 신고 있었다. 이 젊은 남성은 신발과 양말 덕분에 목숨을 잃지 않았을 수도 있다. 양말과 샌들은 섬사람들이 결코 하지 않을 차림이었던 터라 오노다는 발포하기 전에 잠시 대기하기로 마음을 먹었다. 상대가 정말 일본인일 가능성이 있었다. 새된 목소리로 더듬거리며 젊은 남성이 말했다. "오랫동안 힘든 시간을 보내셨던 거 알아요. 전쟁은 끝났어요. 저랑 같이 일본으로 가지 않겠습니까?" 오노다는 분노했다. "아니요. 돌아가지 않을 겁니다! 제게는 전쟁이 아직 끝나지 않았습니다!" "왜요?" "당신은 이해하지 못할 겁니다."

그가 어찌 이해할 수 있을까? 스즈키 노리오라는 이름의 이 젊은 남성은 시게토미 대위 아래서 특공대 훈련을 받은 사람이 아니었다. 시게토미 대위는 병사들에게 계속해서 자살 공격 훈련을 시키고, 뺨을 내려치며 "멍청이"라고 소리치고, "훈련장에서 땀을 흘리는 것이 전장에서 피를 흘리는 것보다 낫다"라는 말을 가장 좋아했다. 이 긴 머리의 청년은 와이트섬의 절반도 안 되는 작은 섬에서 30년 가까이 계속 이동하며 탄약을 숨기고, 쥐와 우기, 미국의 기만을 견디며 반드시 거행될 일본의 반격을 대비해온 세월을 보내지 않았다. 그는 전우 시마다와 고즈카가 경찰과의 총격전으로 사망하는 모습도 보지 않았다. 스즈키 노리오는 완전히 다른 세계 사람이었다. 그런 그가 전쟁이 끝났다고 말하고 있었다. 정글에서 이제 그만 나오라고. 소총을 내려놓으라고. 강에서 물고기 한 마리를 건져 올린 뒤 날아보라고 말을 하는 것과 같았다.[1]

✦

전쟁이 끝났다는 말을 믿기 어려워하는 사람도 있다. 신경과학자인 알렉산더 섀크먼은 내게 100년에 가까운 불안 연구를 분석해 발표한 2015년의 메타분석을 언급하며 불안장애를 앓는 사람들은 "안전 신호에 대한 공포 반응을 과잉일반화하는 작지만 단단한 패턴"을 가졌다는 이야기를 들려줬다. 논문 저자들은 불안장애 환자들이 스트레스가 심한 상황을 두려워하는 것이 아니라, 해당 상황이 안전하다는 사실을 학습하는 데 더욱 큰 어려움을 느낀다고 설명했다.[2] 우리가 두려워하는 것과 유사한 대상을 마주할 때 그 두려움을 더욱 쉽게 일반화하고, 공포를 억누르기 더욱 어려워하며, 안전한 상황에서 그 감정을 진정시키는 데에 더 오랜 시간이 걸린다.

특정 상황에서는 적응적 행동이 된다. 신경과학자인 올리버 로빈슨이 참여한 어느 연구에서는 참가자들이 슬롯머신 네 개 가운데 선택해야 하는 상황이 주어졌다. 그와 동료 연구진은 불안한 사람들은 그렇지 않은 사람들에 비해 부진한 슬롯머신을 마주했을 때 더 빠르게 행동을 개선하는 것을 발견했다. 불안한 사람들은 부정적인 결과에서 무언가를 더욱 빨리 학습하는 모습을 보였다.[3] 심리학자인 케서린 버튼의 연구에서도 불안한 사람은 그렇지 않은 사람보다 누가 자신을 싫어하는지 더욱 빨리 가려냈다.

위험 앞에서 더욱 빠르게 행동을 전환하고 자신에게 적대적인 사람을 빨리 가려내는 것이 상당히 바람직하게 작용하는 상황이 많다. 병사가 정글을 지나는 동안 우산을 펼쳐 빙글 돌리고 휘파람을 불지 않는다고 이 병사에게 불안장애가 있다고 말하진 않을 것이다. 전쟁의 위협 속에서 이런 부주의한 행동은 신경쇠약으로 간주된다. 심각한 불안을 겪는 사람에게 지금껏 해온 행동과 감정을 버리라는 말은 이들이 오랫동안, 어쩌면 평생을 무모한 짓거리라 여겼던 습관을 익혀야 한다는 말과 비슷하다. 경솔하게 행동하라고 말하는 셈이다. 몸을 숨긴 곳에서 나와 저격수들 앞에 서라는 소리다.

두려움이 영원히 사라지는 데에 공포가 찾아왔다는 사르바난다의 말을 생각했다. 이상하고도 우습기까지한 그 슬픔을 생각했다. 그의 이야기를 들을 때만 해도 이해하지 못했다. 하지만 이제는 알 것 같다. 지금껏 나는 불안이 나와 별개라고 생각했었다. 내가 잘라낼 수 있는 병든 살점으로. 여기 내 진정한 자아가 있고, 소 그림 위에 부위를 나누어 표시하듯 저기, 내 불안이 있다고. 실수였다. 하지만 내가 지워버리고 싶은 곳에 불안은 진득하게 엉겨 붙어 있었다. "서로 맞물린"이라는 알렉산더 섀크먼의 표현처럼 말이다. 불안은 내가 상처받은 순간들을 봤다. 사람들이 내게 잔인했던 때 또는 내 웰빙에는 조금도 관심을 두지 않았던 때를 지켜봤다. 불안은 언제, 어떻게, 누가 그랬는지 상처의 순간들을 빼놓지 않고 새겨두었고, 뿐만 아니라 이런 순간들의 공통점을 찾아내고, 모델을 형성하고, 가능성을 계산하고, 머리를 싸매고 다음 재앙이 어디서 벌어질지를 예측하며 붉은 실과 압정으로 이곳저곳을 정신없이 표시했다.

내가 잠이 든 밤에도 불안은 곁에서 나를 지켰다. 이 아이가 숨은 쉬나? 엄마처럼 오르락내리락 하는 내 가슴께를 지켜보며 어떠한 문제가 생길 낌새가 보이면 나를 벌떡 깨우려 준비하고 있었다. 물론 너무하다고 느껴질 때도 있었다. 가혹하다고 할 수도 있다. 하지만 내게 **마음을 쓰고 있었다.** 근본적으로 불안은 내가 안전하길 바랐다. 불안을 엮어 만든 것이야 말로 내게 가장 마주하기 어려운 대상이었다. 사랑 말이다.

스즈키 노리오를 만나고 3주 뒤 오노다 히로는 상관인 다니구치 소령에게 투항했다. 다니구치 소령은 퇴역 후 20년간 서점을 운영하고 있었다. 소령이 투항을 명령한 순간에도 오노다는 내심 그가 자신에게 다가와 "진짜 명령"을 나지막하게 전달할 거라 생각했다. 비밀 지령이 전달되지 않자 오노다 중위는 그 말이 진짜임을 깨달았다. 전쟁은 정말 끝나고 말았다. 길고도 힘든 전쟁에서 해방되면 굉장한 기쁨을 느끼리라고 생각할 것이다. 오노다의 조국은 평화와 번영의 길에 접어들었다. 마침내 그는 집으로 돌아갈 수 있었다. 하지만 그는 절망했다. 30년간 그는 아리사카 99식 소총을 "아기처럼" 돌봤다. 이제 그는 그 모든 일이 아무런 의미가 없었음을 깨닫는 중이었다.

오노다 히로를 대단히 호감 가는 인물로는 볼 수 없다. 그는 민족적 애국주의자로 후에 여러 섬사람을 죽인 것으로 드러났지만, 자서전에는 이런 이야기를 언급하지 않았다. 일본으로 돌아간 후에는 지지자들의 성금을 야스쿠니 신사에 기부했는데, 이곳은 전쟁을 기념하는 신사로 A급 전범 14명이 합사되었고 일본 국수주의자들과 극우 정치인들이 성지로 여긴다. 오노다 히로가 정글에서 나와 스즈키 노리오를 만나던 장면을 읽을 때 내가 얼마나 힘들었는지 이해할 수 있을 것이다. 그의 심정을 너무나 알 것 같았다. 내가 언제 이런 기분을 느꼈었는지 생생하게 떠올랐다. 이상한 소리처럼 들릴 것이다. 실제로 그렇기도 하다.

아내가 내게 청혼할 당시 나는 공황발작을 경험했다. 아내는 굉장히 멋진 호텔의 스파 휴가에 나를 초대했다. 누군가가 나를 위해 그렇게 멋진 시간을 마련해준 것은 처음이었다. 아내가 청혼을 할 거라고 전혀 예상하지 못했다. 나도 오래전부터 청혼 계획은 있었지만 계속 미루기만 하던 차였다. 잘 해내리란 자신이 없었다. 내가 아내를 얼마나 사랑하는지 제대로 보여줄 창의적인 장치들을 더해 여러 청혼 시나리오를 계획하고 상상했지만, 내가 잘 해낼지 의문이었다.

XIX 이불확실한 시모어

망칠까 봐 두려웠다. 호텔 야외에서 술을 한 잔 하고 있을 때였다. 오리들이 연못을 미끄러지듯 가로지르며 나아갔다. 석양이 수면을 금빛으로 물들였다. 그때 아내는 내게 청혼했다. *오랫동안 힘든 시간을 보냈던 거 알아. 전쟁은 끝났어. 이제 집으로 돌아가지 않을래?*

✧

불안장애를 겪는 사람에게 두려움을 버리라고 말하는 당신이 이들에게 대신 줄 수 있는 새로운 현실은 무엇인가? 정글에서 나오라고, 당신의 정체성 중심에 자리한 그 추정들은 폐허가 되었다고, 당신이 하고 있다고 생각한 그 게임은 사실 존재하지 않는다고. 오노다 히로에게 종전을 받아들이는 일은, 실로 수십 년 전에 전쟁은 끝났다는 사실을 인정하는 일은 그에게는 죽음이나 다름없었다. 분명 평행우주 속으로 입장하는 느낌과 비슷했을 것이다. 사실이 아닌 듯하고, 타당하거나 이해 가능한 선을 넘어선 아주 정교한 가상현실처럼 느껴졌을 것이다. 모든 것이 어딘가 살짝 어긋났다. 비현실적인 현실이다. 꿈에서 깨어나길 기다리며 비틀거리는 발을 뗀다.

✧

조금도 자신의 잘못이 아닌 참혹한 고통 속에서 자기 탓을 하는 사람이 많다. 가령 어린 시절 양육자의 신체적·성적 학대와 정서적 방임, 괴롭힘, 가족의 사망까지. 트라우마를 경험한 사람들을 많이 상대해온 심리치료자에게 고통스러운 일을 자책하는 이가 왜 그리도 많은지 물었다. 도대체 왜 그런 일들이 자신의 잘못이라고 여길까? 도리어 그렇지 않다고 생각하기가 왜 더욱 두려운 걸까? 치료자들은 잘못된 믿음을 따르는 편이 더욱 끔찍한 믿음에 빠지는 것을 막아줄 때가 있기 때문이라고 설명했다. 어떤 트라우마가 자신의 잘못이라면 자신이 통제할 수 있다는 의미니까. 자신의 통제하에 있다면 그 일이 다시 반복되지 않도록 이론적으로 취할 방편들을 마련할 수 있으니까.

하지만 그 사건이 자신의 잘못이 **아니라면**, 우리가 불러들이지도 않았고, 예측하거나 막을 수도 없는 불행이 찾아온 거라면, 또 다시 벌어질 수 있다는 뜻이다. 그 어떤 행동이나 생각으로도 재발 가능성을 완전히 없앨 수 없다는 의미다. 정글을 나온 우리가 마주하고 수용해야 할 현실이 바로 이것이다. 돌아가야 한다고 말하는 집이 바로 이것이다. 자, 이제 소총을 이리 주세요. 전쟁은 끝났답니다.

✦

2020년 시작과 함께 무언가 달라지기 시작했다. 그레이엄과의 첫 최면치료 후 내 공황발작이 완전히 멈췄다. 그렇게 과학 이야기를 떠들어댄 걸 감안하면, 이 일로 나는 좋게 말해 작가로서 곤란한 상황에 처한 것이다. 투철하지만 인정 많은 회의론자의 태도를 견지하기 위해 나 자신을 훈련해왔다. 하지만 이런 상황이 되었다. 10년 넘도록 시달린 공황발작에서 처음으로 해방된 몸으로. 어머니가 이 사실을 안다면 난 견디지 못할 것 같았다.

내 불안도 나아지는 듯했다. 웬만한 일들에는 그러려니 할 줄 알게 되었고 계속 미래를 걱정하며 초조해하지도 않았다. 체중이 많이 줄었고 러닝도 잘 되어 첫 마라톤에 참가하려고 훈련도 시작했다. 일

대일 복싱 수업도 등록했다. 헬스장 오너인 데이브에게 정통으로 맞는 법을 배우고 싶다고 말했다. 일부러라도 새로운 일을 시도해보려 했다. 리사와 트램펄린 공원에도 갔다. 가보니 아이가 없이 성인만 온 사람들은 우리밖에 없었다. 그 순간 굉장히 민망해졌다. 아내는 내게 바보같이 굴지 말라고 했다. 결과적으로는 둘이서 대단히 즐거운 시간을 보냈다.

하루는 친구 몰리가 저녁을 먹으러 왔다. 오랜만에 보는 친구에게 나는 그간 있었던 일을 정신없이 떠들었다. 어쩌다 "두뇌 헬멧"이 한 개가 아니라 두 개나 생겼는지 말하고, 벌써 정상적인 보통 사람이 되기라도 했다는 듯 더는 공황발작을 경험하지 않고 불안도 좋아졌다고 이야기했다. "나는 이제 불안장애를 가졌다고 말할 자격을 상실했다니까." 당당하게 공표했다. "불안증이 거의 치료됐어." 리사는 내게 회의적인 눈빛을 보냈다. 당신이 나아진 건 맞지만, "치료가 됐다고" 볼 수 있을까? 아내가 말했다. 아내의 눈에 나는 여전히 어떤 일에는 과잉 반응을 보이고, 걱정과 초조함에 사로잡히며, 특정한 사회적 상황에서 증상이 발동되는 사람이었다.

굴욕적이었다. 내가 얼마나 나아졌는지 아내는 모르는 걸까? 그렇게 많이 조사를 하고, 운동을 하고, 약을 끊고, 식단도 바꿨다. 자기개선에 **대단한 노력**을 기울였다. 6개월간 내 불안을 물리치기 위해 강박적으로 싸웠다. 나는 이제 불안에서 자유로웠고, 설사 아니라 해도 그렇게 말할 수 있을 정도는 됐다. 두려움 없이, 스트레스 없이 삶의 결실들을 즐길 때를 드디어 맞이한 것이다. 나는 더 이상 겁쟁이가 아니었다.

며칠 후, 뉴스가 나왔다. 코로나바이러스 팬데믹이 영국 전역으로 확산됐다는 소식이었다. 수천, 수만 명이 사망할 터였다. 외출은 사람들을 죽음에 이르게 하는 행위였다. 트위터 트렌드 상위 해시태그는 #UKLockdownNOW(영국은 지금 당장 봉쇄령을)였다. 습관적으로 걱정이 많은 사람들은 위기의 시기를 맞아 이상할 정도로 마음이 평안해지는 경험을 했다. 마침내 그들의 내면 세계와 외부 세계가 일치한 것이다. 이들의 두려움이 당위성을 얻었다.

여기서 바로 정신질환의 재밌는 점이 나온다. 맥락을 따른다는 것이다. 불안할 만한 일이 있을 때는 불안함을 느끼고 걱정하고 걱정에 속이 뒤집힐 것 같은 증상이 불안장애로 치부되지 않는다. 영국과 미국이 봉쇄령을 내린 후 사람들 수백만 명이 불안에 빠졌다.[4] 미국의 거대 약국관리기업 한 곳은 2020년 2월 중순에서 3월 중순까지 항불안제 처방이 3분의 1 이상 증가했다고 발표했다.[5] 불안이 주류가 되어가는 와중에 나는 불안을 끊어냈다.

⟡

깨끗한 플라스틱 덮개가 씌워진 성경책들 한 박스가 한 가정집 앞에 놓였고, 거기에는 이런 문구가 적혀 있었다. 살균을 마친 무료 성경책입니다. 한 부씩 가져가세요. 안심하셔도 됩니다. 상자 위쪽 바닥에는 무지갯빛 분필로 이런 글귀가 있었다. 모든 것이 잘될 것이다. 봉쇄기간 동안 노리치의 율리아나는 도시의 아이콘이 되었다. 그는 전염병의 생존자이자 평생 자가격리의 세월을 보냈지만 희망을 품을 이유들을 찾아낸 인물이었다. 봉쇄기간 초반에는 거의 잠을 자지 못했다. 평범했던 삶은 뜨겁고 혼미하게 변해갔다. 모든 것이 불길한 징조처럼 느껴졌다.

SF소설가인 브라이언 올디스는 지극히도 영국적인 재난 소설을 언급하며 "아늑한 파국cosy catastrophe"이란 표현을 처음 사용했다. 사회는 붕괴되고 대부분의 사람이 끔찍하게 죽음을 맞이하는 와중에 보잘것없는 중산층 남성 주인공은 갑자기 영웅이 되어 자동차와 집, 여성들을 선택하고 생존자들의 우두머리로 군림한다. 존 윈덤의 『트리피드의 날』같이 겉으로는 재난을 다루는 듯하지만 내심 사회계급 윗선을 차지한 이들이 모두 죽고 사라진 세계에서 개인의 소망을 마음껏 충족하는 판타지소설들을 두고 올디스는 아늑한 파국이란 표현을 썼다.

나는 냉전이 열핵폭탄을 주고받는 전쟁으로 언제든 번질 수 있는 4분 경고four-minute warning • 영국의 국가 핵공격 경보 시스템으로 1953년부터 1992년까지 시행됐다—옮긴이 시대에 어린 시절을 보냈다. 책과 라디오, TV에서 "방사능으로 황폐해진 땅을 헤매는 어린아이"의 이야기를 셀 수 없이 접했다. 다들 알다시피 핵폭탄은 물을 오염시키고 온 세상을 어둠으로 물들인다. 눈으로는 분별할 수 없는 죽음의 땅에 진입하면 구토를 하고 머리가 빠지며 피부는 탈피를 하는 번데기처럼 떨어져 나간다. 나는 잃어버린 미래를 말하는 이야기들, 줄줄이 사슬에 엮인 종말 후의 말리 유령들이 방사능 낙진을 끌고 철컹거리며 다가오는 무서운 경고들에 몸을 떨었다.

우리가 미지의 영역에 놓였음을 깨닫는 순간 다시금 이야기에 기댔다. 대단히 두려운 순간들을 마주한 나는 책이나 TV 프로그램 속 인물들이 이런 위기를 어떻게 감당해내는지 스스로에게 물었다. 어떻게 행동하며 살아가야 하는지 단서를 얻기 위해 모델들을 찾았다.

작가로서 내게 가장 큰 자산이었던 것이, 내 상상력이 나의 가장 큰 짐이 되리라는 생각을 해본 적 없었다. 여러 기관에서 오는 이메일에는 하나같이 봉쇄령을 두고 "전례 없는" 상황이라고 설명했다. 하지만 내게는 전례 없는 현실이 아니었다. 나는 이미 책에서 읽었다. 영화로 봤었다. 앞으로 어떻게 될지 나는 **알고** 있었다. 내내 이 생각만 들었다. 〈매드 맥스〉 영화 첫 편에서는 아이스크림 가게가 영업 중이었다. 주인공은 휴가도 가고, 직장도 있었다. 세 번째 편에서는 살인과 돼지 배설물이 가득한 도시에서 사람들이 동물 가죽과, 방사능에 오염되지 않은 물을 교환했다.

✦

이런 비슷한 일을 예상했다고 말하는 이들, 이제 세상 다른 사람들도 불침번을 함께 서게 되어 안도 비슷한 감정을 느낀다는 불안장애 환자들과 달리, 나는 완전히 기습을 당한 기분이었다. 지난 6개월이란 시간을 쏟아 본능적으로 몸을 납작 웅크린 자세에서 이제야 천천히, 조금씩 몸을 펴던 중이었다. 어렸을 때 이후로 처음으로 가드를 내려도 된다고 내 자신을 달래어놓은 터였다. 걱정을 이제 그만 내려놓으라고. 아주 오랫동안 참았던 숨을 마침내 토하는 기분이었다. 그 순간 쾅.

✦

왕립정신의학회의 회장인 에이드리언 제임스 박사와 봉쇄와 현재 진행 중인 팬데믹이 심리에 끼칠 영향에 관해 대화를 나눴다. 전

세계적 위기 앞에서 불안장애를 경험하는 것이 가능한지 물었다. DSM-5와 ICD-11에서 말하는 범불안장애는 걱정이 "지나친" 정도여야 한다. 극단적인 상황에서 불안을 느낀다면 "지나친" 것일까? "외부적 위협으로도 병리적인 불안을 경험할 수 있습니다." 그는 이렇게 말했다. "저는 불안의 정도와 그것이 지속된 기간, 개인에게 끼치는 생리적인 영향, 정신적 기능과 일상생활을 수행하는 기능에 미치는 유해한 영향을 모두 고려해야 한다고 생각해요."

그는 정신건강 서비스의 도움을 받아야 하지만 그것이 더는 가능하지 않은 사람들을 이야기했다. "정신질환을 일찍 치료할수록 경과가 좋다는 사실은 다들 압니다." 도움을 구하려는 사람들이 점점 더 줄어들었고, 도움을 받던 사람들도 치료를 중단하며 정신건강이 더욱 악화됐다. 그는 특히나 성인으로 성장하는 데 중요한 역할을 하는 시기를 잃어버린 젊은 연령대를 크게 걱정했다. "다 끝난 후 다들 얼른 다시 시작하자고 말하는 분위기가 될까 걱정입니다. 만회하자고, 두 배 더 빨리 나아가자고 말입니다." 그는 1918년 스페인 독감 펜데믹 이후 꽤 오랜 시간이 지나고 나서야 정신건강 문제가 드러났다고 설명했다. "제가 보기에는 퍼펙트 스톰perfect storm • 위력이 크지 않은 두 요인이 동시에 발생하며 엄청난 파괴력을 발휘하는 현상—옮긴이으로 더욱 높은 수준의 불안과 우울이 나타날 것 같습니다."

블랙코미디 같은 상황이었다. 내가 희망을 찾은 순간 세상의 파멸이 임박했다. 초반에는 도무지 팬데믹 현실에서 즐거운 점을 찾을 수가 없었다. 미칠 것만 같았다. 얼마간은 실제로 그랬다. 편집증적인 생각에 심각할 정도로 사로잡혔고 한 번씩 정신병에 걸리기 직전의 상태에 빠졌다. 사람들은 자신의 자유를 제한하는 정책에 불만을 터뜨렸다. 이게 전부 다 속임수라면? 탱크들이 거리를 돌며 감시하러 다니기 시작하면? 다시는 밖에 나갈 수 없다면?

나는 심각할 정도로 감상에 젖은 동정심에서 격렬하게 들끓는 분노로 감정이 널을 뛰었다. 집에 갇혀 공포에 떠는 가련한 사람들을 떠올리는 것조차 마음이 아플 때도 있었다. 세상 모든 인간이, 심지어 내가 반대하는 정치인까지도 내 가족처럼 느껴졌다. 이들을 보호할 수 없음에 눈물을 훔쳤다. 또 어떤 때는 살고 싶어 하는 인간의 뻔뻔함에 치를 떨었다. 왜 그냥 다들 밖에 나가서 불가피한 운명을 받아들이지 못할까? 성서 속 거대한 심판의 날처럼 바이러스가 우리를 휩쓸어버리도록 말이다. 이 끔찍한 불확실성을 휩쓸도록.

계속해서 이 생각만 들었다. *세상이 끝나간다, 세상이 끝나가고 있다.* 대부분의 사람과 비교해 우리는 편안하게 지낸 편이었다. 하지만 나는 완전히 망가졌다. 부모님의 사고 후 갑자기 "모든 것이 흔들릴 수 있는" 세상에 놓인 기분이었다는 루스의 말이 떠올랐다. 말도 안 되는 믿음으로 하루에도 수십 번이나 "…하지 않으면 지옥에 떨어질 거야"라고 머릿속에 속삭이던 어린 시절의 나는, 휴가에 가지 않게 해달라고 바랐던 탓에 할아버지에게 심장마비가 온 것은 아닐까 걱정했던 어린 나는, 팬데믹이 벌어지는 상황을 지켜보며 이런 생각에 빠졌다. *내가 한 짓이야, 내게 내려진 벌이야.*

✧

목숨을 끊을 생각을 한 적은 없었다. 다만 살고 싶지 않았을 뿐이었다. 자식을 둔 아버지가 해서는 안 되는 생각이라는 것은 잘 안다. 나는 건강했고 아픈 곳도 없었다. 나를 사랑해주는 가족이 있었다. 멋진 친구들도. 앞으로 살아갈 날들도. 하지만 계속 살아갈 자신이 없었다. 죽고 싶었다. 마지막 힘을 짜내어 마침내 나는 삶을 감당할 수 있을 정도의 사람이 되었다. 그러자 삶은 그런 내게 응답이라도 하듯 보란 듯이 난도를 높였다. 잠을 잘 수가 없었다. 무엇에도 집중할 수 없었다. 아주 사소한 문제나 나쁜 소식에도 불안한 생각이 연쇄적으로 일어나 형편없이 바닥에 쓰러졌다.

친구를 만나고, 새로운 일을 시도하고, 외출하고, **휴식을 취한다**는 기본적인 대처 전략이 한순간에 모두 불가능해졌다. 집안에 긴장감이 점점 커져가는 와중에 아무데도 도망칠 곳이 없는 현실에서 우리 부부가 이혼하게 되리라는 것을 너무도 확실하게 **알았다**. 내가 버티지 못할 터였다. 달리 피할 곳이 없었다. 내가 결국 모든 것을 망칠 것이고, 그렇게 열심히 노력했던 나로서는 너무 불공평한 일이었다. 정말 최선을 다했다. 그럼에도 내 최선은 충분치 않았던 것이다.

✦

불안이 나쁜 일을 예상하고 방지하기 위해 초경계 태세를 서고, 화재경보기를 울리고, 정신없이 허우적거리는 것이라면, 우울은 자신이 무력하다는 사실을 깨닫고 나락으로 떨어지는 것이다. 무엇이든 잘못된 선택임을 깨닫는 것이다. 무슨 짓을 하든 끔찍한 일을 피할 수도 막을 수도 없음을 깨닫는 것이다. 게임을 하지 않겠다는 선택조차 나쁜 수임을 깨닫는 것이다. 우울은 불안에 민감하게 반응하도록 만든다. 정상적인 기능을 잃은 지 너무 오래라 사소한 노력조차 두려워진다. 자신이 조금도 없다. 나아지려는 노력이 잘못되면? 실수를 저질러 어둡고 우울한 생각에 빠지면? 그 구덩이가 얼마나 깊은지 안다. 상황이 얼마나 잘못될 수 있는지도 안다. 또 다른 구렁텅

이로 자신을 몰고 갈지 모를 실패들을 피하는 데 필사적이 된다.

사마리탄즈Samaritans • 정서적 고통과 자살 충동에 시달리는 사람에게 전화 상담을 지원하는 영국의 자선단체—옮긴이에 전화를 걸었다. 딱히 자살하겠다는 마음이 있었던 것은 아니지만, 앞으로 몇 주, 몇 달은커녕 한 시간조차 버틸 방법을 알지 못해 전화를 걸 수밖에 없었다. 대화가 도움이 되리라 예상하지 않았지만, 달리 할 수 있는 일이 없었다. 잠깐의 대기 후 부드러운 요크셔 억양의 여성이 전화를 받았다. 나는 귀찮게 해서 미안하다고 사과를 했다. 위기의 상황에서도 정말 필요한 사람에게 전해져야 할 도움을 내가 앗아가는 것일까 봐, 수화기 건너편의 사람이 내게 자기밖에 모른다고 혼을 내거나 서두르라고 다그칠까 봐 대단히 민망하고 걱정스러웠다. 하지만 전화를 받은 여성은 굉장히 친절했다. 미안하다는 내게 괜찮다고 답하며 어떤 이야기를 하고 싶은지 물었다.

나는 여성에게 모든 이야기를 털어놨다. 기가 막히는 일은 내가 불안에 대한 책을 쓰려고 준비 중이었다는 것이다. 수많은 조사와 실험 끝에 마침내 나아지기 시작했다. 자유의 몸이 될 거라고 처음으로 믿었다. 그때 팬데믹이 벌어졌다. 이야기가 끝에 다다를 즈음 나는 흐느끼고 있었다. "들어보니" 여성은 아주 조심스럽게 말했다. "선생님의 불안은 대체로 통제와 관련이 있는 것 같네요." 나는 거칠게 숨을 몰아쉬었다. "네." 이렇게 말했다. "그거예요. 바로 그거예요."

✦

전직 FBI 협상가 크리스 보스는 인질을 두고 교착상태에 빠졌을 때 어떻게 해서든 상대의 입에서 이 말을 유도하려 했다. 이 말이 나온다면 설득은 끝난 것이다. "그게 맞습니다That's right." 무장한 강도나 테러리스트의 입에서 "그게 맞습니다"라는 말이 나오게 만들면(동의보다는 순응을 의미하는 "당신 말이 맞습니다You're right"가 아니라), 협상의 판이 완전히 달라진다. 상대는 이해를 받는다고 느낀다.

판타지소설 작가 마이크 셸이 내게 했던 말이 떠올랐다. 내 팟캐스트에 그를 초대해 대화를 나누던 중 그가 20년 넘게 불안을 전문으로 하는 심리치료자로 활동했다는 사실을 알게 되었다. 그에게 치료자로 일할 당시 무엇을 배웠는지 물었다. 처음에는 환자들에게 투쟁, 도피 또는 경직 반응과 진화적 관점에서 우리가 이런 반응을 체득하게 된 이유를 곧장 설명했다고 전했다. 이때 몸에서 어떤 일이 일어나는지 설명하고, 인지 모델과 몇 가지 개입 방법을 가르쳤다. 하지만 얼마 지나지 않아 그는 이런 지식들로는 충분하지 않음을 깨달았다. 그가 가장 먼저 했어야 할 일은 **이야기를 듣는 것**이었다. "이해를 받고 있다는 느낌이 들 때까지 말입니다." 그는 이렇게 말했다. "수많은 정보들, 데이터, 기제에 대한 과학적 이해, 대처 전략들은 전부 쓸데없어요. '내가 무엇으로 고통받는지를 저 사람이 이해하고 있구나' 하는 느낌을 받아야 합니다."

수화기 너머의 누군가에게 온갖 이야기를 털어놓는 내 자신이… 정신 나간 사람 같았다. 나는 평생을 두려움을 이해하고 없애는 데 매달렸다. 평범한 사람이라면 한 주 휴가를 쓰고 발 마사지 기계나 샀을 것이다. 나는 웃음을 터뜨렸다. 약간 미친 사람처럼 말이다. 일부 안도감도 느껴졌다. 왜 나는 스스로에게 이런 짓을 할까? 왜 그냥 비스킷이나 먹고 잘 수는 없는 걸까?

상담 여성과 대화를 하며 내가 인간의 삶이 고정적이길 바라는 희망을 아직도 품고 있음을 깨달았다. 완벽하게 옳은 일련의 행동을 따르면 슬픔, 상실, 거절의 가능성을 막을 수 있을지도 모른다는 희망이었다. 불안을 없애겠다는 나의 목표와 여정 일체는 바로 불안이 만들어낸 것이었다. 불안에 대한 불안의 답은 완벽한 통제였다. 생각의 통제, 신경화학의 통제, 행동의 통제, 생물심리사회의 전체주의, 감시의 정신 상태. 모든 것이 완벽하게 밝혀질 때, 모든 변수가 고려될 때, 모든 위협이 예측되고 회피될 때, 그때 우리는 평안을 얻으리라.

‧✧‧

내가 불안에 집착했던 이유는, 불안을 놓아준다는 것이 내가 이를 통제할 수 없다는 사실을 받아들인다는 의미이기 때문이었다. 게릴라전이 계속되는 삶과 내가 결코 이 전쟁에서 이길 수 없음을 인정하는 삶 가운데 선택해야 했다. 30년간 전쟁을 치른 오노다 히로처럼 내 모든 분투는 비극적인 낭비일 뿐이었다. 아무것과도 연결되지 않은 버튼을 눌러대고 있었다. 통제할 수 있다는 판타지에 사로잡힐수록 고통스러울 뿐이다. 놓아준다면 적어도 내 정신으로 날씨를 조종하려 헛되이 낭비한 정신 에너지만큼은 지킬 수 있었다.

이후 몇 주, 몇 달은 수용의 과정이 결코 끝이 없다는 사실을 조금씩 배워가는 시간이었다. 슈뢰딩거의 상자를 열지 않고, 약을 먹지 않고, 페이스북 그룹에 가입하지 않으면 당신의 고통은 끝이 난다. 통제라는 위안이 되는 환상에 사로잡힐 것인가, 아니면 내려놓겠다는 섬뜩한 허공에 머물 것인가? 우리가 매일 마주하는 선택이다.

봉쇄에는 여러 아름다운 면이 있다. 아내는 뒷마당에 분필로 뱀과 사다리 게임 판을 그렸고, 수키와 나는 주사위를 던지고 직접 말이 되어 움직였다. 아내와 딸은 앞마당에 구덩이를 파 토마토와 땅콩호박, 콩, 무를 심었다. 우리는 나무에도 오르고 강에 나가 물수제비 뜨기도 했다. 때때로 우리 가족이 집에서 하는 활동이 출세지향적인 중산층의 우월의식을 풍자하는 것처럼 느껴질 때도 있었다. 수키와 나는 직접 후무스와 피타 브레드를 만들었고, 내가 지켜보는 가운데 수키는 직접 원두를 볶고 갈고 끓여내 첫 커피를 만들었다. 수키의 팝업 텐트 안에 함께 들어가 책을 읽기도 했다. 한번은 비가 내리기 시작하자 우리는 텐트 지퍼를 올리고 집 소파에서 가져온 쿠션을 깔고 앉아 타닥타닥 폴리에스테르를 때리는 빗소리를 들으며 『월리를 찾아라』를 봤다.

집 근처에서 생각지도 못한 멋진 공간을 발견하기도 했다. 푸른빛이 도는 은청가문비 나무와 붉은 단풍나무 사이를 핑크빛 벚꽃 잎을 맞으며 걷다가 토끼와 다람쥐, 겨울잠쥐, 독버섯, 거대한 버섯, 그네, 딱따구리가 있는 숲을 발견했다. 나는 집 뒷마당에 새 모이통을 두어 개 설치했고, 가끔씩 아침이면 수키와 함께 의자와 담요로 몸을 숨긴 채 작은 새들과 참새, 되새들이 아침 먹는 모습을 지켜보고 새들의 노랫소리를 들었다. 수키는 집에 소중히 보관하고 싶은 작은 보물들을 발견했다. 도토리, 특이한 모양의 자갈, 유난히 튼튼하고 멋진 나뭇가지. 한번은 수키가 내 코트 주머니에 구름 모양의 신비로운 무언가를 가득 채웠고, 나중에 알고 보니 젖은 개털이었다.

그간 뉴스는 일체 보지 않았던 덕분에 이상한 상황이 연출되기도

했다. 어느 목요일, 음악을 들으며 달리기를 하고 있었다. 한 가정집 앞 정원을 지나는데 나이든 남성이 나와 웃으며 박수를 쳤다. 나는 고개를 끄덕여 인사하고는 미소로 답했다. 그 이웃집 주민도 바깥에 나왔고, 그 앞을 지나치는 나를 향해 따뜻한 박수를 보냈다. 나는 손을 흔들었다. 그 옆집 정원에는 한 남성이 바이올린을 켜고 있었다. 또 옆집 사람은 눈을 감고 첼로를 연주했다. 거리를 한번 둘러본 나는 사람들이 전부 박수를 치고 있음을 깨닫고 잠깐, 내가 마침내 정신착란에 빠진 거라고 생각했다. 집에 온 내게 리사는 NHS 사람들에게 격려 박수를 보내는 운동이 있다는 사실을 알려줬다.

좋은 날도 있었고, 힘든 날도 있었으며, 상당히 괴로운 날도 있었다. 우울하거나 불안한 날에는 숨을 곳이 없었다. 모든 감정이 확대되어 다가왔다. 사마리탄즈에 몇 번이나 전화를 걸었고, 그럴 때마다 이런 게 무슨 소용이냐는 생각, 괜한 사람들을 귀찮게 한다는 생각, 제대로 대처하지 못하는 내 자신이 실패자처럼 느껴진다는 생각에 빠졌다. 누군가와 하는 대화는 매번 도움이 되었다.

솔직히 말해 다른 어떤 것들보다 그 통화가 도움이 되었다고 말할 수 있을 정도였다. 그저 친절한 누군가와 소통하는 것. 대화를 나누는 것. 숨기지 않고 제대로 된 대화를 나누는 것 말이다. 본인 이야기나 해결책을, 워크시트 사본을 불쑥 들이밀지 않는 상대와 소통하는 것. 이 사람에게 좋은 인상을 남겨야 한다는 부담감을 느끼지 않아도 되는 것. 시간을 계속 확인하거나 상대가 나 때문에 지루하거나 언짢은지 눈치를 보지 않아도 되고, 비용이 얼마나 청구될까 걱정하지 않아도 됐다. 진짜 내 모습을 보이는 것. 겁쟁이답게 구는 것.

인간중심 심리치료의 창시자 칼 로저스와 심리학자들은 이렇게 설명한다. "재밌는 역설은 자신을 있는 그대로 받아들일 때 비로소 변할 수 있다는 것이다. 내가 직접 경험했음은 물론 고객들에게서도 이런 현상을 목격했다. 우리가 완전하게 자신을 수용하기 전에는 변할 수도, 바꿀 수도 없다는 것을 말이다. 자신을 받아들이고 나면 변화는 아무도 모르게 시작된다."[6] 꽤 오랫동안 용감한 척을 하다가 마침내 자신이 끔찍한 날들을 보냈었다는 것을 인정해본 적이 있는가. 굉장한 안도감이 밀려온다. 제임스 볼드윈의 말처럼 말이다. "마주한다고 해서 모든 것이 바뀌지는 않지만, 마주하기 전에는 아무것도 바뀌지 않는다."

XX
이야기의 힘

삶이 통제 불능일 때
편안해지는 법을 배우며

불안 치료라는 미션을 시작할 당시, 과학자들이라면 모든 답을 알 거라 믿었다. 그렇지 않다는 당사자들의 말을 듣고 충격과 약간의 원망이 일었다. 하지만 답을 가졌다고 말한 것은 이들이 아니다. 과학이 절대적인 사실과 해답의 영역이라는 점은 **내** 생각이자, **내** 믿음이었다. 심장병 전문의 로힌 프랜시스 박사는 내게 과학주의를 두고 "과학을 대체 종교로 높이는 현상"이라고 설명했다. 우리는 "동료평가를 거친" 것이라면 무엇이든 의심하지 않고 사실로 받아들인다. 아이러니하게도 과학주의는 나쁜 과학을 이끈다. 진실이 단순하거나 만족스러워야 할 의무는 없다. 진실이 슬로건에 친화적인 문구일 필요는 없다.

과학이 복잡하고 미묘한 뉘앙스의 언어로 절대적인 사실보다는 확률을 이야기할 때, 조심스럽고도 중도적인 의견들은 관심을 끄는 경쟁적인 주장들 속에서 살아남기가 쉽지 않다. "좀 복잡합니다", "잘 모르겠습니다", "한 가지 요인이라고 볼 수 있습니다" 같은 말은 제대로 아는 것이 없고 불확실하다는 비난을 불러온다. "확신에 찬 모습을 보일수록 사람들의 귀를 더욱 사로잡을 수 있습니다." 로힌은 말했다. "처음에는 제법 합리적인 사람이 몇 년 후에 온갖 헛소리를 늘어놓는 인간으로 진화하는 이유가 바로 이것이죠."

내 열정에 한가득 냉수를 들이부은 사람들은 바로 연구자들이었다. 이들의 전문 분야에서 내놓은 현재 모델이 불충분하다는 내 지적에 연구자들은 순순히 인정하는 모습으로 응수했다. "정말 솔직하게 말하자면 우리가 뭘 하는지는 우리도 잘 모릅니다." 신경과학자인 올리버 로빈슨 박사는 이렇게 말했다. "저희는 이런저런 실험을 하고 실패를 합니다. 그리 좋은 성과를 보이지는 못하죠." 뉴로이미징은 20년가량 된 기술이라고 설명했다. "솔직히 정신건강 분야에서 이 기술이 명확한 임상적 성과를 보이지 못하고 있습니다." 동물을 연구하는 과학자들은 내게 동물 모델의 단점을 이야기했다. 정신과 의사들은 정신약리학과 진단명의 한계를 토로했다. 케서린 버튼을 포함한 심리학자들은 통계적 검증력 같은 개념을 자세히 설명하며 부적당한 연구 설계로 수많은 심리 실험이 잘못된 결과를 도출했을 수도 있다는 이야기를 들려줬다.

이들은 자신의 연구 분야가 쓸모없거나 제 역할을 못한다는 이야기를 했던 것이 아니라, 우리가 지적하는 문제들이(생각이란 무엇인가? 정서란 무엇인가? 수천 년간 우리의 생존을 보장해온 반응을 중단하려면 어떻게 해야 하는가?) 골치 아플 정도로 복잡하다는 이야기를 했던 것이다. 신경과학이 수십 년 동안 이런 문제들을 해결하지 못했지만 그 세월이란 인류사의 관점으로 눈 깜짝할 시간밖에 되지 않음을 고려하면 그리 놀랄 일도, 비난받아야 할 일도 아니다. 과학자와 단순 권위자의 차이가 바로 이것이다. "잘 모르겠습니다"라고 기꺼이 말할 수 있는가다.

　불안의 한 가지 정의는 불확실성에 대한 인내력 부족이다. 과학은 정반대로 행동한다. 과학은 불확실성을 받아들인다. "이건 어떤가요?", "이 점도 고려해봤습니까?", "이 문제를 이렇게 다시 구성해보면 어떨까요?", "우리가 어떻게 확신하죠?" 쇠지렛대를 밀어 넣어 매우 분명한 사실의 틈을 벌린다.

　현재의 분위기에서는 뉘앙스를 전달하기가 힘들다. 우리가 "지적 겸손"이라 부르는 것을 실패의 시인으로 곧장 받아들이는 평론가들이 너무도 많다. 과학에서 우리는 100퍼센트 확신할 수 없다. 여러 가능성을 비교하는 것이 과학이다. 모든 모델이 틀렸다는 조지 박스의 말처럼 말이다. 저마다 나름의 의도를 지닌 수많은 사람들(정부가 지원한 약물을 의심스럽게 바라보는 이, 대체의학 종사자, 백신접종 거부자)은 학문의 엄격함에서 비롯된 질문을 무효성의 증거라고 비난하는 한편 본인들의 신념에는 같은 잣대를 적용하지 않는다.

　내 경험상 더 많이 배울수록 확신은 더욱 낮아진다. 이 여정이 내게 겸손함을 가르쳤다고 딱히 말할 수는 없지만 내가 품은 질문들이 얼마나 답하기 어려운 것이었는지는 이해하기 시작했다. 통찰력을 얻는 순간들이 **분명** 존재하고 우리가 나아가는 것도 **분명** 맞지만(수백 년 전의 정신과 의사에게 상담을 받겠는가, 현대 의사들에게 상담을 받겠는가?), 느리고 거칠며 공동체적인 노력이 필요한 과정인 것 또한 사실이다. 핵심은 내가 실제로 **나아졌다**는 것이다. 공황발작이 멈췄고, 마음은 전보다 평온해졌다.

　불안은 정서적 근본주의와 비슷하다. 명백한 답을 갈망한다. 연구에 따르면 통제할 수 없을 때 우리는 불규칙한 잡음 속에서 패턴을 발견하기 시작하고, 연관성을 찾아볼 수 없는 주식 시장 데이터에서 상관관계를 찾으며, 존재하지도 않는 음모들을 보고, 미신을 키워 나간다.[1] 불안의 관점에서 보자면 확실함을 원하는 우리의 즉각적인 욕구를 충족시키는 한, 그 답들이 틀렸든 말든 중요하지 않다. 불안을 어떻게 통제할까? 사실 우리도 모른다. 누구에게나 적용되는 단한 가지 확실한 방법은 모른다. 어떤 경우에도 적용되는 모델은 없다. 불안을 일으키는 단 한 가지 보편적 요인 또는 해결책을 **안다**고 말하는 사람은 거짓말을 하는 중이거나, 세상 모든 신경과학자와 심리학자, 유전학자, 미생물학자, 스포츠과학자, 성직자들이 이루지 못한 결실을 맺을 수 있다고 본인의 능력을 과도하게 자신하는 상태일 터다.

다만 상대적으로는 답변할 수 있다. 예를 들어, 지금까지 밝혀진 바에 따르면 CBT와 같은 증거기반 심리치료와 여기서 좀 더 진화한 수용전념 치료acceptance and commitment therapy(ACT), 변증법적행동 치료 dialectical behaviour therapy(DBT)가 에센셜 오일이나 엑소시즘보다는 불안장애에 도움이 된다고 말할 수 있다. 숙련된 전문가에게 심리치료를 받은 사람이 반드시 효과를 본다고는 말할 수 없다. 예수에게 기도하며 영혼에서 불안이라는 악령을 쫓아내줄 성직자를 찾아간다고 해서 증상이 나아지는 일은 **없다는** 의미도 아니다. 다만 현재로서는 후자보다 전자가 더 나은 효과를 보이는 사례가 많으며 증거가 우세하다는 뜻이다.

SNS에 올릴 만한 정보는 못 된다. 좋은 슬로건이 될 수도 없고, 선뜻 설명하기 쉬운 내용도 아니다. 하지만 과학이 그렇다. 현재 수집 가능한 데이터 내에서 최상의 설명을 찾아 점차 초점을 맞추고, 어떤 문제를 해결해야 할 때는 현재 주어진 최상의 정보에서 답을 찾아야 한다. 완벽함을 기다려서는 안 되는 이유는 우리가 결코 완벽함을 이룰 수 없기 때문이다. 과학은 이야기를 전하지만 그 이야기를 고수하지는 않는다. 더 나은 이야기를 찾으면 기존의 것은 놓아준다.

✧

사회심리학자 제임스 W. 페니베이커는 이야기가 우리의 웰빙에 미치는 영향에 관한 분야에서 가장 널리 알려진 연구자다. 1980년대 텍사스주 댈러스에 위치한 서던메소디스트대학에 새로 부임한 교수였던 그는 신체 증상을 정서적 신호로 이해하는 방식을 연구했다. 배고픔을 느낀다는 사실을 우리는 무엇으로 아는가? 불안함을 느끼는 것은 어떻게 아는가? 프로젝트 막바지에 가까워지자 그는 설문조사를 하기로 결심했다. 어떤 사람들이 어떤 증상을 경험하는지 전반적으로 파악하고자 했다. 그는 "말도 안 될 정도로 긴" 질문지를 만들었다. 식습관을 묻는 질문도 있었다. 어린 시절 부모님과의 관계에 관한 것도 있었다. 그러던 중 그를 돕던 학생 한 명의 제안이 모든 것을 바꿔놓았다.

학생은 질문 한 가지를 추가하자고 제안했다. "17세 이전에 충격적인 성 경험을 한 적이 있습니까?" 제임스는 방대한 설문지에 해당 질문을 추가한 뒤 학생들 약 800명에게 나누어줬다. "충격적인 성 경험을 묻는 그 질문 하나가 내가 지금껏 봐온 무엇보다 개인의 건강 문제를 가장 정확하게 예측하는 인자였다." 이후 전국 2000여 명의 표본을 대상으로 비슷한 항목을 포함한 설문을 진행했다. 그는 정확한 수치는 잊었지만 17세 이전에 충격적인 경험을 했다고 밝힌 응답자가 "여성의 약 22퍼센트, 남성의 약 11퍼센트"라고 말했다. 이들은 지난 한 해 동안 병원에 입원했던 비율이 두 배 가량 높았고 크고 작은 건강 문제에 시달릴 확률도 높았다. 트라우마가 반드시 성적인 경험과 관련한 것은 아니었다. 사람들이 자신만의 비밀로 한 충격적인 경험은 어떤 종류든 관계없었다.

제임스는 궁금증이 생겼다. 이 사람들을 연구실로 초대해 격동의 사건에 관해 말하거나 글로 쓰게 한다면 어떻게 될까? 그 경험을 말로 표현하는 행위가 도움이 될까? 동료인 샌드라 벨과 함께 그는 참가 학생들을 네 그룹으로 분류한 뒤 4일 이상 연속으로 하루 15분간 글을 쓰도록 했다.[2] 한 그룹은 머무는 공간 묘사 등 중립적인 주제로 글을 썼다. 나머지 세 그룹은 그들에게 트라우마를 남긴 경험에 관해 적었다. 세 그룹 중 한 그룹에게는 그 경험을 떠올리며 느끼는 자신의 감정을 표출하라고 요청했다. 두 번째 그룹에게는 감정 표현을 금하고 사실에만 입각한 글을 쓰게 했다. 마지막 그룹은 해당 사건과 **더불어** 그 사건에 대해 당시 느꼈던 바와 현재의 시점에서 회상하면서 느끼는 바를 모두 적으라고 했다.

이 마지막 그룹에게는 "지금껏 살아오며 감정을 가장 동요하게 했던 또는 트라우마를 남긴 경험"을, "개인에게 깊은 영향을 남긴 일"을 글로 적어달라고 요청했다. 맞춤법, 구두점, 문법을 전혀 신경쓰지 않아도 됐다. 이들에게 "무엇에도 구애받지 않고 자신 안의 깊은 감정과 생각을 표현하는 것이 가장 중요하고, 어떤 일이 있었고 당시 어떤 기분을 느꼈으며 현재 어떤 기분을 느끼는지 글로 표현"하라는 요청이 전해졌다. 글로 쓸 이야기가 고갈되면, 해당 기억의 처음으로 돌아가 처음부터 다시, 표현을 달리해 글을 써야 했다.

글을 쓰며 눈물을 보이는 학생도 있었다. 한 참가자는 남동생에게 항해하는 법을 가르치던 일을 적었다. 첫 솔로 항해 날 남동생은 물에 빠져 사망했다. 또 다른 여학생은 열 살 때 부모님이 그에게 방을 치우라고 지시했던 일을 떠올렸다. 그는 부모님의 말을 듣지 않았다. 그날 밤 집에 방문한 할머니가 장난감을 밟고 미끄러져 고관절이 골절됐고, 그 다음 주 수술을 받던 중 합병증으로 사망했다. 한 남학생은 아홉 살 때 아버지가 자신을 바깥으로 데리고 나가 어머니와의 이혼 소식을 알리며 "너와 네 여동생이 태어난 후로 모든 것이 달라졌기 때문"이라고 말했던 일을 적었다. 어떤 학생들은 실험이 진행되는 나흘간, 글로 쓴 과거의 기억들이 내내 꿈에 나온다고 말했다. 하나같이 기분 저하를 경험한 네 번째 그룹 학생들에 비해 일상적인 주제를 쓴 그룹과 감정만 표출하는 글을 쓴 그룹, 냉정하게 사건만 쓴 그룹, 이렇게 다른 세 그룹 학생들은 글을 쓰며 초반엔 더욱 긍정적인 정서를 경험했다.

하지만 연구가 끝난 후 참가자들의 상태를 확인한 페니베이커와 벨은 놀라운 몇 가지 사실을 발견했다. 특정 사건과 자신의 감정을 연계한 학생들은 4개월이 지난 후 전반적으로 정서가 크게 향상됐다. 이들은 더 긍정적인 태도를 보였고 더욱 에너지가 넘쳤으며, 대부분은 마음속 힘든 문제를 해소한 기분이라고 밝혔다. 연구가 끝나고 6개월 후, 페니베이커와 벨은 실험에 참여한 학생들이 대학 정신건강센터를 방문한 비율이 절반으로 줄었음을 확인했다. 표본이 작았던 터라 두 사람은 후속 연구들을 진행했다. 이들은 참가자의 혈액 샘플을 여러 차례 채취했다. 두 사람은 충격적인 사건을 주제로 글을 쓴 참가자들이 백혈구를 더욱 많이 생성하고 엡스타인-바 바이러스와 B형간염 백신에 더욱 많은 항체 반응을 일으킨 것을 확인했다.[3] 제임스는 놀라움을 감출 수 없었다. "나는 이 질문에 매달리게 됐다. 글쓰기의 어떤 요소가 이런 차이를 만들어내는가?"

80년대 이후 표현적 글쓰기의 효과와 잠재적인 이점에 대한 연구가 셀 수 없이 많이 진행됐다. 연구자들은 충격적인 사건을 주제로 표현적 글쓰기를 한 사람들은 통제군에 비해 4밀리미터 크기의 찍어냄생검・검사를 하려고 구멍 뚫는 기구로 조직을 떼어내는 것—옮긴이 상처가 훨씬 빠르게 회복된다는 사실을 확인했다.[4] 처음 제임스는 마음속 아무도 모르는 트라우마를 품는 스트레스가 사람들의 건강을 상하게 한다고 생각했다. 낮은 수준의 불안이 지속되면 결국 면역체계를 망가뜨리고 사람들은 병에 더 취약해진다는 한스 셀리에의 일반적응증후군 이론처럼, 제임스는 어떤 감정을 억제하는 데 에너지가 필요하고 그 노력이 우리를 서서히 지치게 한다고 생각했다. 자신의 경험을 글로 쓰며 참가자들은 죄책감과 수치심을 모두 털어낼 수 있었다고 생각했다.

하지만 그는 몇 가지 문제를 깨달았다. 첫째로, 비밀스러운 트라우마를 적든 이미 사람들에게 공유한 사건을 적든 차이가 없었다는 것이다. 다른 사람들에게 털어놓은 경험을 글로 쓴 사람들은 비밀스러운 경험을 주제로 쓴 사람들과 마찬가지의 이점을 경험했다. 둘째로, 그의 연구가 널리 알려지자 파티 자리에서 그에게 다가와 자신의 끔찍한 트라우마를 털어놓는 사람들이 생겨났다. "그런 이야기를 자주 털어놓는 사람들은 보통 건강이 안 좋았다. 6개월 후 다른 파티에서 나를 만나면 같은 이야기를 내게 또 털어놓았다." 이들에게는 자신의 트라우마를 공유하는 행위가 별 도움이 되지 않는 듯 보였다. 도리어 이들의 기분을 더욱 악화했다. "정말 알 수 없는 일이었다."

그는 연구 데이터를 다시 들여다보며 글쓰기로 도움을 받은 사람과 받지 못한 사람들을 살폈다. 그의 연구실에 온 첫날부터 이야기를 솔직하게 쓰기 시작해 나흘 내내 같은 이야기를 쓴 사람들은 글쓰기가 도움이 되지 않았다. 대조적으로 처음에는 대단히 훌륭하거나 일관성 있는 이야기를 써내지 못했지만 4일이란 기간 동안 점차 하나의 이야기를 만들어간 사람들은 건강상의 이익을 분명하게 경험했음을 그는 깨달았다. 이야기를 하는 행위 자체가 도움이 되는 것이 아니었다. 이야기를 **구성해가는** 행위가 핵심이었다.

"내게 대단한 깨달음을 주었다. 우리가 지닌 어떤 이야기들은 아무것도 해소해주지 못할 때가 있다." 어떤 이야기를 하는 것이 익숙해지고 그 이야기가 지닌 의미가 너무도 익숙해진 나머지 어떤 일이 있어도 이 이야기를 이대로 고수하며 살겠어라고 생각하기에 이른다고 그는 설명했다. 심리학에서 자기 자신에게 불편한 이야기를 거듭 반복하는 행위를 "반추"라고 하고, 이는 우울에 빠질 위험을 크게 높인다. 부정적인 감정을 계속 불러일으키는 것이다. 그 이야기에 갇히고 만다. 제임스는 표현적 글쓰기가 이롭게 작용하기 위해서는 과거의 경험을 되새길 뿐만 아니라 그 경험에서 새로운 면을 찾아야 한다고 주장했다. 한 가지 강력한 장치는 '나'라는 1인칭 대명사를 '그, 그녀, 그들'이라는 3인칭으로 전환하는 것이다. "관점을 바꿔야만 한다. 자신의 이야기를 바꿔야만 한다."

˙✧

스물다섯 살 때, 나를 두들겨 패려던 패거리들 때문에 동네 술집에 갇힌 적이 있었다. 그의 친구 두 명은 내가 빠져나가지 못하도록 앞문과 비상구를 막았다. 테이블을 가운데 두고 상대는 내 맞은편에, 다른 남성 두 명은 내 양옆에 앉았다. 내가 자리에서 일어나면 옆의 두 사람이 내 어깨를 눌러 다시 자리에 앉혔다. 어떻게든 조금이나마 상냥해 보이려고 그들 중 한 명에게 웃으며 말했다. "안녕하세요. 그런데 누구신지?" 상대는 웃지 않았다. "아무도 아니야." 테이블 맞은 편에 앉은 사람은 나를 노려봤다. "그쪽이 나보다 나은 것 같지?" 맹세코 모르는 사람이었고, 상대는 내가 알아보지 못하자 물론 언짢아했다. 결국 내가 너무도 고고한 나머지 그 같은 치를 기억하지 못하는 것처럼 되어버렸다.

중재하려 나서는 사람이 없었다. 나는 술에 취했고 혼란스러웠으며, 속으로는 겁에 질렸다. 우연하게도 예전에 나를 괴롭히던 애들 중 하나가 마침 그 술집에 있었다. 이 패거리들 사이에 있었던 것은 아니고 그냥 지켜만 봤다. 다시 학창시절로 돌아간 것 같았다. 제대로 된 문장을 완성해 말을 하지도 못했다. 무력감을 느꼈다. 한동안 이런저런 말을 주고받았지만, 나는 대체로 상대를 달래고, 내 자신을 낮추고, 사과하고, 관용을 베풀어달라 호소하는 게 다였다. 마침내 남자는 내가 화장실에 가는 것을 허락했다. 나는 화장실 문을 걸어 잠그고 작은 창문으로 빠져나가보려 애를 썼다. 아버지나 경찰에게 전화를 걸어 나 좀 구해달라고 말하고 싶었지만 내 말을 믿지 않을까 봐, 내가 술에 취해 설명을 제대로 하지 못할까 봐, 그 패거리가 우리 집까지 쫓아올까 봐 두려웠다. 내게 주로 시비를 걸던 그 남자는 내가 사는 곳을 잘 안다는 듯 우리 집을 묘사하기까지 했다. 화장실에 숨은 동안 내 친구가 그에게 나는 대거리를 할 가치도 없는 한심한 놈이라고 사정했다. 마침내 그 남자는 흥미를 잃었고, 나는 술집을 빠져나올 수 있었다.

이틀 후, 중산층 세계의 중심지나 다름없는, 따라서 현존하는 가장 안전한 장소라 볼 수 있는 마트의 냉동식품 코너에 서 있던 중, 거리 감각이 이상해졌다. 모든 것이 일렁이고 왜곡됐다. 벽들이 내게 다가오는 것 같았다. 당장 밖으로 나가야 했다. 이것이 내 첫 공황발작이다. 그로부터 몇 달 후 빅토리아역에서 또 한 번, 케임브리지로 거처를 옮긴 날 밤에 또 한 번 공황발작이 찾아왔다. 이후 몇 년간, 몇 차례의 이별을 겪었고 가까운 친구 한 명이 스스로 목숨을 끊은 일도 있었다. 몇 달에 한 번씩 찾아오던 공황발작은 이제 몇 주에 한 번으로 늘어가며 차츰 내 삶에서 정기적으로 벌어지는 무언가로 자리 잡았다.

이상한 점은 공황발작이 처음 어떻게 시작했는지 잊고 있었다는 것이다. 이 책을 쓰면서 술집에서의 그 일을 겪고 첫 공황발작이 찾아왔음을 깨달았다. 주방에 있는 내 뒤로 아내가 나타났을 때 얼어붙은 몸으로 더듬대며 "꼼짝도 할 수 없어"라고 말했을 때도 그 행동과 술집에서의 일을 연관 짓지 못했다. 공황발작이 한창 진행될 때 손으로 머리를 가리고 울면서 "제발 때리지 마"라는 말이 나왔을 때조차도 말이다. 그날 저녁의 사건을 다시 떠올려 하나의 이야기로 만들다 보니 새로운 연결점을 찾아냈다. 노출치료처럼 당시의 일을 다시 체험하는 것 같기도 했지만, 이제 나는 꼼짝없이 갇힌 채로 겁에 질린 피해자가 아니라 더 나이를 먹고 강해진 관찰자였다. 그 일을 글로 적으며 마치 그 경험에서 어떤 교훈을 얻을지 내가 직접 선택하는 것처럼 느껴졌다. 술집에서의 사건 때문에 공황발작이 시작된 걸까? 사실 그게 중요한지 모르겠다. 그날의 일을 쓰고 나니 한결 가벼워졌다. 그동안 품어온 주먹을 마침내 한 방 날린 기분이었다.

✦

이야기를 창조하는 능력은 인간이 지닌 중요한 이점일 것이다. 하지만 그 능력을 현명하지 못하게 쓴다면 망상을 불러일으키기만

할 뿐이다. 2020년 크리스마스가 지난 어느 날, 수키를 재우고 아래 층으로 내려가니 리사가 울고 있었다. 트리에서 나오는 불빛이 은은 하게 깜빡이며 금빛으로 공간을 물들였다. 1월 5일이었다. 다음 날 은 주현절이었고, 크리스마스 장식을 정리하는 날이기도 했다. 그 다음 날은 내 마흔 번째 생일이었다. 아내에게 무슨 일인지 물었다. "크리스마스가 너무 빨리 지나갔어." 아내는 이렇게 말했다. "충분히 즐기지도 못한 것 같은데, 이제 다 끝났다고." 힘든 한 해였다. 2020년은 우리의 예상과 완전히 다르게 흘러갔다. 우리가 짊어지고 가야 할 미래는 대다수의 사람이 생각했던 현실과는 완전히 다른 이야기가 될 거라는 암시와도 같은 해였다.

나는 리사와 서로를 위로한 뒤, 글을 쓰기 위해 위층으로 올라갔다. 할머니는 돌아가시기 얼마 전 아버지에게 당신이 살아온 이야기를 전했고, 나는 아버지가 기록한 그 이야기를 한창 읽던 중이었다. 날짜는 거의 적혀 있지 않았고, 70년 넘는 인생은 사건들과 그 사건을 각색한 이야기들 사이를 스쳐 지나갔지만, 한 가지 숫자가 눈에 띄었다. 1945년 1월 5일. 정확히 76년 전, 할머니는 가족과 함께 은색과 하얀색으로 꾸민 크리스마스 트리 앞에 서서 트리를 바라보고 있었다. 1944년의 크리스마스는 할머니의 삶에서 가장 행복한 순간이었다. 폴란드에서 군대 수송과 관련된 일을 했던 증조할아버지가 거위 한 마리를 들고 집에 왔다. 가족이 모두 한 자리에 모였다. 할머니 가족은 당시 폴란드 실레지아 상부의 카토비체에 살았다. 할머니는 졸업 후 히틀러 청소년단 사령부에서 속기사로 일하던 중이었다.

크리스마스가 지나고 며칠 후 할머니가 근무 중일 때 공습이 닥쳤다. 선천적인 골반 기형으로 할머니는 다리를 절었다. 특별한 휴대용 타자기를 챙겨 대피처로 내려가면 됐지만 (파시스트였던) 부서장은 할머니에게 일반 크기의 무거운 타자기를 가져가라고 했다. 무거운 타자지를 들고 급히 내려가던 할머니는 중심을 잃고 넘어져 크게 다쳤다. 의사는 비톰에 있는 병원에서 큰 수술을 받아야 한다고 진단했다. 최소 8주간의 입원을 각오해야 했다. 그런 연유로 1월 5일, 할머니는 크리스마스 트리를 마지막으로 한 번 더 보려고 멈춰선 것이었다. 다음 날 아침 떠날 예정이었고 이후 두 달간은 집에 돌아올 수 없었다. 사실 할머니는 50년 동안 집에 가지 못했다.

비톰 병원에서 지내는 동안 전쟁은 카토비체 인근으로 다가왔다. 할머니 가족들과 동료들은 모두 다른 지역으로 떠났다. 반면 할머니를 포함해 남은 환자들은 반대편 지역에 있는 시설로 옮겨졌다. 할머니에게는 달리 선택권이 없었다. 수술 후에 한 하반신 깁스는 침대를 무너뜨릴 정도로 무거웠다. 몇 달이나 지나 히틀러의 사망이 발표되고 나서야, 미성년 여성 환자를 퇴원시키는 데 병원의 책임이 없다는 서류에 서명한 뒤, 할머니는 목발을 짚고 가족을 찾아 홀로 독일로 향할 수 있었다. 기차가 중단된 철로를 따라 걸었다. 폭격을 맞은 드레스덴을 통과했다. 다리를 지키던 러시아 병사를 만나기도 했다. 로젠탈에서 할머니는 가족들을 만났다.

한편 할머니의 동료들은 체코슬로바키아로 대피했다. 할머니가 병원이 아닌 집에 있었다면 가족이 아니라 동료들을 따라가야 했을지도 모른다. 전쟁이 끝난 후 체코슬로바키아에 있는 독일인들은 강제 수용소에 옮겨져 강제 추방을 당했다. 많은 이가 처형을 당했고, 또 많은 이가 굶주림과 질병에 목숨을 잃었으며, 수천 명이 자살로 생을 마감했다. 소비에트 노동교화소로 간 사람들도 있었다. 할머니는 동료들의 소식을 다시는 듣지 못했다. 무거운 타자기를 옮기라는 상사의 지시 덕분에 할머니는 목숨을 건졌다.

크리스마스 트리 옆에서 리사가 울던 그날 저녁에야 비로소 할머니가 어쩌다 입원을 했는지 알게 되었다. 그리고 기일이기도 한 그날 저녁, 할머니의 손자가 그 글을 읽고 있었다. 할머니가 보지 못한 증손녀는 옆방에서 잠들어 있었다(나중에 아버지에게 이 날을 이야기하자 아버지는 할머니가 정확히 8년 전 그날에, 2013년 1월 5일에 돌아가셨다고 알려주었다). 이 모든 일이 어떠한 운명으로 이어졌다고 생각하지 않는다. 추계학적 시스템이 일으킨 물결이라고 보는 쪽이다. 무작위성이 일으킨 반향들. 구름 속 패턴들.

할머니는 명백한 불운이 자신을 어디로 이끌지 전혀 예측할 수 없었다. 경험에서 교훈을 찾는 것은 심리학자들이 자주 말하듯 대단히 가변적이다. 이야기가 지닌 힘이 실제 있었던 일을 위험하게 만들기도 한다. 경계하지 않는다면 우리는 실제로 자신에게 주어진 것보다 더 많은 통제력을 가졌다고 생각하기 쉽다. 불확실성에 대한 신뢰를 잃어버리고 만다. 모델이 현실이라고 믿게 된다.

할머니에게 따뜻한 추억으로 남은 1944년 크리스마스에, 오스트리아 의사 빅토르 프랑클은 강제 수용소에서 얼마 떨어지지 않은 곳에 억류되어 있었다. 수용소 의사는 그에게 크리스마스에서 새해까지 몇 주간 사망자가 지나치게 늘었다고 알렸다. 의사는 굶주림이나 질병이 심해졌거나 노동 환경이 가혹해진 것이 사유라고 생각하지 않았다. 그는 "대부분의 수감자가 크리스마스에는 집으로 돌아갈 수 있을 거라는 순진한 희망으로 버텨온 탓"이라고 생각했다. 크리스마스가 끝나자 잔혹한 고통 속에서 몇 달을 버티게 해준 이야기가 산산이 깨져버린 것이다. 의사는 이들의 내적 저항을 가능케 한 힘이 사라졌다고 봤다. 스톡데일 패러독스Stockdale Paradox로 널리 알려진 현상이다. 베트남전쟁 중에 짐 스톡데일 장교는 "하노이 힐튼"이라는 아이러니한 별명으로 불리는 호아로 감옥에 7년 반 동안 감금되어 폭행과 고문에 시달렸다. 이런 상황을 가장 버티지 못하는 사람은 누구였냐는 질문에 그는 이렇게 답했다. "그건 쉽습니다. 낙관주의자들이죠." 크리스마스에 석방될 거라고 믿는 사람들이라고 그는 답했다. 크리스마스가 지나면 부활절에 희망을 건다. 그러고는 추수감사절을 기다린다. 그렇게 다시 크리스마스를 기대한다. 기대가 계속 어긋나며 이들은 의미와 통제력의 근원을 잃고 만다. 이들을 지탱해준 이야기가 무너진 것이다. "이들은 상실감에 죽게 됩니다."

후에 스톡데일은 자신은 언젠가 이곳을 나갈 것이고, 감옥에 갇혔던 때를 의미 있는 시간일 뿐 아니라 "훗날 되돌아봤을 때 무엇과도 바꾸고 싶지 않은, 내 인생을 규정하는 하나의 사건"으로 삼겠다는 믿음을 굳건히 지킨 덕분에 살아남았다고 전했다. 그의 "패러독스"는 지속가능한 진짜 희망을 찾기 위해서는 고난의 무게를 있는 그대로 받아들일 필요가 있음을 역설적으로 말한다. 이와 유사하게 프랑클은 강제 수용소의 끔찍한 환경에서도 버티는 내면의 힘은 강력한 "이유"를 찾는 데서 비롯된다고 믿었다. "자신의 삶에 더는 아무런 의식도 없는 사람, 아무런 목적도, 목표도, 그리하여 계속 살아갈 의미도 없는 사람이여!"

스톡데일과 프랑클은 자신들의 이야기를 꾸며냈다. 여러 중요한 지점에서 사실과 다른 거짓이 섞였다. 하노이 힐튼의 수감자들은 상실감으로 죽은 것이 아니다. 이들은 질병과 학대, 굶주림으로 사망했다. 강제 수용소의 피해자들 역시 마찬가지다. 스톡데일과 프랑클은 살아남았다는 죄책감을 합리화하는 수단으로 자신들의 서사를 만들어가며 적어도 어떠한 시스템이 작용했으며, 누군가는 죽고 또 누군가는 살아남은 **이유**가 있었다고 스스로를 위로했다. 우리의 온전한 정신세계를 유지하기 위해서라도, 세상이 무작위적 강화의 조건에 지배당한다는 사실을 믿을 수 없다. 실로 프랑클은 이런 글을 남기기도 했다. "그게 무엇이든 수많은 행운 또는 기적의 도움으로 돌아온 우리는 알았다. 우리 중 가장 훌륭한 사람들은 살아 돌아오지 못했다는 것을." 희망은 필요한 것 같다. 하지만 희망만으로는 충분하지 않다.

‧✦‧

불안의 극복이라는 담론에서 불안한 사람들이 다른 이들과 동떨어지지 않았음을 잊는다면 도덕적 위험이 발생한다. 이들이 실험실 속 청결하고 독립적인 공간에서 본질적으로 아무런 의미도 없는 신호에 반응해 레버를 당기는 실험 대상자라고 생각해서는 안 된다. 편도체가 없는 환자 S.M.의 기록에는 그가 살인 협박, 강간 미수, 살인 미수의 고난 속에서도 살아남았다는 이야기가 적혀 있다. 그가 타인을 신뢰해도 되는지를 판단하고 잠재적 위험을 감지하는 데 서툴기 때문에 이런 일을 겪었다는 듯한 뉘앙스가 전해진다. 환자 S.M.의 연구에 직접 참여한 연구자들과 대화하거나 이들이 쓴 글을 읽으며, 학술적인 논문 자료에서는 찾아보기 어려운 애정과 심지어 존경을 느낄 때가 많았다. 존 웨미는 그에 관하여 말할 때 재치 있는 한편 신중한 톤을 유지했다.

하지만 환자 S.M.이 성폭행을 당하고, 질식으로 의식을 잃고, 총구가 겨눠지는 경험을 한 이유는 뇌에 문제가 있어서가 아니었다. 남자들이 이런 짓을 그에게 가했기 때문에 벌어진 일이다. 매년 미국에서 평균적으로 43만 3648명이 강간이나 성폭행을 당한다.[5] 우리가 아는 바로는 다들 편도체에 이상이 없는 사람들이다. 이런 사건이나 자연재해로 비롯된 트라우마는 사실상 개인이 피하기 어렵다. 반대로 가정폭력, 성폭력, 충돌로 인한 이주, 전쟁의 참상은 인간의 선택에서 비롯된다. 어떤 상황에서 불안장애가 생겨났는지 고려하지 않는다면 해당 질환을, 특히나 PTSD를 치료할 완벽한 모델을 찾을 수 없다. 이렇듯 직접 언급하면, 거기에 조금 윤리적인 척하는 어조까지 더해지면 너무나 뻔한 소리처럼 들리지만, 회피적 행동과 신경의 상관관계나 정신약리학적 개입, "나쁜 스키마"에 대한 연구에 몰두하다 보면 이런 뻔한 사실을 쉽게 잊고 만다. 나도 몇 번이나 그랬다(루시 존스톤 박사가 바로 이 문제를 지적했다).

온갖 불안장애를 더욱 잘 치유할 방법을 찾을 수 있겠지만, 그 해결책에는 불안장애가 덜 발생하는 사회적 환경을 만드는 것이 포함돼야 한다. 정신건강을 다룬 저명한 책들의 저자는 보통 백인, 중산층의 시스젠더에 건강한 사람들이다(네, 접니다). 심리학을 괴롭히는 거대한 편견의 일부다. 우리가 이론을 실험하는 표본은 대다수가 너무도 '이상하다.' 즉, 표본은 선진국의 부유한 민주주의 국가 출신에 교육받은 백인을 지나치게 대표한다.[6] 심리학의 오랜 역사로 전공학생들이 배우는 "고전" 실험들은 중산층 백인 서양인이 대상이자 주최자다. 심리학의 가장 일반적인 표집 방법을 두문자어로 줄이면 잘 어울리는 단어가 완성된다. SUCS, 즉 일반적인Standard, 대학을 나온University, 편리한Convenience, 표본Sample이다 • 엉망이라는 의미의 sucks와 발음이 같다—옮긴이. 연구자들은 해당 학교의 학생들을 섭외해 저렴하고 편리하게 실험 참가자를 구하지만, 세상 전반을 대표하는 표본을 구성하는 데 실패한다.

출간된 논문 다수는, 다시 말해 라이프스타일 기사나 대중에게 공유되는 정보로 재포장되는 조언들 다수는 대단히 좁은 범위의 청중에 의한 것이자 그들을 위한 것이다. 이 조언들은 사람들이 비슷한 어려움을 경험하고 비슷한 가치를 공유한다고 상정한다. 우리는 상사와의 갈등으로 스트레스를 받는다. 우리는 커리어와 아이가 있는 가정 양쪽을 유연하게 오가려 노력한다. 우리는 분열을 조장하는 소셜미디어의 특성으로 고통받는다. 우리에게 필요한 일은 매니큐어와 페디큐어 미용을 예약하고, 마음챙김 스트레칭을 하며 일주일에 나흘만 일하고 남은 시간에는 시든 철쭉을 잘라내는 것이다. 너무 열심히들 일하지 말라고요, 알겠죠? 정신없이 빠르기만 한 도심의 직장은 그만두고, 오래된 가구를 인위적으로 앤티크하게 꾸미고, 주말에는 카약을 타는 당신의 꿈을 좇으세요.

아이 셋을 키우는 싱글맘으로 폭력적인 이웃들에 둘러싸인 와중에 집세로 집주인과 말다툼이 계속되는 상황이라면 위에 나온 이야기를 듣고 욕설을 내뱉을 것이다. 장애가 있거나 장애인을 돌보는 처지로 지원이 줄어들거나 완전히 끊겼다면 불안을 느낄 수밖에 없다. 양측 모두 영국제 무기로 무장한 두 세력이 충돌하는 바람에 자신의 집을 떠나게 됐다면, 졸로프트나 요가로 해결될 상황은 아니지 않은가? "스피노자에게서 어떤 위안을 얻을지 궁금하군"이라고 말할 한가한 상황이 아니다. 가상의 십대 학생을 떠올려보자. 그가 다니는 학교의 학생들은 버터플라이 나이프를 소지하고 다닌다. 이때 연륜 있는 신경과학자에게 가서 이 학생이 자칫 누군가를 잘못 건드리면 신장에 칼날이 꽂힐까 봐 두려움을 느낄 때 두뇌의 어느 부위가 환하게 밝아지는지 물어볼 필요가 없다. 이 학생을 안전하게 보호하는 게 우선이다.

불안에 대한 담론은 대체로 우리가 해결해야 할 문제의 결과일 때가 많다. 도자기 가게에 난폭한 황소들이 날뛰는데, 소들이 이곳에 어떻게 들어갔는지 묻는 대신 우리는 도자기 복원에 초점을 맞춰 더욱 정교하고 접착력이 우수한 풀을 개발하는 데 힘쓰고 있다. 케서린 버튼 박사는 내게 이렇게 말했다. "정말 끔찍한 일 앞에서 사람들은 제대로 된 역반응을 보이기도 합니다." 더욱 친절하고 공정한 사회를 만들고, 무기 판매를 중단하고, 난민을 받아들이고, 여성을 성희롱과 성폭력에서 보호하고, 공공 영역에 투자하고, 자연을 돌보는 관리자로서 책임감 있는 모습을 보이고, 수많은 이가 비단 현실을 살아만 가는 것이 아니라 성장하도록 다양성을 지키고 고취하는, 이 모든 일이 바로 정신건강 문제와 직결된다.

현재 불안을 둘러싼 담론은 안전한 집과 음식이 보장되고, 폭력에서 안전하며, 외출해서 일과를 처리하면서 공격이나 희롱, 학대를 당할 두려움 없이 집에 돌아오는 생활이 충분히 가능하다는 예상을 전제로 한다. 정신건강을 다룬 유명 문헌 다수가 그렇지 못한 사람들도 있음을 인정조차 하지 못한다면, 이런 문헌들이 은연중에 상대적으로 특권을 누리는 사람들의 이야기만 한다면, 그릇된 보편성이 형성될 뿐이다. 우리는 모두 같은 바다에 있다. 하지만 우리 중 몇 명만 보트를 가졌다.

비극은 취약함과 고통이 우리를 하나로 잇는 힘이라는 것이다. 지구상 모든 인간에게 공동의 유대감을 주는 요소다. 돈이 많든, 날씬하든, 젊든, 문화적으로 선호되는 신체 부위가 풍만하든, 우리 중 누구도 고통과 죽음에서 자유롭지 않다. 불교에는 "다섯 가지 명제"

가 있다. 사람이 마땅히 자주 생각해야 한다고 붓다가 말한 명제다. 처음 세 가지는 이렇다. 나는 늙음을 피할 수 없다, 나는 병을 피할 수 없다, 나는 죽음을 피할 수 없다. 우리의 자만심 또는 그릇된 자신감을 극복하고 어려움을 그 자체로 수용하여 소유물, 인간관계, 외모, 건강과 같이 본질적으로 불안정한 대상에 매달리기보다는 더욱 멀리 깊게 보며 죽음에서 자유로운, 변치 않을 안식처를 찾아야 한다는 의미다. 모든 것은 흔들릴 수 있다. 안타깝지만.

✦

불안이 **그저** 트라우마의 결과물이라거나, **그저** 사회가 실패하고 있다는 징표라거나, **그저** 비논리적인 생각의 산물이라거나, **그저** 유전적 취약성 또는 신경전달물질의 감소 또는 두뇌 속 비정상적인 연결성 때문이라는 이야기를 맥락 없이 단독으로 취해 신조로 삼으면 위험해진다. 세상이 흔들릴 때 우리는 패턴을 간절히 바라기 마련이다. 우리는 트라우마가 발생한 사람들이 잘 헤쳐 나가도록 돕는다. 탄압이 벌어지면 변화를 요구한다. 사람들이 건강하지 않은 신념이나 문제 해결 방식에 빠졌을 때는 더 나은 전략을 알려준다. SSRI나 SNRI 약물의 도움이 정말 필요한 사람에게는 충분한 정보와 선택권을 제공할 전문가를 연결해준다. 이야기를 들어줄 누군가, 사랑을 전해줄 누군가가 필요한 친구에게는 그것들을 제공해준다. 이런 개입들은 우열의 잣대를 들이대야 하는 대상이 아니다. 우리는 이 모든 것이 필요하다. 불안에 개인적인 해결책이 필요한지 공동체적 해결책이 필요한지를 두고 논쟁하는 글을 읽었을 때, 무의미한 주먹다짐을 지켜보는 것만 같았다.

의사의 진료를 받는 사람을 지칭하는 '환자patient'라는 단어는 '인내심이 있는patient'이란 형용사와 어원이 같다. '겪다, 고통받다, 견디다'라는 뜻의 라틴어 동사 pati로, 그리스도의 수난을 말할 때 쓰는 passion도 여기서 파생했다. 어원상 환자는 처음에는 질병으로, 그다음에는 의사로, 후에는 약으로 고통받는 대상인 셈이다. 환자는 근본적으로 무언가를 당하는 수동적인 대상이며 이들의 유일한 의무는 그 역할을 잘 해내는 것이다.

이에 완전히 반대되는 단어는 '주체자agent'로, '하다'라는 뜻의 라틴어 동사 agere에서 유래했다. 주체자는 '하는 사람'이다. 이들은 외부의 힘이 작용하는 대상이 아니라 행위자다. 로널드 랭의 반정신의학주의를 따르는 심리치료자들은 소위 정신질환의 "의학적 모델"이 정신과 의사의 구조를 기다리는 수동적 피해자를 양산한다고 주장한다. 우리가 지금껏 자신의 능력을 거부하도록 학습됐지만 실제로는 우리에게 통제력이 있다고 이들은 말한다. 심각한 불안과 공황발작마저도 목적이 있는 의지력의 행사이자 어느 정도 우리가 선택한 표현 양식이라는 것이다. 이런 표현을 우리가 선택했다는 주체성을 인정하고, 그 기원을 추적하고, 이면의 진실한 감정에 닿는다면, 우리는 더 나은 선택을 내릴 수 있다고 말이다.

실제로 우리는 주체자이자 환자 둘 다이다. 우리의 행동은 세상에 영향을 받고, 세상은 우리 행동에 영향을 받는다. 글로벌 팬데믹이 우리를 집에 가두고, 경제가 붕괴되고, 사랑하는 사람이 병에 들거나 죽는 일은 우리가 결정할 수 없다. 사실 자신의 반응 또한 실제로는 선택하지 못한다. 정서적 반응을 조종하는 것은 공을 받아내는 것과 비슷한 하나의 기술이다. 문자를 하며 한 손으로 높이 뜬 공을 받을 수 있을지 선택하지 못하는 것처럼 걱정하지 않기로, 상처받거나 동요하지 않기로 선택할 수 없다. 공을 잡는 것은 의심할 여지 없이 자발적인 행위지만 **연습**이 필요하다. 우리의 주체성이 필요한 지점이다. 기술을 향상하기 위해 노력할지 말이다.

역도에 이런 말이 있다. "실패 지점까지 훈련하라." 근육에 더는 힘이 들어가지 않고 물리적으로 더는 반복할 수 없는 지점까지 무게를 들어 올리는 것이다. 현대 연구 대부분이 실패 지점까지의 훈련이 근육을 성장시키는 가장 최고는 아닐지라도 최선의 방법이라고 말한다.[7] "더욱 강해지길 선택"하지 않는다. 그렇다고 수동적으로 현재의 한계를 수용하는 것도 아니다. 대단히 힘든 지점까지, 실패하는 지점까지 계속하는 것이다. 실패할 때 근육이 미세한 파열을 입고 이로서 치유와 성장이 가속화된다.

월터 캐넌은 신체가 모든 것이 같은 상태를 지키는 평형(항상성)을 유지하려 한다고 설명했다. 스트레스는 바로 이 평형을 위협한다. 심리학자 안데르스 에릭슨의 저서 『1만 시간의 재발견』에는 규칙적인 조깅이 다리 근육의 산소 수치를 떨어뜨린다는 이야기가 등장한다. 신체가 산소 요구량을 따라갈 수 없어 새로운 모세혈관이 생성되고, 세포에 더 많은 산소를 공급해 항상성이 새롭게 정립된다. 하지만 스트레스는 정확히 필요한 정도여야 한다. 너무 적으면 항상성을 흔들어놓을 수 없다. 너무 많으면 부상을 입고 몇 달간의 훈련이 무효화될 수도 있다. 기술을 기르는 것 또한 마찬가지다. 20세기 초반 소비에트의 심리학자인 레프 비고츠키는 성장에 최적화된 영역을 두고 "근접발달영역"이라고 명했다.

현재 우리는 불안을 치료하는 가장 성공적인 개입이 노출이라는 사실을 안다. 심리학자인 니컬러스 월시는 나와 이야기를 나누던 중 불안을 두고 면역계를 활성화하는 병원균에 비유했다. 우리가 감당 가능한 정도로 소량의 균에 노출되면 훗날 그 균으로부터 우리 몸을 보호할 항체를, 건강하고 적응적인 대처 기술을 기를 수 있다. 이 과 정을 "스트레스 면역stress inoculation"이라고도 한다. "성장하는 과정에 서 제 연령에 맞는 난관을 맞닥뜨리면 전략의 광범위한 레퍼토리를 형성합니다." 그는 이렇게 전했다. 에릭슨은 뇌에서도 유사한 일이 벌어진다고 설명했다. 우리가 근접발달영역 내에서, 즉 우리가 도전 의식을 느낄 만큼 어렵지만 자신을 강압적으로 몰아세울 만큼 어렵 지는 않는 과제 속에서 기술을 연마할 때 뉴런 간의 연결성이 성장하 고 더욱 두꺼워진다. 축삭돌기를 보호막처럼 감싸 전기신호를 더욱 빠르게 처리하는 '말이집myelin'이라는 물질이 생겨난다.

빅토르 프랑클은 이렇게 적었다. "인간에게 평형의 상태가, 생물 학에서 '항상성'이라고 말하는 긴장이 없는 상태가 필요하다는 가정 은 정신 위생의 위험한 오해다. 인간에게 진정 필요한 것은 긴장이 없는 상태가 아니라 자신에게 가치 있는 목표를 위해 분투하고 싸우 는 것이다. 인간에게 필요한 것은 어떻게 해서든 긴장을 해소하는 것 이 아니라 자신이 충족할 수 있는 의미를 찾아내는 것이다."[8] 회복력, 의미, 편안함은 선천적으로 타고나거나 타고나지 않는 특성이 아니 다. 이런 특성들은 생각과 특정한 행동 습관으로, 때때로 자신의 이 야기를 다시 고쳐 쓰는 과정으로 함양할 수 있다. 이때 우리의 신경 생물학과 생리학이 적응력을 발휘하며 우리를 도와준다. 다만 시간 이 걸릴 뿐이다. 스트레스에 완전히 항복하고 성장으로 이끄는 최적 의 긴장 상태에 기꺼이 진입하겠다는 태도가 필요하다.

인간이 마주한 모든 문제 가운데 특히나 불안이 극복하기 어려운 것도 이 때문이다. 불안을 좀 더 능숙하게 처리하기 위해서는 자신의 인내력을 시험하고, 스스로 견딜 수 있는 최대 한도 내에서 반복적으로 자신을 불쾌한 생각과 감정에 노출해야 하기 때문이다. 이때 분별력을 발휘하지 못한다면 이 모든 과정은 순교의 고통에 그치고 만다. 고된 스트레스는 우리를 소모하고 탈진시킨다. 압도적인 공포는 트라우마를 더욱 강화한다. 스트레스 요인들이 너무 힘들지도 너무 가볍지도 않은 딱 알맞은 정도의 골디락스 존을 찾기란 굉장히 힘들다. 달리기 거리나 바벨 무게와 달리 우리가 마주하는 스트레스의 지속시간과 강도는 절대적으로 통제할 수 없다.

사실 위에 나온 이야기가 전부 다 틀릴 때도 있다. 알약을 한 알삼키고 고립에 빠지면 행복이 찾아올 때도 있다. 당연하게도 불안을 느끼지 않는다. "상황 변경situation modification"이면 해결되기도 한다. 다른 사람들과 함께 지내던 끔찍한 집에서 짐을 빼면 된다. 직장을 그만 두면 된다. 어깨를 짓누르던 역기를 내려놓으면 불안은 점차 사라진다. 모든 신화 속 영웅의 이야기에 원형이 있다는 신화학자 조지프 캠벨식의, 모든 상황을 지배하는 불안의 원질신화는 없다. 하지만 불안에는 한 가지 이면이, 우리에게는 유익하게 작용하는 면이 있다. 불안이 발휘되는 수많은 상황에는 공통적인 약점이 존재한다는 것이다. 불안을 느끼는 상황은 모두 이어졌고, 모두 개선의 여지가 있다. 그저 유효한 방법을 찾는 데 시간이 걸릴 따름이다.

내게 가장 어려웠던 일은 통제력의 상실을 인정하고 수용하는 것이다. 게임 같은 삶을 바랐다. 특정한 주제별로 준비된 도전이 마련되고 그 난도가 점점 더 높아지다가 마지막에 최종 보스를 해치우면 만족스러운 결말과 함께 마이클 잭슨의 엔딩곡이 흐르는 삶 말이다. 우리가 어린 시절의 트라우마를 해결할 때까지 팬데믹은 백스테이지에서 인내심 있게 기다려주지 않는다. 이야기를 구성하고 싶다는 욕망, 매우 놀라운 한편 아름다운 복잡함으로 가득 찬 세계에서 패턴을 찾고 싶다는 욕망은 강렬하다. 제임스 페니베이커가 발견했듯 이 욕망은 우리의 정신적·육체적 건강에 아주 중요한 요소다.

그럼에도 이야기를 놓아줄 줄 아는 태도가 더욱 중요하다. 우리는 자신의 기억을 사후 교묘하게 달라진 코멘터리가 아니라 아카이브 자료 영상처럼 대한다. 과거를 설명하는 이야기를 적극적으로 만들어가는 모습을 보며 우리의 **모든** 이야기가 이렇게 만들어진다는 사실을 깨달아야 할지 모른다. 각자 처지에 따라 교정이 가능하다는 것을, 본인 삶의 작가는 자기 자신임을, 경험이 어떤 의미인지는 스스로 선택할 수 있음을 깨달아야 한다. 추후 그 의미들이 더는 유익하지 않아지면 우리는 새로운 의미를 집어 들면 된다. 단 하나의 기계적인 답변에 안주할 필요가 없다. 한 가지 이야기를 고수하기에 우리는 아주 이상하고 다채로운 생명체다.

✦

심각한 불안장애 환자로서 내가 가장 힘들어했던 일은 아마도 자기 연민과 자기 효능 사이의 균형을 잡는 일이었을 것이다. 항상 이런 생각을 마주했다. 내게 변화할 힘이 **정말** 있다면 도대체 왜 바뀌지 않을까? 사람들은 이렇게 말했다. "자신에게 친절하게 대해야 해. 스스로에게 너무 가혹하게 굴지 말라고." 행간에는 이런 의미가 담긴다. 자기 자신에게 너무 많은 것을 기대하지 말라고. 나 자신을 너무 괴롭히지 말라고 사람들은 말했지만 달리 무엇을 해야 하는지는 알려준 적이 없다. 불편함, 불안함, 두려움을 멈출 방법을 말이다. 한 주를 어떻게 살아내야 하는지, 공포와 회피를, 낭비된 기회를, 논쟁을, 천천히 나를 갉아먹는 만성 불안을 어떻게 헤쳐나가야 할지 설명해 준 사람은 아무도 없다.

다만 내가 깨달은 점은 불안의 반대가 안정이 아니라는 것이다. 그 반대는 호기심이다. 욕구다. 살아 있는 기분을 전해주는 무언가를 찾고 그것을 뜨겁게 받아들이는 한편 무언가 잘못될 수도 있다는 사실을 수용하려고 최선을 다하는 자세다. 가만히 있어도 두려움을 느낀다면 차라리 잊지 못할 도전을 감행하는 편이 나을지도 모른다.

지금의 나를 보라. 잘 견뎌내고 있다. 여전히 몸을 움직인다. 내가 가능할 거라 생각했던 수준 이상으로 잘 감당한다. 러닝을 하면 여전히 다리가 시큰한 증상에 시달리듯 아직도 불안과 불편함을 경험한다. 이제는 자책하는 대신, 불안을 내가 노력한다는 증거로 생각한다. 내 스스로 어려움을 마주한다는 증거로 여긴다. 그래서인지 전보다 불안을 약하게, 드물게 경험한다. 회복이 빨라졌다. 공황발작은 완전히 사라졌다. 지금 이 글을 쓰는 시점으로 따져 보면 공황발작을 경험하지 않은 지 2년이 넘었다. 2020년 한 해 전체를 포함한 기간이다. 사람들이 "출근"이란 말을 하며 아련한 향수에 젖던, 기념비적인 참담함을 기록했던 열두 달을 포함한 기간이다.

최면 덕분이었을까? 야외 수영이 효과가 있었을까? 운동? 두뇌 헬멧? 버섯 신들? 아니면 지금까지의 모든 여정을 이렇게 글로 적은 것이, 이야기를 만든 것이 도움이 되었던 걸까? 잘 모르겠다. 잘 모르는 상태도 괜찮다.

안정과 불안, 확실성과 카오스 사이에는 두 유형의 생태계가 만나는 비옥 지대가 존재한다. 양극단에 존재하는 두 생태계보다 더욱 다양하고 밀도 있는 삶을 가능케 하는 풍성한 성장의 야생 지대다. 이 지역을 '가능성'이라고 할 수 있겠다. 그곳은 쉽지도 안전하지도 않다. 나는 때때로 고전한다. 하지만 정말, 정말 좋은 것들이 있다. 그곳에 머물 가치가 있다.

겁은 내게 많은 것을 가르쳤다. 문명이라는 요란한 예복 아래에 나는 그저 진실을 숨기려고 공들여 날조한 거짓말을 뒤집어쓴 마카크 원숭이에 불과하다는 사실을 깨닫게 해줬다. 겁은 나를 공감과 나약함, 친절함의 세계로 힘껏 떠밀었다. 내게 도움을 요청하는 법을 알려줬다. 내 비밀스러운 꼬리가 마음에 든다. 하지만 이것으로 우리의 이야기가 끝나지는 않는다. 우리는 끊임없이 진화를 거듭할 것이다. 매일매일이 한 걸음을 내디딜 기회이자, 성장을 향한 내면의 놀라운 능력을 자극할 기회다. 용기란 감정이 아니다. 방향이다.

내게 효과가 있었던 방법을 소개하고자 한다. 다만 하나의 측정값일 뿐이다. 인간은 찬란할 정도로 다양하다. 내게 효과가 없었던 무언가가 당신에게는 해답이 될 수 있다.

무엇도 절대적으로 생각하지 않길 바란다. 훌륭한 과학자의 태도로 접근하라. 다양한 것을 시도하라. 결과를 관찰하라. 완벽함을 좇아 약간 더 나은 무언가를 외면해선 안 된다. 어떤 개입들은 효과를 발휘하기까지 시간이 걸릴 수도 있다. 인간의 정신이라는 거대한 배가 항로를 변경하는 데는 시간이 든다. 어떤 방법은 빠른 안식을 제공하지만 지속되지는 않는다. 이런 방법은 불안이 심해질 때, 일단 거기서 빠져나오고 싶을 때 취해야 알맞을 것이다.

한 가지 방법이 단독으로 쓰일 때 아무런 치료 효과를 발휘하지 못한다고 폐기해버리는 일을 경계해야 한다. 눈 내리는 날 코트를 입고 바깥에 나섰다가 여전히 추위를 느끼자 집에 다시 들어가 코트를 벗고 목도리와 장갑을 끼는 짓과 비슷할 수 있다. 목도리와 장갑을 껴도 여전히 추울 것이다. 코트도, 목도리와 장갑도 몸을 따뜻하게 해주지 못한다고 섣불리 결론에 이를 수도 있다. 하지만 당신이 해야 할 일은 세 가지를 **함께** 걸치는 것이다.

증거가 탄탄할수록 치료법이 효과를 낼 확률도 높지만, 반드시 그렇다는 보장은 없다. 당신에게 효과가 있느냐가 중요하다. 이를 밝히기 위해서는 소매를 걷어붙이고 뛰어드는 수밖에 없다. 그렇게 아름다운 모험을 하게 될지도 모를 일이다.

| **운동** HIIT(고강도 인터벌 트레이닝)과 LISS(저강도 지속 운동, 걷기와 조 깅)를 병행한 운동이 놀라운 힘을 발휘하여 내 회복력과 전반적인 건강 을 향상했지만, 한 가지 명심할 점이 있다. '최고'의 운동은 결국 자신이 가장 꾸준하게 할 수 있는 운동이다.

| **식습관** 당과 카페인이 든 음료, 초콜릿, 단 것, 감자칩, 피자와 같이 탄수화물과 지방이 많은 음식을 줄이자, 혈당이 치솟았다가 갑자기 뚝 떨어지며 오는 우울이 대단히 줄어들었다. 신선한 야채와 과일을 충분 히 섭취하면 식욕을 다스릴 수 있다. 섬유질은 포만감을 주고 고혈당과 고혈압, 염증을 치료하는 데 도움을 준다. 칼로리 계산 앱 덕분에 체중 감량으로 심리적 부담을 느끼는 일이 사라졌다.

| **명상** 내게는 그리 효과가 없었지만, 명상에 도전해볼 생각이라면 즉 각 안식이 찾아온다고는 기대하지 않는 게 좋다. 운동과 마찬가지로 유 익한 효과가 천천히 오랜 시간을 거쳐 쌓여가는 쪽에 가깝다. 가능하다 면 하루에 한 번, 10분씩 훈련하며 시작해보길 바란다.

| **일 해치우기** 팀 피칠 박사가 내게 물었다. "이제 뭘 할 겁니까?" 이 질 문의 답은 때때로 노트북을 켜거나 바지를 입는 식의 아주 단순한 행동 이 된다. 내가 어떤 일을 할 수 있을까 하는 의심과 걱정에 사로잡히지 않으려 한다. 따라서 나는 그저 어떤 일을 하는 데 필요한 시동을 걸려 면 내가 해야 할 아주 사소한 행동이 무엇일까 스스로에게 묻는다.

| **저온 노출** 감정을 초기화하는 방편으로 한 번씩 냉수 샤워를 즐긴다. 냉수 샤워는 내 안의 공황을 폭파시킨다. 나는 3분간 견디는 것을 목표

로 한다. 야외에서 수영을 한다면 안전하고 합법적인 곳에서 친구와 동행해야 하고, 굉장히 차가운 물속에서 몇 분 이상으로 오래 버텨서는 안 된다. 기저질환이 있다면 의사와 상담하길 바란다.

| 약물   약은 내게 아무런 효과를 발휘하지 않을 때도 있었고, 엄청난 변화를 선사할 때도 있었다. SSRI 계열과 SNRI 계열이 불안장애에 처방되는 가장 일반적인 약물이다. 해당 약물이 자신에게 적절할지 의사와 상담하길 바란다. 장기적인 치료 계획을 물어도 괜찮다. 당신이 나아지는지를 어떻게 모니터할 것이고 또 치료 기간을 어느 정도로 예상하는지 등을 의사에게서 확인하길 바란다.

| 심리치료   약물과 마찬가지로 심리치료 또한 효과가 있을 때도, 없을 때도 있었다. 중요한 것은 본인이 편안함을 느끼는 치료자를 찾아야 한다는 점이다. 독서치료Bibliotherapy는 검증된 불안 치료법이다. 온라인 CBT나 CBT 워크북은 대면 CBT만큼의 효과를 보이는 것으로 알려졌고 대기할 필요도 없다. 누군가에게 이야기를 털어놓아야 하는데 기다릴 수 없는 상황이라면 상담 센터에 전화를 거는 방법도 있다. 나는 위급한 순간 영국의 자선단체 사마리탄즈와의 통화로 큰 도움을 받았다 • 한국에는 국번 없이 129로 전화를 걸 수 있는 보건복지상담센터가 있다—옮긴이.

| 최면치료   어쩌면 효과가 있었는지도 모르지만, 내가 빠져든 특별한 최면 상태가 유효했다기보다는 치료 과정과 노출의 측면이 도움이 되었다고 생각한다. 최면치료를 시도해보고 싶다면 추천을 받는 것이 좋고, 본격적인 치료에 앞서 치료자와 먼저 대화를 나누며 그가 어디서 어떤 교육을 받았는지, 본인과 잘 맞는지를 확인하길 바란다.

| 일기 쓰기   일기에 투두 리스트를 기록하는 일이 내 스트레스를 잠재우는 데 가장 도움이 되었다. 매우 간단해서 정말 효과가 있을지 의문이 들겠지만 투두 리스트는 인지 부하를 크게 줄여준다. 이 책을 쓰면서도 경험했지만, 힘든 기억을 글로 적는 것이 괴로운 감정을 처리하는 데 도움이 되었다. 경험해보고 싶다면, 글을 쓰며 힘든 감정들이 되살아나는 만큼 누군가의 도움을 받을 수 있는 환경에서, 어쩌면 그룹으로 글쓰기를 고려하는 게 좋겠다.

| 관계   사람들에게 점차 능숙하게 접근할수록 불안에서 회복하는 능력 또한 향상되었다. 회복력은 한 개인의 특성이 아니라 커뮤니티의 특성이다. 아빠, 남편, 친구, 교사, 겁쟁이, 새벽 2시에 남의 집 앞마당에서 발가벗은 채로 가만히 서 있는 낯선 사람 등 새로운 역할을 더 많이 맡을수록 각 정체성이 지닌 무게는 가벼워졌다. 내가 입은 정체성의 무게가 가벼워질수록 그것을 지켜야 한다는 부담 또한 줄어들었다. 타인의 말을 경청하는 법을 배우고, 그 순간의 내 감정을 분명히 표현하는 법을 배운 후 의사소통이 주던 스트레스가 낮아졌다.

| 호흡   빔 호프 스타일의 심호흡은 내가 공황에 빠질 것 같은 순간에 정서를 차단하는 효과를 발휘한다. 공기 기아 상태와 비슷한 기분을 느낄 때는 마음을 진정하고 여유를 가져야 한다는 사실을 좀 더 명확하게 떠올릴 수 있다. 경험상 1분에 6회 호흡이 좋은 것 같다.

| 수면   잠을 잘 자면 정서에 좋지만, 잠을 충분히 자야 한다는 걱정이 또 하나의 스트레스로 작용해 내 수면을 방해하기도 한다. 수면의 질을 높이기 위해 귀마개, 중량감 있는 이불, 백색 소음 등을 시도했다. 하지

만 잠에 드는 과정이 좀 더 복잡해지고 어려워지기만 했다. 이제는 될 대로 되라지라고 생각하고, 더 오래 잘 잔다.

| 소셜미디어 내게 트위터 사용이 늘어나는 것은 불안을 초래하는 원인이 아니라 불안이 커진다는 징후다. 주기적으로 소셜미디어 활동을 쉰다. 디지털 세계에서 짜증스러운 일에 매달리며 시간을 낭비하기보다는 성취감을 주는 활동을 하는 쪽이 정신건강에 더욱 유익하다.

| 사랑 자기 연민은 근육이다. 나는 이 근육을 쫙 갈라질 정도로 멋지게 가꾸기 위해 늘 노력한다. 그와 동시에 내가 다른 사람들의 정신건강을 지나치게 신경써주지 않아도 된다는 사실을 잊지 않으려 노력한다. 사람들에게 사랑한다고 말하고, 마음에서 우러나온 칭찬과 감탄의 말을 적극 표현하려 한다. 가능할 때면 위험을 감수하고, 두렵지만 마음을 터놓으려 한다. 나는 어떤 상황에서도 불안을 느낄 사람이므로 차라리 비행기에서 뛰어내려 적극적으로 구원을 얻으려 한다.

지은이 **팀 클레어**Tim Clare

1981년 영국 남서부의 포티스헤드에서 태어나 자란 작가이자 공연 예술가
다. 이스트앵글리아대학에서 문예창작 석사 학위를 받았고, 스팀펑크 장르
의 판타지 스릴러 『디 아너즈』(알에이치코리아, 2017)를 써서 소설가로 데뷔
했으며, 《가디언》, 《타임스》, 《인디펜던트》, 《빅이슈》, 《라이팅》 등 유수
매체에 글을 기고했다. 또한 무대에서 시를 선보이는 스탠드업 시인으로
활동하며 에딘버러 프린지Edinburgh Fringe를 포함해 영국 전역에서 열리는 여
러 축제에서 공연했고, 베이징, 멜버른, 브루나이 등 전 세계를 순회했다.
‣ 홈페이지: http://www.timclarepoet.co.uk

옮긴이 **신솔잎**

프랑스에서 국제대학을 졸업한 후 프랑스, 중국, 국내에서 경력을 쌓았다.
다양한 외국어를 접하며 느꼈던 언어의 섬세함을 글로 옮기기 위해 늘 노
력한다. 『아쿠아리움이 문을 닫으면』(미디어창비, 2023), 『사랑받은 아이는
흔들리지 않는다』(빌리버튼, 2022), 『1년에 10억 버는 방구석 비즈니스』(비즈
니스북스, 2021) 등 다양한 책을 옮겼다.

불안 해방 일지

내가 내 삶을 주도할 수 있을 때까지

펴낸날 초판 1쇄 2024년 2월 16일
지은이 팀 클레어
옮긴이 신솔잎
펴낸이 이주애, 홍영완
편집장 최혜리
편집3팀 강민우, 장종철, 이소연
편집 양혜영, 문주영, 박효주, 한수정, 김하영, 홍은비, 김혜원, 이정미
디자인 김주연, 기조숙, 박정원, 윤소정, 박소현
마케팅 김태윤, 김민준
홍보 정혜인, 김철, 김준영
해외기획 정미현
경영지원 박소현
펴낸곳 (주)윌북 출판등록 제2006-000017호
주소 10881 경기도 파주시 광인사길 217
전화 031-955-3777 팩스 031-955-3778
홈페이지 willbookspub.com
블로그 blog.naver.com/willbooks 포스트 post.naver.com/willbooks
트위터 @onwillbooks 인스타그램 @willbooks_pub
ISBN 979-11-5581-694-3 (03180)